Ullstein

D1641485

German Werth

Der Krimkrieg

Geburtsstunde der
Weltmacht Rußland

Ullstein

Zeitgeschichte
Ullstein Buch Nr. 34949
im Verlag Ullstein GmbH,
Frankfurt/M – Berlin

Ungekürzte Ausgabe
Mit 2 Karten von Willy Kress

Umschlagentwurf:
Hansbernd Lindemann
Alle Rechte vorbehalten
© 1989 by Verlag Dietmar Straube
Erlangen – Bonn – Wien
Printed in Germany 1992
Druck und Verarbeitung:
Ebner Ulm
ISBN 3 548 34949 8

November 1992
Gedruckt auf Papier
mit chlorfrei
gebleichtem Zellstoff

Die Deutsche Bibliothek –
CIP-Einheitsaufnahme

Werth, German:
Der Krimkrieg: Geburtsstunde der
Weltmacht Russland/German Werth. –
Ungekürzte Ausg. – Frankfurt/M; Berlin:
Ullstein, 1992
   (Ullstein-Buch; Nr. 34949:
   Ullstein-Sachbuch)
   ISBN 3-548-34949-8
NE: GT

Inhalt

Prolog

Wellingtons Tod

»Papa kaufte meinem Bruder Branwell ein paar Holzsol-
daten. Ich schnappte mir einen davon und rief: ›Das ist
der Herzog von Wellington! Dieser soll mein Herzog
sein!‹ Mein Soldat war der hübschste von allen und der
größte. Branwell suchte sich seinen Soldaten aus und
nannte ihn ›Bonaparte‹.«

Charlotte Brontë 1829

Am 14. September 1852 stirbt Wellington, der »Sieger von Waterloo«,
im Alter von 83 Jahren auf Walmer Castle bei Dover, in der Graf-
schaft Kent.

»Ich denke wohl, in vielen Herzen sind Gebete aufgestiegen zum
Allmächtigen bei diesem wunderbaren Heimgang des Helden von
1815, bei dem Wendepunkt der Geschichte Europas«, schrieb der
preußische Gesandte Bunsen, als er zwei Monate später, am 18. November, an dem feierlichen Staatsbegräbnis in London teilnahm:
»Während der ganzen Zeit sah Nelsons kolossales Standbild über die
Häupter der Sänger weg auf den großen Heldenbruder, der zu ihm
hinabstieg; ein geisterhafter, wunderbarer, ergreifender Anblick.«
Von der Terrasse der deutschen Botschaft aus beobachtete Bunsen
den Vorbeimarsch des Trauerzugs, bevor er selbst wegen der polizeili-
chen Absperrungen auf Umwegen zur Begräbnisstätte in der St.
Paul's Cathedral eilte. Schaulustigen hatte der Gesandte erlaubt, das
Dach der Botschaft über die Hintertreppe zu besetzen. Am Tag zuvor
waren zwei Frauen im Gedränge ums Leben gekommen, als sie sich
den Herzog im Chelsea Hospital anschauen wollten, wo der Tote,
umgeben von Fahnen und Standarten, seinen Orden und Insignien auf
dem Paradebett aufgebahrt lag – »die ganze Todesszene voll kräftigen
Lebens«, wie Bunsens Tochter fand.
Wellingtons Bonmot anläßlich des Todes Friedrich von Yorks, vor
ihm Oberbefehlshaber der britischen Armee, es könne kein militärisches Begräbnis geben, weil »wir in England nicht genug Truppen
haben, um einen Feldmarschall zu Grabe zu tragen«, traf auf seine
eigene Beerdigung offensichtlich nicht zu. Den Zug eröffneten dunkel

gekleidete Scharfschützen des Oberkommandos *(Horse Guard)* mit gesenktem Gewehr, danach kam das alte Schlachtroß Wellingtons – gleichsam als erster Leidtragender an der Spitze aller Trauernden. Dem prunkvollen Leichenwagen, der den Sarg an den Menschenmassen vorbei vom Chelsea Hospital zur Gruft in der St. Paul's Cathedral brachte, folgten zahllose Abordnungen von Regimentern des Inselreiches, Infanterie, berittene Truppen und natürlich Gardeeinheiten, im ganzen rund 4000 Mann, während durch zusätzliche Einheiten verstärkte Musikkapellen den Händelschen Trauermarsch intonierten, effektvoll unterbrochen durch die Minute für Minute abgefeuerten Geschütze vom Themse-Ufer her. Im Gegensatz zu den Tagen zuvor regnete es nicht, die Sonne schien verdeckt und erleuchtete feierlich den Saum der Wolken.

Die schweigsame Menge schien Beobachtern an diesem Tag bedeutungsvoll, als ahnte sie, »daß niemand da war, um an die Stelle des Mannes zu treten, der da seinen letzten Weg ging«, wie Bunsen meinte. Vergessen schien, daß man mit dem Herzog nicht nur einen vergötterten Nationalhelden zu Grabe trug, sondern auch einen Politiker, der – als Premierminister einmal nur der Lückenbüßer in Ermangelung eines besseren – mehrere Jahre lang als der »unbeliebteste Mensch« ganz Englands gegolten hatte. Sein Name verband sich ja nicht nur mit Schlachten auf dem europäischen Kontinent, sondern auch mit dem Arbeiteraufstand von 1839, den »Maschinenstürmern« von Birmingham, die er zusammenkartätschen ließ. Es war der englische Dichter Lord Byron, der öffentlich gegen die Terrorgesetze protestiert hatte, die das Zerstören von Fabrikmaschinen unter Todesstrafe stellten.

An diesem 18. November 1852 war Wellington »das edelste Beispiel« von dem, was ein Engländer sein konnte, der »größte Mann, den unser Land je hervorgebracht«, »groß und unsterblich«, ein »unersetzlicher Verlust«. Auch der englische Schriftsteller Thomas Carlyle stimmte in die Klage ein: »Es ist in der Tat für England eine traurige und feierliche Tatsache, daß solch ein Mann jetzt vom Schauplatz abberufen wurde; der letzte durchaus ehrliche und durchaus tapfere Staatsdiener, den dasselbe besaß. Man sollte darüber mit Ehrfurcht nachdenken, und es aufrichtig bezeugen, während man ihn seinem Ruheplatz anvertraut.« Ganz wohl war ihm aber nicht bei dem Spektakel. »Die ganze Geschichte ist zugestandenermaßen lediglich Heuchelei, Lärm und kostbares Gepränge, von dem sich ein ernstgesinnter Mann in Trauer und Abscheu abwendet.« Obwohl Carlyle alle Ablenkungen haßte, die ihn von seiner Arbeit an der Biographie des Preußenkönigs Friedrich II. abhielten, gehörte er dann doch zu den dummen Narren, die sich das Schauspiel – »ein großer Sack voller Wind und Nichtigkeit« – nicht entgehen ließen. Vor der Beerdigung hatte er Bunsen einen Besuch abgestattet, um ihm von seiner Deutschlandreise, auf der er die Schlachtfelder des »Großen Friedrich« als »Punkte von geschichtlicher Bedeutung« inspiziert hatte, mit Anteilnahme zu berichten.

Der Leichenwagen aus Bronze war so schwer, daß er mehrmals durch das Pflaster brach, da sein Gewicht, wie Carlyle schätzte, sieben oder zehn Tonnen betrug – »das abscheulich-häßlichste Ding, das mir je vorgekommen: eine zusammenhanglose Masse von kostbaren Leichentüchern, Fahnen, Decken, vergoldeten Emblemen und Querstangen«. Der Entwurf stammte vom Prinzgemahl der Queen Victoria. Die Leiche hatte man zwei Monate lang kühl gelagert, da erst nach dem Zuammentritt des Parlaments im November die Kosten für ein Staatsbegräbnis bewilligt werden konnten, wie es der Wunsch der Königin Victoria gewesen war. Unweit von Nelsons schwarzem Marmorsarg, direkt unter der Kuppel der Kathedrale, fanden Wellingtons sterbliche Überreste ihre letzte Ruhestätte zur Erinnerung an Trafalgar und Waterloo, Frankreichs Niederlage zu Wasser und zu Lande.

Der russische Zar Nikolaus I. ehrte den »Eisernen Herzog« durch eine große Deputation, an deren Spitze Fürst Gortschakow stand – die letzte Ehre für einen Freund Rußlands, der am Ende seiner politischen Laufbahn über »die Neigung der Regierung und ihrer Mehrheit im Unterhaus zu einem Krieg gegen Rußland« geklagt hatte. 1826 hatte Wellington Petersburg in einer Sondermission besucht, um die Spannungen zwischen seinem Vaterland und Rußland abzubauen, deren unterschiedliche Interessenlage in der Frage der griechischen Unabhängigkeit die Gefahr eines europäischen Konflikts heraufbeschwor. Nikolaus I. hatte Wellington, der offiziell angereist war, um dem neuen Zaren zum Regierungsantritt die Glückwünsche Georgs IV. zu übermitteln, damals unter großen Ehren empfangen und in den Rang eines russischen Feldmarschalls erhoben; eine kleine Entschädigung für die Strapazen einer Reise durch die verwanzten Gasthöfe im Interesse Europas. 1844, bei seiner Englandreise, hatte der russische Zar wiederum in Wellington, wie er glaubte, einen aufmerksamen Zuhörer gefunden, als er seine Pläne im Hinblick auf die »orientalische Frage« enthüllte und an die alte Waffenbrüderschaft aus den napoleonischen Kriegen erinnerte.

Auch dem Preußen Bunsen schien der Tod des Herzogs mehr zu bedeuten als nur der Abschied von einem großen Mann: »Mir sagte es der Geist im tiefsten Gemüte, daß die 37 Friedensjahre schwerlich zu 40 werden dürften, daß die Nachwelt vielleicht diesen Heimgang als die Scheide zweier weltgeschichtlicher Epochen darstellen wird. Eine zweite Belle-Alliance gib uns Herr, wenn ein zweites Waterloo nötig ist!«

Mehr als der tote Wellington schien nämlich ein anderer die Gedanken der Menschen zu beschäftigen, dessen bloßer Name bereits düstere Erinnerungen heraufbeschwor: Louis Napoleon, der Neffe Napoleon Bonapartes, der seit seinem Staatsstreich ein Jahr zuvor Frankreich mit unbeschränkter Vollmacht regierte und nach seinen eigenen Worten nicht nur »ein Prinzip, die Souveränität des Volkes« und »eine Sache, die des Empire« repräsentierte, sondern auch »einen Makel«, nämlich Waterloo, eine Niederlage, die Rache verlange.

1848, als Louis Napoleon Präsident der Französischen Republik geworden war, hatte in England die öffentliche Meinung eine militärische Aktion gegen Frankreich gefordert; bei der Leichenfeier Wellingtons jedoch vermied die englische Regierung mit ängstlicher Sorgfalt alles, was die Franzosen an Waterloo hätte erinnern können; man trug nicht den Feldherrn Wellington, sondern den ältesten Staatsmann und Politiker Europas zu Grabe. Den 37. Jahrestag der Entscheidungsschlacht gegen Napoleon hatte man ohnehin bereits am 18. Juni gefeiert, galt doch der *Waterloo Day* als wichtigster Nationalfeiertag der Briten, mit dem kein anderer Gedenktag zu konkurrieren vermochte. Noch immer besaß jener anonyme Vierzeiler aus dem Jahre 1842 allgemeine Gültigkeit:

»Warst Du bei Waterloo?
Ich war bei Waterloo.
Es ist völlig gleichgültig, was Du machst –
Hauptsache, Du bist bei Waterloo dabei gewesen.«

Nicht nur Häuser und Straßen, Plätze und Quais hatte man damals mit seinem Namen geschmückt, sondern auch Wellington-Stiefel getragen und körperliche Gebrechen durch Wellington-Wässerchen kuriert.

Bunsen stand mit seiner Meinung nicht allein, nichts gleiche weder der List und der Lüge eines Napoleoniden noch der Schlechtigkeit der französischen Nation. Nikolaus I. schickte nicht ausschließlich zu Ehren des Verstorbenen eine so beeindruckende Abordnung nach London. Es ging ihm darum, sein Interesse an einem engen Verhältnis zwischen dem Zarenreich und England zu bekunden, da ihn die guten Beziehungen zwischen der englischen Regierung und Louis Napoleon beunruhigten. Frankreichs Vertreter bei der Leichenfeier sollte Frankreichs Wunsch ausdrücken, »das Vergangene zu vergessen« – und das am noch offenen Grabe des Mannes, dessen »militärisches Talent Frankreich die größte Niederlage beibrachte«.

Das Entgegenkommen Englands bzw. des englischen Kabinetts war sogar noch weiter gegangen; als es von dem Plan des Königs von Preußen erfuhr, eine zahlreiche militärische Abordnung nach London zu schicken, baten die Engländer den ehemaligen Kampfgefährten, davon Abstand zu nehmen: Frankreich könne hierin eine verletzende Geste sehen. Ein Beispiel klassischer Begräbnisdiplomatie.

Nur eine preußische Dreiergruppe folgte dem Sarg, neben dem alten Grafen Nostitz in einer prächtigen Uniform zwei alte Kampfgefährten des englischen Feldmarschalls noch aus der Spanienzeit, beide, wie Theodor Fontane später versicherte, »von Haß gegen die napoleonische Familie erfüllt« – General von Scharnhorst, der Sohn des Reformers, und Valentin von Massow, ein Pensionär, den man schnell noch in den Rang eines Generalleutnants erhoben hatte, nachdem er längst aus dem Dienst ausgeschieden war, um sich auf sein Gut in der Mark Brandenburg zurückzuziehen. Massow war Verbindungsoffizier zwischen Blücher und Wellington gewesen, bei Belle-Alliance, wie Fontane betonte, denn wie alle Preußen ärgerte ihn, daß die Engländer die Schlacht immer als ihren Sieg erscheinen ließen und nicht nach dem Ort genannt hatten, wo Wellington und Blücher zusammengetroffen waren. Am selben Tag, ebenfalls am 18. November, gedachte übrigens der preußische Hof in einem Trauergottesdienst in Sanssouci Wellingtons.

Es paßte in dieses Bild, daß Österreich offiziell nicht bei den Beisetzungsfeierlichkeiten vertreten war, obwohl von den Männern, die die Allianz gegen Napoleon geschmiedet und Europa fast vier Jahrzehnte lang eine Zeit des Friedens gebracht hatten, noch einer lebte – Fürst Metternich. Aber seit der Revolution von 1848, vor der er nach England ins Exil geflohen war, um bei Wellington Trost zu suchen, war seine Macht gebrochen; als der große Überlebende aus einer Zeit der einzigartigen Machtstellung Österreichs lebte er, nach Wien zurückgekehrt, ohne Amt und Würden, mehr Relikt als Ratgeber, »ein Don Quichotte«, nach den Worten des Wiener Dramatikers Grillparzer.

Immerhin reichte das politische Interesse Metternichs noch so weit, die österreichische Regierung zu kritisieren, weil ihre Zurückhaltung seiner Meinung nach »einen sehr unliebsamen Eindruck auf den stets regen Geist der Engländer« hinterlassen mußte; war doch Wellington Träger eines hohen österreichischen Ordens und außerdem Inhaber eines österreichischen Regiments, was die Entsendung einer Offiziersdelegation erfordert hätte, deren Regiment den Namen Wellingtons trug.

Das Verhalten Österreichs blieb, wie Königin Victoria ihrem Onkel, dem König der Belgier, berichtete, Gesprächsthema in englischen Offizierskasinos. Österreichs Abwesenheit war eine Retourkutsche für den unliebsamen Empfang, den die Engländer dem berüchtigten österreichischen General Haynau bereitet hatten, als er 1850 als Privatmann London besuchte; Haynau war ein Jahr zuvor bei der Niederschlagung des Aufstandes in der Lombardei durch besondere Grausamkeit hervorgetreten. Für die Prügel, die *General Hyäne* durch einen Londoner Brauereiarbeiter bezog, hatte sich der englische Politiker Palmerston in der absichtlich hinausgezögerten Note des Auswärtigen Amtes an die österreichische Regierung zwar entschuldigt, doch – gegen den ausdrücklichen Wunsch Königin Victorias – den Satz stehen lassen, seiner Ansicht nach habe die größere Taktlosigkeit General Haynau selber bewiesen, im gegenwärtigen Augenblick überhaupt nach England gekommen zu sein. Viscount Palmerston begann, Wellington an Popularität einzuholen.

So hing in dieser Stunde jeder politische Kopf in Europa seinen eigenen Gedanken nach, und nichts schien die Meinung, daß die Menschen am offenen Grabe zur Versöhnung bereit sind, mehr Lügen zu strafen als das, was sie insgeheim für die nächste Zeit an weitreichenden Plänen besaßen.

I. Das Gespenst der Revolution

»...die Welt ein droh'nder Krater ist.«
Theodor Fontane 1839

Die Sphinx von Europa

Ende 1852 hatten nicht nur Politiker und Diplomaten das Gefühl, daß es bald Krieg geben werde. »Die Weltlage hat sich wieder verändert, und ich fürchte, weit mehr, als die meisten Menschen sich gestehen wollen«, schrieb der Dramatiker Friedrich Hebbel in Wien Mitte Dezember in sein Tagebuch.

Inzwischen war eingetreten, was viele seit langem geahnt hatten. Am 2. Dezember 1852 – ausgerechnet am Jahrestag der Schlacht von Austerlitz und der Kaiserkrönung Napoleons I. – hatte der Mann, dem die Befürchtungen aller galten, seine Maske endgültig gelüftet und sich als Napoleon III. zum Kaiser von Frankreich ausrufen lassen. Die Stunde schien gekommen, die »Schandverträge« von 1815, das Wiener Kongreßwerk, das Frankreich als Unrecht empfand, zu zerreißen. Allein der Name weckte ungute Gefühle, Erinnerungen an den ersten Napoleon, der ganz Europa mit Krieg überzogen hatte und nur von einem bis zur Erschöpfung gehenden Kraftaufwand der verbündeten Großmächte Rußland, England, Österreich und Preußen zu bezwingen gewesen war. Hebbel gab den Argwohn vieler wieder, wenn er daran zweifelte, ob der neue Napoleon »ein Großsiegelbewahrer des Weltfriedens« sein würde, auch wenn er es wollte: weil er »eben ein Bonaparte« sei und weil er sich »Napoleon der Dritte« nenne.

Dabei war die Rückkehr eines *Napoleoniden* an die Macht – eines Nachkommen jenes Mannes, den man als »Feind der Menschheit« und »Friedensstörer« bezeichnete – lange Zeit von niemandem so recht ernst genommen worden. »Mit Napoleon ist für die Familie Napoleons alles erstorben, seine einzige Erbschaft ist sein Ruhm«, hatte der Schriftsteller und Diplomat Chateaubriand im August 1828 nach seinem Besuch auf Schloß Arenenberg am Bodensee in der Schweiz angemerkt, wo Hortense, vom Napoleon-Bruder Louis Bonaparte, dem ehemaligen »König von Holland«, längst verlassen, allein ihre beiden Söhne aufzog, von Reliquien zur Erinnerung an bessere Zeiten umgeben. Es war Hortense, die Louis Napoleon später den »unerschütterlichen Glauben an seine Berufung zum Kaiser gab«, denn vorerst fanden sich in seinem »farblosen, unbeholfenen und zivilistischen Auftreten« nur wenige Hinweise auf den späteren Verschwörerer und Putschisten, dem die Rolle des Retters zufallen sollte.

Eine Rückkehr auf Frankreichs Thron hielt Chateaubriand für ausgeschlossen: »Die Kaiserlichen sind Invaliden, gealtert wie eine vergangene Mode, wie Operngötter und ruinierte Spieler.« Er unterschätzte die Beharrlichkeit, mit der Hortense und Louis Napoleon an ihre Mission glaubten, nachdem sein Bruder Charles Napoleon bei dem abenteuerlichen Ausflug der beiden in das aufständische Italien 1831 als *Carbonari* (Verschwörer) ums Leben gekommen war.

Aber auch die – übrigens ziemlich umfangreiche – Familie der »Kaiserlichen« hatte Louis Napoleon bis 1848, als er den Sprung auf den Präsidentschaftsstuhl schaffte, nicht für voll genommen, selbst danach meinten sie ihn noch herumkommandieren zu können. Zwei Putschversuche Louis Napoleons waren ja auch davor kläglich gescheitert, 1836 in Straßburg und – nach der heimlichen Rückkehr aus der Verbannung in Amerika – 1840 in Boulogne.

Nachdem Louis Napoleon erkennen mußte, daß ein hölzerner Adler, den er jeweils bei beiden Unternehmungen als Symbol mit sich führte, und der bloße Name Napoleon nicht ausreichten, die ganze Armee bis auf ein paar meuternde Einheiten hinter sich zu bringen, hatte er sich auf den langen Weg der Legalität zur Machtergreifung gemacht, unbeirrt bis auf gelegentliche Zweifel, die verständlicherweise jemanden befallen mußten, der hinter Festungsmauern von einer Kaiserkrone träumte und lange Zeit nicht wußte, ob er sich nicht lieber der Schriftstellerei oder dem Kanalbau in Panama widmen sollte als dem unsicheren Metier der Politik. Aber nach den Notwendigkeiten der Legendenbildung war einem vom Schicksal mit einer Mission Beauftragten das »menschliche Durchschnittsleben verwehrt«. (H. Euler)

Ohne seine unbeirrbaren Anhänger, die 1848 im modernen Wahlkampfstil für ihren im englischen Exil wartenden Kandidaten Propaganda betrieben, wäre Louis Napoleon wohl kaum nach Frankreich zurückgekehrt. Daß es schließlich über fünf Millionen Stimmen waren, die ihn zum neuen Staatspräsidenten wählten, während sein Hauptgegner, der steife General Cavaignac, nur auf 1,5 Millionen Stimmen kam, war ebenso einer geschickten Wahlkampfstrategie zuzuschreiben wie Ausdruck der Hoffnungen, die sich nunmehr mit der Ausstrahlung eines Namens verbanden, den eben selbst der einfältigste Bürger und der dümmste Bauer kannten, mochte Louis Napoleon auch von seinen Gegnern als Abenteurer, Schwächling und Verschwörer bezeichnet werden und seine Wähler als schwächliche Narren, die »einen Mann« brauchten, wie Proudhon spöttelte.

Einmal an der Macht, gab er sie nicht mehr ab und änderte die republikanische Verfassung, auf die er den Eid geleistet hatte, 1851 durch einen Staatsstreich, da das Amt des Präsidenten nur auf drei Jahre berechnet und eine Wiederwahl ausgeschlossen war.

Im Ausland wußte man nicht so recht, ob man sich von dem neuen autoritären Regime nun Dauer und Stabilität oder neue Ungewißheit für das politische Gleichgewicht versprechen sollte. Schließlich nahmen die Regierungen und Kronen Europas die Selbstinthronisation des Emporkömmlings hin, der ja immer noch steckbrieflich gesucht wurde, da der Name Napoleon auch eine Bürgschaft für die öffentliche Ordnung versprach, und das gerade in einem Land, aus dem sich die revolutionären Ideen über den ganzen Kontinent verbreitet hatten. Überdies versprach Napoleon III. die Beruhigung Frankreichs und den inneren Frieden für Europa. Die Großmächte konnten sich nicht zu einem gemeinsamen Schritt zusammenfinden, es blieb bei diplomatischen Noten und moralischer Entrüstung, hinter der sich jedoch die Erwägung verbarg, den neuen Napoleon für die eigenen Zwecke einzuspannen. Man schrieb eben nicht mehr 1815, Bunsen hatte das übersehen.

Die Wahl Louis Napoleons 1848 machte jedenfalls klar, daß »selbst das allgemeine demokratische Wahlrecht, das bisher mit der Revolution selbst gleichgesetzt worden war, sich mit der Aufrechterhaltung der sozialen Ordnung vereinbaren ließ«. Napoleon III. – wegen seiner undurchschaubaren Absichten die *Sphinx von Europa* genannt – ließ sich überdies auch die Tatsache des Staatsstreiches und der Kaiserproklamation durch eine allgemeine Volkswahl selbstbewußt bestätigen. Im Grunde konnte er sich seiner Macht sicherer sein als die Regierungen und Häupter der europäischen Staaten, die auf ihre von Gott gegebene Legitimität pochten.

Es konnte nämlich keine Rede davon sein, daß Europa, wie Bunsen bei der Totenfeier Wellingtons in London meinte, auf eine Epoche des Friedens zurückblicken konnte. Zwar hatte es seit dem Ende der napoleonischen Ära zwischen den Großmächten trotz aller Spannungen keine Kriege gegeben, statt dessen jedoch eine Kette von Aufständen, Revolutionen, Kleinkriegen.

Frankreich war in Spanien einmarschiert, um den verhaßten Bourbonenkönig zu stützen. Österreich hatte mehrere Feldzüge in Italien geführt, Rußland Krieg gegen die Türkei und einen Unterwerfungsfeldzug gegen die aufständischen Ungarn, von der Niederschlagung des polnischen Aufstands ganz zu schweigen. England war in Portugal gelandet, obwohl es kurz zuvor jede Einmischung einer Großmacht in die inneren Angelegenheiten eines anderen Landes im Gegensatz zu Rußland und Österreich verurteilt hatte. Ein gemeinsames Geschwader von englischen, französischen und russischen Kriegsschiffen vernichtete die türkisch-ägyptische Flotte bei Navarino, obwohl offiziell gar kein Krieg zwischen den Osmanen und Europäern bestand. Zweimal, 1830 und 1848, war Europa durch Revolutionen und Bürgerkriege erschüttert worden, die von Frankreich ausgegangen waren, dem Hauptunruheherd. Es war das Gespenst einer zweiten großen europäischen Revolution, das »Monster«, wie der Engländer Castlereagh sagte, das nach dem großen Schock von 1789 noch immer bis in die Mitte des 19. Jahrhunderts hinein die Häupter Europas ängstigte, und es war die Frage, wie lange die Dämme, die im Wiener Kongreß gegen die große Flut der Volksmassen mit ihrem Wunsch nach Mitbestimmung errichtet wurden, halten würden.

Zugleich begann sich Europa zu langweilen. Die Schrecken der Napoleonischen Kriege verblaßten. Paradoxerweise war es die Erinnerung an den Besiegten von Waterloo, die in die tatenarme Zeit der innen- und außenpolitischen Erstarrung und Stagnation Abwechslung brachte.

1833 kehrte die Napoleon-Figur auf die Vendôme-Säule in Paris zurück, Davids Gemälde »Die Krönung Napoleons« wurde wieder der Öffentlichkeit zugänglich gemacht, unter der Regierung des Bürgerkönigs versöhnte sich Frankreich mit seiner unbewältigten Vergangenheit. Schließlich gestattete England sogar die Rückkehr der sterblichen Überreste des Kaisers von der Insel Sankt Helena.

Noch erschien Heinrich Heine in Paris Europa als ein »großes Sankt

Helena» und der Fürst Metternich als sein »Hudson Lowe«, wie der Name des britischen Gouverneurs war, der den gestürzten Korsen in seiner Verbannung mit kleinlichen Schikanen überwacht hatte. Aber je weniger sich eine Änderung der Verhältnisse abzeichnete und je länger die Friedenszeit dauerte, desto stärker zog der Politiker Wellington, dessen Gesundheit »unerschöpflich« schien, Zorn und Verachtung Heines auf sich. Nicht Metternich, den man den meistgehaßten Mann Europas nannte, sondern Wellington war in den Augen Heines als der Vertreter »verjährter Rechte« der eigentlich böse Geist Europas, der wahre Antipode des Revolutionärs Napoleon. Heine konnte nicht wisssen, daß Wellington seine romantische Vorliebe für die Bourbonen bald bereute und es schon 1821 für einen Fehler gehalten hatte, sich der Napoleon-Dynastie entledigt zu haben. Aus Heine sprach eine ganze Generation enttäuschter Intellektueller, für die ein aus dem historischen Zusammenhang herausgelöster und mythisierter Franzosenkaiser zur heroischen Gegenfigur der offiziellen Kabinettspolitiker wurde. Die Napoleon-Legende bereitete so den Weg für einen neuen starken Mann vor, der in der Lage war, als echter Gegner des allmächtig scheinenden Zaren aufzutreten, den man auch den *Gendarm Europas* nannte.

Ein Sommer in London

Wellingtons Staatsbegräbnis hatte der Schriftsteller Theodor Fontane nicht mehr in London erlebt. Er war im September 1852 wieder abgereist, nach einem Aufenthalt von fünf Monaten. Es war seine zweite Reise über den Kanal, das erste Mal hatte er London 1844 als Tourist besucht, als Reisebegleiter eines Regimentskameraden. Seitdem bedeutete die englische Hauptstadt für den Berliner die »Quintessenz einer ganzen Welt«. 1852 kam Fontane als politischer Korrespondent der konservativen *Preußischen Zeitung* nach London. Mit dem Sohn des preußischen Gesandten, Georg Bunsen, durchstreifte er die Stadt, mied als Mitarbeiter einer von der preußischen Regierung finanzierten Zeitung die Emigrantenszene, wagte sich auch nicht bis zu den schmutzigen, menschenunwürdigen Vierteln der Fabrikarbeiter vor und beließ es bei einer allgemeinen Kritik an der englischen Oberschicht wegen »Vernachlässigung ihrer sozialen Pflichten«.

In Romanen von William Thackeray und Charles Dickens fand er seine Ansichten von der Armut der Massen und der Gleichgültigkeit der Aristokratie bestätigt. In Thackerays *Vanity Fair* (Jahrmarkt der Eitelkeit), dessen Lektüre er fleißig weiterempfahl, konnte Fontane auch nachlesen, daß England zunehmend von Kriegslust gepackt wurde, daß die jungen Leute »von Krieg und Ruhm« redeten, von »Bonaparte und Wellington«, und daß sie danach verlangten, »ihre eigenen Namen auf den Ruhmeslisten« zu sehen.

Im Gegensatz zu Preußen, dessen Zustand zu stagnieren schien, fand Fontane in England ein Land vor, das sich in einem dynamischen Entwicklungsprozeß befand. Die Dampfkraft revolutionierte Verkehrswesen, Handel und Industrie. England führte in Europa mit weitem Abstand in der Stahlerzeugung und Textilherstellung, nirgendwo gab es zu diesem Zeitpunkt schon so viele Eisenbahnkilometer und Telegraphenlinien. Fontane ließ die Statistik sprechen, um Englands wirtschaftliche Kraft zu beweisen: »In den Londoner Hafen laufen alljährlich 30 000 Schiffe ein, darunter 8 000 aus fremden Häfen, die den Weltverkehr Englands unterhalten, und unter jenen 5 000 unter britischer Flagge, während es die deutschen und preußischen Schiffe nur auf 153 brachten.«

Trotzdem ließ er sich von der Weltstadt nicht blenden. Die Entwicklung schien ihm so hohl wie der ausgeräumte leere Kristallpalast, die berühmte Treibhauskonstruktion aus Glas und Stahl, die während der Weltausstellung von 1851 zum Symbol des neuen industriellen Zeitalters geworden war. Eineinhalb Jahre später würde er seine Skepsis beim dritten Aufenthalt in London bestätigt finden: »Nicht, daß ich damals etwa Gespenster gesehen und die Dinge trostloser geschildert hätte als sie seien. Und wenn die nächsten Tage die Nachricht brächten, daß Kronstadt oder Sebastopol ein Schutthaufen seien! Dennoch ist es wahr, daß die rätselhafte Geisterhand, die dem Belsazar erschien, auch diesem übermütigen England schon das Menetekel Upharsin an seine goldenen Wände geschrieben hat, und daß der Anfang vom Ende da ist.« Kurzum: »England stirbt an Erwerb und Materialismus.« Er teilte nicht die Meinung der Demokraten auf dem Kontinent, England habe als »Musterstaat« mit seiner »freieren Verfassung« gleichsam als politisches Modell für alle anderen Nationen zu gelten. Was sollte man von einer »politischen Freiheit« halten, die »Tausende von Arbeitern zu Manchester und Liverpool oftmals kaum vor dem Hungertode schützt«?! Denn: »es gibt kein Land, das – seiner bürgerlichen Freiheiten ungeachtet – der Demokratie so fern stünde wie England. Das Wort von Freiheit und Gleichheit ist nirgends weniger eine Phrase als bei uns. Wir haben keine politische Demokratie, aber eine soziale. Wir haben Schranken, aber keine Kluft.« Trotzdem plagte ihn ein grundsätzlicher Zweifel an der Rolle Preußens in Deutschland, auch sah er in der Revolution, für die er – ein *Constitutioneller* – immerhin 1848 auf die Barrikaden gegangen war, keine Zukunft.

Fontanes Beziehungen zu dem preußischen Gesandten Christian Carl Josias von Bunsen, der sich mit kirchengeschichtlichen Studien einen Gelehrtennamen gemacht hatte, blieben kühl. Unglücklicherweise hatte Fontane ein Empfehlungsschreiben in der Tasche, das seine Zugehörigkeit zu dem politischen Gegner Bunsens in Preußen, dem Ministerpräsidenten Manteuffel, erkennen ließ. Bunsen war »Westler«, er plädierte für eine Bindung Preußens an die Westmächte, eine Position, die auch Prinz Wilhelm und die liberale *Wochenblatt-Partei* vertraten; ganz im Gegensatz zu der *Kreuzzeitungspartei,* den Hochkonservativen oder *Spreekosaken,* deren Organ die *Neue Preußische Zeitung* war, wegen des Eisernen Kreuzes im Kopfbild *Kreuzzeitung* genannt. Zu ihnen gehörte unter anderen Leopold von Gerlach, der Generaladjutant des Königs von Preußen, Friedrich Wilhelm IV. Er befürwortete den Fortbestand der Heiligen Allianz, eine Politik, die 1850 zur *Punktation von Olmütz*, zum Verzicht auf die Führungsrolle in Deutschland und zur Unterordnung unter Österreich geführt hatte, unter dem Druck Rußlands. Im alten *Drei-Adler-Bund* sah Gerlach ein Bollwerk gegen die »abscheuliche Gestalt des Bonapartismus«.

Weder der erste Napoleon, für den sein Vater schwärmte, noch Louis Napoleon war ein Held nach dem nüchternen Geschmack Fontanes. Immerhin, gerade die beiden Balladen über den Kaiserneffen, über den alle Welt sprach, hatten ihn in Berlin bekannt gemacht. Fontane identifizierte sich nicht mit dem »Luden« Napoleon, wie er später abfällig bemerken würde, sondern mit altpreußischen Helden wie Zieten, Seydlitz oder den alten Dessauer, »Männer der Tat«, denen »Herz wie Galle am rechten Ort« saßen.

Mit dem *Ball in Paris,* so der Titel einer Ballade, war ein glanzvoller Ball der Republik gemeint. Louis Napoleon, der »Kronendurst'ge«, der sich selber zu »Geduld, Geduld« mahnt, hat nur Augen für ein großes goldgerahmtes Wandgemälde mit Napoleon I.; er sieht »das Zepter der halben Welt«, sieht allein nur, wie der Goldreif auf der Stirn des »Allmächt'gen« blinkt und blitzt, er sieht nicht »den tiefen Ernst«, der Napoleons Gesicht umschattet, gleichsam als Erinnerung an Revolution und Krieg, und er vergißt »über sich und seine Welt, daß rings die Welt ein droh'nder Krater ist«.

Auf die »offene Frage«, ob er, Louis Napoleon, sein Nachfolger sei, hatte damals der Balladendichter Fontane für den stummen Kaiser Napoleon geantwortet – mit einem »Du bist es nicht!«.

Fontane schienen die Engländer nicht mehr so aufgeschlossen zu sein wie einst: »Ein Fremder sein heißt verdächtig sein.« Eine Anspielung auf die vielen Flüchtlinge, die seit der Revolution von 1848 und dem Ungarnaufstand von 1849 in London Asyl gefunden hatten, und »mit den Flüchtlingen, Patrioten und Ehrenmännern eben auch viel Gesindel«.

Der Preuße Fontane erlaubte sich auch ein Urteil über die englische Armee – sie erschien als dieselbe wie vor fünfzig Jahren, die »Erfindungen und Verbesserungen eines beinahe vierzigjährigen Friedens spurlos an ihr vorübergegangen, sie träumt von ihren Siegen und wiegt sich in Sicherheit«. Das Beste schien die Infanterie noch immer im Bajonettangriff zu leisten, doch, wie Fontane ahnte, hatte sich die Kriegskunst inzwischen von der »bloßen Rauferei« entfernt.

Auf seinen Streifzügen durch London stieß Fontane natürlich auch auf die Nelson-Säule auf dem Trafalgar Square. »Nur soviel: Nelson trägt Frack und Hut, aller Gegnerschaft zum Trotz, auf gut napoleonisch, und die Statue, wie sie das ist, auf den Vendôme-Platz zu Paris statt auf den Trafalgar Square in London gestellt, sollt' es ihr nicht schwer fallen, vielen tausend Beschauern gegenüber, den englischen Admiral zum französischen Kaiser avancieren zu lassen«, schrieb Fontane in einem Artikel, der wenig später in seinem Reisebericht *Ein Sommer in London* erschien.

Das Rätselraten über Napoleon III. ging weiter. In demselben Jahr, in dem Victor Hugo in Brüssel sein berühmtes Pamphlet *Napoleon der Kleine* veröffentlichte, legten 1852 zwei weitere Männer ihre Ansichten über den französischen Kaiser der Öffentlichkeit vor. Die eine stammte von einem Emigranten und ehemaligen Chefredakteur der *Neuen Rheinischen Zeitung*, der nach seiner Ausweisung aus Paris (auf Bitte der preußischen Regierung!) und aus Brüssel nach der mißlungenen Revolution von 1848 in London lebte – Karl Marx. Er hatte bereits in der *Rheinischen* die Entwicklung in Frankreich von 1848 bis 1849 verfolgt und schickte nun in der amerikanischen Zeitschrift *Die Revolution* die Analyse bis zum Staatsstreich Louis Napoleons hinterher. Für seinen Freund, den in England lebenden Fabrikantensohn und Hobby-Militärexperten Friedrich Engels, war »*Der 18. Brumaire des Louis Bonaparte*« der erste Versuch, »ein Stück Zeitgeschichte vermittels seiner materialistischen Auffassungsweise aus der gegebenen ökonomischen Lage zu erklären«. Für Marx war Louis Bonaparte nur ein Abenteurer, Falschspieler und Ersatzmann für Napoleon I., eine »Marionette der Bourgoisie«; und im Staatsstreich und der erwarteten Kaiserkrönung sah er eine Parodie, die mit einem Katzenjammer der Gesellschaft enden und »liberté, égalité, fraternité« durch »Infanterie, Kavallerie, Artillerie« ersetzen würde.

Als einen »Tag des Lichts« dagegen feierte der andere Verfasser einer Broschüre über »den Geächteten und Gefangenen von Ham« den »neuen Brumaire«. Sie erschien in Berlin und stammte aus der Feder des Naturwissenschaftlers und Philosophen Konstantin Franz, den der Minister Manteuffel nach Paris geschickt hatte, um die Zukunftsaussichten des Prätendenten zu studieren. Franz empfahl, sich ins Unvermeidliche zu ergeben und die Herrschaft des »Neffen« als gesichert hinzunehmen, »gesichert und unantastbar«, weil ihn die Masse gewollt, gewählt habe. »Nein, nein, es gibt für Frankreich keinen anderen Ausweg als die napoleonische Verfassung. Dieses Prinzip ist heilsam für Frankreich wie für Europa, weil Louis Napoleon den Krater der französischen Revolution schloß.«

Die Welt schien sich wieder konsolidiert zu haben. Aber für Karl Marx herrschte in Europa eine trügerische Stille, und nur die »Kurzsichtigkeit der herrschenden Pygmäen« konnte, wie er verächtlich bemerkte, der Ansicht sein, mit der Beseitigung von Anarchie und Aufruhr auch die Gefahr politischer Umbrüche und Änderungen aus dem Weg geräumt zu haben: »Immer wenn der revolutionäre Sturmwind für einen Augenblick sich gelegt hat, kann man sicher sein, eine ständig wiederkehrende Frage auftauchen zu sehen, die ewige orientalische Frage, die immer noch ungelöste Frage, die nie aufhörende Schwierigkeit: was fangen wir mit der Türkei an?«

Der Streit um die Schlüssel

Der Krimkrieg hatte viele Ursachen, eine davon lag in Palästina. Allerdings war es nicht Rußland, das den Stein ins Rollen brachte. Schon im Mai 1850 hatte Stratford Canning, der englische Botschafter in Konstantinopel, Palmerston besorgt mitgeteilt, es entwickle sich zwischen den christlichen Gemeinden in Jerusalem ein Streit, der »viel Aufregung« verursachen könnte.

Das war wiederum nichts Neues. Den Besitzanspruch auf die heiligen Stätten, die mit dem Leben und Wirken Jesu verbunden waren, teilten sich die Anhänger der verschiedenen christlichen Konfessionen untereinander, die in dem von den Türken besetzten Land lebten. Zwar war im Lauf der Jahrhunderte ein großer Teil dieser Gebäude vor allem in Bethlehem und Jerusalem, dem Zentrum der Leidensgeschichte Christi, von den Mohammedanern umgebaut oder zu profanen Zwecken benutzt worden. Doch gab es inzwischen eine stattliche Liste von Denkmälern, die eine Wallfahrt ins Heilige Land lohnten, wie zum Beispiel die Geburtskirche in Bethlehem oder die Grabeskirche in Jerusalem.

In Jerusalem gab es unter der Mehrheit der arabischen und türkischen Einwohner Mitte des vorigen Jahrhunderts ungefähr 2 000 Griechisch-Orthodoxe (Byzantiner), 1 000 Katholiken (Lateiner) neben 350 Armenier. Jerusalem war im Grunde eine orientalische Stadt. Man hätte meinen können, daß dieser Handvoll Christen daran gelegen gewesen wäre, inmitten einer Welt Andersgläubiger in Frieden miteinander zu leben. Doch dem war nicht so.

Das Hauptziel aller Christen war die *Kirche zum Heiligen Grab* bzw. die Auferstehungskirche, errichtet auf dem Kalvarienberg der Stadt über dem mutmaßlichen Grab des Gottessohnes. Mehrmals zerstört, wieder aufgebaut und umgebaut bestand die Grabeskirche aus einem labyrinthischen Komplex verschiedener Gebäude, Anbauten, Kapellen, Nebenkapellen, Altarnischen und Grotten. Entsprechend kompliziert waren die Besitzverhältnisse. Jede Konfession versuchte, sich durch Gebetsecken, Nebenaltäre und andere Zusatzeinrichtungen ein ungestörtes Revier für den Gottesdienst zu verschaffen.

Die Verehrung desselben Gottessohnes hinderte die frommen Mönche und Pilger jedoch nicht, die feierlichen Höhepunkte im Kirchenjahr, Weihnachten und Ostern, mit Streitigkeiten zu verbinden, die oft in erbitterte Schlägereien um irgendwelche Privilegien ausarteten, so etwa um das Recht, an einem bestimmten Nagel einer Säule ein Bild zu befestigen oder »dort und nicht woanders« eine Öllampe anzuzünden. Mitunter hielten, wie Reisende angeekelt berichteten, die türkischen Ortsbeamten den Frieden unter den Betenden nur mit dem Gewehrkolben aufrecht, nicht gerade beeindruckt von dem Schauspiel, das ihnen die »Ungläubigen« boten. Sie sahen in diesen Zänkereien ein gutes Mittel, sich die Taschen zu füllen, d. h. Privilegien an den Meistbietenden zu verkaufen. Eifersüchtig wachte jede Konfession über ihr Revier, so daß sogar das »Kehren des Fußbodens eine gefährliche Handlung« sein konnte. Ein 1851 durchreisender Pfarrer klagte, daß in Jerusalem kaum der Schatten eines echten Christentums zu finden sei, die Mönche bezeichnete er als »Auswurf des Abendlandes«.

Die beiden großen Konfessionen, Frankreich und Rußland im Rücken, besaßen den Hauptanteil an der Grabeskirche. Doch hatte sich nach dem großen Brand der Kirche von 1808, der den Armeniern in die Schuhe geschoben wurde, eine Veränderung ergeben. Ausbesserungsarbeiten, für die die Erlaubnis der Türken eingeholt werden mußte, führten nach türkischem Recht auch stets zu Änderungen im Besitzrecht zugunsten dessen, der reparieren ließ und zahlte.

Die Griechen, deren Gemeinde reicher war als alle anderen Gemeinden und daher auch erfolgreicher im Umgang mit den türkischen Aufsichtsbehörden, hatten die Katholiken nicht nur aus der Rotunde, dem hohen Kuppelbau, verdrängt, sich vielmehr auch der darin befindlichen Kapelle bemächtigt, unter deren Altar sich angeblich das Grab Christi befand. Sie besaßen zusammen mit dem *Nabel der Welt* (ein Loch im Boden des Mittelschiffes) nunmehr das Zentrum des christlichen Heilsgeschehens. Die Griechisch-Orthodoxen betrachteten sich ohnehin als natürliche Erben der Grabeskirche, da sie von der Mutter Konstantins des Großen, des Herrschers des bzyantinischen Reiches, gestiftet worden war.

Im Mai 1850 hatten die unzufriedenen Katholiken in dem französischen Gesandten bei der Hohen Pforte, General Aupick, offenbar endlich den richtigen Adressaten gefunden, ihre Angelegenheit mit dem notwendigen Nachdruck vertreten zu lassen, und ganz offensichtlich ging Aupick mit Rückendeckung des französischen Staatschefs vor, der – und das war kein Geheimnis – die Stimmen der Katholiken bei der nächsten Wahl benötigte. Durch Louis Napoleon hofften die Katholiken, in Palästina ihre alten Privilegien zurückzuerhalten. Akut wurde die Angelegenheit, wie die Katholiken in Jerusalem behaupteten, durch den Zustand der Hauptkuppel über der Grabeskapelle. Beide Konfessionen beanspruchten das Recht zur Ausbesserung, da sie das darunter liegende Grab als Besitz reklamierten. Zur Sprache kam gleich eine ganze Liste von Vorwürfen. So monierten die Katholiken, bauliche Veränderungen hätten die Griechen dazu benutzt, alte lateinische Inschriften zu beseitigen und an ihre Stelle Inschriften und bildliche Darstellungen aus der griechischen Lithurgie zu setzen. Auch sei das Grabmal des Kreuzfahrers Gottfried von Bouillon »durch griechische Schlamperei« verfallen, seine Gebeine verstreut worden. Nicht zuletzt wurde in dem Beschwerdekatalog aufgeführt, daß die Griechen bereits 1847 den mit einer lateinischen Inschrift versehenen Silbernen Stern aus der Geburtskirche gestohlen hätten; und nicht nur das, sie hätten das Blei der Kuppelbedachung an die Türken zum Gießen von Gewehrkugeln verkauft. Im Gegenzug behaupteten die Griechisch-Orthodoxen, daß die Katholiken die Gebeine der Jungfrau Maria an den Papst versilbert hätten.

Die Republik Frankreich nahm jedenfalls diese Vorfälle zum Anlaß, bei dem osmanischen Außenminister Ali Pascha ihren Protest anzumelden, und das war, wie Stratford Canning in seinem Schreiben an Palmerston schloß, bezeichnend »für die Verwickeltheit der orientalischen Angelegenheiten« und für die Tatsache, »wie schwer es sei, die Frage der Besitzverhältnisse von politischen Erwägungen zu trennen«.

Bis Ende des 18. Jahrhunderts war Europa das Schicksal der Christen im Osmanischen Reich und der Zustand der Heiligen Stätten in Palästina ziemlich gleichgültig gewesen. Erst Napoleons I. Feldzug nach Ägypten hatte das Interesse für den nahen Osten geweckt.

Frankreich war lange davor das erste europäische Land gewesen, das diplomatische Beziehungen zum Osmanischen Reich hergestellt hatte. Diese Vertragsabmachungen, Kapitulationen genannt, reichten bis in das 16. Jahrhundert zurück und dienten anfangs in erster Linie nicht dem Pilgerwesen, sondern der gesicherten Abwicklung von Handelsbeziehungen, mochte man auch in der Verbindung zwischen einem christlichen Staat und dem heidnischen Sultanat die unchristlichste aller Staatsverbindungen sehen.

Der französische Gesandte Aupick berief sich auf Abmachungen aus dem Jahr 1740, die 1802 noch einmal bestätigt worden waren. Im Artikel 33 dieses Vertragswerks wurde den französischen Mönchen, welche »nach alter Gewohnheit« innerhalb und außerhalb von Jerusalem in der Kirche zum heiligen Grab wohnten, der Besitz aller in ihren Händen befindlichen Wallfahrtsorte garantiert.

Die griechisch-orthodoxen Mönche hätten sicherlich klein beigeben müssen, wenn ihnen nicht der Zar als mächtiger Fürsprecher zu Hilfe gekommen wäre, zumal er sich als Schutzherr aller Gläubigen des griechisch-orthodoxen Ritus betrachtete. Der Zar konnte sich dabei ebenfalls auf Abmachungen berufen, auf den Vertrag von Kutschuk-Kainardschi von 1774, der das Vertragswerk von 1740 seiner Überzeugung nach erweiterte. Die Artikel des Vertrages bezogen sich nicht direkt auf die Verhältnisse in bestimmten Kirchen und sicherten den Untertanen des russischen Reiches, die als Pilger oder Touristen die Türkei bereisten, Schutz vor Belästigungen zu sowie »Pässe und Firmane der Art, wie man sie den Untertanen anderer befreundeter Mächte gibt«.

Mitte des vorigen Jahrhunderts kamen auf einen katholischen Pilger immerhin fast hundert russische Gläubige; schon an der Zahl ist ablesbar, daß es in erster Linie ein religiöses Interesse war, das Rußland mit Palästina verband, während Palästina die Westmächte nur aus politischen Gründen interessierte.

Gleich nach dem Staatsstreich von 1851 war der neue Gesandte Frankreichs, Lavalette, auf einem Kriegsschiff ins Goldene Horn eingelaufen, um Frankreichs Forderungen den gebührenden Nachdruck zu verleihen und um die »katholische Religion aus einem Zustand der Unterwürfigkeit zu befreien, der ihrer und Frankreichs gleich unwürdig sei«, wie Außenminister Drouyn de Lhuys formulierte.

Alarmiert durch den allzu vertraulichen Umgang zwischen dem osmanischen Außenminister Ali Pascha und dem französischen Gesandten, betrat nunmehr der russische Gesandte Titow die Szene, um ein Schreiben zu überreichen, in dem sich der Zar gegen jede Veränderung des Status quo wandte und auch gleich mit dem Abbruch der diplomatischen Beziehungen drohte; ein Beweis dafür, in welch starkem Maße der russische Einfluß in der Türkei zugenommen hatte.

Der Streit um die Heiligen Stätten zog sich, während das Dach über dem Grab Christi immer baufälliger wurde, über das ganze Jahr 1851 und noch weit bis in das nächste Jahr hinein. Auf den Vorschlag Österreichs, das ebenfalls Verträge mit dem Osmanischen Reich besaß, hatte die Pforte zunächste versucht, das Problem durch Bildung einer gemischten Kommission auf die internationale Ebene zu heben. Der Sultan bot sogar an, die Kuppel der Grabeskirche auf Staatskosten reparieren zu lassen, erregte aber schon deshalb den Zorn des Zaren, weil, wie ihm hinterbracht wurde, der türkische Kommissär «mit einer Pfeife im Munde» das heilige Grab besichtigt habe.

Mit dem Ergebnis war der Zar jedenfalls nicht zufrieden. Eine weitere, diesmal rein türkische Kommission, wurde gebildet, die mit der üblichen Verschleppungstaktik arbeitete, bis sie schließlich mit der salomonischen Lösung herausrückte, den streitenden Parteien die gemeinsame Nutzung der Heiligtümer vorzuschlagen. Begründung: es gäbe schließlich unter den Katholiken und Orthodoxen auch ottomanische Untertanen, deren Besuch der Stätten in keiner Weise eingeschränkt werden dürfe; allerdings wurde auch nicht gesagt, welche Gemeinde nun die Kuppel der Grabeskirche zu reparieren hatte.

Da die Kommission beschlossen hatte, die Geburtsgrotte in Bethlehem allen christlichen Konfessionen als gemeinsamen Besitz zuzusprechen, ergab sich nun das Problem, auf welche Weise die Katholiken durch die den Griechen auch weiterhin gehörende Kirche zur Grotte gelangten; es wurden ihnen zwei Schlüssel zum Altar und einer zur Großen Tür zugesprochen, mit der Auflage, das Kirchenschiff nur als Durchgang, nicht etwa als Gottesdienststätte zu benutzen.

Kaum war das Ergebnis bekannt, der französische Gesandte befriedigt in den Urlaub abgereist, als der Zar, mit der Entwicklung der Dinge unzufrieden, zuerst eine schriftliche Bestätigung der Zusage in Form eines Ferman verlangte und schließlich, als er sie bekommen hatte, auch noch die feierliche Verlesung dieses Fermans durch den griechischen Patriarchen in Jerusalem statt nur der einfachen gerichtlichen Registratur. Kaum war auch dies zugestanden, als bekannt wurde, daß sich die Griechisch-Orthodoxen weigerten, den Hauptschlüssel zum Haupteingang der Kirche in Bethlehem herauszurücken mit der Behauptung, es sei in dem Ferman nur vom Schlüssel zur Nebentür die Rede, und außerdem bedeute der Besitz der Schlüssel den Besitz der Kirche!

Im November 1852 spitzte sich der Streit so zu, daß Rußland wieder einmal mit der ganzen Gesandtschaft Konstantinopel zu verlassen drohte, falls vom Status quo auch nur im geringsten abgewichen würde, während Frankreich durch den wieder vor Ort erschienenen Lavalette erklärte, die Dardanellen mit der französischen Flotte zu blockieren, wenn die Pforte am Status quo festhielte.

In dieser verzwickten Situation wandten sich die Osmanen rat- und hilfesuchend an die Engländer, die sich bisher völlig aus dem Streit herausgehalten hatten und die ganzen Kapitulationen, Fermane und Paragraphen als »Dokumente aus alter und dunkler Zeit« betrachteten mit dem sarkastischen Zusatz, daß der Streit ausschließlich um Privilegien ginge und das an einem Ort, an dem »der Herr Christus Frieden auf Erden und brüderliche Liebe zu den Menschen verkündet hatte«.

Obwohl »Ihrer Majestät Regierung« nicht gewillt sei, sich in die Materie dieses Streits einzulassen, meinte Palmerston doch gleich mit weltpolitischem Weitblick, hier handle es sich nicht nur um einen rein konfessionellen Streit, sondern um den »Lebenskampf zwischen Rußland und Frankreich«. Tatsächlich gelang es dem englischen Generalkonsul in Istanbul, Oberst Rose, in persönlichen Gesprächen mit allen Parteien den Streit zu schlichten. Die Katholiken bekamen ihren Schlüssel, die Orthodoxen Rechte für die Errichtung religiöser Bauten in Konstantinopel, Lavalette erklärte dem russischen Gesandten und dem Außenminister des Sultans überdies, daß Frankreich »keinen Anspruch auf ein Protectorat über die römisch-katholischen Untertanen der Pforte erhebt«, also ein vollständiger Rückzieher Frankreichs, so daß es Ende 1852 so aussah, als ob Europa das Friedensfest der Christenheit in Ruhe und Eintracht verbringen könnte.

Napoleon III. erschien es ratsam, keine Konfrontation mit Rußland zu suchen, solange England die französischen Aktivitäten im Orient mißbilligte. Eine außenpolitische Krise kam ihm ungelegen, da ihm erst einmal darum zu tun war, das allgemeine Mißtrauen gegen sein neues Kaisertum zu beseitigen. Der ehrgeizige Lavalette wurde beurlaubt, Drouyn de Lhuys schickte auch noch aus Paris eine Depesche nach Petersburg, in der er Nikolaus mitteilte, Frankreich halte keineswegs an den geltend gemachten Ansprüchen fest. Unglücklicherweise traf dieser Versöhnungsvorschlag aber auf Grund des langen Postweges erst am 10. Januar 1853 in Petersburg ein, so daß eine gute Woche verschenkt war, um den Zaren von den friedlichen Absichten Napoleons zu überzeugen.

Nikolaus I. hatte Englands Kritik an der Orient-Politik Napoleons III. sorgfältig registriert. Das ganze Jahr 1852 über war er bereits damit beschäftigt gewesen, in Erfahrung zu bringen, wie es die anderen Großmächte, vor allem England, mit dem Napoleoniden hielten. Es war ihm schwergefallen, die Wiederherstellung des Kaisertums in Frankreich einfach hinzunehmen. Einerseits verstieß es gegen seine legitimistischen Grundsätze, die Bourbonen fallenzulassen, andererseits imponierte ihm die Zielstrebigkeit Louis Napoleons. Hinzu kam, daß gegen eine der letzten Abmachungen aus der Zeit des Wiener Kongresses verstoßen wurde, gegen den Artikel 2 des Allianz-Vertrages zwischen den Siegermächten über Napoleon I. vom November 1815, in dem die ewige Ausschließung Napoleon Bonapartes und seiner Familie von der Herrschaft in Frankreich festgeschrieben worden war.

In England war es über den Fall Louis Napoleon sogar zu einer Regierungskrise gekommen. Königin Victoria war der Überzeugung, daß Louis Napoleon die Regierung »aus dem Schmutz« gezogen habe, wenn sie auch seine dem Staatsstreich folgenden Polizeimaßnahmen, die eine neue Flüchtlingswelle auslösten, mißbilligte. Trotzdem war Lord Palmerston, dem an einer engeren Beziehung mit Frankreich gelegen war, abgelöst worden, weil er als Außenminister sich nicht an die Regierungslinie der strikten Neutralität gehalten und dem französischen Botschafter in London, Alexandre Walewski, sofort seine vollständige Billigung des Staatsstreiches mitgeteilt hatte. Zur Freude des Zaren wurde Lord Aberdeen, der als russenfreundlich galt, überdies 1852 neuer Premier.

So ganz ohne Vorbehalte gedachte der Zar nun doch nicht den neuen Machthaber von Frankreich in den Kreis der europäischen Monarchen aufzunehmen. Während die Engländer, Österreicher und Preußen ihre Anerkennungsschreiben *(Kreditbriefe)* mit der üblichen Anrede *Monsieur mon frère* versahen, verweigerte Nikolaus Napoleon III. die brüderliche Anrede, die beide Souveräne im Rang gleichstellte, und redete ihn mit *Mon cher ami* an, was einer Beleidigung gleichkam, wenn er ihm auch damit nur zu verstehen geben wollte, daß er ihn nicht für das gekrönte Haupt einer Dynastie ansah.

Als Napoleon III. und sein Außenminister sich weigerten, das Beglau-

bigungsschreiben des russischen Botschafters Graf Kissilew anzunehmen, und Österreichs Botschafter Hübner daraufhin sein Schreiben
auf Anweisung Wiens zurückzog, kam es im Dezember 1852 in Paris
zu einer Krise, in der der englische Gesandte Cowley bereits den
nächsten Krieg am Horizont sah. Der Empfang zur feierlichen Über-
gabe der Akkreditierungspapiere mußte ständig verschoben werden.
Über seinen Gesandten Hübner ließ Karl-Ferdinand Buol-Schauenstein, Österreichs Minister des Äußeren, auch noch Louis Napoleon
bitten, kein Napoleonsfest am 15. August zu veranstalten und das
Bildnis Napoleons I. auf dem Kreuz der Ehrenlegion zu entfernen als
das Bildnis jenes Mannes, der »der Schrecken Europas war und den es
geächtet hat«.
Erst durch seine engsten Berater ließ sich Napoleon III. schließlich
umstimmen, Kissilew doch noch einmal zu empfangen, um sein Doku-
ment entgegenzunehmen – nunmehr mit der Anrede *Sire und guter
Freund*. Napoleons Entgegenkommen fiel zeitlich mit seinem Verzicht auf eine selbständige Politik im Orient zusammen.
Nikolaus I. hatte sich angeblich erst nach der Lektüre der »Napoleonischen Ideen« zu seiner ablehnenden Haltung entschlossen. Diese
Schrift, 1839 in London publiziert, ein Jahr später bereits in deutscher
Übersetzung erschienen, stellte so etwas wie die Programm- und
Kampfschrift des Thronanwärters *(Prätendenten)* dar, ein Bekenntnis
zu den Idealen und Wohltaten von 1879, zu Napoleon I. als Vollender
der französischen Revolution, deren Errungenschaften, fortschrittli-
che Gesetzgebung und nationale Selbständigkeit, den Völkern Europas – wie Louis Napoleon meinte – noch immer in guter Erinnerung
seien: »Der große Schatten des Kaisers möge in Frieden ruhen! Sein
Andenken vergrößert sich täglich. Jede Woge, die sich an dem Felsen
von St. Helena bricht, bringt, mit einem Hauch aus Europa beseelt,
eine Huldigung seinem Andenken, einen Seufzer seiner Asche, und
das Echo von Longwood wiederholt an seinem Sarg: Die freien Völker arbeiten überall an der Wiederherstellung deines Werkes.«
Es war für die Anwälte von Ruhe und Ordnung unerhört, daß hier so
offen der Revolution das Wort geredet und an den göttlichen Rechten
der Monarchie gezweifelt wurde. Dem Zaren mußte mißfallen, daß
der Verfasser den Polen Hoffnung auf Selbständigkeit machte und
sich selbst indirekt als Testamentsvollstrecker Napoleons I. bezeichnete. In ferner Zukunft prophezeite der Verfasser die Aufteilung der

Welt unter den »beiden Colossen, welche an den Enden der Welt liegen: Nordamerika und Rußland«. In der Gegenwart aber ging es um den Kampf zwischen England und Rußland, wobei Frankreich, das natürlich an der Spitze der Zivilisation marschierte, ein kräftiges Wort mitzureden gedachte.

Napoleon III. mußte auch noch weiteren Ärger hinunterschlucken, als er auf Schwierigkeiten stieß, in ein europäisches Herrscherhaus einzuheiraten, was ihn empfindlich an seine nicht ganz geklärte eigene Herkunft erinnern mußte, wenn er sich von den alten Kontinentalhöfen als Emporkömmling behandelt sah. Denn von Anfang an gab es Gerüchte, daß Louis Napoleon, der seinem Onkel so gar nicht ähnlich sah, geschweige denn dessen Temperament besaß, nicht den König von Holland (Louis Bonaparte) zum Vater hatte.

Kurz entschlossen machte Napoleon III. – während er seinen bisherigen Lebensstil der Mätressenwirtschaft nicht aufgab – einem jungen Mädchen aus spanischem Adel den Hof und ließ am 30. Januar 1853 die festliche Trauung in der Kathedrale von Notre Dâme erfolgen, wobei er den französischen Adel brüskierte und seine Minister, die die Verbindung als nicht standesgemäß empfanden.

»Während dieser Zeit hat Frankreich die Aufmerksamkeit Europas voll in Anspruch genommen. Man merkt kaum die Wolken, die sich am Horizont im Osten zusammenziehen«, schrieb Hübner Ende Januar 1853. In der Tat hatte der Zar bereits seine nächsten Schritte geplant. Unter den *Schlüsseln von Jerusalem* lagen mehr Dinge verborgen als eine simple *»affaire de sacristrie«*, wie Drouyn de Lhuys orakelte.

Der kranke Mann am Bosporus

»Es ist lange die Aufgabe der abendländischen Heere gewesen, der osmanischen Macht Schranken zu setzen«, stellte Helmuth von Moltke 1836 fest: »Heute scheint es die Sorge der europäischen Politik zu sein, ihr das Dasein zu fristen.« Es war schon lange kein Geheimnis mehr, daß der *Mann am Bosporus* »krank« war. Im Mund des Zaren sollte diese Feststellung bald zu einer sprichwörtlichen Redewendung werden. Doch lange vor ihm hatte der griechische Fürst Maurokordatos in einer Denkschrift aus dem Jahr 1820 auf den Verfall des türki schen Reiches aufmerksam gemacht, indem er es mit einem kranken Mann verglich, »welcher der Amputation eines brandigen Gliedes den langsamen und qualvollen Tod vorzieht«.

Nur wollte sich der *Mann am Bosporus* weder freiwillig amputieren lassen noch aufs Sterbebett legen.

Aber die Orakel vom Ableben des einstigen Feindes der Christenheit waren sogar noch älter. Gleich nach der Schlacht am Kahlen Berge vor den Mauern Wiens 1683 hieß es in einem Lied, das die Gassenbuben sangen, »Der Türk' ist krank«, was mit Gewißheit zu früh war, denn das besiegte Osmanenheer war auch weiterhin noch zu starken Schlägen gegen seine europäischen Gegner fähig. Doch der Nimbus der Unbesiegbarkeit war dahin, die Türkengefahr im Grunde gebannt.

Anfang des 18. Jahrhunderts war die Expansionskraft der Osmanenherrscher endgültig gebrochen, der langsame Rückzug aus den besetzten Gebieten begann, das Weltreich schrumpfte. Nun aber wurde der frühere Erbfeind als politischer Machtfaktor im europäischen Kräftespiel interessant, bald sogar als Koalitionspartner im Kampf einer europäischen Macht gegen die andere, denkt man an die Bemühungen Friedrichs des Großen, die Türken als Bundesgenossen zu gewinnen, um den Druck Rußlands und Österreichs auf Preußen abzuschwächen, beiden Ländern also einen Zweifrontenkrieg aufzuzwingen. Bis zu diesem Zeitpunkt hatten die Türken als »nicht bündnisfähig« gegolten. Friedrich der Große dachte in diesem Punkt revolutionär, auch wenn er sich selbst mit dem Teufel verbündet hätte, um Preußen im Siebenjährigen Krieg zu retten.

Für die Österreicher waren Preußen und Türken in der Mitte des 18. Jahrhunderts gleichermaßen »Todfeinde«, wie Kanzler Kaunitz erklärte. Österreich und Rußland operierten gemeinsam gegen die Türkei, bevor die Rivalität beider Großmächte auf dem Balkan ihr Verhältnis mit Spannungen auflud. Schließlich kam es 1771 sogar zu einer österreichisch-türkischen Allianz als Gegengewicht zum preußisch-russischen Bündnis. Pläne zur Aufteilung der Türkei reichten bis in diese Zeit zurück. Damit begann auch die *Orientalische Frage* eine wichtige Rolle in der Geschichte der europäischen Politik zu spielen. Das politische Gewicht des Zarenreiches war lange Zeit geringer als das des Osmanenreiches, doch seit dem 18. Jahrhundert begann sich dies umzukehren. Region für Region wurden die Türken aus dem südöstlichen Raum Europas verdrängt. Im Frieden von Kut-schuk-Kainardschi 1774 (ein Ort bei Silistria an der unteren Donau) verlor die Pforte die Krim und das Land zwischen Bug und Dnjepr an Rußland und war damit nicht mehr Herr auf dem Schwarzen Meer. Die vielen Kriege gegen die beiden europäischen Großmächte hatten das Osmanenreich erschöpft. Auf dem Balkan nahm die Unzufrieden-heit unter der christlichen Bevölkerung zu. Es fehlte bald eine starke Hand, die weit entfernt liegenden Provinzen des Reiches unter Kon-trolle zu halten. Günstlingswirtschaft, Habgier und Korruption brei-teten sich mit dem Sinken der Autorität des Sultans aus. »So ist die osmanische Monarchie heute in der Tat ein Aggregat von König-reichen, Fürstentümern und Republiken geworden, die nichts zusam-menhält als lange Gewohnheit und die Gemeinschaft des Koran«, urteilte Moltke, der auf seinen Reisen durch das Osmanenreich 1835 bis 1839 einen Einblick in die innenpolitischen Verhältnisse wie kein anderer Europäer erhalten hatte.

Nach 1815 waren es zwei schwere Krisen, die zu einer Kollision der europäischen Großmächte mit dem Osmanischen Reich führten. Beide Male ergaben sich völlig unterschiedliche Koalitionen, so daß sich die Aufteilung der Machtverhältnisse in den Block der konserva-tiven Ostmächte bzw. der Heiligen Allianz (Rußland, Österreich, Preußen) und den der liberalen Westmächte (England, Frankreich) als falsch erwies. In Wirklichkeit stellte das politische Kraftfeld ein Dreieck dar, gebildet aus England, Rußland und Frankreich, in dem ein Staat mit einem anderen nach der jeweiligen Interessenlage ein Bündnis einzugehen versuchte, um den dritten zu isolieren.

Den Kampf der Griechen um ihre Unabhängigkeit hätten die Groß-mächte zuerst am liebsten ignoriert, da England das Osmanische Reich als Bollwerk gegen den russischen Expansionsdrang erhalten wollte, und der Zar aus Furcht vor dem »Weltbrand der Revolution« keine Rebellen zu unterstützen gedachte. Auch Metternich fürchtete, daß mit der Unterstützung des Nationalgedankens auf dem Balkan das türkische Reich ebenso wie der österreichische Vielvölkerstaat gefährdet wurde. Trotz allem stellte das christliche Rußland die Hoff-nung der orthodoxen Griechen dar. Bevor der Westen auf ihren Freiheitskampf aufmerksam wurde, kämpften russische Offiziere auf seiten der Griechen gegen die osmanische Fremdherrschaft. Als sich der Bürgerkrieg mit seinen entsetzlichen Massakern, bei denen sich die Inselgriechen ebenso hervortaten wie die türkischen Truppen, nicht eindämmen ließ und auch die öffentliche Meinung in Westeuropa Partei für die Hellenen nahm, einigten sich England und Rußland im Petersburger Protokoll 1826 darauf, den Sultan zur Gewährung einer gewissen Selbständigkeit Griechenlands zu zwingen. Navarino, eine Seeschlacht ohne Kriegserklärung, sorgte durch einen Sieg der vereinigten Geschwader Rußlands, Englands und Frankreichs für den nötigen Nachdruck.

Gewissermaßen im Windschatten des griechischen Konflikts führte Rußland, von Frankreich, das sich kolonialen Zugewinn versprach, moralisch unterstützt, 1828/29 einen regulären Krieg gegen die Osmanen, besetzte die türkischen Donaufürstentümer Moldau-Walachei und zwang die Türken schließlich zum Friedensschluß *(Frieden von Adrianopel)*. Hauptergebnis war die Entmilitarisierung der Donaufürstentümer, in denen Rußland ein außen- und innenpolitisches Mitspracherecht erhielt. Die endgültige Anerkennung Griechenlands fiel nebenbei mit ab, ein Erfolg der russischen Diplomatie.

1833 kam es sogar zu einem militärischen Beistandspakt *(Vertrag von Hunkar Skelessi)* zwischen der Türkei und Rußland, als der Pascha von Ägypten seine Vasallenabhängigkeit aufkündigte und das Osmanische Reich an den Rand des Zusammenbruchs brachte. Der Pascha Mehmet Ali wurde von Frankreich unterstützt, das seinen Einfluß im Orient festigen wollte. Die Beziehungen zwischen Rußland und England waren abgekühlt, da England die aufständischen Bergvölker im Kaukasus mit Waffen belieferte und wegen der Niederschlagung des polnischen Aufstandes eine antirussische Stimmung in England herrschte. Das Verhältnis zwischen England und Frankreich war ebenfalls gestört, weil England bei einer Aktivität Frankreichs im Orient seine Wege nach Indien und seine Handelsstellung gefährdet sah. Schließlich kam es zwischen den fünf Großmächten 1841 zum *Londoner Dardanellenvertrag*, auf dem die Schließung der Meeresenge für Kriegsschiffe festgelegt und die Integrität bzw. der Erhalt der Türkei garantiert wurde.

Das Schicksal der Christen war den Westmächten dabei völlig gleichgültig. Für kurze Zeit hatte der modern und liberal denkende ägyptische Pascha Palästina aus dem Zustand der Verkommenheit und Abgeschiedenheit befreit, an dem das jahrhundertealte System der türkischen Mißwirtschaft Schuld war; statt dessen opferte England den Pascha, um aus machtpolitischen Gleichgewichtsgründen das Osmanische Reich zu retten. Die Furcht vor Rußland trieb die Türkei in die Arme Englands.

An Reformen kamen die Osmanen aber nicht mehr vorbei. Der erste »echte Reformsultan« war Sultan Mahmud II. Ihm gelang es endlich 1826, die Macht der Janitscharen zu brechen. Die Janitscharen, aus denen sich die Verwaltungsbeamten und vor allem die Soldaten rekrutierten, waren einst eine Eliteeinheit gewesen, stellten aber nun nur noch eine unfähige und reformfeindliche, auf ihre Vorrechte pochende Körperschaft dar, die jeder modernen Truppeneinheit unterlegen sein mußte. Nach dem Krieg gegen Rußland 1828/29, der verlorenging, weil er die Türkei gerade in der Phase der Umbildung der Armee traf, faßte Mahmud II. den Plan, seine Armee zu modernisieren. Er griff dabei auf preußische Offiziere als Instrukteure und Ausbilder zurück, weil er in ihrem Fall nicht mit dem Protest einer europäischen Großmacht zu rechnen brauchte, da sich Preußen bisher aus den orientalischen Angelegenheiten herausgehalten hatte und neutral geblieben war. Das Hauptproblem blieb aber die Tatsache, daß es beim besten Willen des Sultans und seiner Reformbefürworter nicht möglich war, den wirtschaftlichen und technischen Vorsprung des Westens aufzuholen.

Aber um 1850 besaß das Reich des Sultans immer noch gewaltige Ausmaße. Es erstreckte sich über drei Kontinente bis nach Europa, Asien und Afrika hinein, in Regionen, die durch ihre Lage und Geschichte von größter kultureller, wirtschaftlicher und politischer Bedeutung waren. Vor allem der Balkan stellte einen Herd ständiger Beunruhigung dar. 12 Millionen Christen waren auf Dauer nicht durch eine mohammedanische Minderheit zu beherrschen, auch wenn den Türken Glaubensangelegenheiten ziemlich gleichgültig waren; Hauptsache, die Steuern und Abgaben wurden entrichtet. Schließlich war die griechisch-orthodoxe Kirche offiziell anerkannt und durch einen Patriarchen in Konstantinopel vertreten. »Es entsprach dem Prinzip islamischer Herrschaft, nicht den Glauben, sondern Macht auszubreiten.«

Wahrscheinlich wäre das Osmanische Reich schon längst zusammengebrochen, wenn nicht die Rivalität der europäischen Mächte den *kranken Mann* künstlich am Leben erhalten hätte. Sie schreckten vor der Schwierigkeit zurück, wie mit seiner Erbschaft zu verfahren war –

die berühmte *Orientalische Frage*. Auf diese Weise wurde zwar ein großer Krieg verhindert, jedoch eine permanente Krisensituation geschaffen. Karl Marx, nach dessen Überzeugung ein europäischer Krieg die revolutionäre Situation beschleunigen mußte, sah das anders: »Die Türkei ist der wunde Punkt des europäischen Legitimismus. Die Impotenz des legitimistischen, monarchischen Regierungssystems findet seit der ersten französischen Revolution seinen Ausdruck in dem einen Satz: Aufrechterhaltung des Status quo. In dieser allgemeinen Übereinstimmung, die Dinge so zu belassen, wie sie von selbst oder durch Zufall geworden sind, liegt ein Armutszeugnis, ein Eingeständnis der völligen Unfähigkeit der herrschenden Mächte, irgend etwas für den Fortschritt oder die Zivilisation zu tun. Den Status quo in der Türkei erhalten! Ebenso gut könnte man versuchen, den Kadaver eines toten Pferdes in einem bestimmten Stadium der Fäulnis zu erhalten, in dem er sich befindet, ehe die vollständige Verwesung erfolgt. Die Türkei verfault und wird immer mehr verfaulen, solange das jetzige System des europäischen Gleichgewichts der Aufrechterhaltung des Status quo andauert.«

Karl Marx war, was einem so weitgereisten Mann wie dem Fürsten Pückler eben nicht passieren konnte, völlig entgangen, daß das Reformwerk Mahmuds II. auch nach dessen Tod 1839 mit großer Energie fortgesetzt wurde. Gewährsmann dieser Kontinuität war der Außenminister Reschid Pascha, der als Diplomat mehrere Jahre in London und Paris verbrachte und 1838 in die osmanische Hauptstadt zurückkehrte, gerade rechtzeitig, um dem erst 16jährigen neuen Sultan Abdul Meschid I. zur Seite zu stehen.

Ein gerechtes Steuersystem, eine bessere Militärdienstzeit, die Reorganisation des Justizwesens nach europäischem Vorbild, die Gründung der *Banque de Constantinople* und einer modernen Universität – alles das wurde Schritt für Schritt realisiert. Nach den imponierenden Kasernenbauten in Skutari, auf dem gegenüber von Konstantinopel gelegenen asiatischen Ufer, den repräsentativen steinernen Neubauten der englischen, russischen und französischen Gesandtschaften im Stadtteil Pera gegenüber der Stambuler Altstadt, ließ sich 1850 der junge Sultan einen neuen Palast am Bosporus errichten, dessen Baustil und Architektur die Öffnung des Osmanischen Reiches gegenüber Westeuropa sichtbar machte. Die Verlegung des Regierungssitzes vom Diwan im Serail an die *Pforte*, nach dem Eingang zu den Ministerien benannt, symbolisierte die politische Zugehörigkeit zum europäischen Mächtekonzert.

Wie modern er dachte, zeigte sich am Beispiel des wohl berühmtesten Bauwerkes der Christenheit. In der Öffentlichkeit Westeuropas war man erst seit kurzem wieder auf das Schicksal der Hagia Sophia aufmerksam geworden, als der italienische Architekt Caspare Fossati 1852 seine Bleistiftzeichnungen und Lithographien in London veröffentlichte. Die Aufmerksamkeit galt eigentlich mehr dem historischen Bauwerk als der in eine Moschee umgewandelten Krönungskirche der byzantinischen Kaiser aus dem 6. Jahrhundert. Fossati war, obwohl er den Titel eines offiziellen Hofarchitekten des Zaren besaß und in den vierziger Jahren den klassizistischen Bau der russischen Botschaft im Europäerviertel abgeschlossen hatte, 1847 von Abdul Meschid mit der Restaurierung und Sicherung der einsturzgefährdeten Sophienkirche betraut worden. Da zu dem Auftrag auch auf ausdrücklichen Befehl des Sultans die vorübergehende Freilegung der byzantinischen Mosaiken gehörte, die ja auf Grund des Verbots figürlicher Darstellungen im Islam nach der Umwandlung der Kirche in eine Moschee sofort übertüncht oder verputzt worden waren, hatte Fossati als erster jene Wunderwerke der Mosaizisten sehen und zeichnen können – und als letzter, übrigens zusammen mit anderen Restauratoren wie dem von Friedrich Wilhelm IV. schnell noch nach Konstantinopel geschickten preußischen Bauinspektor Wilhelm Salzenberg.

Eins der wichtigsten neuen Gesetze war in dem *Edlen Großherrlichen Handschreiben* bereits 1839 verkündet worden, dem Edikt von Gülhane, das die Diskriminierung der Andersgläubigen aufheben sollte.

Die Gleichstellung von Christen und Muslimen sollte gleichzeitig den europäischen Mächten die Möglichkeit entziehen, sich »unter dem Vorwand, ihre christlichen Glaubensgenossen schützen zu wollen, in die inneren Angelegenheiten des Osmanischen Reiches einzumischen«. Dies sollte sich als ein Irrtum herausstellen.

»Die schützenden Mauern Rußlands«

Am 15. November 1852 ging die russische Kriegsfregatte *Pallada* in Portsmouth vor Anker. Erst jetzt kam Iwan Gontscharow, der sich an Bord befand, zum Schreiben. Für die Strecke von Kronstadt bei St. Petersburg bis zur englischen Küste hatte die *Pallada* mehr als fünf Wochen gebraucht. »Das Fahren mit dem Segelschiff erscheint mir als Beweis für die Schwäche des menschlichen Verstandes«, klagte der Schriftsteller, »beim Setzen oder Streichen der Segel, beim Wenden des Schiffs und bei jedem etwas komplizierteren Manöver erlebt man eine derartige Kraftanstrengung, daß man in einem Augenblick der ganzen Geschichte der Bemühungen innewird, die man benötigt, um die Meere befahren zu können.«

Die Revolution der Schiffahrt hatte längst stattgefunden. Im März 1838 hatte die *Great Eastern*, ein englisches Dampfschiff, die Strecke Bristol–New York in 15 Tagen zurückgelegt, die Hälfte der Zeit, die ein Segelschiff bei idealen Windverhältnissen benötigte.

1812 war in den USA das erste dampfangetriebene Kriegsschiff gebaut worden. 1838 gewann ein mit einer Antriebsschraube ausgestatteter Dampfer die Wettfahrt mit einem Raddampfer. Den Zeitgenossen blieb eine Szene aus dem Jahr 1839 von symbolischer Bedeutung im Gedächtnis, die William Turner festgehalten hatte – das englische Linienschiff *Téméraire* auf dem Weg zum Abwracken, gezogen von einem kleinen Schleppdampfer – »ein kleiner Dämon, feuerrote, bösartige Rauchschwaden ausstoßend, während ihm das brave, alte Schiff langsam, traurig und majestätisch folgt«, wie Thackeray schrieb. »Das Wort Tod stand unsichtbar auf ihr geschrieben.« Die *Temeraire* war jedem Engländer ebenso bekannt wie die *Victory*: sie hatte in der Schlacht von Trafalgar das feindliche Feuer vom Flaggschiff Nelsons auf sich abgelenkt.

Das hochmastige Segelschiff wurde aber nicht von heute auf morgen durch den häßlichen Dampfer ersetzt. Im Hafen von Portsmouth lagen Dampfschiffe teils mit, teils bereits ohne zusätzliche Takelung, die meisten jedoch ein »gemischter Typ«, halb Dampfer, halb Windjammer, auch »schnellsegelnde Dampfer« genannt. Ein Zeichen, daß man der Funktionstüchtigkeit der Maschine noch nicht ganz trauen konnte, aber auch noch Segel benötigte, um Energie zu sparen, wenn sich die Dampf-Segler unterwegs bei günstigem Wind mit gelöschtem

Kessel treiben ließen – Kohlen waren teuer! Zwar befreite die Dampf-maschine von der Wind- und Strömungsabhängigkeit, vom Schrecken der Flaute und Windstille, doch wurde der Aktionsradius des Dampf-fers wiederum durch den Brennstoffvorrat begrenzt. Auch war ein Dampfer, dessen Maschine ausfiel, völlig manövrierunfähig – kein Wunder, daß die Kriegsmarine erst einmal der Handelsschiffahrt die Umstellung auf Dampf überließ.

England hatte um die Mitte des vorigen Jahrhunderts zuerst französi-sche Beutekriegsschiffe aus dem Krieg gegen Napoleon auf Dampf-kraft umgebaut. 1850 war in Frankreich das erste moderne Kriegs-schiff, die *Napoleon*, als heckangetriebener Schraubendampfer in den Dienst getellt worden, denn die Schraube überzeugte die vorsichtigen Marinestrategen endgültig von der Nützlichkeit der Dampftechnik. Die alten konservativen Admiräle, von denen Englands Seeherrschaft zu diesem Zeitpunkt abhing, konnten sich das Meer voller qualmen-der, segelloser Schiffe einfach nicht vorstellen und akzeptierten erst einmal nur Dampfkorvetten und kleine Dampfer, die im Notfall die Linienschiffe, die *Dickschiffe* der damaligen Zeit, abschleppen konn-ten. Man debattierte über die Frage, ob die Dampfausstattung die bisherigen Flottenstärken zugunsten Frankreichs umkehren könnte. Es würde sich bald herausstellen, in welchem Maße »ein so kleines Instrument« wie eine Schiffsschraube große politische Ereignisse be-einflußt«.

Gontscharow war von dem Anblick der Dampfer fasziniert: »Nach der Erfindung der Dampfer ist der Anblick eines Segelschiffs pein-lich.« Die *Pallada* war zu einer Weltreise aufgebrochen, mit dem offiziellen Auftrag, die russischen Besitzungen in Alaska zu besuchen. In Wirklichkeit handelte es sich um ein Geheimunternehmen mit dem Ziel, Handelsbeziehungen mit Japan zu knüpfen und damit anderen Staaten zuvorzukommen. Es war der zweite Versuch der Russen, in unbekannte Meeresregionen vorzudringen. Vor Putjatin hatte der berühmte Kapitän Adam Johann von Krusenstern während der napo-leonischen Kriege im Auftrag des Zaren eine Expedition unternom-men, um Handelskontakte mit China und Japan herzustellen.

Den Engländern war die maritime Aufrüstung der Russen seit langem ein Dorn im Auge. Die Kombination von Land- und Seemacht wurde in England als eine gefährliche Anmaßung empfunden. Aufmerksam verfolgten sie Modernisierungsmaßnahmen, die Umrüstung der Raddampfer auf die technisch bessere Schraube, den Ausbau der Festungsstadt Sewastopol zum Kriegshafen. Mitte 1852 machte der Zar Nikolaus I. durch seine Inspektionsreise an die Gestade des Schwarzen Meeres, an der auch ausländische Beobachter teilnehmen durften, selbst auf die Bedeutung der Krim aufmerksam.

Allerdings war die Marine von seinem Vorgänger Alexander I. ziemlich vernachlässigt worden; die Kriegsschiffe verfaulten in ihren Häfen. Und erst seinem Nachfolger war die Wiederbegründung der russischen Seemacht zuzuschreiben wie auch der Ausbau Sewastopols zum Marinearsenal, nachdem seine »vortreffliche Lage« (General Diebitsch) erkannt worden war.

Der englische Gesandte Seymour sammelte alle Informationen, deren er habhaft werden konnte, um die militärischen Ergebnisse der Inspektionsreise des Zaren auswerten zu können. Am 28. Oktober 1852 teilte er Lord Malmesbury in einem geheimen Bericht, der durch einen französischen Kurier überbracht wurde, seine Ergebnisse mit, nicht ohne ernstliche Bitte, den Bericht streng vertraulich zu behandeln. Eine genaue Beschreibung Sewastopols lag bei, auch eine Aufstellung der in Sewastopol liegenden Kriegsschiffe.

Zur Mannschaft bemerkte Seymour, sie sei zwar mit der auf den englischen Kriegsschiffen nicht zu vergleichen, die russischen Seeleute hätten jedoch in den letzten Jahren erhebliche Fortschritte gemacht.

Die Wirklichkeit sah nicht sehr erfolgversprechend aus. Die technische Umrüstung vollzog sich nur mit größter Langsamkeit. Über die Ostseeflotte, die baltische Flotte, schrieb der Großfürst Konstantin, daß die Linienschiffe überhaupt nicht in der Lage waren, »ohne Gefahr Fahrten in entfernte Gewässer zu unternehmen« und notfalls der Schwarzmeerflotte durch das Mittelmeer zu Hilfe zu kommen. »Die Schiffe waren aus feuchtem Fichtenholz, schwach gebaut und sehr mittelmäßig ausgerüstet.« Die Schwarzmeerflotte wurde wiederum von einem speziellen Übel heimgesucht, das die Lebensdauer der Schiffe um ein Drittel verkürzte, durch den »Bohrwurm«.

Das alles war den Augen der Engländer natürlich nicht verborgen geblieben, doch hatte man großen Respekt vor der Energie des Kaisers und nicht vergessen, daß er mehr als einmal seine Flotte zur Unterstützung Englands angeboten hatte; der Gedanke, einen künftigen Rivalen rechtzeitig zu beseitigen, konnte durchaus auftauchen.

Auch in Deutschland und Österreich erschienen Artikel über die russische Flotte und Armee, hier galt der russische Seemann als kein Seemann im Sinne eines englischen, holländischen oder französischen. In der *Augsburger Allgemeinen Zeitung* vom 7. August 1853 hieß es: »Die Schiffsmanöver werden bedeutend langsamer ausgeführt als bei der englischen Flotte. Der starrste Mechanismus herrscht im russischen Seedienst. Den Zusammenhang seiner einzelnen Dienstverrichtung mit dem Leben und Wohlbefinden des ganzen Schiffes kennt der Russe sehr oft gar nicht. Er rollt nicht ein herumliegendes Tau auf und legt's beiseite; er zeigt's dem Lieutenant an, und der sieht erst im Tagebuch nach, wer das Aufräumen zu besorgen hat, und reißt den Säumigen an den Ohren herbei. Das ist Ordnung und Disziplin. – Die russische Kriegsflotte wird sich daher auch nicht als erobernde Armee, sondern nur als schützende Mauer brauchen lassen.«

Nun besaß zwar die englische Marine eine lange Tradition, die einmal zum Aufbau eines guten Offizierskorps geführt hatte, doch konnte man beim Gros der englischen Seeleute ebenfalls nicht von einer angeborenen Liebe zum Meer sprechen, da sie zum Dienst gepreßt, von Marinesoldaten mit Gewalt auf die Schiffe gebracht und an Bord durch ein übermäßig strenges, ans Sadistische grenzendes Reglement überwacht wurden. Strafmaßnahmen kamen oft einem Todesurteil gleich. Die großen Schlachtschiffe gingen meistens nicht in England, sondern in ausländischen Häfen in ihr Winter-Liegequartier, um die Desertionsflut zu stoppen.

Rein zahlenmäßig bestand die englische Flotte 1852/53 aus über 100 Linienschiffen und Fregatten, doch täuschten diese beeindruckenden Zahlen »eine größere Kampfbereitschaft und Kampfkraft vor, als in Wirklichkeit vorhanden« war, weil Besatzungen fehlten und das Offizierskorps überaltert war. Die meisten Kapitäne hatten die siebzig überschritten, die Admirale die achtzig.

Bei Kriegsausbruch mußte man auf Männer zurückgreifen, die bis dahin noch nie die See gesehen hatten, auf Fabrikarbeiter und Droschkenkutscher. In seiner Zeitschrift *Die Grenzboten* versuchte der Redakteur Gustav Freytag seinen Lesern klarzumachen, daß Europa vor Rußlands Landmacht ebenfalls nicht zu zittern brauche. »Gegen eine civilisierte Macht hält eine Horde von Wilden auf die Dauer nicht stand!« Der moralische Zustand der Soldaten sei beklagenswert, der Infanterist humple in seinen plumpen kurzen Stiefeln und seinem langen braunen schnittlosen Filzkittel »wie ein Züchtling« vorüber, kein Wunder, da die ganze Armee nur durch Prügel kommandiert werde! Natürlich fehlte der Hinweis auf die »bestialische Branntweinsucht« nicht, alle vier Monate sei das ganze Heer betrunken, wenn es Sold gegeben habe – »eine Art geduldeter und gesetzkräftiger Unzurechnungsfähigkeit«.

Ganz anders äußerte sich Freytag über die Bewaffnung – sie könne nicht getadelt werden. Jedenfalls seien die Waffenstücke der Infanterie sehr gut gearbeitet, schwer und dauerhaft. Typisch wäre für die russische Taktik die Massierung von Artillerie.

Dagegen war die Untersuchung, die der Historiker und Diplomat Theodor von Bernhardi 1854 für einen kleinen Kreis verfaßte, ernster zu nehmen, obwohl auch er die Schwächen und Mängel der russischen Armee hervorhub; der Krankenstand sei in der russischen Armee höher als in allen anderen Armeen Europas, Sterblichkeit und Ausfälle so hoch, daß die wirkliche Stärke der Armee in keinem Verhältnis zur Zahl der Einberufenen stünde. Die Regierung habe allein schon durch die Festsetzung der Militärdienstzeit auf 25 Jahre die Scheu vor dem Soldatsein gesteigert, und mit ihr das Gefühl der Fatalität, sie unternehme auch nichts, um Vorstellungen von der Würde und Ehre des Soldatenberufes zu erhöhen. Das Grundübel der ganzen Armee bestünde im sogenannten Gamaschendienst, vom Zaren bis zum Exzeß betrieben, der das Hauptgewicht auf die mathematisch exakte Ausführung von Paradeformationen verlangte, unter dem Begriff der »Reinheit des Exerzierens« zusammengefaßt. Nach der Ansicht der russischen Generale verderbe der Krieg nur den Soldaten, es sei sogar vorgekommen, daß Regimentskommandeure vor einem Gefecht die besten und schönsten Soldaten hinter die Front schickten, um sie nicht als Paradestücke zu verlieren! Durch den ständigen Krieg an der Kaukasusfront gegen die Bergvölker gäbe es ein Kader kampferprobter Soldaten, doch sei der »Kleinkrieg« in den vornehmen Petersburger Offizierskreisen unbeliebt. Über einen Soldaten, den man bei Paraden gesehen habe, sei keine Aussage möglich, was sein Verhalten im Krieg beträfe.

Über die Tugenden der Russen im Gefecht äußerte sich dagegen Helmuth von Moltke:»Unerschütterlichste Ruhe und Standfestigkeit der Infanterie in der Gefahr, ebenso standhaft in der Ertragung von

Mühseligkeiten und Entbehrungen.« Der russische Soldat vertausche sogar gern die Gefahren im Kriege »gegen die peinliche Parade-Dressur und die Quälereien der Garnison«.

Für den Zaren bedeutete der Parademarsch die »Hauptsache der Kriegskunst«. Und in der Tat hatte sich die russische Armee zu einer Manöverarmee entwickelt, in der der Friedensdienst gefährlicher war als der Kriegsdienst. Nikolaus' Gewohnheit, die Armee nur nach ihrem äußeren Erscheinungsbild zu werten, trug entscheidend zur Aushöhlung ihrer Schlagkraft bei.

Nicht anders sah es allerdings auch in Frankreich oder England aus. In Frankreich war der Militärdienst eine Sache der »armen Leute und der asozialen Elemente, die in düsteren überfüllten Kasernen zusammengepfercht wurden, immer zu zweit auf eine Bettstatt angewiesen, zu acht aus einer Schüssel essend, dürftig bekleidet und ausgerüstet«. In England war die Rekrutierung von Soldaten für die Armee eine Art organisierte Menschenjagd; die lange Militärzeit führte zu einer Isolierung der Kasernenarmee vom bürgerlichen Leben, zu einer Kluft zwischen Soldaten und Bürgern, das »Erscheinen der Soldateska in bürgerlicher Gesellschaft« empfand man als *shocking*, der gemeine Mann galt »als Rohling, wohl gar als berufsmäßiger Trunkenbold, dem man möglichst aus dem Weg ging«. Es interessierte niemanden, wie hoch die Verluste im Feld waren, lag doch bereits »die Friedenssterblichkeit in der Armee, besonders durch Tuberkulose, hoch über dem Durchschnitt der Zivilbevölkerung«. Als vaterländischer Ehrendienst wurde der Dienst bei der Fahne nicht verstanden. Nur noch in England gab es die Prügelstrafe für Soldaten, für die sich noch der alte Wellington begeistert hatte. Es war fast schon Tradition, daß das englische Parlament beim Landheer sparte. Seit dem Wiener Kongreß, nach dem sich England wieder auf seine Insellage zurückgezogen hatte, blieb das Heer ein Provisorium. Alte Gefängnisse ersetzten neue Kasernenbauten, für die fachliche Ausbildung der Offiziere wurde nichts getan. Die ganze Armee litt unter dem System des Kaufs und Verkaufs von Offizierspatenten. Allein in Frankreich wurde durch Napoleon III. mit der Verbesserung der materiellen Lage und des sozialen Status einiges geändert. 1852 gab er der Armee die alten Adler aus der Napoleonzeit wieder; der Erfolg sollte nicht ausbleiben.

Mit der Flotte Louis Philippes hatte Napoleon III. eine gut ausgebildete und durch die Operationen im Mittelmeer im Gefecht geschulte Marine übernommen. Im Gegensatz zu dem englischen Schiffsbestand war die französische Flotte wesentlich kleiner, doch waren die wenigen Kriegsschiffe »neu oder fast neu, vorzüglich konstruiert, bewaffnet und ausgerüstet«.

Allerdings sollte es so sein, daß »die industrielle Kraft Englands es der Royal Navy ermöglichte, den Vorsprung, den die Franzosen bei der Konstruktion einzelner Schiffe vorübergehend errangen, jedesmal wieder aufzuholen«. Zu der Fähigkeit, mehr und schneller zu bauen, kam schließlich der unerschöpfliche Vorrat der besten Heizkohle. Jedenfalls war Prinzgemahl Albert im Juni 1853 von der großen Flottenparade vor Spithead begeistert: »Die ungeheuren Kriegsschiffe, darunter die Duke of Wellington mit 131 Kanonen, gingen ohne Segel, nur durch die Hilfsschraube getrieben, 11 Meilen die Stunde, und dies gegen Wind und Flut!«

Ohne Maschine ausgestattet, lag die *Pallada* zusammen mit hundert anderen Segelschiffen Ende 1852 14 Tage auf der Reede fest – der Wind blies in die verkehrte Richtung. Mehrere Schiffe, die sich trotzdem in den Kanal wagten, kamen »zerfetzt und gerupft« zurück, ein Schiff war, wie man erfuhr, auf ein Riff aufgelaufen und untergegangen. Mit Dampf wäre das wohl kaum passiert! Erst am 7. Januar 1853, dem Dreikönigstag, konnte die *Pallada* endlich frühmorgens bei günstigem Wind den Anker lichten.

II. Die orientalische Frage

> »Die Dardanellenfrage ist nur ein Symptom der orientalischen Frage selbst, der türkischen Erbschaftsfrage, des Grundübels, woran wir siechen, des Krankheitsstoffes, der im europäischen Staatskörper gärt und der leider nur gewaltsam ausgeschieden werden kann.«
>
> Heinrich Heine 1841

1853

Für die Welt der griechisch-orthodoxen Gläubigen war das Jahr 1853 kein Jahr wie jedes andere. In Rußland war eine alte Prophezeiung nicht in Vergessenheit geraten, vier Jahrhunderte nach dem Fall Konstantinopels, der Einnahme der Stadt durch die Türken im Mai 1453, werde erneut das christliche Kreuz von der Hagia Sophia leuchten. Von *Mehmet dem Eroberer* war damals die von Justinian errichtete Kirche zur heiligen Weisheit, der großartige Kuppelbau aus der ersten byzantinischen Epoche, in eine Moschee umgewandelt worden, die lange Zeit kein »Ungläubiger« betreten durfte. Die byzantinischen Mosaiken waren mit Kalkschlamm übertüncht, die christlichen Symbole durch arabische Schriftzeichen verdeckt worden. Justinians Altar gab es nicht mehr.

Eine alte Legende hatte sich am Leben erhalten: Als die Janitscharen in die Kirche eindrangen, soll der Priester in einer Säule verschwunden sein, bevor er dem Gemetzel unter den Betenden zum Opfer gefallen wäre. »Manchmal, so sagt man, hört man aus dem alten Gemäuer undeutliche Psalmen. Es ist der immer noch lebendige Priester, der, wie Barbarossa in seiner Grotte, schlafend unausgesetzt Liturgien murmelt. Wenn die Sophienkathedrale einst dem christlichen Kirchenwesen zurückgegeben wird, wird sich das Mauerwerk von allein öffnen und der Priester, aus seiner Zurückgezogenheit heraustretend, wird am Altar die vor vierhundert Jahren begonnene Messe zelebrieren« – so der französische Schriftsteller Théophile Gautier in einem 1853 in Paris erschienenen Reisebericht: »Hinsichtlich der aktuellen Orientfrage könnte diese Legende, so unwahrscheinlich sie auch klingen mag, durchaus Wirklichkeit werden. Wird im Jahr 1853 der Priester von 1453 das Schiff der Sophienkathedrale durchschreiten und mit gespenstischem Schritt die Stufen zum Altar des Justinian betreten?« Und der Historiker Wolfgang Menzel zitierte ein prophetisches Zarenwort, das in Europa kursierte: »Die furchtbare Faust Rußlands wird die Feinde zu Boden werfen und von Nikolaus aufgepflanzt wird das Heilige Kreuz leuchten über dem byzantinischen Lande.«

Das klang nicht einmal so abwegig. Zwischen dem Zarenreich und dem byzantinischen Reich gab es eine religiös-mystische und doch auch politisch motivierte Verbindungsbrücke. Nach dem Untergang von Byzanz im 15. Jahrhundert verstand sich Rußland als Nachfolgestaat des tausendjährigen byzantinischen Kaisertums; schließlich gab es jetzt in Rußland mehr Orthodoxe als in der ganzen griechischen Welt.

Der bald vielzitierte Mythos von Moskau als dem *Dritten Rom* diente vor allem in den Kreisen der Slawophilen dazu, Rußlands Ausdehnungsdrang zur christlichen Mission zu erheben, zur heiligen Verpflichtung, die orthodoxen Völker von der Türkenherrschaft zu befreien und ein neues russisch-byzantinisches Kaiserreich zu schaffen und damit die Wiedervereinigung aller getrennten orthodoxen Gemeinden.

Daß das russische Reich auch eine historische Wurzel im Tatarentum besaß, sollte in Vergessenheit geraten. Aber selbst *Iwan der Schreckliche* fand im alten Byzanz seine Entsprechung, wo oft genug Gift und Dolch, Gewalt und Intrigen geherrscht und bestimmte kanonische Vorstellungen von Gott und Trinität mit Mord und Totschlag durchgesetzt worden waren. Der letzte Schlag des Osmanen Mehmet II. gegen Byzanz 1453 hatte eine Hauptstadt ohne Reich, ein erschöpftes Gebilde getroffen, an dessen Weiterbestehen im christlich-katholischen Europa kein Interesse bestand. Man muß hinzufügen, daß Mehmet II. bald die Griechen in seine neue Hauptstadt zurückgeholt und mit Schutzbriefen versehen hatte, um überhaupt Verwaltung und Handel aufbauen zu können, und daß es auch weiterhin – mit ausdrücklicher Erlaubnis der *Pforte* – einen griechischen Patriarchen in Konstantinopel gab, der nicht nur die Gläubigen im türkischen Machtbereich vertrat, sondern auch der ranghöchste Beamte der orthodoxen Kirche blieb.

Zu dieser byzantinischen Erbschaft traten aber noch andere Programmvorstellungen. Durch Europa geisterte seit Jahrzehnten das sogenannte Testament Peters des Großen. In diesem Schriftstück aus dem Jahr 1812 sollte der Zar angeblich seinen Nachfolgern genaue Verhaltensregeln an die Hand gegeben haben, Schritt für Schritt Rußlands Anspruch auf die Herrschaft über Europa und schließlich über die ganze Welt zu verwirklichen.

Daß es sich bei diesem Papier um eine Fälschung handeln konnte, spielte in den Augen der Rußlandkritiker keine Rolle. Im Gegenteil, der Gang der russischen Politik diente gerade als der sicherste Beweis seiner Echtheit – »in einem Augenblick, wo die wichtigste Verfügung, die Eroberung des Bosporus, zur vollendeten Tatsache wird«. So Friedrich Engels, der mit Karl Marx auf die Fälschung hereingefallen war. Als weiterer Beweis für Rußlands »Griff zur Weltmacht« diente auch das Vermächtnis Katharinas der Großen, deren großes, unerreichtes Ziel gewesen war, ein neugriechisches Reich auf dem Balkan zu gründen, natürlich in Vasallenabhängigkeit von Rußland.

Auch Heinrich Heine in Paris glaubte nicht an ein Ende der orientalischen Krise und prophezeite den Zusammenstoß von England und Rußland: »Wenig kümmert es die Russen, daß die Engländer mehr und mehr Indien verschlingen und sich schließlich selbst Chinas bemächtigen; der Tag wird kommen, wo die Engländer genötigt sein werden, ihren Raub zugunsten der Russen fahren zu lassen, die sich in der Krim befestigen, die sich schon zu Herren des Schwarzen Meeres gemacht haben, und die immer dasselbe Ziel verfolgen: den Besitz des Bosporus, Konstantinopels. Wie schrecklich ist die orientalische Frage!«

Der »Griff nach den Dardanellen« erschien den Zeitgenossen als notwendige Folge des russischen Ausdehnungsdranges. In erster Linie jedoch lag den Russen an einer ungehinderten Passage durch den Bosporus und die Dardanellen, nachdem sie die Schwarzmeerküste erobert und die Bucht von Sewastopol zu einem modernen Kriegshafen ausgebaut hatten. Ein Drittel des gesamten russischen Exports wickelte sich über Odessa und Nikolajew ab – Richtung Bosporus. Schon Alexander I. hatte die Dardanellen als die »Schlüssel seines Hauses« bezeichnet. Und Konstantinopel lag an dem Punkt, an dem die Haustür entriegelt oder verriegelt werden konnte. Dem Riesenreich Rußland fehlte, abgesehen von der inneren Rückständigkeit gegenüber den anderen europäischen Großmächten, ein entscheidender Machtfaktor: Politisch und wirtschaftlich gesehen mußte Rußland eine zweitrangige Großmacht bleiben, wenn es ihm nicht gelang, sich den Zugang zu den Weltmeeren zu öffnen, und eine Seemacht konnte es nur werden, wenn es über eisfreie Häfen und damit ganzjährig benutzbare Ausgangsbasen für seine Flotte verfügte. Eine Großmacht, deren Schiffe sechs Monate eingefroren waren, konnte wohl kaum auf Reputation als Seemacht hoffen.

Nur im Süden, an der Schwarzmeerküste, konnte die Lösung dieses Problems liegen, nachdem seit Peter dem Großen die Zaren keine Kosten, Mühen und Lehrgeld gescheut hatten, eine Flotte zu bauen und zu unterhalten. »Dies ist Rußlands natürliche und darum auch vollkommen berechtigte äußere Politik«, stellte der Militärschriftsteller Wilhelm von Rüstow, ein »Achtundvierziger« und späterer Freund Garibaldis, in den 50er Jahren fest, »daß diese Politik der Politik des ganzen übrigen Europa feindlich ist, unterliegt nicht dem geringsten Zweifel.«

Der preußische König Friedrich Wilhelm IV. hätte, weil er eine religiöse Natur war, gerne das Kreuz auf der Hagia Sophia und die Befreiung der Christen vom »türkischen Joch« gesehen, doch fürchtete er die politischen Verwicklungen. Auf seine Initiative hin war es nach 1840 in enger Zusammenarbeit mit England zur Einrichtung eines anglo-preußischen Bistums in Jerusalem gekommen, so daß endlich ernsthafte Bemühungen einsetzen konnten, das heruntergekommene Land wieder zu besiedeln und zu kultivieren. Die offizielle Anerkennung der Protestanten in Palästina durch den Sultan folgte. Ein Krieg war dem König gar nicht recht, ein russisch-türkischer erst recht nicht, weil Preußen als Verbündeter Rußlands mit hineingezogen werden konnte. »Die orientalische Frage wird immer verwickelter, aber doch sieht man schon eine Art Ende«, so sein Generaladjutant Leopold von Gerlach am 5. Juni 1853, ebenfalls ein frommer Mann, »obschon der Jahrestag der Einnahme von Konstantinopel mich etwas irre macht.«

Übrigens hatte der italienische Architekt Fossati bei seinen Restaurierungsarbeiten in der Hagia Sophia auch eine zugemauerte Tür gefunden – vielleicht jene Stelle, von der Gautier gesprochen hatte? Als er die Mauer mit der ausdrücklichen Erlaubnis des Sultans durchbrach, fand er allerdings nur altes Gerümpel und keinen murmelnden Priester. Vielleicht ein Hinweis darauf, daß die alte Magie von Byzanz längst gebrochen war.

Audienz beim Zaren

Nun begann England die Entwicklung im Nahen Osten doch Sorgen zu bereiten. Es war ihnen nicht verborgen geblieben, daß es in Bessarabien in der Nähe der türkischen Grenze Truppenbewegungen gab. Der englische Gesandte in Petersburg, George Hamilton Seymour, bat am 8. Januar 1853 Nesselrode um eine Erklärung für den »Marsch von 50 000 Russen«, doch antwortete Nesselrode ausweichend. Er wußte noch nicht einmal zu sagen, ob ein oder zwei Korps die Marschorder erhalten hatten, doch müsse die Diplomatie Rußlands durch eine Demonstration der bewaffneten Macht unterstützt werden. Auf keinen Fall wünsche der Zar den Fall der Türkei.

Als ob Seymour danach gefragt hätte! Auch seiner Meinung nach waren die Franzosen die Schuldigen an der gegenwärtigen Krise, doch empfahl Seymour in der Depesche, in der er das Außenministerium in London über das Gespräch mit dem Zaren informierte, auf jeden Fall den Eindruck von Entschlußlosigkeit oder Schwäche gegenüber den Türken zu vermeiden.

Der Bericht Seymours war noch nicht in London eingetroffen, als der Botschafter zusammen mit seiner Frau von der Großfürstin Helene gebeten wurde, sich mit der Zarenfamilie in ihrem Palast zu treffen; eine Einladung, die dem Gespräch mit dem Zaren offenbar den Charakter einer Privatunterhaltung geben sollte. Als der Zar die Unterredung mit der Bemerkung eröffnete, daß es doch nur sehr wenige Punkte gäbe, worüber »wir nicht einverstanden sind«, gab sich Seymour ahnungslos und bezog diese Frage auf die »dynastische Ziffer Napoleons III.«.

Nebenbei, im Aufbruch begriffen, während er Seymour die Hand gab, gewissermaßen zwischen Tür und Angel, ließ der Zar dann doch die Katze aus dem Sack: Was andere denken oder tun, sei im Grund ohne Bedeutung – nur im Fall der Türkei nicht. Dieses Land sei in einem kritischen Zustand, es sei wichtig, daß England und Rußland zu einem vollkommenen Einverständnis kämen.

Natürlich unterrichtete Seymour sofort geheim und vertraulich seinen Kabinettschef Russell von diesem Gespräch und auch von seiner diplomatischen Antwort: Es sei Sache des Großmütigen und Starken, den kranken und schwachen Menschen zu schonen. Er überlege, den Kanzler Nesselrode offiziell über das Gespräch zu informieren, um

Klarheit zu bekommen. Nesselrode sei ein Mann der Mäßigung, soweit es in seiner Macht stehe.

Es war nicht das erste Mal, daß der Zar vom *kranken Mann am Bosporus* sprach. Bei einem Besuch in London 1844 hatte Nikolaus I. die Spitzenpolitiker der Tories (Wellington, Aberdeen, Robert Peel) auf die Notwendigkeit eines Einverständnisses zwischen England und Rußland im Fall der Türkei hingewiesen, »da sie in den letzten Zügen liegt«. Von diesen Gesprächen war damals nichts nach außen gedrungen. Nesselrode hatte 1844 nach dem Besuch des Zaren, der ganz offensichtlich optimistisch nach Petersburg zurückgekehrt war, sofort eine Denkschrift entworfen, in der er von der Interessengleichheit zwischen Rußland und England ausging, vom »Prinzip einer vollkommenen Solidarität« *(perfect identity)*. Vergessen hatte der Zar ganz offensichtlich, daß er auch Metternich damals die Zusage gegeben hatte, Österreich bei der Erbschaft der europäischen Türkei zu berücksichtigen.

Inzwischen gab es für den Zaren einen aktuellen Anlaß. Aus der Türkei hatte den Zaren ein Brief erreicht, in dem sich griechische Notabeln, wichtige Persönlichkeiten der griechischen Gesellschaft, über die »wenig würdige Stellung« beklagten, die Rußland im Vergleich zu Frankreich und England in Konstantinopel einnehme. »Als Mittel, eine Wandlung herbeizuführen, wurde eine außerordentliche Botschaft empfohlen, deren Führer, wenn er im Diwan eine feste und zuversichtliche Sprache führe, erreichen wird, daß Kaiser Nikolaus unbedingte Autorität über die griechische Kirche im Reiche des Sultan erlangen werde.«

Der Zar wurde in seinem Entschluß, einen Sonderbotschafter nach Konstantinopel zu schicken, auch durch die Initiative bestärkt, die neuerdings Wien im Balkanraum an den Tag legte. Österreich hatte bisher nur eine passive Rolle gespielt, doch bot sich unerwartet eine Möglichkeit, sich wieder als europäische Macht ins Spiel zu bringen – durch den neuen Krisenherd in Montenegro (das heutige Albanien). Das unruhige Bergvolk hatte sich bereits seit langem dem Anspruch des Sultans auf Oberlehnsherrschaft widersetzt, aber durch seine Beutezüge in benachbarte Regionen auch die christliche Bevölkerung belästigt und die Grenze zu Österreich verletzt.

Der Landesfürst Danilo Petrowic, 1851 ans Ruder gekommen, plante, die rein weltliche, erbliche Dynastie einzuführen, unterließ es aber, in

Konstantinopel um die Bestätigung in seinem Amt nachzusuchen, was die Osmanen in ihrem Verdacht bestärkte, Danilo ginge es im Grunde um die völlige Unabhängigkeit. Die Türken mobilisierten daraufhin ein starkes Truppenkontingent, unterstellten es einem ihrer fähigsten Generale, dem Militärgouverneur von Bosnien, Omer Pascha, und ließen es nach Montenegro vorrücken, was ein Blutbad zur Folge haben mußte.

Nicht die Türkei, die noch immer Montenegro als Bestandteil des Osmanischen Reiches betrachtete, hatte die Absicht, den Status quo auf dem Balkan aufzuheben, sondern Österreich. Wiens Mann in Konstantinopel, Klezl, empfahl eine »derbe Züchtigung« der Türken, und ein österreichischer General meinte, den »hitzigen Türken die Faust unter die Nase zu halten, wie es Rußland und Frankreich immer mit Erfolg getan hätten«. Wien plante, in Montenegro militärisch vorzugehen und Bosnien zu annektieren, hütete sich aber, seine Pläne Rußland zu Ohren kommen zu lassen, das ansonsten Österreich bei der Pforte unterstützte.

Gleich in den ersten Januartagen des Jahres 1853 schickte Wien den Feldmarschall-Leutnant Graf Leiningen in einer Sondermission nach Konstantinopel und verlangte die Entfernung der Rebellen von 1848/49 aus der Armee des Sultans, den Rückzug der türkischen Truppen aus Montenegro, die Beseitigung von Handelsbeschränkungen und die Gleichstellung der Christen im Osmanischen Reich. Zur Unterstützung seiner Forderungen setzte der österreichische Kaiser 15 000 Mann in Marsch, mit der Begründung, es handle sich nur um eine »temporäre Besetzung« von Bosnien und Montenegro.

Die Verhandlungen zogen sich in die Länge, doch im Endergebnis steckten beide Mächte zurück. Wien kam eine Revolte gegen die Habsburgische Herrschaft in Oberitalien in die Quere. Auch gab die Hohe Pforte den meisten Forderungen Leiningens nach, als sie zum selben Zeitpunkt von der Mission eines russischen Sonderbeauftragten erfuhr. Man einigte sich auf die Wiederherstellung des Status quo. Auf die Entfernung der ungarischen und polnischen Offiziere in Omer Paschas Armee ließ sich der Sultan jedoch nicht ein.

Damit hatte Österreich noch vor der vom Zaren in die Wege geleiteten »Sendung Menschikows« Südosteuropa in eine schwere Krise gestürzt. Die »Montenegro-Scheiße«, wie Karl Marx damals sagte, hatte sich also doch ganz anders als seine pessimistische Prophezeiung entwickelt, daß »schließlich auch die türkische ›Ordnung‹ über die tschernogorzische homerische Barbarei siegen müsse«.

Das energische Auftreten Leiningens sollte auf den Zaren nicht ohne Wirkung bleiben. Er sah darin die Probe aufs Exempel und wollte sich auf keinen Fall durch die Österreicher ausstechen lassen. Die Österreicher hätten es sich eigentlich an allen zehn Fingern abzählen können, daß die türkische Antwort im Fall der Emigranten gar nicht anders lauten konnte; denn schon nach den Revolutionsunruhen von 1848/49 hatten die Osmanen die Auslieferung der Flüchtlinge abgelehnt, die sich von Ungarn aus auf türkisches Territorium retten konnten, auch als der Zar mit dem Einmarsch von 50 000 Russen drohte. Neben England und dem italienischen Piemont gehörte das Reich am Bosporus zu den Ländern, die politischen Flüchtlingen großzügig Asyl gewährten, ein Beweis für den Wandel unter Abdul Meschid.

In der Flüchtlingsfrage hatte England der Türkei den Rücken gestärkt und mit Frankreich zusammengearbeitet. »Wir haben den stolzen Selbstherrscher gezwungen, von seinen übermütigen Ansprüchen abzulassen«, schrieb Palmerston Stratford Canning: »Wir haben Österreich genötigt, auf eine neue Gelegenheit, eine Schale Blutes zu schlürfen, zu verzichten, wir haben die Türkei vor der äußersten Demütigung und Erniedrigung gerettet. Das alles wird in Europa gesehen und gefühlt werden.«

Die Depesche, in der Seymour Lord Russell über das Gespräch mit Nikolaus I. informierte, war noch nicht in London eingetroffen, als es nach förmlicher Einladung zur Audienz zu einer weiteren Unterredung zwischen dem englischen Botschafter und dem Zaren kam. Nikolaus gab sich leutselig und »besonders gnädig«, als ob ihn Seymour um den Termin gebeten hätte. Dann holte er weit aus, kam auf die Zarin Katharina zu sprechen. Zwar hätte er, der Zar, unermeßliche Territorialbesitzungen geerbt, nicht aber Katharinas Visionen und Absichten. Rußland sei saturiert, eine große, vielleicht die einzige Gefahr bestünde gerade in einer weiteren Ausdehnung eines bereits großen Reiches.

Vom Reich der Osmanen habe Rußland heute nichts mehr zu befürchten. Aber nun sei es »nach und nach in einen solchen Zustand der Hinfälligkeit gesunken, daß der Kranke, so sehr allen auch seine verlängerte Existenz am Herzen liege, plötzlich in unseren Armen sterben könne«. Gerade er, der Zar, könne sich der Erfüllung der bestimmten Pflicht und Sorge nicht entziehen, die Interessen der Millionen Christen in der Türkei zu überwachen, und dies mit gutem Recht, denn schließlich käme Rußlands Religion aus dem Osten. Eine Anspielung auf Byzanz.

Und wiederum stellte er Seymour die Frage, ob es nicht besser sei, den Todesfall des hinfälligen Patienten am Bosporus vorauszusehen, als sich »dem Chaos, der Verwirrung und der Gewißheit eines europäischen Krieges auszusetzen, was alles die Katastrophe begleiten müsse, wenn sie unerwartet kommt – so sehr uns die verlängerte Existenz des Kranken am Herzen liegt«.

Eine Verständigung mit England ginge ihm über alles! Noch einmal kam er schwärmerisch auf Wellington zu sprechen, damals wäre es das Interesse der Engländer gewesen, gegen »gewisse Ereignisse« Vorsorge zu treffen; diese Ereignisse könnten ihn, gerade in Ermangelung eines Einvernehmens in der Gegenwart, zwingen, »in einer der Ansicht der englischen Regierung entgegengesetzten Weise zu handeln« – und dazu gehörte die vorübergehende Besetzung Konstantinopels! Eine unverhüllte Drohung, die Seymour jedoch nicht aus der Fassung brachte.

Seymour nahm die Audienz beim Zaren ernst und empfahl in seiner neuen Depesche, die Tage des sterbenden Mannes gemeinsam zu verlängern.

In der Antwort, die Lord Russell am 9. Februar Petersburg zugehen ließ, wandte Russell geschickt die in der Diplomatie übliche Taktik an, den Gesprächspartner beim Wort zu nehmen und durch sich selbst zu interpretieren.

Mit der freundlichen Gesinnung, die sowohl die Königin von England wie der Zar von Rußland für den Sultan hegten, sei es in der Tat kaum verträglich, im voraus über die Provinzen seines Reiches zu verfügen, zumal keine aktuelle Krise vorläge, die die Lösung »dieses ungeheuren europäischen Problems« als notwendig erscheinen lasse. Im Gegenteil: Übereinkünfte beschleunigten eher die Eventualität eines Zusammenbruchs der Türkei, »gegen welche sie vorbeugen soll«.

Die Sprache war trotz aller Schmeicheleien deutlich, und sie war doch nicht deutlich genug. Noch immer schien der Zar nicht davon überzeugt, daß England die russischen Pläne ablehnte. Es folgten noch zwei weitere Unterredungen zwischen dem Zaren und dem englischen

Botschafter, in denen mit der üblichen diplomatischen Höflichkeit alle bereits bekannten Argumente und Einwendungen wiederholt wurden, als ob es sich um einen Dialog von Schwerhörigen handle. Jedenfalls behauptete der Zar beide Male, daß die englische Regierung ihn nicht richtig zu verstehen scheine: es ginge ihm nicht so sehr um die Frage, was geschehen solle, wenn der Kranke stirbt, als darum, was in jedem Fall nicht geschehen solle!

Dann spielte er wieder einmal seinen eigenen Teilungsplan der Türkei durch und teilte England Ägypten und Candia (Kreta) zu. Der Appetit der englischen Admiralität auf Kreta war ihm bekannt.

Zur gleichen Zeit schrieb der Zar General Paskiewitsch, seinem engsten Berater, einen Brief, in dem er schon mit dem Gedanken an eine Aktion gegen die Türkei spielte: »Die Türken verlieren den Verstand und nötigen mich, einige Vorsichtsmaßregeln zu treffen.«

Paskiewitsch hatte bereits einen Kriegsplan entworfen, in dem er die Ansicht vertrat, daß die Besetzung der Donaufürstentümer genügen werde, die Türken zur Vernunft zu bringen. »Erkläre man, daß es sich nur um eine zeitweilige Besetzung handle zur Unterstützung der russischen Rechtsansprüche, so werde dies auch keinen allgemeinen Krieg zur Folge haben.«

Natürlich waren den Türken die Absichten der Russen nicht unbekannt. Sie hatten den Bosporus vom Schwarzen Meer bis Konstantinopel mit einer Reihe von Etagenbatterien auf beiden steilen Uferseiten gespickt, die jedes Landungsunternehmen zu einem äußerst waghalsigen Abenteuer machten; nicht zuletzt hatte sich auch Helmuth von Moltke in seiner Zeit als Militärberater des Sultans mit diesem Thema beschäftigt und alle Möglichkeiten, die Stadt am Goldenen Horn im Handstreich zu nehmen, durchgespielt.

Es ging dem Zaren durchaus nicht um eine Annexion der Stadt am Bosporus. Seine mehrmals wiederholten Beteuerungen, er werde nicht einen einzigen Zoll türkischen Bodens beanspruchen, solange dies auch niemand anderes tue, entsprachen der Wahrheit.

Inzwischen war es in London zu einer Kabinettsumbildung gekommen. Lord Clarendon übernahm das Außenministerium und schien sich ganz offensichtlich erst einmal in die Materie der orientalischen Frage einarbeiten zu müssen. In einer umständlichen Depesche an Seymour machte er sogar den Fehler, auf die Kriegslust der Franzosen hinzuweisen, die der Zar ja ohnehin in Verdacht hatte, auf eine

Zerstückelung des Osmanischen Reiches hinzuarbeiten. Beweis war für ihn der Aufbau des französischen Kolonialreiches in Afrika auf Kosten der Türken. Es bestand die Gefahr, daß Nikolaus darin doch wieder einen Hinweis auf die gleichen Interessen von England und dem Zarenreich erblickte.

Die Sendung des Fürsten Menschikow

Es verhieß nicht gerade Gutes, als das russische Kriegsschiff *Donnerer*, den Sonderbeauftragten des Zaren mitsamt einem großen Stab an Bord, am 28. Februar 1853 in das *Goldene Horn* einlief. Zuvor hatte Fürst Menschikow Truppeneinheiten in Bessarabien und die Flotte in Sewastopol gemustert, »auffällig lärmend«, wie es hieß. Zum Stab des Marineministers gehörten der bekannte Admiral Kornilow und der Fürst Galitzin, sowie ein Sohn des Grafen Nesselrode. Alle Welt rätselte, in welcher Absicht diese Ansammlung von hochstehenden Persönlichkeiten anreiste, da niemand wußte, worin die eigentliche Mission Menschikows bestand. Der Jubel, mit dem Menschikow von der griechischen Bevölkerung am Kai empfangen wurde, konnte ihn jedenfalls in seinem Selbstvertrauen nur bestärken.

Obwohl Nesselrode den westlichen Diplomaten in Petersburg versicherte, es entwickele sich in Konstantinopel alles zum Besten, zumal es sich bei Menschikow um eine friedliche Mission im Gegensatz zur drohenden Haltung Leiningens handle, nahm der Auftritt des Sonderbevollmächtigten des Zaren von Anfang an eine Wendung zum Dramatischen.

Im Gepäck führte Menschikow einen ganzen Katalog von Forderungen mit sich, zu einem Paket verschnürt, so daß von vornherein Bagatellforderungen mit wichtigen Klarstellungen unlösbar verbunden schienen: darunter einen *explicativen Firman,* der die Schlüsselfrage in der Bethlehemkirche und die Aufstellung des silbernen Sterns in der Grotte regelte; einen »großherrlichen Befehl« für die sofortige Ausbesserung der Kuppel über dem Christusgrab ohne Mitwirkung der Katholiken, sowie die Beseitigung der Harembsauten neben der Grabeskirche; und – last not least – die Genehmigung für den Neubau einer Kirche und die Errichtung eines Spitals für Pilger in Jerusalem – alles Punkte, die kaum die Anreise auf einem Kriegsschiff erfordert hätten. In Wahrheit ging es dem Zaren auch um ganz andere Verhandlungsziele.

Vor allem gedachte Menschikow nicht, mit dem osmanischen Minister für auswärtige Angelegenheiten, Fuad Effendi, zu verhandeln, der sie nach Ansicht der Russen bei den letzten Abmachungen über die Heiligen Stätten »betrügerisch« hereingelegt hatte. Um seine Mißachtung Fuad Effendis auszudrücken, begab sich Menschikow gleich am 2. März, nachdem er am Tag zuvor vom türkischen Zeremonienmeister im russischen Botschaftsgebäude begrüßt worden war, eben nicht zum Außenminister, wie es üblich gewesen wäre, sondern zum Großwesir (Kanzler) Mehmet Ali Pascha, zu einem privaten Gespräch, wie er dachte. Der Großwesir empfing ihn jedoch offiziell, so daß es gleich zu einer Verletzung der Etikette kam, auf deren korrekte Einhaltung westliche wie orientalische Diplomaten äußerst erpicht waren. Da Menschikow durch einen ungeheizten Gang gehen mußte, nahm er seinen Überrock, den er über seinem Frack trug, nicht ab; er hoffte, dies in einem Vorzimmer noch tun zu können, und stand daher, als ein Vorhang weggezogen wurde, plötzlich dem Großwesir im Gala-Anzug gegenüber, so daß er seinen Überrock auf den Arm nehmen und ihn dann, während des Gesprächs, neben sich auf den Diwan legen mußte, als ob er sich im Café befände. Es blieb ungeklärt, ob es sich um ein Mißverständnis oder um eine absichtliche Protokollverletzung handelte, und wer nun eigentlich wen brüskiert hatte.

Der Außenminister hielt den Vorfall nicht mit der Würde der Pforte vereinbar und nahm – was ungewöhnlich war – seinen Abschied. Nun wurden Fragen der Etikette im osmanischen Konstantinopel allerdings auch überbewertet, und sie begannen zunehmend die realen Machtverhältnisse zu ersetzen. Die türkischen Diplomaten waren inzwischen so empfindlich geworden, daß sie bereits das Erscheinen in ungeputzten Stiefeln als vorsätzliche Beleidigung interpretierten.

Am 8. März, kaum war ein neuer Minister des Auswärtigen ernannt, wurde Menschikow feierlich vom Sultan empfangen. Danach folgte der nächste Affront: er besuchte Chosrew Pascha, den man auch den Talleyrand oder Metternich der Türken nannte, einen alten Freund Rußlands. Er gehörte noch zu den Ministern, mit denen 1833 während des Krieges gegen den ägyptischen Pascha verhandelt worden war. Menschikow überreichte ihm ein mit Brillanten eingefaßtes Bildnis von Zar Nikolaus; man hätte fast meinen können, er hätte in Chosrew seinen Kandidaten für die Stelle des Großwesirats bezeichnet. In den Sitzungen mit dem neuen Außenminister kamen nun allerdings auch die zusätzlichen Forderungen der Russen zur Sprache, die in der Tat ungewöhnlich waren. Zwischen Petersburg und der *Pforte* sollte ein förmlicher Vertrag abgeschlossen werden, der die Rechte der orthodoxen Kirchen »für alle Zukunft« regelte; aber dies war nicht alles. Um der Pforte den Rücken zu stärken für den Fall, daß Frankreich protestierte, sollten Türkei und Rußland ein Defensiv-Bündnis eingehen, eine Art Neuauflage der Abmachungen von 1833, als der Zar die Hilfe seiner Flotte und seines Landheeres angeboten hatte.

Da der Zar seinen »liebsten Verbündeten«, nämlich England, nicht sofort über diese Hintergründe der Mission Menschikows informierte, trugen alle Verhandlungen von vornherein den Stempel von Geheimverhandlungen und mußten alle Vertreter der Großmächte auf den Plan rufen. In London beorderte Clarendon den gerade frisch zum Viscount de Redcliffe erhobenen Stratford Canning, einen Orientspezialisten, nach Konstantinopel zurück; fast zur gleichen Zeit erschien Frankreichs neuer Botschafter, von Lacour, in der orientalischen Metropole. Inzwischen war dem englischen Geschäftsträger Oberst Rose, der Stratford vertrat, das Vertragspapier Menschikows zum Einblick übergeben worden, da sich die Pforte nicht auf Geheimverhandlungen mit den Russen einlassen wollte, und hatte voller Panik um die Verlegung der englischen Mittelmeerflotte von Malta in Dardanellennähe gebeten, was Admiral Dundas aber von sich aus ablehnte. Nachträglich billigte das englische Kabinett sogar dessen Handlungsweise, erteilte Rose einen Rüffel und sprach gegenüber der französischen Regierung ihre Mißbilligung aus, da Napoleon III. unter Einfluß seiner ehrgeizigen Berater Persigny und de Lhuys die Verlegung der französischen Flotte von Toulon nach Salamis erlaubt hatte. Noch immer gedachte Clarendon die Menschikow-Mission nicht zu dramatisieren, »nicht unempfindlich gegen die größeren Ansprüche Rußlands«, meinte aber damit nur die Fragen der Heiligen Stätten.

In der Tat enthielt der Vertragsentwurf, den Menschikow aufgesetzt hatte, einige Ungereimtheiten, die stutzig machen mußten. So wurde im Artikel 1 nicht wie bisher von den Rechten der orthodoxen christlichen Konfession gesprochen, die den beständigen Schutz der Pforte genießen sollte, sondern vom »orthodoxen griechisch-russischen

Glauben, der in ganz Rußland und ebenso von den Einwohnern der Moldau, der Walachei, Serbiens und anderen christlichen Untertanen der Türkei ausgeübt wird«; und es hieß weiterhin, daß dem kaiserlich-russischen Gesandten wie früher das Recht zustehen solle, sich »zu Gunsten der Kirchen in Konstantinopel und anderwärts« und ebenso für die Geistlichkeit zu verwenden, was als Änderung des Vertrages von Kutschuk-Kainardschi ausgelegt werden konnte, wo nur von Konstantinopel die Rede gewesen war.

Es stellte sich überhaupt als ein Irrtum Menschikows heraus zu glauben, der *Pforte* einen förmlichen Vertrag aufdrücken zu können; die bisherigen Fermane und Kapitulationen hatten die Form freiwilliger Zugeständnisse gehabt, einen Staatsvertrag sahen die Türken als Eingriff in die Souveränität des Sultans als Territorialherrn über die Heiligen Stätten an.

Durch das Ultimatum, das Menschikow mit dem Vertragsentwurf verband – unterschreiben oder Abbruch der Verhandlungen! – setzte er sich selber unter Zugzwang, galt doch »im Orient jede Nachgiebigkeit als Schwäche«. Aber selbst Menschikows Auftreten, in der westlichen Presse bald als besonders ungeschickt und brutal beschrieben, war nicht so ungewöhnlich neu oder undiplomatisch. Als die *Pforte* zur Zeit Ludwigs XIV. die Bestätigung alter Abmachungen und Erweiterungen verweigerte, schlug der Franzose d'Arvieux vor, mit der Flotte gleich bis nach Konstantinopel durchzufahren, den Botschafter abzuholen, einen neuen Gesandten zum Sultan zu schicken und ihn erklären zu lassen »Unterschreiben! Oder ich reise ab!«, was einer Kriegserklärung gleichkam; »die Türken seien die stolzesten und arrogantesten Menschen der Welt, unfähig, andere als die Gründe zu verstehen, die aus den Mündungen von Kanonen kämen«.

Die Frage war, ob Menschikows »Mischung aus Drohung und Schmeichelei« erfolgreich sein würde, und die grundsätzliche Frage blieb, ob es überhaupt richtig gewesen war, einen Mann zum Sultan zu schicken, der die Türken haßte wie Menschikow und in seiner bekannten aristokratischen Art Ratschlägen unzugänglich war.

Da traf am 5. April 1853 Stratford Canning als frisch gebackener Lord de Redcliffe am *Goldenen Horn* ein. Er hatte sich Zeit genommen und war über Paris und Wien gereist, um sich bei beiden Kaisern nach deren Einschätzung der orientalischen Krise zu erkundigen.

Dabei ging es Stratford, dessen Jähzorn sprichwörtlich war, obwohl er ihn hinter seinen Manieren eines perfekten Diplomaten zu verbergen wußte, gewiß nicht um Rückendeckung. In Paris hatte er übrigens auch den österreichischen Botschafter gesehen. »Langer Besuch des gefürchteten britischen Botschafters bei der Hohen Pforte«, notierte Hübner danach, »gefürchtet besonders von seiner eigenen Regierung, deren Befehle er nur dann ausführt, wenn sie nach seinem Geschmack sind.«

Der steife, dürre und stets korrekte Stratford, mittlerweile der *englische Sultan* genannt, war nicht das erste Mal in Konstantinopel. Bereits 1807 hatte er als Sekretär seines berühmten Vetters Canning die osmanische Mentalität bei Verhandlungen kennengelernt. Seitdem galt er als Spezialist für orientalische Krisen. Er war für das Zusammengehen von England und Frankreich, obwohl er die Zunahme des französischen Einflusses im Orient mißtrauisch beobachtete, er erkannte aus langjähriger Erfahrung durchaus den »traurigen Zustand« der Türkei, plädierte aber für die Rettung des Landes aus übergeordneten politischen Gründen und war schon deswegen kein Freund Rußlands.

Mit den Verhandlungsunterlagen vertraut gemacht, bestärkte er sofort den unsicheren Sultan, Menschikows Plänen entschieden entgegenzutreten, natürlich unter Rückendeckung Englands und seiner Flotte. Andererseits wollte Stratford aber auf keinen Fall einen Bruch mit Rußland –noch nicht! Die Besetzung der Fürstentümer Moldau-Walachei nahm er in Kauf, dies bedeute keineswegs Krieg, da »Nikolaus I. unmöglich seinem den Mächten wiederholt gegebenen Versprechen so stark zuwiderhandeln könnte«.

Stratford Canning war in erster Linie durch die unvorsichtige Wendung Menschikows hellhörig gemacht worden, Rußland könne sich nicht mit einer sekundären Stellung zufrieden geben, zu der man es erniedrigen wollte.

Menschikow konnte es sich eigentlich denken, daß die Antwort, die ihm die Pforte zukommen ließ, die Handschrift Stratfords trug, und daß alle seine Versuche, den Sultan zu geheimen Abmachungen mit Rußland zu überreden, dem Engländer gleichsam noch brühwarm mitgeteilt werden mußten. Während er der *Pforte* wiederholt ultimativ mit dem Abbruch der Verhandlungen und seiner Abreise drohte, gab er sich anderen Diplomaten gegenüber betont harmlos, behauptete, daß es ihm nur um die Montenegro-Frage ging oder daß er verhindern wolle, die Mazzinischen Ideen auf den Balkan einschleppen zu lassen, ja er bezeichnete sich selbst einmal nur als einen Unterhändler, der weniger Befugnisse besäße als der Fürst Leiningen.

Einen Monat nach dem Eintreffen Stratfords gab die Hohe Pforte überraschend zwei Fermane heraus, in denen allen Forderungen, die die Heiligen Stätten betrafen, im Sinn des Zaren geregelt wurden; bis auf die Kleinigkeit, daß die Haremsbauten, von Europäern gern als Bordell bezeichnet, neben der Grabeskirche nicht abgerissen, sondern nur die Fenster mit dem Blick auf das Allerheiligste der abendländischen Christenheit zugemauert werden sollten. Aber trotzdem ließ noch am selben Tag, kurz vor Mitternacht des 5. Mai, Menschikow bei der *Pforte* durch einen Boten erneut seine Forderung nach einem Vertrag überreichen.

Auf dem *Donnerer* wurden schon die Kessel geheizt, um Menschikows Ultimatum Druck zu geben.

Auf einer Krisensitzung, zu der Stratford alle Vertreter der Großmächte, auch den preußischen Gesandten, einlud, wurde beschlossen, den Vertreter Österreichs zu Menschikow zu schicken, um »zu vermitteln« – umsonst, da der Russe hinter allem und jedem nur noch das Intrigenspiel Stratfords sah.

Ganz wohl war ihm und Nesselrode aber doch nicht, jedenfalls verzichtete Menschikow, nachdem ein Schnelldampfer eine neue Weisung des Kanzlers gebracht hatte, dann doch auf die Unterzeichnung eines Staatsvertrages und wollte sich mit einer Note zufrieden geben, die er auch schon bereits aufgesetzt hatte. Unglücklicherweise kam es in diesem Augenblick zu einer Kabinettsumbildung, die auf eine Intrige zurückging, um Menschikow auszuspielen. Mehmet Ali verlor seinen Posten als Kanzler und wurde Kriegsminister, neuer Großwesir wurde Reschid Pascha, der wohl renommierteste türkische Diplomat, ein Mann der Westorientierung.

Reschid Pascha dachte aber nicht daran, die Verhandlungen fortzusetzen, erbat sich erst einmal fünf Tage Bedenkzeit zum Studium der Akten und stellte dann Frankreich und Rußland dieselbe Note zu, in der dem katholischen und dem orthodoxen Ritus absichtlich in recht allgemeiner Weise weitere Bürgschaften zugesichert wurden; Menschikow blieb nunmehr nichts anderes übrig, als die Verhandlungen abzubrechen. Nach einem dreimonatigen Aufenthalt in Konstantinopel reiste der Fürst am 21. Mai mit der gesamten Botschaft ab und ließ nur den Kanzleidirektor Balabin, übrigens einen Intriganten, zur Geschäftsführung zurück.

Der eigentlich Schuldige war Stratford; mit seiner Unterstützung war der Machtkampf zugunsten der Rußlandgegner im Kabinett entschieden worden. Stratford, um Worte nie verlegen, schickte sofort eine seitenlange Rechtfertigungsschrift nach London und eine noch längere an Seymour in Petersburg und empfahl sogar Rüstungsmaßnahmen: Bei Menschikows Vorgehen habe es sich »nicht um die Amputation eines Gliedes, sondern um die Einflößung des Giftes in den Körper des kranken Mannes« gehandelt. Stratford verkniff sich auch nicht eine Bemerkung über die korrupte orthodoxe Geistlichkeit in der Türkei.

Clarendons Vertrauen in Stratfords Verhandlungstaktik war immer noch so groß, daß er ihm daraufhin am 31. Mai die Vollmacht erteilte, die englische Flotte aus Malta zu rufen, während Nesselrode der Hohen Pforte noch einmal acht Tage Bedenkzeit gab, um die von Menschikow zurückgelassene Note zu unterzeichnen. Als der Zar am 28. Mai von dem Scheitern der Mission erfuhr, schrieb er sofort einen bitteren Brief an Paskiewitsch, in dem er Nesselrode die Schuld daran gab, der Sendung des Marineministers eine so feierliche Form gegeben zu haben, daß ein Mißerfolg das Fiasko nur noch steigern konnte. Er kündigte die »kampflose Besetzung« der Fürstentümer an und wollte dann abwarten, was die Besetzung bringt. Dem französischen Gesandten ließ er mitteilen, wie im Jahr 1828 – als Rußland in die Donaufürstentümer einmarschierte – ginge es ihm auch diesmal um keinen Zoll türkischen Bodens, bei der Besetzung handle es sich nicht um eine »feindselige Aktion«, sondern um die Beschaffung »materieller Bürgschaften«.

Der nächste Schritt wurde von den Westmächten getan, die den Zaren vor übereilten Schritten warnen wollten. England und Frankreich ließen auf Befehl vom 2. Juni hin ihre Mittelmeergeschwader in die Besikabucht, die alte Bucht von Troja, einlaufen, wo die Schiffe, nur rund 20 km von der Einfahrt zu den Dardanellen entfernt, gewissermaßen auf dem Sprung nach Konstantinopel lagen – ebenfalls unter der Versicherung, daß es sich nicht um einen feindseligen Akt handle. Erst jetzt kam der Zar auf die Idee, die Reihenfolge der Ereignisse umzudrehen und zu behaupten, die Entsendung der beiden Geschwader in die Levante würden ihn zu seinem Schritt »über den Pruth« veranlassen. Dabei hatte er bereits Wochen vorher Magazine in Bessarabien anlegen lassen, um den Einmarsch in die Moldau-Walachei vorzubereiten.

Auf dem Ball der Queen Victoria am 1. Juli teilte Baron Brunnow, der russische Botschafter in London, Prinz Albert und den anwesenden Diplomaten als große Neuigkeit die Tatsache mit, daß der Befehl zur Okkupation der Fürstentümer am 26. Juni aus Petersburg abgegangen sei. Die militärische Invasion der Russen bildete das Hauptgespräch des Abends. »Der Rubikon ist überschritten!« kommentierte Bunsen das Geschehen: »Es bleibt jetzt nur die Alternative: europäische Conferenz oder Krieg.«

Notenkrieg

Die Diplomaten blieben nicht untätig, im Gegenteil. Die Vertreter der Großmächte versuchten sich gegenseitig mit Circulardepeschen, Vermittlungsangeboten, Notenentwürfen, Notenverbesserungen, Denkschriften zu übertreffen, in der festen Absicht, die Krise in die Hand zu bekommen, eine »Mischung aus Drohungen und Beschwichtigungen«, und im Grunde bald ein unentwirrbares Knäuel.

»Versuchen Sie es weiterhin!« antwortete Graf Nesselrode auf die Anfrage des englischen Gesandten, ob trotz der militärischen Eskalation noch auf eine friedliche Lösung zu hoffen sei, am 8. Juli 1853. Nesselrode tappte selbst im Dunkeln, was die Absichten seines Herrschers betraf, der seine einsamen Entschlüsse im Arbeitszimmer von Zarskoje Selo faßte. Der Staatskanzler erfuhr oft erst von den Absichten Nikolaus I., wenn sie bereits allen bekannt waren. Der über 70 Jahre alte Nesselrode war der am längsten amtierende Minister Europas, der letzte aus der Ära Metternichs. Umsonst versuchte er, mäßigend auf den Zar einzuwirken, der darauf bestand, daß es sich um eine rein russisch-türkische Angelegenheit handelte.

Um nicht zu völliger Passivität verurteilt zu sein, beschäftigte sich Nesselrode mit dem unermüdlichen Abfassen von umfangreichen Memoranden und Analysen von Noten, um das Schlimmste abzuwenden und Rußlands Schritte wenigstens logisch erscheinen zu lassen, auch wenn er sich dabei winden und drehen mußte.

»Wie man Hunden Knochen zuwirft«, so meinte Marx in seiner unverbesserlichen Russophobie, »so wirft Rußland den westlichen Diplomaten wohl nur deshalb so viele Noten zu, damit sie eine unschuldige Unterhaltung haben, während Rußland den Vorteil genießt, dadurch mehr Zeit zu gewinnen. England und Frankreich beißen natürlich auf den Köder an.«

Nachdem der Zar bei Seymour regelrecht abgeblitzt worden war, hatte er noch mit dem französischen Botschafter Castelbajac dasselbe Spiel versucht. Schließlich war Nikolaus mit einem Vermittlungsversuch der Österreicher einverstanden. Nur war es nicht ganz in seinem Sinn, wie Buol-Schauenstein, der Nachfolger des unerwartet gestorbenen Schwarzenberg, dies nun zu arrangieren gedachte, nämlich durch die Einberufung eines Gremiums der Botschafter Englands, Frankreichs, Preußens und Österreichs in Wien, und dies wiederum auf Drängen der Franzosen, die dem neuen Kaiserreich einen festen Platz unter den großen Fünf verschaffen wollten. Damit verärgerte Buol den Zaren ein zweites Mal, der wenig Willen zeigte, sich einem »von ihm immer gefürchteten europäischen Aeropag« zu unterwerfen.

Buol war natürlich bewußt, daß der Zar fest mit der Anhänglichkeit und Dankbarkeit Franz Josephs, vor allem mit einer Gegenleistung für die Niederwerfung des ungarischen Aufstandes 1849 rechnete, und überdies »mit der allbekannten Hinneigung des Militärs zu Rußland«. Auch stand Buol selbst unter persönlichem Druck, da der russische Gesandte Baron Meyendorff sein Schwager war; der würde ihn bald einen »Hundsfott« nennen! Doch wollte sich Buol aus einer eindeutigen Parteinahme heraushalten, zumal es auch noch gar nicht feststand, ob Frankreich mit England überhaupt eine Koalition bilden würde.

Wien bot also an, eine von der Pforte erstellte Note nach Petersburg weiterzuleiten, wartete aber den Eingang des verabredeten türkischen Notenentwurfs, der nicht gleich fertig wurde, da sich die Falken und Tauben am Diwan noch nicht einig waren, erst gar nicht ab und ließ den österreichischen Geschäftsträger den eigenen Vermittlungsentwurf Ende Juli in Petersburg übergeben, nachdem Nesselrode die Annahme sogar telegraphisch zugesichert hatte – unter einer Bedingung allerdings: daß die *Pforte* das Vermittlungspapier ohne Wenn und Aber, d. h. ohne Veränderungen unterzeichne.

Damit war durch Buols Übereifer, Wien endlich wieder zur Schaltstelle der internationalen Politik zu machen, der Konflikt gleichsam vorprogrammiert. Bezeichnend war nämlich, daß die österrreichische Note, die als Wiener Note vom 31. Juli 1853 in die Geschichte eingehen sollte, vom französischen Botschafter Bourqueney in Abstimmung mit den anderen drei Botschaftern stammte, so daß der Sultan, falls er nunmehr diesem Papier zugestimmt hätte, gleichsam aus dem Mund der Westmächte gesprochen hätte. Und noch riskanter war die Tatsache, daß dieses Papier auch Elemente aus dem Ultimatum Menschikows enthielt, so daß Marx einmal recht hatte, wenn er die Wiener Note als »russische Note« bezeichnete, die nunmehr durch die vier Großmächte an den Sultan gerichtet worden sei.

Kaum war jedoch die Wiener Note in der Diplomatenpost, als der türkische Entwurf in Wien eintraf, an dem wiederum Lord Stratford wesentlich mitredigiert hatte. Der Eklat war da. Es war natürlich kein Wunder, daß der Sultan trotz freundlichster Empfehlung des österreichischen Kaisers die Annahme der Wiener Note verweigerte mit der wiederum verständlichen Begründung, daß allein der Sultan zu einem Urteil in Fragen der Unabhängigkeit des Osmanischen Reiches befugt sei. In der Tat war die Wiener Note so vage formuliert, daß sie dem Zaren Genugtuung verschaffte, für den Sultan dagegen inakzeptabel sein mußte, weil in ihr die Frage der Souveränität ausgeklammert wurde. Drouyn de Lhuys gewöhnte es sich an, nur noch von »La note Harlequin« zu sprechen.

Auf Anraten Stratfords gab der Sultan jedoch seine Bereitwilligkeit zur Unterschrift zu erkennen, wenn der Wiener Note ein modifizierendes Papier beigefügt würde, und zur Überraschung aller sagte auch der Zar wiederum die Prüfung des türkischen Zusatzpapiers zu, obwohl er sich eigentlich jeden Kommentar verbeten hatte, und beauftragte sein Außenministerium mit einer besonderen Ausarbeitung über die Differenz zwischen der *Wiener Note* und der türkischen Modifikation. Und somit ging der Notenkrieg weiter, wobei jede Seite ständig monierte, aus dem Schreiben der anderen einen »drohenden Ton« herauszuhören.

Das mehrseitige Gutachten Nesselrodes – die »russische Prüfung« – war eigentlich nur für den Zaren bestimmt, wurde aber dennoch »streng vertraulich« dem russischen Gesandten in Wien, Baron Meyendorff, mitgeteilt, der nichts Eiligeres zu tun hatte, als es dem französischen Botschafter weiterzugeben, so daß bald überall als Tatsache feststand, daß alle Bemühungen umsonst gewesen und man im Grunde seit der brüsken Abreise Menschikows keinen Schritt weitergekommen war. Las doch Nesselrode aus dem türkischen Änderungsentwurf nichts anderes als die bekannte Tatsache heraus, daß der lateinischen Kirche mehr Privilegien eingeräumt wurden als der orthodoxen und daß hinter dem ganzen Papier eine übelwollende Absicht der osmanischen Minister steckte. Und dies, obwohl alle Seiten ständig versicherten, nicht etwa gegen den Status quo verstoßen zu wollen und nichts mehr zu wünschen, als das osmanische Reich als »ein notwendiges Element des europäischen Gleichgewichts aufrechtzuerhalten«.

Die Diskussion entzündete sich bereits am ersten Passus bzw. Paragraphen des Wiener Notenentwurfs, in dem es hieß: »Wenn zu allen Zeiten die Zaren von Rußland ihre tätige Sorgfalt für die Aufrechterhaltung der Immunitäten und Privilegien der orthodoxen griechischen Kirche in dem ottomanischen Reiche dargelegt haben, so hatten die Sultane sich niemals geweigert, dieselben von neuem durch feierliche Akte zu bestätigen.« Nesselrode hatte diese Formulierung akzeptiert, doch hieß es in den Einwendungen des osmanischen Ministers Reschid Pascha: »Daß die Zaren von Rußland ihre Sorgfalt für das Wohl der Kirche und des Glaubens darlegen, zu welchen sie sich bekennen, dagegen ist natürlich nichts zu sagen. Nach dem oben angeführten Paragraphen aber würde man zu der Ansicht kommen, daß die Privilegien der griechischen Kirche in den Staaten der Hohen Pforte nur durch die tätige Sorgfalt der Zaren von Rußland aufrechterhalten worden seien« – was nach Auffassung der Osmanen »Vorwände in sich fassen und der russischen Regierung die Handhabe bieten würde, Ansprüche zur Einmischung in dergleichen Dinge zu erheben«. Denn: »Nicht ein einziger Diener der erhabenen ottomanischen Kaiserfamilie würde es wagen, oder imstande sein, Worte niederzuschreiben, welche dahin abzielten, den Ruhm von Institutionen zu schwächen, welche die ottomanischen Herrscher aus freiwilligem Antriebe ihrer persönlichen Großmut und ihrer angeborenen Mildherzigkeit gestiftet haben.« Um jegliche Möglichkeit einer Einmischung auszuschalten, wurde klargestellt, daß die Privilegien der griechisch-orthodoxen Kirche in der Türkei Ausfluß des Wohlwollens des Sultans für seine christlichen Untertanen waren und nicht etwa der

»steten Sorge des Zaren für seine Glaubensgenossen zu verdanken«.

Bei der Abfassung der Antwortnote hatte Reschid Pascha Lord Stratford hinzugezogen, der zwischen Konsultationen mit den westlichen Botschaftern in Konstantinopel und persönlichen Audienzen beim türkischen Kanzler hin und her pendelte.

Aber von einer Einmütigkeit unter den Botschaftern der Großmächte in Konstantinopel konnte keine Rede sein. Im Juni 1853 schickte Wien als neuen Vertreter Freiherrn von Bruck nach Konstantinopel, der damit den bisherigen Geschäftsträger ablöste und mehr Kompetenzen besaß als sein Vorgänger; ein Schritt zur Normalisierung der Beziehungen, die wegen der Flüchtlingsfrage äußerst kühl gewesen waren.

In Konstantinopel stieß Bruck sofort mit Stratford zusammen, als er auf Ersuchen Franz Josephs bei der Pforte für die Wünsche Rußlands Verständnis zu finden suchte, um einen Krieg zu vermeiden.

In ihrer Note konnten es sich die Türken nicht verkneifen, bis zu Sultan Mehmet, den Eroberer »ruhmreichen Angedenkens«, zurückzugehen, um ihre Großzügigkeit herauszustellen, fremden Konfessionen Rechte einzuräumen: Die Paragraphen, welche die Pforte in die Note aufnehmen könnte, dürften nichts anderes ausdrücken als »Versicherungen, welche geeignet wären, die von der russischen Regierung vorgebrachten Zweifel, welche den Gegenstand dieser Meinungsverschiedenheiten gebildet haben, schwinden zu machen«; sie dürften ihr aber niemals »Motive geben, die Ausübung eines Rechtes der Beaufsichtigung und der Einmischung zu beanspruchen«, und damit »Anlaß zur Gefährdung der Unabhängigkeit des osmanischen Reiches«. Die *Pforte* konnte jedoch nicht um die Feststellung herumreden, »die Berücksichtigung ihrer Souveränitäts- und Unabhängigkeitsrechte der Billigkeit und Gerechtigkeit der Großmächte anheimzugeben«. Das war wiederum Stratfords Handschrift.

»Man kann diese ganze Prozedur als eine im Grunde haarspaltige, von byzantinischem Geist durchwehte bezeichnen; aber es ist dies nicht das erste Beispiel in der Geschichte, daß Eigensinn und Fanatismus die Kriegsfurie an Fäden entfesseln, die der Vernunft fast unergründbar sind«, meinte 1892 der Historiker Felix Bamberg.

Bald wußte nämlich kein Mensch mehr genau zu sagen, worum es eigentlich ging. Jedenfalls sah Lord Clarendon in London, einer der

»Tauben« im Kabinett Aberdeens, zwischen dem Passus der *Wiener Note* und der von der *Pforte* vorgeschlagenen Änderung keinen wesentlichen Unterschied, der »für Mißdeutung Raum ließe«.

Clarendon glaubte, an den gesunden Menschenverstand der Gesandten zu appellieren, wenn er alle Wortklaubereien mit der Überzeugung wegwischte, »die Befugnisse des Sultans, nicht darauf zu hören, nämlich auf die Einwände der europäischen Großmächte, ist nie in Frage gestellt worden, und das Recht der christlichen Mächte, sich einzumischen, kann auch weiter und weiter geübt werden, ohne Präjudiz für die Unabhängigkeit der *Pforte*«. Nur daß Clarendon, in London durch Welten vom »byzantinischen Geist« getrennt, die sprichwörtliche Empfindlichkeit der Osmanen nicht hinreichend einkalkulierte, die noch immer eine eigene Politik zu treiben gedachten.

Die »Schriftgelehrten« unter den Diplomaten glaubten, nichts anderes als Rußlands Anspruch auf das Protektorat, eine »umfassende Schutzherrschaft« – und damit einen Alleinvertretungsanspruch – über alle 12 Millionen Christen im osmanischen Herrschaftsbereich herauszulesen, d. h. also auch über osmanische Untertanen christlicher Konfession, und nicht etwa nur über die griechisch-orthodoxen Mönche und Geistlichen griechisch-katholischen Untertanen der Pforte zu wachen, aber selbst in Stambul wußte keiner mehr so recht, wer was nun eigentlich meinte. Als der Ministerrat der Hohen Pforte, bestehend aus siebzehn Mitgliedern, den Beschluß faßte, die Wiener Note zu verwerfen, eben weil sie von den Großmächten verfaßt worden sei, mußten sie sich durch Reschid Pascha sagen lassen, daß diesem Text auch eigene türkische Zusicherungen zugrunde lagen, die er damals Menschikow gemacht habe! Darauf setzen die Ratsmitglieder eine neue Beratung an. Auf den listigen Vorschlag Stratfords, der einen Boten in die Sitzung schickte, die Note erst einmal anzunehmen, aber unter der Bedingung, »zu ihren Gunsten die bedenklichen Stellen auszulegen und ihre Interpretation der Bestimmung der vier Mächte zu unterbreiten«, gingen sie nicht ein. Von den sechzig Mitgliedern des Großen Rates ließen sie sich schließlich ihren Beschluß bestätigen, die *Wiener Note* nur zu akzeptieren, wenn die türkischen Änderungen darin aufgenommen würden. Der Sultan gab sogar ein kriegerisches Manifest heraus, in das er den Satz einfließen ließ, die Seemächte England und Frankreich hätten »leuchtende Beweise ihres guten Willens«

gegeben, mit all ihrer Macht die Autorität des Sultans zu unterstützen – ein deutlicher Beweis, daß die Flottendemonstrationen ihren Zweck verfehlt hatten: anstatt die Russen einzuschüchtern, machten sie die Türken übermütig. Nesselrode hatte guten Grund, die Schuld an der verfahrenen Angelegenheit nunmehr den Westmächten zuzuschieben, die nicht einmal einen korrekten Notenwechsel zu organisieren imstande waren. Nach seiner Ansicht gab es nur ein einziges Mittel, zu einer Lösung zu kommen: »Dieses ist, daß Österreich und die Mächte der Pforte offen und fest erklären, daß sie, nachdem sie ihr umsonst den einzigen Weg geöffnet, der zur unmittelbaren Herstellung ihrer Beziehungen zu uns führen konnte, fortan die Aufgabe ihr allein überlassen. Wir glauben, daß sobald die Mächte diese Sprache einmütig gegen die Pforte führen, die Türken den Ratschlägen Europas nachgeben und, statt auf seinen Beistand in einem Kampf gegen Rußland rechnen, die Note, so wie sie ist, annehmen und aufhören werden, ihre Lage auf so ernste Weise zu kompromittieren, um sich die kindische Genugtuung zu geben, einige Ausdrücke in einem Schriftstück verändert zu haben, welche wir ohne Erörterung angenommen haben.«

Der Zar verstand offensichtlich gar nicht, weshalb die Besetzung der Donaufürstentümer auf einmal solche Erregung in Europa auslöste. Er hatte bereits mehrmals die Moldau-Walachei-Region eingenommen, um ihre Besetzung als Druckmittel gegenüber den Osmanen zu benutzen und sah ganz offensichtlich in dem politischen Verfall der Türkei eine Möglichkeit der Verbesserung seiner Südostflanke. Es war sogar verständlich, wenn er nun – wie Alexander I. – mit einem ihm aufgezwungenen Krieg drohte. Vor allem aber fühlte er sich in seiner Würde als Schutzherr der Christenheit gekränkt.«

Kalter Krieg

Allen Voraussagen zum Trotz erwies sich der französische Kaiser nicht als Kriegstreiber – auch zur Enttäuschung der französischen Opposition im Exil wie im Fall Victor Hugos, der in Versform spottete: »O Soldaten, welch' Erwachen! Das Kaiserreich ist die Flucht! O Soldaten, das Kaiserreich ist die Furcht!«

»Welchen Weg gedenkt Napoleon III. einzuschlagen? Wohin zeigt sein Kompaß? Niemand weiß es«, seufzte der österreichische Botschafter in Paris, Baron Hübner, übrigens ein unehelicher Sohn Metternichs. »Man erforscht seine Züge, die nichts sagen, seinen Blick, der matt und schläfrig ist ... überall derselbe Gesprächsstoff: Die Sphinx, o die Sphinx.«

Aber hatte Louis Napoleon nicht den Krieg »als Geißel der Menschheit« bezeichnet und in seinen »Idées Napoléoniennes« festgestellt, die »Zeit der Eroberungen« sei vorbei?!

Im April und Mai, ausgerechnet während der Menschikow-Mission, war der Kaiser für die Minister nicht erreichbar und für die Diplomaten unnahbar, da er durch eine Erkrankung der Kaiserin Eugenie völlig in Beschlag genommen schien.

In den Juni 1853 fiel überdies die Ablösung des bisherigen Seine-Präfekten, der sich Napoleons III. Bauplänen für die Umgestaltung von Paris widersetzte, und seine Ersetzung durch Georges-Eugène Haussmann, in dem der Kaiser den idealen Interpreten seiner eigenen Pläne fand.

Wie er bei der Grundsteinlegung der Markthallen verkündete, plante er, »... in den Boden Frankreichs einige Fundamente zu legen, auf denen eine soziale Ordnung ruht, die stabil genug sein wird, um Wildheit und Veränderlichkeit der menschlichen Leidenschaften zu trotzen«.

Hinter den Plänen Napoleons stand ein umfassendes politisches Programm zur Bekämpfung des Pauperismus und eben nicht ausschließlich die Strategie des ehemaligen Artilleristen, der in der Schweiz sein Offiziersdiplom gemacht hatte, mit der Freilegung von Straßenschneisen dem Militär ein günstiges Schuß- und Manöverfeld zu verschaffen, wie so gerne behauptet wurde.

Zum einen wollte Napoleon III., dem als Vorbild die großzügig gestaltete Metropole aus seiner Exilzeit, nämlich London, vorschwebte, durch die Modernisierung von Paris dem zweiten Kaiserreich die entsprechende glanzvolle repräsentative Kulisse verschaffen, zum anderen aber auch verhindern, daß ihm in Paris dasselbe Schicksal blühte wie seinen Vorgängern, die von der Gewalt der Straße hinweggefegt worden waren. Der beste Weg dazu schien ihm ein langfristiges Bauvorhaben, das den Pariser Arbeitern Beschäftigung und Brot garantierte.

Louis Napoleon hatte sich während seiner Haftzeit mit den Lehren des Sozialutopisten Saint-Simon beschäftigt und wollte zuerst einmal Frankreichs Wirtschaft beleben, um Englands Vorsprung als Industriemacht einzuholen. Die Börse spiegelte das Vertrauen, das die finanzstarken Kreise in seine Regierung setzten. Es war der allgemeine Eindruck, daß ihn der Ärger über den Zaren zu England hintrieb; jedenfalls übte er Zurückhaltung und Mäßigung, um England nicht Anlaß zum Argwohn zu geben. Um so mehr drängten Persigny und Drouyn de Lhuys Napoleon, die Initiative zu ergreifen, als sich die Befürchtungen als grundlos abzeichneten, Frankreich würde im Dreiecksverhältnis mit England und Rußland allein dastehen. Am 19. August informierte der französische Außenminister die englische Regierung, daß Frankreich den Russen ein Ultimatum zu setzen gedenke: die Flotte in die Dardanellen einlaufen zu lassen, falls Rußland nicht bis zum 1. Oktober die Donau-Fürstentümer geräumt hätte. Von England erwarte man den gleichen Schritt! Gleichzeitig aber ließ Drouyn de Lhuys durch den Gesandten in Konstantinopel der Pforte die Mißbilligung Frankreichs wegen der Ablehnung der Wiener Note aussprechen, und teilte dies wiederum auch Nesselrode in Petersburg mit, gleichsam zur Besänftigung. Napoleons politischer Gegner Thiers traf den Nagel auf den Kopf, als er meinte: »Die Schwierigkeit wird für ihn nicht sein, Krieg zu machen, sondern zu vermeiden.«

Auch London war mit der Haltung der Pforte unzufrieden. Dem Kabinettschef Aberdeen war die ganze Entwicklung sowieso nicht recht. Er wollte alles versuchen, eine übereilte Entscheidung zu verhindern, wie er Königin Victoria schrieb, und vor allem die Möglichkeit zu friedlichen Verhandlungen offenlassen. »Es mag zweifellos sehr angebracht sein, den Kaiser von Rußland zu demütigen«, schrieb er, »aber Lord Aberdeen hält dieses Vergnügen für etwas zu teuer bezahlt, wenn dadurch das Gedeihen und Wohl unseres glücklichen Landes Einbuße erleiden und Europa mit Verderben, Elend und Blut bedeckt wird.«

Als junger Diplomat war Aberdeen in der Gesellschaft Metternichs über das Schlachtfeld von Leipzig gefahren. Das Toten- und Trümmerfeld, das noch nicht aufgeräumt worden war, hatte ihn erschüttert. Ein älterer Bruder war bei Waterloo gefallen. Er wurde von einer Artilleriekugel zerrissen, kurze Zeit nachdem er Wellington gebeten hatte, sich nicht so zu exponieren. Lange Zeit hatte sich Aberdeen lieber mit Antiquitäten befaßt und auf Reisen nach Griechenland als Archäologe betätigt, als das Angebot, Botschafter in Petersburg zu werden, anzunehmen, bis er sich dann doch der Diplomatie zuwandte. In Wien hatte er sich 1813 von Metternichs Charme allerdings gleich so einwickeln lassen, daß er abgelöst wurde und der Außenminister Castlereagh sich veranlaßt sah, die Insel zu verlassen, was für einen britischen Außenminister ein Novum war.

Aberdeen hatte als Jüngling eine große Ähnlichkeit mit Byron, schließlich waren sie ja auch Cousins, und sollte erst als Außenminister seinen romantischen *Byron-Look* verlieren. Seine Kritiker fanden, daß er gegenüber dem russischen Botschafter nicht entschieden genug auftrat und sich in seiner Verurteilung eines europäischen Kriegs so allgemein äußerte, daß der Zar seine Zurückhaltung als Einverständnis Englands mit seiner Orientpolitik auslegen mußte.

Immerhin wurde Lord Aberdeen von seinem Schatzkanzler William Gladstone unterstützt, dessen Budgetpolitik und Beredsamkeit dem Kabinett Glanz und Stabilität gaben, bis das »Kriegsgespenst« näher rückte.

»Der Weg des Friedens und der Verhandlungen entbehrt sicherlich des romantischen Interesses, das heroischen Kriegstaten anhaftet«, so Gladstone in einer Rede im Herbst 1853, »aber wenn sein Ergebnis ist, die Vergeudung menschlichen Blutes zu ersparen und das Unglück zu vermeiden, das dem Wirtschaftsleben und der Ernährung der Nation droht, dann ist das Opfer gewiß gering und der Lohn angemessen.«

Da trat wie immer Palmerston, inzwischen als Minister des Inneren in das Kabinett zurückgekehrt, als Vertreter des »Gesamtgeistes der englischen Nation« auf. Wieder argumentierte er, daß es ihm nicht um die Türkei ginge, sondern um die Weltstellung Englands, wiederum warnte er vor der Vereinzelung Englands, falls Rußland und Frankreich zusammengehen würden: Das jetzige Vorgehen Rußlands dürfe nicht als zufälliges und vorübergehendes Ereignis betrachtet werden, sondern als Teil und Bestandteil eines großangelegten politischen Plans.

Das war ganz im Sinn von Friedrich Engels, der die Debatte im Unterhaus aufmerksam verfolgte und als Ghostwriter von Marx für den *New York Daily Tribune* berichtete: Die russische Diplomatie baue fest auf die Feigheit des Westens und führe nur deshalb eine so mutige Sprache, weil sie mit der Nachgiebigkeit Englands rechne.

Den Diplomaten kamen nun auch noch die Admiräle in die Quere, denen der Eintritt der Schlecht-Wetter-Zeit mit der Zunahme der Nordostwinde aus dem Schwarzen Meer Sorgen bereitete. In der Tat wollten die Franzosen nicht den Ablauf des Ultimatums abwarten, um ihre Flotte von der Besikabucht abzuziehen und in den Dardanellen in Sicherheit zu bringen. Am 1. September erklärte die französische Regierung der englischen, sie werde die Pforte um Erlaubnis bitten, innerhalb der Dardanellen Anker zu werfen. Nesselrode wurde informiert, daß allein »nautische Erwägungen« diesen Entschluß notwendig machten, was die Russen nur als eine durchsichtige Ausrede ansehen mußten, da für die englische Flotte in der Bucht offensichtlich ein anderes Wetter herrschte als für die Franzosen. Ironisch hatte Nesselrode schon bei Empfang des Ultimatums der Franzosen gemeint, der »geringste Windstoß« werde sicherlich bald die Geschwader nötigen, den Ankerplatz zu vertauschen. 1843 und 1849 war schon einmal eine westliche Armada von der Besika-Bucht, dieser »Wetterecke der orientalischen Frage«, in die Dardanellen vorgedrungen mit der Begründung, das schlechte Wetter hätte sie zu diesem Schritt gezwungen. Auf jeden Fall lag eine Verletzung des Meerengenvertrags von 1841 vor, der Kriegsschiffen die Einfahrt Richtung Marmarameer nur im Kriegsfall erlaubte. Als Entschuldigung konnten die westlichen Alliierten natürlich geltend machen, daß sich auch Rußland vertragswidrig im Donauraum aufhalte, denn die Konvention von Balta Liman erlaubte dies nur bei revolutionären Unruhen.

Nun waren die Wetterverhältnisse am Ausgang der Dardanellen bei dem alten Troja in der Tat problematisch. Der deutsche Reisende A. M. Jahn schrieb 1828, daß die Handelsschiffe »wegen des Nordwindes, der hier zwei Drittel des Jahres hindurch herrsche, oft drei Wochen in den Dardanellen zubringen, welche doch nur neun Stunden lang, aber zum Lavieren zu schmal sind«.

Eine Kriegsflotte, die drei Wochen hätte manövrieren müssen, um in die Dardanellen einzufahren, war wohl für jeden Admiral ein Alptraum. Daß jedoch im Zeitalter der Dampfschiffahrt das Wetter Politik machen sollte, war merkwürdig, ließen doch die Franzosen am 11. September nicht etwa die anfälligen Segelschiffe nach Konstantinopel vorfahren, sondern ein paar dampfangetriebene starke Kriegsschiffe.

1852 hatte das französische Schlachtschiff *Charlemagne* zweimal demonstriert, wie mühelos ein Kriegsschiff mit modernem Schraubenantrieb die starke Strömung in den Dardanellen zu überwinden imstande war. Von dieser Demonstration französischen Kriegsschiffbaus hatte der damalige englische Geschäftsträger Rose nach London berichtet, welchen starken Eindruck die *Charlemagne*, die »mit allen ihren Geschützen und ihrer zahlreichen Besatzung die stärkste Strömung des Bosporus allein mit der Kraft ihrer Schraube überwand«, bei den Türken hinterließ.

Im Herbst 1853 tappten wohl alle im Dunkeln, was die große Politik betraf.

Inzwischen hatte auch der Prinzgemahl Albert den Notenhaufen um ein Memorandum vergrößert, in dem er die Abschaffung von Memoranden vorschlug: Es sei nutzlos, weiterhin den Versuch zur Regelung des Streits durch die Redaktion von Noten zu unternehmen. Nur die armen Soldaten würden ihre Schuldigkeit auf das glänzendste ausüben, doch sobald die Angelegenheit wieder in die Hände der Politiker und Diplomaten gelange, fange das Pfuschen und Verwirren wieder an.

Das Papier Prinz Alberts stellte aber nur den Anlaß dar, John Russell, Clarendon, Aberdeen und Palmerston ebenfalls zu Denkschriften zu veranlassen, die ihre Verfasser in zwei Lager teilten; beide Parteien sahen in England keinen Vermittler, sondern Bündnispartner bzw. Vertragspartner der Türkei, deren Selbständigkeit verletzt worden sei – nur betonten die einen, daß die Verhandlungsbereitschaft der Türkei Bedingung für die Unterstützung sei und meinten, es sei klüger, erst die Friedenspräliminarien auszuhandeln, bevor man den Rückzug der Russen aus den Fürstentümern fordere; während die anderen die Herstellung des Status quo verlangten, bevor die Verhandlungen weitergingen. Es war klar, wer der Wortführer der »anderen« war – Palmerston; zur Überraschung lieferte er gleich noch weiterreichende Pläne mit: der österreichischen Monarchie die Überlassung der beiden Donaufürstentürmer zu versprechen, um den Preis der Trennung von Rußland.

Es war klar, daß nun auch die westlichen Alliierten in eine Zwickmühle gerieten, so daß ihre Flotten nicht auf ihren vorgeschobenen

Ankerplätzen liegen bleiben konnten: Sollten sie in die Dardanellen einfahren, konnte das Krieg bedeuten – kehrten sie jedoch nach Malta und Toulon zurück, bedeutete dies in den Augen der Öffentlichkeit einen »schimpflichen Rückzug«. In demselben Dilemma befand sich auch der Zar, der seine Truppen nicht ohne Gesichtsverlust aus den besetzten Donaufürstentümern abziehen konnte – was Palmerston zu der Pointe veranlaßte, der Räuber verlange erst den Rückzug der Polizei, bevor er sich selber in Sicherheit bringe.

Da die Russen keine Anstalten zum Rückzug aus dem Donauraum machten, konnte sich Ende September Aberdeen, um das gebrechliche Koalitionskabinett zu retten, nicht mehr länger gegen Palmerston und Stratford durchsetzen, zumal nun auch die Queen meinte, daß »Rußland uns hintergangen« habe. In der Presse wurde Aberdeen zum Rücktritt aufgefordert. So kam es, wie es kommen mußte. Am 30. September erklärten Clarendon im Oberhaus, Russell im Unterhaus, daß England und Frankreich gemeinsam an der Unverletzlichkeit der Türkei festhielten und sich auch gemeinsam von der Wiener Note distanzierten, da »die russischen Erklärungen ihr einen fremden Sinn unterlegten«, und das, obwohl sie selber nur halbherzig den Wiener Vermittlungsversuch unterstützt hatten.

Ein gutes Alibi, nun endlich auch der englischen Flotte den Befehl zum Einlaufen ins Marmarameer zu geben, kam noch zur rechten Zeit: der Bericht des französischen Botschafters Walewski über Unruhen in den Straßen Konstantinopels, über Ausbruch des »muselmanischen Fanatismus«, der die Regierung gefährde – der Sultan brauche Unterstützung!

Als nach elf Tagen die Anweisung zum Verlassen des Ankerplatzes in Konstantinopel eintraf – die übliche Zeit für die Übermittlung von Nachrichten, da der elektrische Telegraf bisher nur bis Wien reichte –, hatten sich die Unruhen allerdings gelegt.

Die Rückwirkung der neuen Sprache gegenüber Rußland blieb nicht aus. In Konstantinopel erschien beim Sultan eine Abordnung der Ulemas, der oberen Schicht der Geistlichkeit und der Rechtsgelehrten, um ihn vor die Alternative Krieg oder Abdankung zu stellen. Vor den Moscheen predigten die Derwische den »heiligen Krieg«.

Ultimativ forderte die Pforte am 4. Oktober 1853 Rußland zum Rückzug innerhalb von vierzehn Tagen auf.

Genau dies hatte Aberdeen befürchtet. Vergeblich hatte er darauf gedrungen, den Türken klar zu machen, nicht mit britischer Unterstützung rechnen zu können, falls es bei der Weigerung bliebe, die Wiener Note zu unterschreiben. Doch hatten Clarendon und Palmerston den Text der Note an die Pforte in einer Weise geändert, daß sich die Falle schloß, der Aberdeen zu entkommen suchte. Anstatt der Formulierung »alle Feindseligkeiten zu unterlassen« stand nun der Zusatz »die Feindseligkeiten innerhalb eines vernünftigen Zeitraums« zu unterlassen. Die Türken nutzten den Vorteil der Ungenauigkeit aus, da ihnen die Interpretation der Note überlassen blieb.

III. Sterben für Konstantinopel?

> »Wer ist der Bösewicht, wer der Held? Alle sind gut, und alle sind schlecht.«
>
> Leo Tolstoi 1855

Gipfeltreffen

Während des Notenwechsels versuchte der russische Zar, die Mitglieder der alten Heiligen Allianz – der Begriff spukte noch immer in den Köpfen – in persönlichen Gesprächen auf seine Seite zu ziehen. Ende September 1853 traf er zuerst den jungen österreichischen Kaiser Franz Joseph in Olmütz. Wie immer wurden diese Gipfeltreffen durch Manöver aufgelockert. Diesmal kamen sogar Theaterabende dazu, da Franz Joseph einen Teil der Hofburgschauspieler und Hofopernsänger mitgebracht hatte.

Als Beobachter Frankreichs war auch der Adjutant Napoleons III., Goyon, anwesend und wurde, wie man aufmerksam registrierte, im Gegensatz zu dem Engländer Lord Westmoreland vom Zaren ausnehmend wohlwollend begrüßt. Nikolaus I. versprach Franz Joseph, um seine Kompromißbereitschaft zu beweisen, seine Truppen auf keinen Fall über die Donau gehen zu lassen. Alle weiteren Zugeständnisse machte er von dem Einverständnis der Türken mit der Wiener Note abhängig. Er dachte überhaupt nicht daran, mit den Westmächten zu verhandeln.

Eine neue Note machte dies auch gleich aktenkundig. Der Zar verlangte nur noch die Einhaltung des Status quo sowie die Gleichberechtigung aller Konfessionen in der Türkei. Ausdrücklich hielt er fest, daß Rußland kein Interventionsrecht beanspruche.

Für Nesselrode war es ziemlich peinlich, als sich der Zar damit von dem Gutachten seines Kanzlers distanzierte, indem er es als private Mitteilung an Baron Meyendorff hinstellte.

Friedrich Wilhelm IV. war nicht eingeladen worden, wurde aber gewissermaßen durch Prinz Wilhelm vertreten, der in seiner Eigenschaft als Inspekteur der Bundestruppen den Manövern beiwohnte und wiederum von Franz Joseph mit großer Aufmerksamkeit bedacht wurde. Augenzeugen berichteten, daß der Prinz mit seinem Sohn allein aufrecht stehenblieb, als die ganze Armee mitsamt den Monarchen bei einem Feldgottesdienst in die Knie sank – »ein eindrucksvolles Symbol der Stellung Preußens zwischen den Mächten«. Nach landläufiger Meinung konnte es Preußen kaum etwas angehen, »wenn hinten, weit, in der Türkei, die Völker aufeinanderschlagen«.

Kurz vor seinem Tod hatte Friedrich Wilhelm III. noch einmal strengste Neutralität anempfohlen, falls es zum Krieg auf dem Balkan käme, und moralischen Beistand bei friedlichen Lösungen. Es erwies sich jedoch als ein Irrtum, sich auch diesmal aus der neuen Orientkrise heraushalten zu können, nachdem Fürst Menschikow nach den Worten des Ministerpräsidenten Otto von Manteuffel »unter Zurücklassung eines wahren Schwefeleklats« aus Konstantinopel verschwunden war.

Bereits im Juni hatten Paris und London auf ein »gemeinsames Wirken« mit den Westmächten bestanden und den dringenden Wunsch ausgesprochen, Preußen als Signatarmacht bei der Verteidigung der Londoner Abmachungen von 1841 (Integrität der Türkei, Dardanellenregelung) auf der Seite der Westmächte zu wissen.

Anfang September bestellte Clarendon den preußischen Botschafter zu sich und forderte von Preußen mehr »männliche Offenheit« und eine ebenso klare Sprache wie Österreich, nur das sei einer selbständigen Großmacht würdig.

Am 4. Oktober trafen sich die drei Souveräne Rußlands, Österreichs und Preußens in Warschau. Goyon fehlte diesmal, Napoleon III. hatte ihm die Reiseerlaubnis verweigert. Aus gutem Grund! Der Zar hatte die Gelegenheit in Olmütz genutzt, Napoleon III. nach Petersburg einzuladen mit dem Angebot, ihn dort *en frère* zu empfangen, ihn nachträglich also doch noch als gleichgestellten Souverän zu behandeln, was Napoleon III. nun als Taktlosigkeit wertete.

Mitten in die Beratungen platzte das Ultimatum der Türken, innerhalb von vierzehn Tagen die Donaufürstentümer zu räumen oder mit der Eröffnung von Feindseligkeiten zu rechnen. Damit war die Entwicklung über die *Olmütz-Note* hinweggegangen.

Friedrich Wilhelm IV. war nur widerstrebend nach Warschau gefahren. Tagelang hatte er zuvor im engsten Vertrautenkreis seine Unlust geäußert. Ihm behagte nicht, gleichsam Arm in Arm mit zwei absoluten Monarchen eine Demonstration der Einigkeit abzugeben und in die Politik Rußlands hineingezogen zu werden. Auch war er der ständigen Aufsicht und Bevormundung durch den Zaren und des permanenten Hineinredens Österreichs in die preußische Politik überdrüssig. Noch immer fand der Zar die Konzessionen in der Verfassungsfrage »des Teufels«; seiner Ansicht nach hatte der König das Testament seines Vaters verraten. Vor allem aber wollte der preußische König nicht in England den Eindruck der Abhängigkeit von Rußland erwecken. Während er Rußland respektierte und Österreich noch immer als Verkörperung der römisch-deutschen Reichsherrlichkeit achtete, grenzte seine Neigung zu England geradezu an Schwärmerei für das evangelische »Bruderland«.

Es war schlichtweg falsch, wie Clarendon von einer klaren Politik Österreichs zu sprechen.

Auch in Wien gab es Meinungsverschiedenheiten über den politischen Kurs. Die Gruppe der rußlandfreundlichen Generalität plädierte in Erinnerung an die Zeiten der Waffenbrüderschaft für eine Unterstützung des Zaren. Die »Westler« dagegen versprachen sich eine Stärkung der Position Österreichs auf dem Balkan gegen Rußland aus dem Zusammengehen mit England und Frankreich. Zu ihrer Überraschung konnten sie sich sogar auf den alten Metternich stützen, nach dessen Worten man die Russen aus den Donaufürstentümern hinauswerfen sollte. Alle waren sich nur in einem Punkt einig: Österreich gehörte die Vormachtstellung in Deutschland. In den Worten Prokesch-Ostens: »Österreich duldet niemand neben sich!« Außenminister Buol-Schauenstein ärgerte, daß der Zar mit den Ministern des österreichischen Kaisers »umging wie mit seinen Bedienten«. Letzten Endes bestimmte aber nicht er die Richtlinien der Politik, sondern der Kaiser, der nach dem Tod Schwarzenbergs aus diesem Grund auch nicht mehr den Posten des Ministerpräsidenten besetzt hatte. Friedrich Wilhelm IV. unterzeichnete kein Abkommen. Er suchte, wie er dem Zaren mutig erklärte und später Bunsen schrieb, in »absoluter, unparteilicher Neutralität das Heil Preußens«. Damit war das Stichwort gefallen, das die Politik Preußens in den nächsten Jahren bestimmen sollte. Wie es möglich sein sollte, sich aus den kommenden Auseinandersetzungen herauszuhalten, »ablehnend nach West und Ost«, ohne sich Feinde zu schaffen, das mußte die Zukunft zeigen.

Aber auch bei Franz Joseph kam der Zar nicht weiter. »Im Grunde war das Resultat von Olmütz und Warschau gleich null«, wie Graf Münster dem preußischen Ministerpräsidenten schrieb, »d. h. eine große Parade.«

Selbst Leopold von Gerlach fand Rußlands Politik zunehmend rücksichtslos und in der orientalischen Angelegenheit geradezu »widerwärtig«. Erst aus der Zeitungslektüre hatte die Berliner Regierung von dem Nesselrode-Gutachten Kenntnis erhalten. Verwirrt auch über die Bewunderung des Zaren für Napoleon III. – »und das ist der ausgezeichnetste Monarch der Christenheit, die Stütze der Legitimität!« – beunruhigte Gerlach der Gedanke, daß die Sturheit des Zaren England in die Arme Frankreichs trieb und damit in den »Incest«. Die Furcht vor einem Zusammenschluß Rußlands und Frankreichs kam aus einem alten Trauma, aus der Zerschlagung Preußens 1807, nachdem Alexander I. einen Allianzwechsel vollzogen und eine Koalition mit Napoleon I. eingegangen war.

Nicht durch Rußland, durch Österreich geriet Preußen in Zugzwang. Im Mai des nächsten Jahres wurde die Verlängerung des Bündnisvertrages von 1851 fällig – eine Gelegenheit, die Beziehungen zwischen Berlin und Wien neu zu überdenken. Die drohende Kriegsgefahr, die veränderten weltpolitischen Konstellationen, machten die Abfassung neuer Verbindlichkeiten und eine Abstimmung der preußischen und österreichischen Außenpolitik doppelt heikel, zumal Österreich den Fehler beging, den preußischen Standpunkt bereits auf den Österreichs festzunageln, bevor es überhaupt zu Gesprächen kam. Als es nämlich Ende Oktober um eine gemeinsame Erklärung Preußens und Österreichs auf dem Frankfurter Bundestag ging, schickte Buol nicht nur den falschen Mann nach Berlin, sondern teilte auch noch obendrein den eigenen Entwurf anderen Ländern des Deutschen Bundes mit, als wäre er bereits eine beschlossene Sache. Ausgerechnet der Bundespräsidialgesandte Freiherr von Prokesch-Osten, ein erklärter Vertreter der Vormachtstellung Österreichs, den es nie nach Berlin gezogen hatte, erschien bei Manteuffel zur Einholung der Unterschrift; ein Jahr zuvor war er erst auf Bitten des Königs als Gesandter aus Berlin zurückgezogen worden. Ein Affront, da Buol die Mißstimmung Preußens über Prokesch nicht unbekannt war – der österreichische Geheimdienst pflegte nämlich die Depeschen zwischen Berlin und der preußischen Gesandtschaft in Wien zu lesen. Manteuffel wiederum lavierte zwischen allen Fronten, er tadelte Österreich wegen zu großer Nachgiebigkeit gegenüber dem Zaren und arbeitete fast gleichzeitig eine Denkschrift aus, in der er über die Unzuverlässigkeit des Wiener Kabinetts Klage führte, eine Denkschrift für den Zaren! Auch gab er den österreichischen Entwurf dem russischen Gesandten zu lesen, was die Österreicher ärgern mußte. Dabei war Manteuffel gerade nicht derjenige, der Österreich aus Deutschland hinauszudrängen beabsichtigte. Nur war ihm der Gedanke an eine »vollkommen gesicherte Friedens- und Kriegsgemeinschaft« mit Wien unheimlich, er wollte weder Rußland noch Österreich »Vorspanndienste« leisten, das Spiel des Zaren mit dem – wie er sagte – »Ernst der Weltlage« erfüllte ihn mit wachsendem Verdruß. Nun zeugte Manteuffels Politik auch nicht gerade von Gradlinigkeit. Er brachte die Österreicher schon dadurch zur Verzweiflung, daß er so gut wie nie zu sprechen war und wegen Anhäufung diplomatischer Tätigkeiten keine Zeit für eingehende Beratungen zu haben meinte, allein schon durch die tägliche Fahrt von Berlin nach Sanssouci zum König verliere er über vier Stunden!

Im Oktober lehnte er jede gemeinsame Neutralitätserklärung ab: Österreich, »dieser Koloß auf tönernen Füßen«, solle aufhören, Preußen durch den Deutschen Bund zu majorisieren; das Wiener Kabinett müsse sich abgewöhnen, einseitig aufzutreten, es dürfe keinen Schritt ohne Abstimmung mit Preußen unternehmen!

Da machte Friedrich Wilhelm IV. eine überraschende Kehrtwendung, um wieder Rückhalt bei dem alten Verbündeten zu finden. Des Rätsels Lösung: dazwischen lag die Mission des Grafen Pourtalès, die Manteuffel als Privatmission des Grafen bezeichnete, nachdem sie gescheitert war.

Zwar war es dem Sonderbeauftragten in London gelungen, Clarendon zu beruhigen, was einen etwaigen Übertritt Preußens auf russische Seite betraf. Aber es erwies sich als eine Illusion, nun auch gleich noch die deutsche Frage auf den Tisch zu bringen – nämlich den Wunsch, Preußen in Deutschland freie Hand zu lassen bei der Bildung eines Bundesstaates zu einer *union militaire*, falls Österreich auf die Seite Rußlands treten würde und der alte Deutsche Bund damit gesprengt sei.

»Wie verwickelt sich dies alles je länger je mehr«, seufzte Gerlach, »England dringt in Preußen, mit ihm die Emanzipation der Christen in der Türkei durchzusetzen ... Louis Napoleon bedauert gegenüber Kissilew, daß die Türken auf dem linken Donauufer nicht gründlich zusammengehauen worden wären.« Die Welt schien auf dem Kopf zu stehen, wie Aberdeen zu Brunnow meinte: »Wer will den Krieg und wer will ihn nicht?«

Doppelmoral

Die Olmützer Erklärung des Zaren vom September 1853 versetzte London und Paris in Verlegenheit. Der englische Botschafter in Paris Cowley meinte, sie würde »die Westmächte eher zu Advokaten Rußlands machen« und nicht »als Freunde der Pforte erscheinen lassen«; er vermißte in dem Papier die Formulierung »christliche Untertanen der *Pforte*«. Drouyn de Lhuys kam sie gar nicht recht, weil er es für besser hielt, »einen höheren Ton« anzuschlagen, um Rußland zum Nachgeben zu zwingen. Hübner empfand sie nur als »neue Phase der orientalischen Komplikationen«. Napoleon III. dagegen wollte »die neuen Olmützer Vorschläge« nur annehmen, »falls England sie annehme«. Man drehte sich also im Kreise. Selbst Bunsen fand den Vorschlag »das Friedfertigste und für Rußland Annehmbarste, was unter den gegebenen Umständen hier geschehen konnte«, fragte sich aber gleichzeitig, ob der Zar nicht nur »friedfertig« sei, weil er im Frühjahr »erst kriegsfertig ist«.

Schließlich setzte sich Palmerston durch, obwohl es eigentlich seine Aufgabe war, als Minister des Inneren sich um die Kanalisation Londons zu kümmern und nicht um Nahostfragen, von denen er, nach Meinung vieler, ohnehin nichts verstand. »Die Politik Rußlands« – so an Clarendon – »ist stets gewesen, seine Übergriffe so weit gehen zu lassen, als die Apathie oder der Mangel an Festigkeit auswärtiger Regierungen es erlaubt, aber stets zurückzuziehen, wenn es auf entschlossenen Widerstand stößt, und auf die nächste Gelegenheit zu warten, um einen neuen Sprung auf sein Opfer zu machen.«

Frankreich und England lehnten es also ab, ihre Bedenken fallen zu lassen. Sie fürchteten noch immer eine »austro-preußisch-russische Allianz«, wie Hübner mutmaßte. Napoleon III. bestärkte dagegen durch übergroße Freundlichkeit den russischen Botschafter Kissilew in dem Glauben, daß er niemals mit England zusammengehe – nach

Hübner lebte Kissilew immer noch im Jahr 1840, als Frankreich und England auf Kollisionskurs waren.

Ohne Zweifel war das englische Kabinett noch in der Lage, den Krieg zu vermeiden, aber dazu hätte es sich einig sein müssen. Nur Aberdeen sah die Doppelmoral in einer Politik, die sich für ein halbzivilisiertes und despotisches Land wie die Türkei, wo jede Hoffnung auf Reform vergeblich sei, stark machte: »Wenn wir Krieg führen wollen, so muß es für Zwecke sein, die wir vor uns und Europa rechtfertigen können. Ich bin bereit, bis zum Krieg zu gehen, um den Besitz Konstantinopels und der Dardanellen seitens Rußlands zu hindern, aber wenn ein Kampf um diese Frage entsteht, würde er wahrscheinlich andere Gegenstände umfassen als die Sicherheit der Türkei.«

Solche Skrupel plagten Palmerston nicht, er hielt die Türkei weder für verfallsbedroht, noch für reformfähig und schlug sogar einen Pakt mit den Osmanen vor. »Nur durch kräftige Unterstützung können wir unseren Einfluß behalten, denn die Unterstützung ist in unserem eigenen Interesse.«

Stratford ging als Botschafter in Konstantinopel sogar so weit, das Verhalten der eigenen Regierung – sprich Aberdeens – als ehrlos zu bezeichnen: »Er werde die Welt erfahren lassen, daß sein Name Canning sei.« Gegenüber der Unaufrichtigkeit Stratfords fühlte sich Aberdeen machtlos, nachdem er das Kabinett nur durch die Konzession hatte zusammenhalten können, Stratford Aktionsfreiheit zuzugestehen; ein schwerer Fehler, wie Queen Victoria und ihr Prinzgemahl ahnten, da »die Türken sich die Gelegenheit eines Krieges mit Rußland nicht entgehen lassen würden, wenn sie mit England und Frankreich Seite an Seite kämpfen«.

Ende Oktober entschloß sich Nikolaus I. zu einem ungewöhnlichen Schritt. Er schrieb der Königin einen Brief, in dem Glauben, über sie Einfluß auf die Kabinettspolitik auszuüben und sich über den Kopf Napoleons hinweg mit England zu einigen: bei den Gesprächen mit Seymour könne es sich nur um ein Mißverständnis gehandelt haben. Er könne nicht glauben, daß die englische Flagge neben dem Halbmond wehen solle, um »das Kreuz des heiligen Andreas zu bekämpfen«.

Nun kam der Brief zu einem Zeitpunkt, an dem die Königin an Stratfords Verhalten in Konstantinopel zweifelte, der ganz kaltblütig bereits fest mit der Entwicklung zum Krieg zu rechnen schien.

Die Königin stellte Aberdeen die Frage, ob es nicht besser sei, Stratford abzulösen, da er mit dem Franzosen Baraguay d'Hilliers die gleichen extremen Ideen hätte, nämlich die Flotten ins Schwarze Meer zu schicken, was einer tatsächlichen Kriegserklärung gleichkäme.

Ausführlicher als der Zar antwortete sie vierzehn Tage später, natürlich war der Brief mit Aberdeen und Clarendon abgestimmt. Sie erinnerte Nikolaus daran, daß sie beide sich zwar nicht in Übereinstimmung befanden, was den Gesundheitszustand des osmanischen Reiches betraf, aber doch vielleicht über die Notwendigkeit, es leben zu lassen; die wahren Absichten des Zaren seien sicher »wegen der Form« falsch verstanden worden. Victoria teilte ihm mit, daß die Besetzung der Fürstentümer in den letzten vier Monaten eine allgemeine Verwirrung in Europa angerichtet hätten und zu weiteren Ereignissen führen könnten!

Palmerston hatte immer für ein Zusammengehen mit Frankreich plädiert und kam damit den Wünschen Napoleons III. entgegen, der schon früh davon träumte, das Bündnis zur Achse seiner künftigen Politik zu machen. Den grundlegenden Fehler von Napoleon I., mit dem britischen Koloß anzubinden, wollte sein Neffe nicht wiederholen. In dieser Absicht hatte er sich schon beim Leichenbegängnis Wellingtons vertreten lassen.

Das Problem war nur, daß die englische Öffentlichkeit nicht unbedingt frankophil war und die französische Landbevölkerung ausgesprochen antibritisch eingestellt; ein Anlaß fehlte, beide Nationen zu einer festen Partnerschaft zusammenzuführen.

Da setzte Palmerston durch einen gerissenen Schachzug das englische Kabinett matt. Im Dezember 1853 legte er sein Amt nieder, nach seinen Worten aus Protest gegen ein geplantes Gesetz zur Wahlreform, in Wahrheit, wie Aberdeen wußte, »wegen der friedfertigen Politik der Regierung«. Der aktuelle Anlaß war die Initiative Clarendons, der Wiener Botschafterkonferenz und damit Buol noch einmal die Chance zu geben, zu einem Ausgleich mit Rußland zu kommen. Eine neue Note – das Wiener Protokoll – sollte nichts weiter als den Wunsch Clarendons aussprechen, dem »Blutvergießen an der Donau ein Ende zu machen«. Doch war das Angebot von Waffenstillstandsverhandlungen auf neutralem Boden mit der zusätzlichem Drohung gekoppelt, Englands Flotte in das Schwarze Meer zu schicken, falls

Rußland zur See einen türkischen Hafen angriffe – was eine Demütigung und Provokation Rußlands darstellte. Betrachtete doch Rußland das Schwarze Meer als eigene Domäne, als *Lac Russe*. Ausdrücklich betonte Brunnow in London, beim ersten Zusammenstoß mit einer türkischen Flotte werde Rußland so handeln, als ob es kein englisch-französisches Geschwader gäbe!

Königin Victoria und ihr Prinzgemahl mochten »Pilgerstein« nicht, wie sie den Lord respektlos nannten. In den Augen der Öffentlichkeit aber war *Old Pam* der starke Mann, der die anderen Staaten das Fürchten lehrte, und Palmerston selber führte sich so auf, als ob er allein für die Ehre Englands verantwortlich wäre. »Hat der Teufel einen Sohn, heißt er sicher Palmerston«, wurde in Preußen gedichtet.

Für Karl Marx blieb Palmerston ein Rätsel. Vom 22. Oktober 1853 bis zum 11. Januar 1854 verfolgte er die Laufbahn von »Lord Feuerbrand« – wie Engels und er gerne sagten – in einer Artikelserie, die so etwas wie eine Fortsetzung seines Pamphlets gegen Louis Napoleon sein sollte, doch nicht dessen analytische Brillanz aufwies. Marx verwickelte sich in eine Reihe von Widersprüchen, weil er gerade Palmerstons vollstes Vertrauen in die Redlichkeit Rußlands vorwarf. Für Marx war Palmerston nur ein Prahlhans, der »dem Schwachen hochmütig und tyrannisch, dem Starken demütig und winselnd entgegentrete«. Marx sah in ihm nicht den Mann großangelegter Pläne und Ziele, wenn auch den besten Kenner aller parlamentarischer Tricks und gestand ihm zugleich zu, feste Prinzipien von Canning übernommen zu haben: »Die Doktrin von Englands Mission, den Konstitutionalismus auf dem Kontinent zu propagieren.« Das Beste war noch die Pointe, Palmerston sei zwar als Staatsmann nicht jeder Aufgabe gewachsen, doch als Schauspieler jeder Rolle. Kurzum: Für Englands Politiker sei der Tod des alten Wellington rechtzeitig gekommen: »Der alte Bulle hätte im Moment einer Krise noch immer über eine traditionell gewordene Autorität zu kommandieren!«

Weitaus treffender war ein Buch über Palmerston von dem ehemaligen österreichischen Diplomaten Graf Ficquelmont, 1852 in Wien publiziert. Dahinter steckte die Absicht, Österreich vor England zu warnen, das, »den Weltfrieden auf den Lippen«, sich die Berechtigung anmaße, Waffen in die ganze Welt zu liefern oder sich das Recht nehme, »überall von seiner Macht Gebrauch zu machen«. In der

Öffentlichkeit löste der Rücktritt Palmerstons einen Sturm der Entrüstung aus, weil man hinter ihm die Absicht des deutschen Prinzen Albert vermutete, einen entschiedenen Gegner Rußlands auszuschalten und damit Preußen einen Dienst zu erweisen. Inzwischen war jedoch ein Ereignis eingetreten, das alle Noten zur Makulatur machte und Palmerstons Rücktritt zu einem Triumph.

Ein zweites Navarino?

Die ersten Schüsse waren längst an der Donau gefallen, bevor das Ultimatum der Türken abgelaufen war. Es handelte sich um Vorpostengefechte, Patrouillenunternehmen und Artillerieduelle von einem Ufer zum anderen. Die 80 000 Mann, mit denen der Zar in die beiden Fürstentümer einmarschiert war, reichten bei weitem nicht aus, die ganze Donaulinie von 470 km Länge zu decken, geschweige denn offensiv zu werden. Da die befestigten Orte und kleinen Festungen (Vidin, Rustschuk, Silistria) auf Grund früherer Abmachungen alle auf der türkischen Donauseite lagen, waren die Russen von vornherein in einer schlechteren Position.

Oberbefehlshaber war Fürst Michael Gortschakow, ein wortkarger Artillerist, der als Mann von mangelnder Entschlußkraft galt, aber neben langjähriger Kriegserfahrung die Kenntnis der Verhältnisse in der Walachei mit sich brachte, was ihn nicht hinderte, auf die türkischen Soldaten mit größter Verachtung zu blicken. Gortschakow war zu lange zweiter Mann gewesen, unter anderem 22 Jahre Stabschef bei dem berühmten Polen- und Türkenbezwinger Paskiewitsch, so daß ihm im Alter das Charisma des Feldherrn fehlte, zumal Paskiewitsch im Chef des Stabes beim Feldmarschall nur den »ältesten Schreiber in dessen Kanzlei« gesehen hatte. Doch war gerade Gortschakow vom Zaren ausgewählt worden, da er als äußerst tapfer galt und bei den einfachen Soldaten ein großes Ansehen genoß, doch niemals auf die Idee verfallen wäre, etwa selbständig zu handeln. Wegen seiner Eigenschaften, auf das Wohl seiner Untergebenen bedacht zu sein, wurde der Brillenträger Gortschakow von einem Teil seiner Stabsoffiziere sogar belächelt, galt doch in ihren Augen »der Tod des einzelnen Menschen im Krieg nicht mehr als ein Spänchen Holz, welches absplittert, wenn man eine mächtige Eiche fällt«.

In den Dörfern wurde eine Proklamation Gortschakows verlesen, die Truppen des Zaren seien nicht in feindlicher Absicht gekommen, es handle sich nur um eine vorübergehende Besetzung, die Lieferungen von Lebensmitteln würden zu dem mit der Regierung verabredeten Preis aus der Kriegskasse bezahlt. Die Bevölkerung, an fremde Besatzer gewohnt, von ihren eigenen Fürsten unterdrückt, stand den Russen gleichgültig gegenüber; ihre Religion hatten sie auch unter den Türken ausüben können, die das Land allerdings jahrzehntelang hatten verkommen lassen, der Bauer bestellte meist nicht mehr Land, als er für seine eigene Familie brauchte, nur die Großgrundbesitzer profitierten vom Reichtum des Landes als Kornkammer.

Im Widerspruch zu allen Versicherungen verlangte der Chef der Zivilregierung Baron Budberg von den Hospodaren, den Regenten des Landes, den sofortigen Abbruch jeglicher Verbindungen zur *Pforte*, führte als Zwangskurs das russische Papiergeld ein und verhängte auf Kontakte von höheren Beamten mit der Türkei sogar die Todesstrafe. Die Hospodare flohen nach Österreich. Die Bevölkerung trauerte ihnen nicht nach. Die Hospodare, die Ober- und Beamtenschicht waren noch weniger beliebt als die Türken. Sie wurde von den Griechen gebildet, die aus einflußreichen Familien außerhalb des Landes kamen, Fanarioten genannt, weil sie im Stadtviertel Fanar von Konstantinopel saßen. Aus diesem Grund hatte sich die Bevölkerung auch weder für den griechischen Unabhängigkeitskrieg, noch für die Errichtung eines byzantinischen Balkanstaates gewinnen lassen, von dem der Zarenadjutant Ypsilantis 1821 geträumt hatte.

Es war eine Gegend, auf der der Fluch lastete, der »beständige Schauplatz von Verwüstungen, Krieg und Durchzügen zu sein« (Moltke). Für fremde Heere waren vor allem die klimatischen Verhältnisse verheerend, so der große Temperaturunterschied zwischen Tag und Nacht, der für Fiebererkrankungen anfällig machte; nicht ohne Grund lebte das Land in permanenter Furcht vor der Cholera und Pest.

Wie Moltke feststellte, waren die Russen 1828/29 unfähig gewesen, sich den besonderen Lebensbedingungen anzupassen, was sie die Hälfte ihrer Truppen gekostet hatte. Es war noch frisch im Gedächtnis der Russen, daß einmal eine ganze Truppeneinheit von der Front zurückgezogen werden mußte, um sie nicht dem Hungertod preiszugeben, und daß die Kavalleriepferde zuletzt so schwach gewesen waren, daß sie nicht einmal mehr den Sattel tragen konnten, geschweige denn ihren Reiter. So gut vorbereitet wie im Juli 1853 war allerdings noch nie eine russische Armee gegen die Türken gezogen. Es waren Magazine angelegt und 5 000 Bauernfuhrwerke zusätzlich zu den Truppenfahrzeugen requiriert worden. Vorsorglich hatte die russische Führung auf ihre schwere Kavallerie ganz verzichtet und für die restlichen Pferde dem Troß 12 000 Sensen mitgeliefert zum Heumachen auf den Donauwiesen.

Zur großen Überraschung der Russen aber waren die Türken von 1829 nicht wiederzuerkennen. Bei Kalafat an der Westgrenze, gegenüber von Vidin, und bei Oltinitza in der Frontmitte mußten die Russen Niederlagen einstecken, als die Generäle im Vertrauen auf die Tüchtigkeit ihrer Leute im Nahkampf ohne ausreichende Artillerievorbereitung stürmen ließen. Die Redensart des berühmten Generals Suwurow, einem weiteren Türkenbezwinger aus vergangenen Tagen, »Die Kugel ist eine Närrin, das Bajonett ein ganzer Kerl«, hatte geradezu die Bedeutung einer Vorschrift im Infanterie-Reglement angenommen und gehörte zur Lehre vom Sieg.

»Sie unterschätzen ihre Gegner in einer Weise, die kaum ihresgleichen hat«, kommentierte Friedrich Engels. In Omer Pascha stand Gortschakow ein Mann gegenüber, der den Russen übrigens gut bekannt war. Zusammen mit seinen Truppen hatten sie 1848/49 bei dem gemeinsamen Unternehmen Rußlands und der Türkei gegen die Aufständischen auf dem Balkan die beiden Fürstentümer besetzt. Er galt als der berühmteste und berüchtigtste Türkenführer seiner Zeit, als Spezialist für Strafexpeditionen, und war gerade deshalb so furchterregend, weil er als österreichischer Kadett in die Türkei desertiert und vom christlichen Glauben abgefallen war. Seine Expedition gegen Aufrührer hinderte ihn übrigens nicht, polnische und ungarische Offiziere in seine Armee aufzunehmen, die vor den Österreichern und Russen in die Türkei geflohen waren. Nach der türkischen Heeresreform verfügte er über moderne Artillerie und ausgebildete Truppen, die er mit der Kunst des geschulten Offiziers erfolgreich einzusetzen verstand.

Beide Feldherren begingen jedoch den Fehler, ihre Truppen zu verzetteln, beide scheuten sich vor großen Schlachten, beide spielten den »Cunctator«. Omer Pascha erhielt außerdem nach einem erfolgreichen Gefecht den Rückzugsbefehl, als sich die Hohe Pforte auf Drängen der Westmächte Zurückhaltung auferlegen mußte, so lange noch die Verhandlungen in Wien und Konstantinopel liefen. Der merkwürdige Rückzug bei Oltenitza war es, der im Herbst 1853 die Gemüter Europas als »Rätsel an der Donau« beschäftigte. Engels hatte den richtigen Instinkt, als er die Diplomatie dafür verantwortlich machte, Omer Pascha die Früchte des Sieges gestohlen zu haben.

Als die Londoner am 13. Dezember 1853 ihre Tageszeitung aufschlugen, konnten sie zu ihrem Erstaunen lesen, ein türkisches Schiff sei trotz der Anwesenheit der englischen und französischen Flotte im Bosporus von einem russischen Fahrzeug ungestraft gekapert worden. Gleichzeitig berichtete die französische Tageszeitung *Le Moniteur universel* von der Vernichtung eines ganzen türkischen Schiffsgeschwaders bei Sinope.

»Unsere Flotte ist jedenfalls *nicht* deswegen dort, um die Russen an einem Angriff auf die Türkei zu hindern!« hieß es ironisch in einem konservativen Blatt, »die Flotte ist *nicht* deswegen dort, darüber zu wachen, daß das Schwarze Meer nicht zu einem russischen Binnensee wird. Die Flotte ist *nicht* deswegen dort, ein zweites Navarino nach dem berühmten Muster zu verhindern. Wird das Volk solch kostspielige Scherze lange dulden?« Auf jeden Fall war der Stolz der Engländer gekränkt, die die russische Marine immer noch als Anfänger betrachteten. Sie fanden es – laut *Times* – überdies unerhört, daß die Russen trotz der gespannten Situation auch weiterhin ihre Kriegsschiffe in englischen Häfen reparieren lassen konnten und daß die englischen Behörden geflohene russische Matrosen mit Gewalt auf die russischen Schiffe zurückbrachten.

Dem Zaren kam der Erfolg bei Sinope sehr ungelegen. War doch Gortschakow gerade im Begriff, den Feldzug von 1853 zu beenden und in die Winterquartiere einzurücken. Im Winter sollte den Diplomaten das Feld überlassen bleiben.

Die englische Presse war außer sich über diese »neue Szene der diplomatischen Komödie« in den Donaufürstentümern und über die haltlose Politik des russenfreundlichen Kabinetts Aberdeen, das sich weigere, Nikolaus' angebliche Defensivhaltung als Taktik zu durchschauen und dem Zaren die Maske der Heuchelei vom Gesicht zu reißen. Die *Morning Post* gab ihren Lesern zu verstehen, daß der unliebsame Vorfall bei Sinope sich niemals ereignet hätte, wenn Palmerston Premier- oder wenigstens Außenminister gewesen wäre. Von

Hinterlist und Barbarei, einem heimtückischen Attentat und Gemetzel war die Rede.

Der russischen Führung waren die Nachschubtransporte der Türken an der Nordküste Anatoliens entlang Richtung Batum seit langem ein Dorn im Auge. Die Türken unterstützten im Kaukasus nicht nur die aufständischen Bergvölker, sondern seit kurzem auch eigene Truppen, die auf russisches Gebiet vorgedrungen waren.

Als Vizeadmiral Nachimow, der das in Sewastopol stationierte Schwarzmeergeschwader befehligte, von einem schnellsegelnden Dampfer die Nachricht erhielt, daß sich ein Großteil der türkischen Flotte auf dem Weg nach Batum in die Bucht von Sinope zurückgezogen hatte, um dort vor schlechtem Wetter Schutz zu suchen, lief er unverzüglich aus, schickte zwei Dampfer zum Rekognoszieren los und drang dann, als die Türken sich nicht rührten, mit 15 Schiffen in die tiefe, pilzförmige Bucht ein, um die dort vor Anker liegenden Schiffe zusammenzuschießen. Das Ganze hatte, wie Engels am 9. Januar 1854 nach dem Einholen aller zur Verfügung stehenden Informationen treffend feststellte, mehr den Charakter einer Kanonade auf dem Festland, da die Russen selber Anker geworfen hatten, um nicht an die Küste getrieben zu werden.

Die Meldungen waren widerspruchsvoll. Obwohl die Türken, die mit ihren Schiffen seit sechs Tagen auf der Reede von Sinope lagen, von den Minaretten der Stadt aus das Auftauchen von Mastspitzen hätten beobachten können, waren sie völlig überrascht worden. Engels schenkte den türkischen Meldungen mehr Glauben als den russischen; wohl nicht der Nebel, sondern das Hissen der britischen Fahne hätte den Russen die unbehinderte Annäherung ermöglicht. Die sprichwörtliche Arroganz der Seefahrernation hatte offensichtlich auf ihn abgefärbt; abfällig schrieb er, daß »die Möglichkeit, ganz auf seemännische Taktik und auf jegliches Manövrieren verzichten zu können, den Russen sehr zustatten kam, da der Mannschaftsbestand ihrer Flotte im Schwarzen Meer sich fast ausschließlich aus ›Landratten‹, besonders polnischen Juden, zusammensetzt«. Die taktische Kühnheit dieser Operation entging ihm völlig.

Der Kampf hatte sich von halb ein Uhr mittags bis eine Stunde nach Sonnenuntergang, rund vier Stunden lang, hingezogen. Die Küstenbatterien – Kastelle aus Zeiten, in denen es noch keine Artillerie gab – hatten dabei kaum in den Kampf eingreifen können, weil die eigenen Schiffe im Schußfeld lagen. Vor allem hatte sich der Pulvervorrat in den türkischen Transportschiffen als Verhängnis erwiesen.

Aber auch die Russen waren nicht ohne Verluste geblieben. Mehrere Kriegsschiffe, durch den Verlust ihrer Masten manövrierunfähig, mußten von Dampfern aus der Bucht bugsiert und abgeschleppt werden.

Überall bekamen nach der Seeschlacht von Sinope die Falken Auftrieb. Der Außenminister Frankreichs gab dem französischen Admiral Hamelin die Erlaubnis, ins Schwarze Meer einzudringen, doch sollte sich die Form des Aufeinandertreffens zwischen den Flotten erst einmal nach höflichen Spielregeln abwickeln, nämlich »jedes russische Fahrzeug, welchem die unsrigen auf dem Meer begegnen, künftig einzuladen, nach dem Hafen von Sewastopol zurückzukehren«. Die Besitznahme des Schwarzen Meeres war nunmehr als Gegenpfand bis zur Räumung der Fürstentümer gedacht.

Der englische Gesandte gestand immerhin den feinsinnigen Unterschied zu, daß man sich anders verhalten würde, wenn das türkische Geschwader an der asiatischen Küste Rußlands und nicht auf türkischem Boden angegriffen worden wäre; dann hätten sie die Schlacht »nur als einen der gewöhnlichsten, wenn auch traurigen Wechselfälle des Krieges betrachtet«. Trotz langer Memoranden brachte Nesselrode die Angelegenheit auf den Punkt mit der Frage, was daran zu tadeln sei, wenn Feindseligkeiten mit Feindseligkeiten beantwortet würden, schließlich befänden sich Türkei und Rußland im Krieg. Er schlug vor, um die gefährliche Situation – die »drohende Anwesenheit von 3000 Feuerschlünden« – zu entschärfen, eine Art Waffenstillstand zur See einzuführen. Schließlich gäbe es berühmte Beispiele: trotz der Seeschlacht von Navarino, als Engländer und Franzosen während des griechischen Befreiungskrieges das türkisch-ägyptische Geschwader versenkten, »hörten England und Frankreich niemals auf, sich als im Frieden mit der Türkei befindlich zu erklären«.

Doch die Eskalation ließ sich nicht aufhalten und bewies einmal mehr die Gültigkeit des Sprichwortes: Wenn zwei dasselbe tun, ist es niemals dasselbe. »Ein unheilvoller Triumph für die Sieger«, kommentierte der Franzose Bazancourt. In der Tat brachte die Seeschlacht bei Sinope nur den Türken Vorteile. Am 7. Januar 1854 überbrachte die englische Fregatte *Retribution* in Sewastopol die Erklärung der Westmächte, daß sie von nun an mit eigenen Schiffsabteilungen die türkischen Transportschiffe auf dem Weg in Richtung Kaukasus begleiten würden.

»Die Wracks der in den Grund gebohrten und verbrannten Schiffe waren noch sichtbar, als wir in dem elenden kleinen Seehafen ankamen, der ein so schreckliches Interesse erlangte«, schrieb der Engländer Humphrey Sandwith, als er ein Jahr später auf dem Weg nach Armenien mit einem Dampfer in Sinope ankam, um als Arzt auf seiten der Türken zu arbeiten.

Immer noch war keine Klarheit über den Ablauf der Schlacht zu bekommen: »Nach einigen Berichten fochten die Türken wie die Löwen, nach anderen flohen sie wie die Schafe davon.« Aber seiner Meinung nach wäre es selbst für ein englisches Geschwader keine Schande gewesen, sich dieser Übermacht ergeben zu haben. Selbst für die »armen Matrosen«, die auf der Flucht von den sinkenden türkischen Schiffen die flüchtenden Bewohner an der Küste beraubt hatten, fand Sandwith Verständnis; schließlich waren es *Conscribirte*, also Gepreßte, die nur die Gelegenheit ergriffen, in ihre Heimat zu desertieren. Die Mannschaft eines gesunkenen englischen Schiffes war sogar aller ihrer Kleider beraubt worden.

Die Marineexperten trafen die Vorgänge von Sinope wie ein Schlag. Die Russen hatten zum ersten Mal durch den Einsatz von Sprenggranaten den Beweis geliefert, daß die Zeit der hölzernen Kriegsschiffe vorbei war, welche die Admiräle in London und Paris noch immer den eisernen Schiffsrümpfen vorzogen. Im Gegensatz zu den alten Vollkugelgeschossen waren die neuartigen Explosivgranaten nicht nur in der Lage, die Schiffswände zu durchschlagen, sondern auch in Brand zu setzen. Es war Prinz Albert, der die Schlacht von Sinope für ein erstes Zeichen der »größten Revolution in der Kriegsführung zur See« hielt.

Das Spiel mit dem Feuer

Als am 16. Dezember das sogenannte Wiener Protokoll am Bosporus eintraf, war es durch die Ereignisse von Sinope bereits überholt. In der Zwischenzeit hatten die vier Gesandten unter Stratford aber wieder einmal selbst die Initiative ergriffen und ein Schriftstück für die Türken aufgesetzt, das auf Anweisungen von Clarendon und Drouyn de Lhuys von Ende November zurückgriff. Einzige Vorbedingung für die Einleitung von Waffenstillstandsverhandlungen war die Räumung der Fürstentümer durch Rußland, also genau das, was der Zar erst nach einer befriedigenden Regelung zu tun gedachte. Als das *Wiener Protokoll* dann schließlich eintraf, beschlossen die vier Gesandten, es erst einmal nicht weiterzugeben, um Komplikationen zu vermeiden, was nun wiederum beträchtlichen Ärger in Wien auslöste. Besorgt schickte Clarendon der Anweisung zum Einlaufen der Flotten in das Schwarze Meer die Auflage hinterher, die Türken von Seeoperationen ohne vorherige Absprache mit den beiden Admirälen abzuhalten.

Trotz allem: der Schutz türkischer Flotteneinheiten und Häfen bedeutete eine Defensivallianz mit der Türkei, ohne es so zu nennen; Aberdeen und Gladstone konnten hoffen, daß »auf diese Weise der Frieden auf dem Schwarzen Meer erhalten bleibe; Palmerston wußte, daß man so zum Krieg kommen müsse, und die Königin ahnte es«.

Die *Times* entzog nach Sinope Aberdeen ihre Unterstützung und schrieb am 14. Dezember, das englische Volk sei entschlossen, »nicht zu erlauben, daß Rußland Europa Bedingungen diktiere oder das Schwarze Meer zu einem russischen See mache. Es verlange, daß eine Politik der vollendeten Heuchelei durch eine exemplarische Niederlage bestraft werde.«

Zwei Wochen nach seinem Rücktritt trat Palmerston wieder in Aberdeens Kabinett ein. Die »Komödie der Demission« war gelungen, seine Position nun gefestigter als vorher, nachdem er vor der Öffentlichkeit die Unfähigkeit Aberdeens als Krisenmanager bewiesen hatte. Am 31. Dezember 1853 notierte Prokesch-Osten in Frankfurt: »Der Wiedereintritt Lord Palmerstons und die Nachricht der *Preußischen Zeitung* von der russischen Mobilmachung gelten hier für Anzeichen, daß der Krieg unaufhaltsam sei.«

Für Prokesch arbeiteten Stratford und vor allem Palmerston auf den Bruch hin: »Die Macht, die von Anfang an einen anderen Weg ging, war England... Und wollte England den Krieg, so schrumpfte die Sendung Menschikows zu einem Vorwand zusammen!« Bestürzt schrieb er Graf Ficquelmont, von den protestantischen Regierungen sei nach seiner Ansicht »gar kein Verständnis religiöser Bedürfnisse mehr zu erwarten und von den katholischen kaum mehr. Daher auch die gänzliche Nichtachtung der religiösen Seite der orientalischen Frage. Keine Regierung, mit Ausnahme der russischen, kennt das Gewicht des religiösen Elements. Die sogenannten Bestrebungen der

Westmächte für die Christen sind ein schlagender Beweis ihres Unglaubens und ihrer Unfähigkeit, religiöse Bedürfnisse zu verstehen«.

Daß die Türken in ihrer Antwortnote an die Großmächte darum baten, Mitglied der europäischen Föderation zu werden – ein Punkt, der zur Zeit des Wiener Kongresses niemals überhaupt zur Debatte gestanden hätte –, war eine bemerkenswerte neue politische Entwicklung, da sich damit das Osmanische Reich der völkerrechtlichen Praxis unterwarf, und dies, nachdem es ein paar Monate vorher noch jedes Vertragswerk rigoros abgelehnt und immer auf gnädig erteilten Versicherungen bestanden hatte.

Andererseits ahnten die selbständigen türkischen Staatsmänner, daß das Osmanische Reich mehr und mehr in neue Abhängigkeiten geriet und die eigene Entscheidungsfreiheit zunehmend eingeengt wurde. In der Tat wurden die Türken gar nicht gefragt, ob sie mit dem Erscheinen der westlichen Kriegsschiffe im Schwarzen Meer überhaupt einverstanden waren. Reschid Pascha fühlte sich in einem Ausmaß brüskiert, daß er bemerkte, sich »am Ende noch mit den Russen verstehen zu müssen«. Bruck hatte klar erkannt, daß es England um die Schwächung Rußlands und die Hegemonie in Europa ging und nicht um das vielzitierte Gleichgewicht. Wie er meinte, schwebte England die Errichtung eines zweiten Gibraltar bei den Dardanellen vor, um das Mittelmeer von einem Ende bis zum anderen zu beherrschen. Die Zeiten waren vorbei, in denen es sich die Türken verbaten, das »Marmarameer als eine Herberge anzusehen, wo die ganze Welt ohne ihre Zustimmung ein und aus gehen könne«.

Am 18. Januar 1854 erklärten sich die Vertreter der vier Mächte in Wien mit der türkischen Antwort auf ihr Protokoll identisch, um den beiden kriegführenden Parteien eine Gelegenheit zu bieten, »in würdiger und ehrenhafter Weise sich wieder einander zu nähern, ohne daß Europa noch länger durch das Schauspiel des Krieges betrübt wird«. Aber inzwischen war eine neue Entwicklung eingetreten, die über Buols Vermittlungskünste hinwegging.

Ausgerechnet zu diesem Zeitpunkt brach Ende Januar 1854 in dem noch von den Türken besetzten Teil Griechenlands ein Aufstand aus, der sich von Thessalien bis nach Albanien und Mazedonien ausbreitete und einen griechischen General veranlaßte, die provisorische Regierung eines neuen byzantinischen Reiches auszurufen. Diesmal wollte der Zar die Revolte für seine Zwecke ausnutzen und ließ seinen diplomatischen Vertretern im Ausland ein Rundschreiben zur Kenntnis bringen, indem er die Empörung der christlichen Untertanen der *Pforte* offen billigte.

Auch im Königreich Griechenland dachte man daran, nunmehr eine Korrektur der damaligen Verträge vorzunehmen, in denen das freie Hellas auf der Peloponnes und den Süden der Halbinsel bis Thessalien beschränkt worden war. Sie unterstützten die Aufständischen durch Sammlungen und Waffenlieferungen. Das Osmanische Reich geriet dadurch ebenso wie die Westmächte in eine peinliche Lage: »Die *Pforte* rechnete bei dem Kampf gegen Rußland auf den Beistand der christlichen Staaten, namentlich Englands und Frankreichs. Sie konnte also zu dem Krieg gegen die Aufständischen nicht als Kampf für den Islam aufrufen«, so Wilhelm Rüstow 1855. Und auch die Westmächte machten sich unglaubwürdig. Nur dreißig Jahre zuvor hatten die Westmächte zuammen mit Rußland den Krieg gegen die Türkei zur Befreiung Griechenlands mit dem Hinweis auf die Todfeindschaft zwischen Christentum und dem Islam geführt; nun galt es, die öffentliche Meinung um 180 Grad herumzureißen und für einen Krieg zu begeistern, bei dem der ehemalige Todfeind der Verbündete und der ehemalige Bündnispartner, ein Mitglied der christlichen Pentarchie von Wien, nunmehr der Feind, der Vertreter eines »abscheulichen Weltreichs« war.

Die Politiker versuchten, sich dadurch aus der Affäre zu ziehen, indem sie den Insurgenten vorwarfen, ihre Zeit falsch gewählt zu haben! Auch stand es in der Öffentlichkeit mit dem Ansehen Rußlands nicht zum Besten. Seit der Niederschlagung des polnischen und ungarischen Aufstands galt Nikolaus I. als der *Gendarm von Europa*. Nachdem er sich zum Schiedsrichter in den Angelegenheiten Preußens und Österreichs gemacht hatte, wollten England und Frankreich es nicht dulden, daß er sich auch noch die Schiedsrichterrolle in der orientalischen Frage anmaßte. Die Erinnerung an die Verdienste Rußlands als Befreier von Napoleon I. waren verblaßt. Nur Österreich war bei den Demokraten Europas noch verhaßter als Rußland; schließlich hatten die Ungarn, als der Aufstand 1849 zusammenbrach, darauf bestanden, vor den Truppen des Zaren zu kapitulieren und nicht vor den Österreichern.

Der Gang der Ereignisse schien unaufhaltsam. Victoria sprach in einem Brief an Aberdeen den Verdacht aus, daß Stratford nur einen Anlaß suche, einen Zusammenprall zwischen der russischen und der englisch-französischen Flotte zu provozieren, um »uns damit unwiderruflich zu engagieren. Warum sollten drei arme türkische Dampfer nach der Krim gehen, wenn nicht um die russische Flotte zu reizen, aus Sewastopol herauszukommen«. Düster gestimmt zweifelte Aberdeen an den letzten Friedenschancen, da »die friedfertige Sprache von beleidigenden und feindlichen Handlungen begleitet wird«.

Auch Nikolaus hoffte nicht mehr, die Feindseligkeiten auf einen rein russisch-türkischen Krieg begrenzen zu können. Am 25. und 26. Januar stellten Brunnow und Kissilew in London und Paris die Frage, ob die Türkei berechtigt sein solle, Rußland anzugreifen und ob es richtig sei, den türkischen Schiffen den Transport von Kriegsmaterial zu erlauben, den russischen dagegen zu verbieten. Die beiden westlichen Flotten erlaubten den Türken die offensive Kriegsführung – »das aber hieße tätigen Anteil an einem Kriege nehmen, welchen die beiden Mächte uns zur Stunde nicht erklärt haben«.

Am Monatsende erhielten die beiden russischen Gesandten eine Antwort, die ihnen keine andere Möglichkeit mehr als die Schließung der Botschaften und die Abreise ließ: Die beiden westlichen Flotten seien im Schwarzen Meer, um »ein zweites Sinope« zu verhindern. Die Vernichtung der »friedlich« vor Anker liegenden türkischen Flotte habe ja bewiesen, daß die versöhnliche Stimmung der britischen und der französischen Regierung verkannt oder unbeachtet geblieben sei. In einer Depesche sprach Clarendon sogar von zwei großen Armeen, die der Zar auf die Beine gebracht habe, um Konstantinopel zu erobern; es war die alte Legende vom Griff nach den Dardanellen. Rußland stand vor den Scherben seiner Orientpolitik. Hübner bekam nachträglich Recht mit seiner Feststellung, mit dem Tag, an dem die Russen den Pruth überschritten hätten, habe sich »die orientalische Frage zu einer europäischen verwandelt«.

Noch bevor der Bruch der Westmächte mit Rußland unabwendbar schien, schrieb Napoleon III. am 29. Januar dem Zaren einen Brief, der sehr persönlich schien und doch nur in erster Linie dazu diente, den Verfasser in ein gutes Licht zu setzen.

Er wies die Behauptung zurück, das von beiden Seemächten beliebte »System des Drängens« habe allein der orientalischen Frage einen bösartigen Charakter gegeben. Im Gegenteil, die Pforte sei durch

Rußland in ihrer Würde verletzt und in ihrer Unabhängigkeit bedroht worden, und habe es vorgezogen, lieber den Krieg zu erklären als in diesem Zustand der Ungewißheit und Erniedrigung zu verharren.

Sinope diente als Alibi. Man sei nun an einem Punkt angelangt, an dem es endlich zu einer Verständigung oder zu einem Bruch kommen müsse. Als »ehrenvollen Vergleich« schlug er die Rücknahme der Flotten vor, wenn der Zar die Fürstentümer räumte, als ersten Schritt wohlgemerkt!

Bevor der Brief Napoleons III. überhaupt in den Händen des Zaren war, traf am 2. Februar in Wien die russische Antwort auf die letzte Depesche der Wiener Konferenz ein. Der Zar gab zwar seine Zustimmung zu direkten Verhandlungen mit der Pforte an einem neutralen Ort – also genau das, was ihm angeboten worden war –, nur war von der bereitwilligen Räumung des Donauraums keine Rede. Im Gegenteil. Er verlangte als Gegenforderung noch einmal zuerst den Abschluß eines Friedensvertrages, der die bisher geltenden russisch-türkischen Verträge bestätigte.

Damit waren die Bemühungen, eine Basis für Friedensverhandlungen zu finden, gescheitert.

Am 9. Februar beantwortete der Zar auch den Brief Napoleons III., den er sowieso, wie eine Randglosse belegt, als »würdelosen Hohn« empfand. Es war sogar ganz geschickt, daß er den Spieß umdrehte und die Frage stellte, ob nicht Napoleon, der ja von dem lebhaften Gefühl für Nationalwürde gesprochen habe, sich in seiner Lage nicht genauso verhalten würde, Drohungen und Ultimaten wären nicht geeignet, den Abschluß des Friedens zu erleichtern.

Zum Schluß konnte er sich nicht eine verletzende Anspielung versagen: »Rußland, dafür verbürge ich mich, wird sich im Jahr 1854 so zeigen wie 1812.«

Napoleon III. teilte Hübner mit, nun bleibe ihm nichts anderes übrig, als »unsere englische und französische Expeditionsarmee nach Konstantinopel zu senden«. Dann ging er zu einem Kostümball.

Es war nur konsequent, daß die beiden Botschafter in Petersburg daraufhin ihre Demission einreichten – Seymour übrigens kühl und unfreundlich behandelt, Castelbajac dagegen vom Zaren mit einem hohen Orden ausgezeichnet. Dem Abbruch der diplomatischen Beziehungen folgte in London die Veröffentlichung der Seymour-Gespräche und in Paris die Publikation des Zarenbriefes. Nun begann sich auch die französische Öffentlichkeit mit einem Krieg abzufinden; der Hinweis auf das Jahr 1812 und den Untergang der Großen Armee mußte die Franzosen verletzen und geradezu Haßgefühle wecken. Napoleon III. war sich nun sicher, an der Seite Englands in den Krieg zu gehen. Im Februar schlug er der britischen Regierung vor, die Streitkräfte der Alliierten zu vereinen: Frankreich solle den Oberbefehl zu Land und England den zur See übernehmen, was angesichts der Tatsache, daß England zwar über die größte Flotte der Welt, doch nur über eine lächerliche Anzahl von Soldaten verfügte, ganz vernünftig klang. Im französischen Offizierskorps gab es aber auch Stimmen, die von einem englischen Krieg sprachen, der auf sie zukäme, wenn auch Napoleon III. nicht daran dachte, etwa nun die Rolle des britischen Festlandsdegens zu übernehmen.

Auch die Thronrede vom 2. März trug dazu bei, die Franzosen mit dem Gedanken eines Krieges vertraut zu machen, obwohl das Land lieber einer Zeit der wirtschaftlichen Erholung entgegengesehen hätte: Der russische Einfall in die Donaufürstentümer bedrohe die Zivilisation. Wenn Rußland Konstantinopel besitze, beherrsche es das Mittelmeer. Der Zweck des Kriegs sei, sowohl den Sultan zu verteidigen als auch die Rechte der Christen zu sichern – und Deutschland vor einem übermächtigen Nachbarn zu schützen!

So ganz uneigennützig schien dieser Verteidigungskrieg dann doch nicht zu sein, da er hinzufügte: »Konstantinopel beherrschen heißt das Mittelmeer beherrschen. Diese Politik verfolgen wir nicht erst seit gestern. Seit Jahrhunderten hat sie jede patriotische Politik in Frankreich vertreten, und ich werde nicht davon abgehen.«

Und nun ging alles Schlag auf Schlag. Am 12. März unterzeichneten England und Frankreich mit der Türkei einen Allianzvertrag. Am 14. März gab England Rußland eine Frist zum Abzug aus den Fürstentümern bis zum 30. April – die Russen hätten sich sogar noch mehr beeilen müssen, ihr nachzukommen, da die Franzosen die Räumungsfrist nur bis zum 15. April zugestanden. Am 18. März gab Rußland aus dem Mund Nesselrodes die klassische Diplomatenformulierung ab, der Zar hielte es nicht für nötig, den englischen und französischen Noten eine Antwort zu erteilen. Am 23. März gingen die Russen mit rund 33 000 Mann über die Donau. Und am 27. und 28. März – noch hatten sie vom Angriff Rußlands keine Kenntnis –, erklärten England und Frankreich Rußland den Krieg.

»Aber ich kann doch nicht für die Türken kämpfen«, meinte Aberdeen verzweifelt in London. Am 28. März notierte Gladstone, dem das Osmanenreich ein Land voll von Anomalien und Elend schien: »Krieg, Krieg, Krieg! Das ist die Aufregung und der Wirbel des Augenblicks, und ich fürchte, er wird alles Gute und Nützliche verschlingen.«

Zwischen West und Ost

Anfang Januar 1854 schickte der Zar Graf Orlow nach Wien, um das Bündnis der *drei schwarzen Adler* zu retten. Gleichzeitig erhielt Baron Budberg in Berlin dieselben Instruktionen, wobei er vorgab, die Österreicher hätten sich schon mit Orlow verständigt. In Wahrheit wußte er noch nicht einmal, ob Orlow überhaupt angekommen war.

Nikolaus wollte die beiden Mittelmächte keineswegs zu einem Beistandspakt überreden. Er schlug vielmehr vor, sich zur strikten Neutralität zu bekennen, um das »Erbe unserer Vorfahren, welches das Glück Europas durch vierzig Jahre gesichert hatte, aufrecht zu erhalten«.

Die Sache hatte nur einen Haken. Zur Sicherung dieser Neutralität gehörte die Garantie russischer Waffenhilfe im Fall eines Angriffs der Westmächte; bei der geforderten Neutralitätspolitik handelte es sich in Wahrheit also um eine verkappte prorussische Haltung.

Gegenüber dem österreichischen Gesandten in Petersburg lehnte der Zar nun auch jede Garantie für das Weiterbestehen der Türkei ab; von einem Status quo könnte nicht mehr die Rede sein, nachdem die Pforte unter dem Einfluß der Westmächte stünde; auf keinen Fall wollte er die durch seine Armee befreiten Christen wieder unter das »türkische Joch« kommen lassen.

Die Offenheit und Hartnäckigkeit waren erstaunlich. Aber offenbar konnte sich der Zar überhaupt nicht vorstellen, daß sich sein Schwager in Berlin und der junge österreichische Kaiser seinem Einfluß zu entziehen imstande waren, nachdem Preußen, Rußland und Österreich nach 1815 doch stets eine gemeinsame Linie verfolgt hatten. Das Zarenreich besaß die stärkste Heeresmacht der Welt, durchkreuzte die Weltmeere, hatte alle Krisen und Kriege Europas unbeschädigt überstanden und war weder 1830 noch 1848 erschüttert worden, so daß es sich als die unerschütterliche Stütze des Bestehenden anbot.

Es war ein ganzes Bündel von Motiven, das in Österreich den Prozeß der allmählichen Distanzierung von Rußland einleitete: Zum einen scheute man das Risiko, durch Rußland in einen Krieg gegen Frankreich und England hineingezogen zu werden; zum anderen spielte die Sorge vor einer allgemeinen Aufstandsbewegung im Süden der Donaumonarchie eine Rolle. Vor allem aber hatte man ein großes Interesse daran, den Zeitpunkt der europäischen Krise dazu zu nutzen, im Südosten Europas eine selbständige Politik zu betreiben, die mit England und Frankreich abgestimmt war.

Bereits am 23. Januar kam der Befehl zur Aufstellung einer Observationsarmee an der sogenannten Militärgrenze in Siebenbürgen, ohne Preußen zu informieren.

Ein Vermittlungsvorschlag, den Franz Joseph trotz allem über Buol an den Zaren richtete, konnte seinen scheinheiligen Charakter kaum verleugnen, da er alle Vorschläge enthielt, die von Rußland schon mehrmals abgelehnt worden waren.

Obwohl der Zar Berlin gleich mit dem Bruch der bisherigen Beziehungen drohte, war die Absage des Berliner Kabinetts ebenso eindeutig, zur Genugtuung Österreichs, das zur Deckung seiner Orientpolitik das Bündnis mit Preußen brauchte.

Berlin befürchtete bei festen Absprachen mit Rußland nicht zuletzt eine Aktion der englischen Flotte, die die preußische Handelsflotte, den »Reichtum des Landes, auf der Fahrt nach Kronstadt zum Frühstück verspeisen könne«. Der König hatte die Courage, am 1. Februar 1854 den Absagebrief zu schreiben, in dem er sich auf die »Interessen seines Volkes und seiner Krone« berief, Manteuffels Idee. »Auf Knien und unter Tränen« beschwor er den Zaren, die Vorschläge der Wiener Konferenzen nicht zurückzuweisen. Die Neutralität Preußens werde weder unsicher noch schwankend, sondern souverän sein, sie sichere überdies Rußlands westliche Grenze; in Manteuffels Augen nun wiederum ein übertriebenes Zugeständnis.

Trotzdem sah der Zar dahinter nichts weiter als die Machenschaften der Engländer, »die Interessen von Kaufleuten und Krämern«, denen die so hehren Prinzipien der Heiligen Allianz geopfert würden. Von irgendwelchen Absprachen mit England konnte aber seit dem Scheitern der Mission Pourtalès überhaupt keine Rede sein. Friedrich Wilhelm IV. verurteilte das Einlaufen der Flotten in das Schwarze Meer als Reaktion auf Sinope – es bedeute Krieg! – und ging sogar so weit zu bedauern, das Wiener Protokoll unterschrieben zu haben, ja er hoffte, so bald wie möglich aus dieser »schlechten Gesellschaft« wieder herauszukommen. Trotz allem hatte er auch die Idee, mit England bindende Absprachen über die Emanzipation der christlichen Bevölkerung in der Türkei zu treffen, wollte sogar in diesem Kreuzzug gegen die Ungläubigen das »Schwert mit England, für England ziehen«. Er war der Meinung, politische und religiöse Interessensphären trennen zu können, und übersah dabei, daß England in erster Linie pragmatische Weltmachtpolitik betrieb, während im Bewußtsein des Zaren christliche und politische Motive eng verbunden waren. »Ich schreie, flehe, fordere«, so der König ganz im Gegensatz zu der üblichen Diplomatensprache, »von England nicht als fünftes Rad am Wagen bei solchen Dingen gebraucht zu werden.« In einem Brief vom 20. November 1853 hatte er den Engländern noch »das Strafgericht Gottes« angedroht für jede direkte Hilfe, die sie »in unchristlicher Torheit« dem Islam liehen.

Friedrich Wilhelms Wortwahl war Ausdruck einer romantischen Begeisterungsfähigkeit, die leicht als Anzeichen einer überreizten Gemütsverfassung verstanden werden konnte. In seinen Briefen gingen Sachliches und Persönliches ineinander über, er verschmähte es, seinen Gefühlen, auch in Aktenstücken von höchster staatspolitischer Bedeutung »irgendeine Fessel anzulegen, was ebenso dem Bewußtsein eines reinen und guten Willens wie seiner eigentümlichen Auffassung des Gottesgnadentums entsprang«.

Dahinter verbarg sich aber eine durchaus realpolitische Nüchternheit, mit der der König Preußens Rolle im Krisenjahr 1854 einschätzte. »Preußens Neutralität soll wirklich unbeteiligt, nicht hierhin, nicht dorthin neigend sein, aber selbständig und selbstbewußt, nur wenn es nötig ist auch bewaffnet. Es darf diese Stellung nur unter der einzigen Bedingung aufgeben, wenn man ihm Zwang antun will und zu dem Ende mit Flotten und Heeresmacht droht. Dann soll nicht gefragt werden, ob das in grünen, blauen oder roten Röcken geschieht.« Gäbe Preußen solchem Zwange nach, so würde es in einen Krieg gegen Ost oder West verwickelt werden. »Nach beiden Richtungen hin ist aber der Krieg, der ausbricht, ein ungerechter. Und zu ungerechten Kriegen laß ich Preußen nicht zwingen.«

Von einem England, das zur Kriegführung gegen Rußland Bündnispartner suchte, konnte er nicht viel Verständnis erwarten, wie er auch einem mehrseitigen Brief der Queen – »von Prinz Alberts Hand« – vom 17. März entnahm. Der Bitte, dem Zaren eine goldene Brücke zu bauen, könne sie nicht nachkommen: »Alle Erfindungsgabe, alle Baukunst der Diplomatie und des guten Willens sind nutzlos während dieser letzten neun Monate beim Bauen dieser Brücke verschwendet worden, Vorschläge zu Noten, Konventionen, Protokolle usw. sind zu Dutzenden aus den Kanzleien der verschiedenen Mächte hervorgegangen, und man könnte die dafür verschwendete Tinte ein anderes Schwarzes Meer nennen.« Eine vollkommen neutrale Haltung könne sie nicht akzeptieren, Preußen sei seit dem Frieden von 1815 Bürge der Verträge und Wächter der Zivilisation, jetzt, wo der Krieg erklärt sei, müsse dem Urteil auch die Vollstreckung folgen, mit Shakespeares Worten:

»Nimm dich in acht
vor dem Beginn des Streits. Doch bist du drin,
führ' ihn so, daß dein Gegner sich nicht in acht genug kann nehmen.«

Daß es die Worte des Höflings und Diplomaten Polonius waren, dem der baldige Tod durch Hamlets Degen folgte, übersah die Queen. Die englischen Minister warfen Preußen eine schwankende und unklare Politik vor, Prinz Albert sprach von Unberechenbarkeit und Unbeständigkeit. Bei diesen Vorwürfen, unter dem Begriff Schaukelpolitik zusammengefaßt, sollte es die ganze Zeit während der europäischen Krise bleiben. Was in den Augen der Politiker, die Preußen gerne auf ihre Seite zu ziehen bestrebt waren, als Zickzackkurs aussah, entstand durch die sich unsicher vortastenden Versuche des Königs, in einer verfahrenen und verworrenen politischen Lage die Position der Neutralität zu wahren, Preußen aus dem Krieg herauszuhalten und dadurch die Ausweitung des kleineuropäischen Krieges zu einem Weltkrieg zu verhindern. Preußens respektable Militärmacht, auf die die Österreicher und die Westmächte spekulierten, spielte dabei eine entscheidende Rolle. »Hier ein für allemal ein Bekenntnis«, schrieb der König seinem Bruder, dem Prinzen von Preußen: »Eine Großmacht unterscheidet sich von Bückeburg und Liechtenstein durch Selbständigkeit, nicht durch Schwimmen mit dem Strom.«

Friedrich Wilhelm IV., das Gespenst eines unbegrenzten Krieges vor Augen, hatte eine Abneigung dagegen, Geschichte mit Blut und Eisen zu schreiben. Kein preußischer Soldat sollte für Konstantinopel sterben. Kein Wunder, daß man den König eine durch und durch unheroische Natur nannte. Er sei »kein Gewaltmensch wie Napoleon«, so der König zu Bismarck, als der ihm zu einem Truppenaufmarsch auch gegen Österreich riet, »friderizianische Anwandlungen« seien ihm fremd.

Nach seinen Worten gestattete es das Unabhängigkeitsgefühl seines Volkes und seines Heeres nicht, einer »Koalition beizutreten *à la remorque de l'Autriche*« – im Schlepptau Österreichs. Der Preußenkönig war davon überzeugt, daß man Rußland zu nichts zwingen könne und daß ein Krieg auch zu viert von unberechenbarer Dauer sei; Frankreich und England könnten nicht jahrelang eine Armee im Orient unterhalten, Deutschland würde die Hauptlast des Krieges zu tragen haben.

Trotzdem wollte der preußische König Wien in keinem Fall im Stich lassen – ohne zugleich »den einzig sicheren und wirklich kräftigen Alliierten, nämlich Rußland, zu verlieren«, so in einem Gespräch zu Bismarck.

Als sich die Fronten zwischen Rußland und den Alliierten verhärteten, bot Friedrich Wilhelm IV. Österreich einen Bündnisvertrag an. Obwohl sein Vorschlag dem Wunsch Franz Josephs entgegenkam, spielten sich die Verhandlungen, die Ausformulierung der Vertragsartikel, in einer Atmosphäre voller Mißtrauen und Vorbehalten ab, die für die Zukunft wenig Gutes verhieß.

Preußen befürchtete Sonderabsprachen zwischen Wien und Paris, Österreich zwischen Berlin und London. Manteuffel warnte vor der »Unzuverlässigkeit« der Österreicher, und umgekehrt. Das größte Problem stellte Österreichs Aufmarsch in der Flanke der russischen Donauarmee und in Galizien dar, wobei man in Berlin nicht wußte, daß Buol sogar »nötigenfalls den Feind mit Gewalt heraustreiben« wollte, also einen Krieg mit Rußland einkalkulierte, um Österreich für alle Zukunft von dem »Alpdruck« Rußlands zu befreien; wie 1813 sei nun der Augenblick gekommen, mit dem Westen zusammen das entscheidende Gewicht in die Waagschale der Weltgeschichte zu werfen! Buol weiterhin: »Noch keine Epoche hat dem Hause Österreichs eine günstigere Chance geboten, der orientalischen Verwicklung, die stets wie das Schwert des Damokles über den Geschicken Österreichs schwebte, eine vollgültige Lösung zu geben als in der gegenwärtigen Konstellation, wo ganz Europa sich mit einer seltenen Einmütigkeit über das übermütige Eingreifen Rußlands empört zeigt.« Ein Vertrag mit den Westmächten sollte das Protektorat, das bisher Rußland über die Fürstentümer und über Serbien innegehabt habe, auf Österreich übertragen, natürlich in Abstimmung mit der *Pforte*.

Da verschärfte der Übergang Rußlands über die Donau am 23. März 1854 erneut die Lage. Die Offensive in der Dobrudscha, auf eine Kurzschlußhandlung des Zaren zurückzuführen, war allein schon wegen des drohenden Eingreifens der Alliierten unsinnig. Die Russen mußten versuchen, noch vor dem Eintreffen der englischen und französischen Landarmee Terrain zu erobern, um sichere Stellungen einnehmen zu können. Aus diesem Grund hatte Nikolaus I. den Angriff zu einer Jahreszeit eröffnet, in der Krieg normalerweise vermieden wurde. Kämpfe größeren Stils begannen in der ersten Jahreshälfte im allgemeinen, wenn sich die ersten Grasspitzen zeigten, um die Pferde füttern zu können.

In Berlin gerieten die Verhandlungen sofort ins Stocken. Über den Wunsch Österreichs, Rußland in einer gemeinsamen Note ultimativ zur Räumung aus den Fürstentümern aufzufordern, kam es fast zum Abbruch der Gespräche. Es blieb dabei, daß Wien nur die Einstellung des Vormarsches und die baldige Bekanntgabe eines Rückzugstermins verlangte. Auch blieb es bei einem Bündnis nur auf Kriegsdauer – keine »Äternisierung!«. Der springende Punkt aber war der geheime Zusatzartikel, in dem der Bündnisfall festgelegt wurde, d. h. Mobilisierung und Aufstellung von Truppen durch die Preußen: falls Rußland die Fürstentümer »incorporieren«, den Vormarsch über den Balkan fortsetzen oder Kriegsmaßnahmen gegen Österreich ergreifen würde.

Vergeblich versuchte Bunsen, den Vertrag zu torpedieren. Im März fertigte er eine geheime Denkschrift »Über die gegenwärtige Lage und die Zukunft der russischen Krise« an. Er appellierte an den König, sich wie Friedrich der Große zu verhalten: die Entscheidung des Weltkampfes sei in deutsche Hände gelegt, es gelte, Rußlands Übermacht zu brechen, ja es auf seine natürlichen Grenzen in Europa zurückzuweisen – eine Formulierung Clarendons, die mit der *Rollback*-Politik Palmerstons korrespondierte.

Aber nicht dieses Papier eines »Tollhäuslers«, so Friedrich Wilhelm IV., sondern seine eigenmächtigen Verhandlungen mit Clarendon, in denen er dem englischen Kabinett den Abschluß fester Abmachungen mit Preußen vorgaukelte, führte zum Eklat.

Das Schutz- und Trutzbündnis mit Österreich war perfekt. Wie zu seiner Besiegelung folgte die Entlassung Bunsens und am 25. April 1854 eine weltanschauliche Grundsatzerklärung der *Kreuzzeitungspartei*. Ein europäischer Standpunkt wurde zurückgewiesen, er sei nichts anderes als der Standpunkt Englands und Frankreichs, es gäbe nur das Recht auf einen preußischen, deutschen Standpunkt; man sei hierzulande auch nicht sehr lüstern nach einem europäischen Konzert, in welchem England und Frankreich Kapellmeister und die Deutschen die Musikanten sind. »Es ist nicht das Interesse Preußens, daß sich Rußlands Macht vergrößere, eher ist es das wohlverstandene Interesse Preußens und Deutschlands, daß Rußlands bisherige Machtstellung ungebrochen und Rußlands bisheriges Verhältnis zu Preußen unzerrissen bleibe.«

Gegenüber dem Zaren stellte Friedrich Wilhelm IV. den Vertrag als Ergebnis seiner Bemühungen hin, Österreich von den Westmächten getrennt und einen Krieg zwischen Wien und Petersburg verhindert zu haben. Bald darauf schickte er ihm eine Bronzeplastik, die einen von einem Panther angegriffenen Hirten darstellt, dem sein treuer Hund zu Hilfe eilt. Er schrieb ihm, dies sei die Rolle, die er dem Zaren gegenüber spielen wolle.

IV. »Der langweilige Krieg«

»Nimm dich in acht
vor dem Beginn des Streits. Doch bist du drin,
führ' ihn so, daß dein Gegner sich
nicht in acht genug kann nehmen.«

Shakespeare, Hamlet

Ansprachen statt Kohlen

Wie wenig die Westmächte auf einen Krieg eingestellt waren, bewies der Stand der militärischen Vorbereitungen. Über ein halbes Jahr dauerte schon der russisch-türkische Krieg; als aber die Westmächte am 12. März 1854 den Bündnisvertrag mit der Türkei unterzeichneten, wußte man weder in London noch in Paris, wie man überhaupt das versprochene Expeditionskorps auf den Kriegsschauplatz bringen sollte. Schon am 24. Februar hatte die Queen in einem Schreiben an Aberdeen vorwurfsvoll festgestellt, die Verpflichtung eingegangen zu sein, 25 000 Mann nach dem Osten zu schicken, aber noch nicht einmal 10 000 Mann zur Verfügung zu haben. »Welche Zeit erfordert diese neue Organisation?« fragte sich verächtlich der preußische General Roon: »Wie lange wird die Werbetrommel gerührt werden müssen, um diese Puddingfresser aus ihren Werkstätten fortzulocken in das verhaßte rote Röckchen?«

Neben Transportern fehlte es sogar an Heizungsmaterial für die Dampfschiffe, so daß der französische Marschall Saint-Arnaud beim Marineminister Ducos, einem völlig überforderten ehemaligen Kaufmann aus Bordeaux, ironisch anfragen ließ, ob man denn die Kessel anstatt mit Kohlen mit dem Patriotismus der Matrosen zu heizen beabsichtige. Die Nachricht vom Übergang der Russen über die Donau schlug wie eine Bombe ein. Pessimisten sahen die Zarenarmee wie immer schon vor den Toren von Konstantinopel.

Immerhin war bereits im Januar von dem englischen General Burgoyne und dem französischen Genieoberst Ardant, die man nach Konstantinopel geschickt hatte, die Halbinsel Gallipoli als günstigste Operationsbasis bzw. bester Verteidigungspunkt bestimmt worden, wo man sich notfalls wieder einschiffen konnte.

Am 11. März beschloß Frankreich, eine Orientarmee in der Stärke

109

von 50 000 Mann aufzustellen. Oberbefehlshaber wurde auf Wunsch Napoleons III. Kriegsminister Leroy de Saint-Arnaud, der 1851 die Operationen gegen die Kabylen in Algerien geleitet hatte und nach seinen Verdiensten beim Staatsstreich 1851 in den Rang eines Marschalls befördert worden war. Um den Engländern durch eine Elitetruppe zu imponieren, zog man rund 20 000 der besten Soldaten aus allen Regimentern ab, »welche das stärkste Bindemittel und die Kandidaten für Unteroffiziere waren, jetzt aber wenig Aussicht auf Beförderung hatten und daher unzufrieden waren«.

Auf englischer Seite war das Durcheinander noch größer. So mußte der erste Seelord, der die Verantwortung für die Operation trug, feststellen, daß es sieben unabhängige Ämter gab, die bei jeder Organisationsfrage zu berücksichtigen waren. Im Februar 1854 stand der Admiralität kein einziges Transportschiff zur Verfügung, da der Transport in die Kompetenz des Proviantierungsamtes fiel. Da gleichzeitig die Ostseeflotte aufgestellt wurde, war an dampfgetriebenen Kriegsschiffen ein so großer Mangel, daß die Admiralität erst einmal Postdampfer requirierte, was zu einem Engpaß in der Postlieferung führte.

So blieb der Transport der Artillerie und des schweren Kriegsmaterials den Segelschiffen vorbehalten mit dem Ergebnis, daß die Infanteristen, die auf den Dampfern auf dem Weg in die Levante gut vorankamen, auf ihre Kameraden von der Artillerie warten mußten, da die Segelschiffe bei Gegenwind liegenblieben.

Nach einem Bonmot des Prinzgemahls waren die zuständigen Behörden nur daran interessiert, die Armee auf eine Ansammlung von Bataillonen zu reduzieren, so undurchsichtig war der Vorgang von Bestellung, Lieferung und Kontrolle. Bei Manövern, die nun angesetzt wurden, kamen ganze Einheiten abhanden, weil die Offiziere sie nicht zu kommandieren verstanden. Nur die Uniformierung galt als brillant. Ein Artillerieoffizier faßte den Zustand der britischen Armee in den Worten zusammen, daß sie aus einem heillosen Durcheinander bestehe – »wie ein Misthaufen«.

Zu Beginn des Feldzugs gab es keinen Offizier, der nun hätte genau sagen können, worum es in diesem Krieg eigentlich ging.

Der öffentlichen Begeisterung tat dies keinen Abbruch. Die Königin konnte es nicht fassen, welche Popularität der Krieg gegen Rußland besaß. Durch die Straßen Londons zog die Menge mit entrollten

Fahnen, patriotische Lieder singend, vor dem Buckingham-Palast jubelte sie der Queen zu, die sich auf dem Balkon mit Prinzgemahl Albert und dem zwölfjährigen Prince of Wales zeigte. Ein Geistlicher schwärmte davon, daß der Krieg den gärenden Unglauben beseitigen würde wie die »weibische Frivolität, die unsere Dichtung ebenso wie unsere Aktionen paralysiert«. Im Oberhaus erklärte Lord Lyndhurst unter tosendem Beifall, die Russen seien eine barbarische Nation, der Feind allen Fortschritts, und wenn Rußland zum Herzen Europas vorstoßen würde, dann sei dies das größte Unglück für die menschliche Rasse.

Der Schriftsteller Thomas Carlyle blieb nüchtern: »Der russische Krieg; die Soldaten marschieren ab usw. Niemals zeigte sich ein solcher Enthusiasmus unter dem Volk. Mich läßt die ganze Sache völlig kalt«, notierte er.

Nicht der Kriegsausbruch, sondern die Einrichtung eines geräuschfesten Zimmers in seinem Haus in Cheyne Row, in das er sich vor den Störungen der Welt zurückziehen konnte, um endlich ungestört an »jenem elenden Friedrich« weiterzuarbeiten, stellte für Thomas Charlyle das große Ereignis dar. »Was dann das Anwachsen der russischen Macht usw. betrifft, so würde ich lieber warten, bis Rußland sich in meine Sachen mischte, ehe ich das Schwert zöge, um das Anwachsen seiner Macht zu hindern. Es ist das müßige Volk der Zeitungsschreiber, das diesen Zustand herbeigeführt hat. Man sieht es deutlich, daß selbst die Minister wider Willen in der Sache vorwärts gehen. Ich habe noch keinen vernünftigen Menschen gesehen, der sich nicht privatim völlig meiner Meinung zuneigte.«

Zwar hatten sich der Herzog von Cambridge, der eine englische Division führte, zusammen mit Saint-Arnaud und dem neuen Kriegsminister Vaillant bei Napoleon III. in den Tuilerien zu Beratungen getroffen, aber einen Kriegsplan gab es auch noch nicht, als die ersten Truppen in Marseille schon Mitte März verschifft wurden. Was den Feldzug beträfe, so meinte der in Frankreich lebende polnische General Chrzanowski, so habe man das Geheimnis bewahrt wie die Freimaurer das ihrige, indem sie keines haben – die Pläne könnten gar nicht preisgegeben werden, »weil es keine gäbe«. Entsprechend groß war die Unordnung auch in den Einschiffungshäfen Toulon und Marseille. Viele Fahrzeuge waren seeuntüchtig, das Kriegsmaterial stellte sich als mangelhaft heraus. Niemand habe »bezüglich des zukünftigen

Kriegsschauplatzes eine Ahnung«, gestand der Herzog von Cambridge Hübner ein, nachdem er Vertrauen zu ihm gefaßt hatte: »Wird er an der Donau, in der Krim oder in Asien sein? Niemand weiß es. Und doch sind wir unterwegs, aber wohin? Ins Unbekannte hinein.«

Unliebsame Erinnerungen kamen in Frankreich hoch, als mit Lord Raglan ein ehemaliger Adjutant des Siegers von Waterloo von der englischen Regierung zum Oberkommandierenden der britischen Invasionsarmee ernannt wurde. Immerhin war Raglan, der bei Waterloo einen Arm verloren hatte, Napoleon III. nicht unbekannt; der Kaiser hatte ihn während seines Exils in London kennengelernt und war durch ihn auch Wellington vorgestellt worden. Lord Raglan hätte eigentlich dessen Nachfolger werden sollen, bekam aber nur den Posten des Chefs des Nachschubwesens. Der nunmehr 65 Jahre alte Lord galt als umgänglich und arbeitswütig. Es war bekannt, daß er auch nach Dienstschluß Akten mit nach Hause nahm, obwohl niemand so recht zu sagen vermochte, worin nun eigentlich seine Arbeit bestand.

Am 24. April musterte Marschall Saint-Arnaud in Toulon die Division Forey vor der Einschiffung, nicht ohne eine seiner bekannten heroisch-knappen Ansprachen zu halten, ganz im Geist des ersten Tagesbefehls aus Marseille: Die Türken seien ungerechterweise angegriffen worden, Frankreich und England nun Freunde und Verbündete; es gelte Einigkeit und Herzlichkeit im Lagerleben zu zeigen, da man Seite an Seite nicht nur mit Engländern, sondern auch mit Türken und Ägyptern kämpfen würde – »die Adler des Kaiserreiches beginnen aufs neue ihren Flug, nicht um Europa zu bedrohen, sondern um es zu verteidigen«. Nach dem Ende seiner Ansprache hatte der neue Oberbefehlshaber aber erst einmal Schwierigkeiten, überhaupt einen Dampfer nach Konstantinopel zu bekommen, da die ersten, die ihn an Bord nehmen sollten, durch Maschinenschaden ausfielen.

Kaum in Konstantinopel eingetroffen, wurde die neue Waffenbrüderschaft zwischen den westlichen Verbündeten einer Zerreißprobe unterworfen, als es um die Frage des Oberbefehls über die gesamte Invasionsarmee ging. Für Saint-Arnaud war es das Selbstverständlichste, daß der ranghöchste und zahlenmäßig über das stärkste Kontingent verfügende Befehlshaber – also er selbst! – auch das Oberkommando übernahm, was von Lord Raglan sofort zurückgewiesen wurde, der sich ausschließlich dem Staatssekretär in London unterstellt betrachtete. Stratford, der von dem abgereisten eifersüchtigen d'Hilliers nichts mehr zu befürchten hatte, klärte Saint-Arnaud über den Artikel IV des Vertrages von Konstantinopel vom 12. März auf, in dem ausdrücklich festgelegt war, »daß der allgemeine Kriegsplan zwischen den Oberbefehlshabern der drei Heere beraten und vereinbart werden wird«.

Acht Tage vor Saint-Arnaud war bereits am 1. Mai Prinz Napoleon *(Plonplon)* in Konstantinopel angekommen und bekam vom Sultan den Palast Fétigé zur Verfügung gestellt, als ob es sich um den Oberkommandierenden handelte. Saint-Arnaud bezog außerhalb der Stadt sein Quartier und bekam als Geschenk sechs Reitpferde.

Er wurde von zwei französischen Offizieren erwartet, die bereits in Schumla Omer Pascha kennengelernt hatten, so daß sie ihren Chef auf das geplante Zusammentreffen mit dem türkischen Generalissimus vorbereiten konnten: er besäße eine vornehme Physiognomie, sei ganz offen, benutze nie eine Landkarte und wüßte nicht einmal, wie groß seine Armee sei! Zu den Plänen Omer Paschas wußten sie nur mitzuteilen, daß er in Schumla stehen bleiben wolle, weil es den Russen vermutlich gesundheitlich genauso schlecht gehe wie den Türken; wenn sie sich einen Monat in der Dobrudscha aufgehalten hätten, dann bedeute das für ihn so viel wie eine gewonnene Schlacht.

Diese orientalische Gemütsruhe behagte dem französischen Oberkommandierenden überhaupt nicht. Er hielt eine längere Untätigkeit in der gegenwärtigen Lage für unerträglich, da die Diplomatie an der Grenze ihrer Wirksamkeit angelangt sei: »Die Türken warten ab, die Österreicher warten ab, die Wallachen warten ab, Europa wartet ab.«

Von der Ostsee nichts Neues

Da es noch keinen Kriegsplan gab und der Transport der Landtruppen in den Orient auf sich warten ließ, beschloß die englische und französische Führung, erst einmal ihre Seestreitkräfte einzusetzen, um den Fuchs in seinen Bau zu treiben. Charles Napier, der frisch zum Befehlshaber der Ostseeflotte ernannte Dampfschiffspezialist, forderte die Konzentration aller Kampfmittel in der Ostsee und die Einnahme von Petersburg. Er war gegen jedes Orientabenteuer, weil er eine

Invasion Rußlands auf den britischen Inseln befürchtete, obwohl die Vereisung der Ostsee bis ins späte Frühjahr einen russischen Angriff unmöglich machte.

Noch vor der offiziellen Kriegserklärung verließ am 11. März, am Tag des Abschlusses der englisch-französischen Allianz, eine erste Flotteneinheit unter Admiral Napier die Reede von Spithead, um die russischen Häfen in der Ostsee zu blockieren und die neutralen Handelsschiffe, die mit Konterbande, d. h. für die Russen kriegswichtigen Gütern unterwegs waren, abzufangen. Da er auf kein einziges Segelschiff angewiesen war, verfügte Napier über eine große Beweglichkeit; die Franzosen folgten mit großer Verspätung.

»Jungens, der Krieg ist erklärt. Wir werden es mit einem kecken und zahlreichen Feind zu tun haben! Wetzt Eure Messer und der Tag ist Euer!« hieß es in Napiers Tagesbefehl. »Dieser Zuruf« – so ein Kommentator aus Leipzig – »welcher unmittelbar vor einem Gefecht Wunder der Tapferkeit hätte hervorbringen können, hatte das Schicksal aller unzeitig gegebenen Tagesbefehle: er kontrastierte mit der Wirklichkeit«. Die Dampfgeschwader der Engländer suchten vergeblich nach russischen Kriegsschiffen. Karl Marx in London begnügte sich damit, »von der Ostsee nichts Neues« zu vermelden.

In den folgenden Monaten unternahm die alliierte Flotte verschiedene Vorstöße und beschoß im Finnischen Meerbusen Häfen und Werftanlagen. Dabei schadete sie weniger der russischen Militärmacht, »als daß sie den bescheidenen Wohlstand der kleinen finnischen Hafenorte vernichtete«.

Es stellte sich heraus, daß der Schiffsverkehr zwischen Preußen oder anderen neutralen Staaten mit Rußland gar nicht unterbrochen werden konnte, da er dicht unter der Küste verlief und die Alliierten keine flachgehenden Dampfboote besaßen, um in Küstennähe zu operieren. Da viele Handelshäuser davor zurückschreckten, sich während des Krieges auf größere Unternehmungen einzulassen, bekamen besonders risikofreudige Kaufleute große Profitmöglichkeiten, wenn es ihnen egal war, wer gegen wen Krieg führte. Zu diesen Kriegsgewinnlern gehörte auch der seit 1847 in Petersburg lebende Deutsche Heinrich Schliemann. Er konnte mit Kriegsmaterialien (Salpeter, Schwefel, Blei) beträchtliche Gewinne erzielen und galt bald in Moskau und Petersburg – wie er selber sagte – als »der schlauste, durchtriebenste und fähigste Kaufmann«, und das in einer Zeit, in der viele

Geschäftsleute ihr Geld durch »Bankrotte, Feuer, Börsenkrach, Pech« verloren. Nach dem Krieg plante er, sich den Wechselfällen des Handels zu entziehen und seine Jugendträume zu verwirklichen.

Im August ließen sich die beiden Flottenadmiräle, um mit Einsetzen der Schlechtwetterzeit nicht mit leeren Händen zurückzukehren, auf ein spektakuläres Unternehmen ein. Sie bombardierten die russische Festung Bomarsund auf den Ålands-Inseln und setzten innerhalb kurzer Zeit 11 000 Mann mitsamt Artillerie an Land, um die Festung anzugreifen. Die Einnahme Bomarsunds aber war bis auf den Propagandaerfolg wenig nützlich. Die Forts wurden gesprengt. Kaum war der letzte Marinesoldat an Bord, kehrten die Russen zurück.

Währenddessen war es im Schwarzen Meer schon längst zum ersten ernsthaften Zusammenstoß zwischen Rußland und den beiden Westmächten gekommen. Am 21. April erschienen Dampfschiff-Abteilungen der englischen und französischen Flotte vor Odessa, um die Hafenstadt zu beschießen. Beide Admiräle ließen sich das Schauspiel nicht entgehen. Man hatte auch einen offiziellen Anlaß gefunden, um eine Bombardierung der kaum geschützten Stadt zu rechtfertigen. Am 6. April war die englische Dampffregatte *Furious* (500 PS) nach Odessa gefahren, um, wie es hieß, den englischen Konsul an Bord zu nehmen. Dabei waren, während die Schaluppe mit dem Parlamentär zur Fregatte zurückkehrte, von der Hafenbatterie mehrere Schüsse auf das Schiff abgefeuert worden, ein Vorgang, den Vizeadmiral Hamelin als ohne Beispiel in der Kriegsgeschichte der zivilisierten Welt bezeichnete.

Nach der Lesart der Russen dagegen hatte sich die Fregatte unter dem Vorwand, eine Depesche abzugeben, Hafen und Mole genähert, um herauszufinden, wo sich die im Bau befindlichen Batterien befanden. Da keinem feindlichen Schiff die Annäherung auf Tragweite der Kanonen gestattet war, ließ der Kommandant das Feuer eröffnen, das übrigens niemandem Schaden zufügte und auch als Abfolge von sieben Warnschüssen gewertet werden konnte. Der Kapitän der *Furious* wiederum gab später zu, daß sein Schiff infolge einer mäßigen Nordwestbrise ganz langsam zur Hafenseite getrieben worden sei.

Am Abend des 22. April standen die Ufergebäude, Wohnhäuser und Speicher in Flammen, ein Pulvermagazin flog in die Luft, russische Handelsschiffe sanken. Aber auch mehrere französische und englische Kriegsschiffe waren schwer getroffen worden, obwohl sie durch ständigen Platzwechsel »wie Walzertänzer« versucht hatten, den Landbatterien kein festes Ziel zu bieten. Das ganze Unternehmen war ein Fehlschlag. Die westlichen Marineexperten mußten die Erfahrung machen, daß »selbst die elendsten Landbatterien eine unbestreitbare Überlegenheit über Schiffsgeschütze haben«.

Fürst Paskiewitsch, seit Mitte April verantwortlicher Oberbefehlshaber der Südfront, hatte seit langem mit Beschießungen oder Landungsversuchen gerechnet. Die Getreidevorräte, die in den riesigen Speichern lagerten, waren – ebenso wie übrigens auch die Strafgefangenen – abtransportiert, die Festungsgeschütze mit Munition versorgt und auch mit Glühöfen ausgestattet worden, die man benötigte, um die Kugeln zu erhitzen, mit denen Schiffe in Brand geschossen wurden.

Paskiewitsch hatte auch Anordnungen für den Fall einer feindlichen Landung herausgegeben; es war der Befehl, »sofort nach dem Ausschiffungsort zu eilen, um das Landen energisch zu verhindern!« Ihm war ganz offensichtlich bewußt, daß eine Invasion wahrscheinlich erfolgreich verlaufen würde, falls man den Gegner nicht möglichst noch am Strand stellte und in das Meer zurückwarf, in einem Augenblick, in dem eine Landungstruppe am empfindlichsten zu treffen war. Die Mißachtung dieser Anweisung sollte sich bald als verhängnisvoll erweisen.

Für seine neue Aufgabe hatte sich der 72jährige Feldmarschall durch tägliche Massagen und Fechtübungen sorgfältig vorbereitet, um nach dem luxuriösen Leben in Warschau für die unvermeidlichen Strapazen eines Feldzugs gewappnet zu sein. Es war eigentlich nur noch der Zar, dessen Vertrauen er besaß; die Langsamkeit und Umständlichkeit seiner Operationen im Ungarnfeldzug waren nicht in Vergessenheit geraten. Besorgt meinte Gerlach in Berlin, die Ernennung »dieses Fabius Cunctator sei die sicherste Bürgschaft gegen kühne Unternehmungen«. Und tatsächlich hatte Paskiewitsch alles andere im Sinn, als große Schlachten zu schlagen oder etwa auf Konstantinopel loszumarschieren. Paskiewitsch stand dem ganzen Unternehmen mit großer Skepsis gegenüber, hatte es jedoch nicht geschafft, dem Zaren den Übergang über die Donau auszureden – »Europa würde es uns in keinem Fall gestatten, unsere Eroberungen zu behalten«. Seiner Meinung nach war die Offensive schon aus dem Grund unsinnig, da eine Versorgung der Truppen auf dem Seeweg entlang der Küsten wie

1828/29 wegen der Anwesenheit der alliierten Flotte nicht möglich war, auch wenn ein Fuhrpark von 10 000 Gespannen zur Verfügung stand. Denn deren Bespannung, ob Ochse oder Pferd, mußte ja miternährt werden, so daß nur ein Bruchteil der Fracht am Ende der Truppenversorgung zur Verfügung stand. Paskiewitsch betrachtete die Einnahme Silistrias als »das Äußerste, was man zu erreichen hoffe«.

Silistria war den Russen noch aus mehreren Feldzügen in guter Erinnerung. 1810 war die Festung von den Russen innerhalb von fünf Tagen erobert und dann geschleift worden. 1828/29 wurde die von den Türken wieder ausgebaute Festung fast ein Jahr von den Russen belagert, wobei – wie Moltke berichtete – die Erd- und Mineurarbeiten und nicht die Artillerie die Hauptrolle gespielt hatten, um Breschen in die Wälle zu sprengen und der Infanterie den Weg zu ebnen, »man zwang alles mit dem Spaten und der Spitzhacke«.

Nach Beginn der orientalischen Krise war der Platz wieder gut ausgebaut worden, so daß seine strategische Bedeutung nicht mehr »im umgekehrten Verhältnis zur Fortifikation« (Moltke) stand. In einem Abstand von einem Kilometer umgab sie ein Ring neu errichteter einzelner Außenforts bzw. kleinerer Erdwerke, die durch tiefe Schluchten getrennt waren.

Moltke hatte in seinem Buch über den russisch-türkischen Krieg von 1828/29 lobend erwähnt, daß die Russen bei der Belagerung systematisch, Schritt für Schritt vorgegangen waren, um nichts zu riskieren. Diesmal dagegen waren die Russen entschlossen, kurzen Prozeß zu machen, obwohl ihre Kräfte, 12 000 Mann, nicht einmal dazu ausreichten, das ganze Festungsgebiet (ein Halbbogen von 16 km) ganz einzuschließen und die Belagerten vom Hinterland abzuschneiden.

Leichtsinnigerweise hatte General Schilder, der verantwortliche Ingenieur, d. h. Belagerungsfachmann, der schon 1829 vor Silistria gelegen hatte, versprochen, die Festung innerhalb von 14 Tagen nach dem ersten Spatenstich zur Eröffnung der ersten Tranchée, also des ersten Laufgrabens, einzunehmen. In Kiew hatte er sich auf einem Erprobungsgelände ein besonderes Verfahren ausgedacht, das die langwierigen Stellungsarbeiten ersparen sollte. Anstelle von Laufgräben sollten Trichter gesprengt und aus ihnen dann Gräben feindwärts weitergeführt werden. »Bresche gelegt« wurde zuletzt durch Minen, d. h. durch Sprengladungen, die in unterirdischen Stollen unter die feindlichen Wälle vorgetrieben wurden. Die herkömmlichen Artilleriegranaten besaßen noch keineswegs eine Sprengkraft, die imstande war, Trichter aufzureißen.

Der wichtigste Mann in Silistria war kein Türke, sondern ein ehemaliger preußischer Unteroffizier, ein Artillerist, der nach 1841 auf Bitten des Sultans vom König von Preußen freigestellt worden und 1848 dann ganz in türkische Dienste übergewechselt war: Oberst Friedrich Grach. Bei den Türken genoß er wegen seiner freiwilligen Anpassung an die türkischen Sitten große Popularität. Grach lag eine Kriegsführung nach europäischen Spielregeln am Herzen. So setzte er bei seinem türkischen Chef das Verbot durch, den toten Russen die Ohren oder Köpfe abzuschneiden und nach Gefechten als Trophäen zurückzubringen.

Von Anfang an wurde die Geduld der Belagerer auf eine harte Probe gestellt. Die türkischen Artilleristen hielten die russischen Infanteristen auf Distanz, die Minensprengungen verpufften, weil die türkischen Wallanlagen nicht aus Mauerwerk, sondern aus Erdaufschüttungen bestanden. Schilders Untergebener und Schüler Todleben hatte auf diese Weise Gelegenheit, die Widerstandskraft von Erdwerken zu studieren.

Gegenangriffe der Türken hemmten die Belagerungsarbeiten. Ein mißlungener Nachtangriff kostete die Russen 1 000 Mann Verluste, als auf Grund von Mißverständnissen der Zeitplan durcheinandergeriet und ein Hornist ausgerechnet in dem Augenblick, als die Russen schon den Fortgraben erreicht hatten und dem Durchbruch nahe waren, das Signal zum Rückzug gab – ein Trick der Türken, die die Signale der Russen kannten. Ein Handstreich auf die Festung mißglückte, der verantwortliche Offizier fiel. Ein Außenstehender bemerkte, daß die Russen sich selbst im Wege standen. »Die Offiziere wurden nicht zu selbständigem Denken und Handeln erzogen. Die Kunst, seinen Weg, also Karriere zu machen, besteht darin, daß man sich unbedingt dem herrschenden System fügt und genau den Forderungen entspricht, die von maßgebender Stelle gestellt werden, niemals etwas unternimmt, das nicht verlangt wird oder befohlen ist.«

Der Flug des Adlers

Omer Pascha hatte Silistria bereits aufgegeben, als Saint-Arnaud am 19. Mai auf der *Berthollet* in Varna ankam. Es war das erste Mal, daß sich die drei Oberbefehlshaber der Türken, Engländer und Franzosen trafen. Die beiden Admiräle hingegen fehlten, sie waren im dichten Nebel vor Sewastopol steckengeblieben. Daß er eben noch vorausgesagt hatte, das russische Heer werde in der Dobrudscha durch Krankheiten dezimiert, schien Omer Pascha verdrängt zu haben. Ohne seine Verbündeten gedachte er keinen Schritt vorwärts zu gehen; allenfalls zu dritt sollten sie den Russen eine Schlacht liefern. Obwohl Saint-Arnaud nicht wissen konnte, wieviel Truppen inzwischen in Gallipoli eingetroffen waren, sagte er Omer Pascha schnellste Hilfe zu.

Um so größer war der Schock, als Saint-Arnaud am Morgen des 26. Mai in Gallipoli eintraf: »Er hatte vergessen, daß bei einer so entfernten Expedition die unzähligen Schwierigkeiten der Schiffahrt und hundert andere Hindernisse dazwischen treten, deren Beseitigung außerhalb menschlicher Kraft liegt.«

Im Fall der englisch-französischen Expeditionsarmee aber lag gerade menschliches Versagen vor, da die Ausrüstung in Toulon und Marseille mit größter Hast und völlig planlos auf die Schiffe verteilt worden war, gleichgültig ob es sich nun um die langsamen Segler oder windunabhängigen Dampfer handelte. Den schwersten Fehler beging man bei dem Transport der Pferde, die man an Bord der Segelschiffe brachte, ohne für Transportgestelle und Gurte zu sorgen, so daß sie auf See ständig hin und her geworfen wurden.

»Sie fielen schneller hin als wir sie wieder aufstellen konnten«, schrieb der Dragoner Temple Godman seinem Vater. »Sie wieherten schrill vor Angst, auch weil die Zeltplanen über ihren Köpfen im Wind knatterten. Zwei Pferde, die nicht mehr aufstanden, mußten wir mit Gewalt an Deck schleifen, um sie dort wieder aufzurichten.« In Gallipoli mangelte es dann wieder an Leichtern, so daß man »die Pferde nicht selten ins Meer werfen und an Land schwimmen lassen mußte«.

Das Lager in Gallipoli bestand aus einem einzigen Chaos: Geschütze ohne Bespannung, Batterien ohne Munition, Soldaten ohne Verpflegung. 24 Geschütze waren überhaupt erst feuerbereit. Die 500 ausgeschifften Pferde gehörten verschiedenen Truppenkörpern an. Die

Infanterie verfügte erst über 27 Bataillone. Der Biskuit-Vorrat reichte für zehn Tage anstatt, wie geplant, für drei Monate.

»Man kann den Krieg nicht ohne Brot führen«, depeschierte der Marschall, »nicht ohne Schuhe, Kochtöpfe und mindetens 250 Kannen.« Um den Transport von Proviant und Material zu beschleunigen, schickte Saint-Arnaud alle verfügbaren Dampfer durch die Dardanellen, um die gegen den widrigen Nordwind ankämpfenden Segelschiffe abzuschleppen. Erst jetzt begann man einzukalkulieren, daß die Fahrt von Frankreich durch das Mittelmeer (über Malta und Piräus) für Dampfer rund zwei Wochen, für Segelschiffe dagegen bis zu zehn Wochen dauerte.

In Gallipoli mußte Saint-Arnaud auch jene Division Forey vermissen, die er lange vor seinem eigenen Aufbruch in Toulon abgefertigt hatte. Sie war zusammen mit einem Regiment englischer Marinesoldaten von Malta aus nach Griechenland beordert worden, um dort die griechische Regierung wieder mit Gewalt auf den politischen Kurs der Alliierten zu bringen.

Am 2. April waren die ersten französischen Transporte eingetroffen. Als die Engländer feststellen mußten, daß Gallipoli zu eng und unwirtlich war, fuhren sie mit ihren Schiffen gleich weiter nach Konstantinopel, um gegenüber der Osmanischen Hauptstadt auf dem asiatischen Teil bei Skutari ihr Lager aufzuschlagen, wo riesige Kasernenanlagen aus den 30er Jahren standen.

»Die Ansicht von Konstantinopel, Pera etc. vom Bosporus aus ist das schönste, was ich je gesehen habe«, schrieb Temple Godman begeistert nach Hause. »Es ist unbeschreiblich, wie eine Szene aus Arabian Night oder einem Märchen. Das Vielerlei der Häuser, Paläste, Moscheen mit ihren Minaretten, mit dem wundervollen Grün der Bäume zwischen ihnen – nur wenn man an Land kommt, ist es damit aus; die Straßen sind so eng, dunkel und winklig, daß man nichts sieht!«

Auf die Franzosen dagegen machte die Türkei den denkbar schlechtesten Eindruck. »Jedermann, der dieses verpestete Nest, welches man Gallipoli nennt, gesehen hat, der seine düsteren, engen, unflatbedeckten Gassen kennt, begreift leicht, daß sich alle Geißeln der Erde dort ein Stelldichein geben und in der verpesteten Atmosphäre üppig fortwuchern mußten«, stellte Baron de Bazancourt fest, der vom französischen Kriegsminister beauftragte Chronist des Krieges.

Aus diesem Grund wurde das Truppenlager 14 km entfernt auf der

Ebene von Bulahir zwischen den Dardanellen und dem Golf von Enos eingerichtet. Da noch immer mit einem Durchbruch der Russen bis nach Konstantinopel gerechnet wurde, sollte die Halbinsel sogar durch ein Verteidigungswerk abgeriegelt werden.

Wegen dieses »gefürchteten Durchbruchs« in die Ebene von Rumelien faßte Saint-Arnaud übereilt einen neuen Plan. Er beschloß, Gallipoli als operatives Zentrum aufzugeben und seine Truppen teils in Eilmärschen, teils zu Schiff in der Gegend um Burgas (zwischen Varna und Konstantinopel) aufmarschieren zu lassen, konnte sich jedoch mit Lord Raglan nicht einig werden, der an dem ursprünglichen Plan festhielt, alle Truppen in Varna zu konzentrieren und den Russen noch vor Erreichen der Balkanpässe bei Schumla zusammen mit den Türken eine Schlacht zu liefern. Raglan vermutete, daß Saint-Arnauds »kleinmütiger Plan« von General Trochu stammte, den man im englischen Heer für den eigentlichen Vertreter der Ideen des Kaisers Napoleon hielt, während Saint-Arnaud wiederum davon überzeugt war, daß Raglan von dem eifersüchtigen Stratford unter Druck gesetzt wurde, am ursprünglichen Plan festzuhalten.

Nun mußte Saint-Arnaud, als er bei Burgas das Schiff verließ, aber feststellen, daß der Hafen unsicher und die Stadt nur ein armseliges Dorf war, in dem es nicht einmal genug Wasser für die Bewohner gab, so daß überhaupt nicht daran gedacht werden konnte, »an diesem Ort eine stehende Proviantierungsbasis anzulegen, auf die sich eine Armee stützen könnte«. Er änderte wiederum seinen Plan und hielt erst einmal in Gallipoli eine Parade ab, um einen Überblick über seine Truppen zu erhalten, bevor er Ende Mai den Befehl zum Abrücken gab.

Während sich die Kavallerie nach Adrianopel auf den Weg machte, wurden die meisten Infanteristen auf Schiffen nach Varna gebracht. Für die rund 6 000 Mann starke Brigade unter General Canrobert, die dazugehörige Bagage und Artillerie mitsamt ihren Zugpferden waren sechs französische Dampffregatten, zwei ägyptische Fregatten, eine Corvette und vierzig Handelsschiffe zum Transport notwendig.

Eine Division wurde auf dem Landweg in Marsch gesetzt, um nach der endlosen Fahrt zur See wieder den Gebrauch ihrer Beine zu erlernen, wie es im Generalstabsjargon hieß.

Der Vormarsch Richtung Konstantinopel entlang des Marmarameeres stellte sich jedoch als eine Strapaze heraus, die die Kampfkraft der

Soldaten unterhöhlte, da es keine Straßen gab, also gar kein Landweg existierte. Die Truppen der Vorhut, ein Jägerbataillon, mußten der Artillerie mit Hacken und Brecheisen einen Weg durch das Felsgestein bahnen. Den ganzen Weg entlang wurden Fronbauern vorausgeschickt, um den Soldaten den Pfad durch die Schluchten zu zeigen. Nach Rodosto hörten die Schwierigkeiten auf, doch hatte man nun unter der Sonne und dem Staub zu leiden, der in riesigen Wolken aufwirbelte.

Prinz Napoleon erwartete derweil die Division in seinem kühlen Palast am Bosporus und fand den Anblick seiner Soldaten mit ihren zerrissenen und staubbedeckten Uniformen trotzdem herrlich.

Am 17. Juni ließ er sie auf einer gemeinsamen Parade dem Sultan vorführen, bevor sie eingeschifft wurden. Das Defilee der Truppen störte nur ein Pascha der Türken, der wie ein »fetter Sack« (Calthorpe) auf seinem Pferd saß. Besonderes Aufsehen erregte ein türkisches Regiment, das praktische Gamaschen statt der Pluderhosen trug, eine Neuerung Omer Paschas, die wegen ihrer »Irreligiosität« von den Muselmanen angefochten wurde, wie der Berichterstatter der Leipziger Illustrierten Zeitung zu berichten wußte. Er bedauerte auch, daß die Franzosen statt der prächtigen Tschakos Feldmützen trugen. »Die Epauletten der Offiziere sind gleichfalls für die Dauer des Feldzugs abgeschafft worden, da sie stets das Ziel der feindlichen Schützen bilden.«

Die Franzosen ärgerten sich darüber, daß ihre Kameraden aus England in Droschken spazieren fuhren, während Marx im fernen London phantasierte, die alliierten Landtruppen würden sich beim Genuß ungeheurer Mengen des dortigen schweren und süßen Weines verbrüdern. Argwöhnisch orakelte er, daß der Krieg im Osten »ein gut Teil des militärischen Ruhms des verstorbenen Herzogs von Wellington zerstören« würde.

Tatsächlich fielen die englischen Soldaten eine Zeitlang nach der Landung in Konstantinopel durch stereotype Betrunkenheit auf, aber nur weil Alkohol billig war, die Soldaten jedoch nicht ausreichend zu essen hatten. Am Anfang landeten einmal 2 400 Mann volltrunken auf der Wache – bei 14 000 Mann Armeestärke.

Das Interesse der Einwohner Stambuls an der Militärrevue war allerdings gering, was als Beweis für die sprichwörtlich bekannte Teilnahmslosigkeit und Gleichgültigkeit des »morgenländischen Volkes«

gewertet wurde. Nur die Europäer hatten sich in solchen Scharen eingefunden, daß kein Pferd und kein Wagen mehr zu bekommen waren, unter ihnen Abenteurer und Schlachtenbummler aus fast allen Nationen Europas, die sich in den Hotels von Pera niedergelassen hatten und denen der Krieg nicht rasch genug voranging; vor allem äußerten sie sich mißmutig über Omer Pascha und dessen zaudernde Kriegführung.

Einen Tag später, am 18. Juni, begann die Einschiffung, während die Türken ihr Ramadan-Fest feierten. Am Abend boten Goldenes Horn und Bosporus mit den erleuchteten Schiffen und Barken und den illuminierten Moscheen jenes »feenartige Schauspiel«, dessen Erlebnis von den Besuchern der alten osmanischen Hauptstadt überall als einmalig und unverwechselbar gerühmt wurde. Der Donner von Kanonen wurde als nicht störend empfunden.

Aus Paris erhielt Saint-Arnaud nachträglich die Billigung seines neuen Kriegsplans durch den Kriegsminister: »Nützen Sie das Schuhwerk Ihrer Infanteristen ab, lassen Sie die Gesichter unserer ausgezeichneten Leute von der Sonne bräunen!« Zur selben Zeit schrieb einer der Generalstabsoffiziere des Marschalls: »Genau betrachtet, wissen wir eigentlich gar nicht, was bei den Russen vorgeht; es fehlt uns an Spionen oder doch wenigstens an guten Spionen.«

Österreichs Doppelspiel

In den Augen der deutschen Öffentlichkeit war Napoleon III. der Urheber der europäischen Kriegsgefahr, ein Abenteurer und Spieler, der durch seinen gewagten Einsatz das europäische Mächtesystem von 1815 zu zerstören trachtete und deshalb die Macht zu demütigen suchte, die stets der Hauptträger dieses Systems gewesen war – Rußland. So stand es in einem Artikel zu lesen, der im Juni 1854 erschien und aus der Feder des preußischen Historikers Johann Gustav Droysen stammte. Der Autor warnte die europäische Staatenwelt, sich selbst zu überschätzen oder Rußland zu unterschätzen. Zur Zeit gäbe es nur drei wirkliche Weltmächte: das ungeheure kontinentale Rußland mit seinem cäsarischen Absolutismus, das britische Weltreich und das maßlos wachsende demokratische Nordamerika.

Die Weltlage konnte natürlich auch aus einem anderen Gesichtswinkel gesehen werden. Dies machte ein Gespräch zwischen Napoleon III. und dem Fürsten von Hohenzollern deutlich, der als Sonderbeauftragter nach Paris geschickt worden war; eine der vielen Spezialmissionen, durch die der preußische König für seine Politik Verständnis suchte. Napoleon III. hatte – wie er vorgab – für Preußens schwierige Stellung sogar mehr Verständnis als die Engländer und verlangte noch keine Entscheidung. Ein starkes Preußen sei Frankreich stets willkommen.

Der französische Kaiser erschien keineswegs in der Rolle des Revolutionärs. Er bezeichnete vielmehr ein Zusammengehen der Vier gegen Rußlands Übergewicht als ein Bündnis gegen die Revolution, die in einem langen Krieg Nahrung gewinnen würde. Napoleon III. spielte auch auf seinen Oheim an; im Gegensatz zu dessen Politik der Unterdrückung achte er die Nachbarländer und ihre Grenzen.

Dann wurde er konkret: Sollte Wien mit Frankreich gehen, so werde er behilflich sein, Österreichs Stellung in Italien zu decken, wenn nicht, dann müßte sich Österreich darauf gefaßt machen, früher oder später mit einer »allgemeinen Bewegung« in Italien zu rechnen. Das war ebenso diplomatisch wie deutlich formuliert.

In den Augen seines Gesprächspartners hinterließ Napoleon III. den Eindruck eines Mannes, der von »der Unzertrennlichkeit der eigenen Größe und der seines Reiches« überzeugt war. Unklugerweise hatte er nur wieder einmal seine Ideen für eine Neuordnung Europas zu Papier gebracht und sie sogar in einigen Exemplaren verteilen lassen, so daß es dem entsetzten Kabinett nicht mehr gelang, alle Kopien wieder einzuziehen. Tocqueville sah darin wohlmeinend »die Unfähigkeit, zwischen Träumen und Denken zu unterscheiden«. Eine Konzession, die man übrigens dem Zaren nicht machte, wenn er von seinen Wunschträumen sprach, die Hagia Sophia wieder zu einer christlichen Kirche einzurichten.

Kaum war das Schutz- und Trutzbündnis zwischen Berlin und Wien perfekt, drängten die Österreicher ihren Vertragspartner zu weiteren Konzessionen. »Buol sucht uns zu einer Alliance mit den Westmächten zu treiben«, notierte Gerlach am 2. Mai 1854. Und: »Der Zar ist des Krieges müde, in einem halben Jahr sind es die Westmächte auch.«

Für Österreich gab es zunächst einen außenpolitischen Rückschlag, als sich die deutschen Mittelstaaten auf einer Konferenz in Bamberg vorerst weigerten, dem Vertrag vom 20. April beizutreten, weil sie in einen Krieg gegen Rußland hineingezogen zu werden befürchteten. Rußland gegenüber traten die Österreicher trotzdem selbstbewußter auf. Sie setzten den Zar nicht unter direkten Fristdruck, verlangten aber am 3. Juni eine Auskunft über den genauen, »hoffentlich nicht fernen Zeitpunkt« der Beendigung der Okkupation der Fürstentümer, mit dem drohenden Zusatz, »zum Schutz der gefährdeten Interessen selbst die nötigen Mittel in Betracht zu ziehen«.

Schon zu demselben Zeitpunkt begann Bruck in Konstantinopel auch mit Verhandlungen, um eine Konvention über das Nachrücken österreichischer Verbände im Donauraum abzuschließen.

Am 8. Juni 1854 trafen sich Friedrich Wilhelm IV. und Franz Joseph mit ihren Ministern auf dem Schloß Tetschen in Böhmen, um Unstimmigkeiten aus dem Weg zu räumen. Aber die preußischen Gäste waren kaum wieder in Berlin, als sie von Brucks Reise erfuhren. Buol bestritt, daß diese Absprachen etwas mit dem Vertrag vom 20. April zu tun hätten: es handle sich um Maßnahmen zur Wahrung der österreichischen Interessen nach erfolgtem Rückzug Rußlands. Als Begründung führten die Österreicher an, durch das Nachrücken österreichischer Truppen in die von Russen entblößte Region die »Gefahr einer Anarchie« zu vermeiden – aus »Humanitätsgründen«!

Inzwischen hatten die Franzosen in einem von Drouyn de Lhuys entworfenen und von Bourqueney redigierten Fünfpunkteplan, der als Basis künftiger Friedensverhandlungen gedacht war, Österreich das Protektorat über die Donaufürstentümer vorgeschlagen. Der Pferdefuß war nur – wie Buol wußte –, daß Napoleon III. dafür die Abtretung der italienischen Provinzen einkalkulierte.

Buol kam daher auf die Idee, Moldau und Walachei erst einmal dem Schutz Europas – *sauvegarde de l'Europe* – zu unterstellen, und Österreich nur mit der politischen Verwaltung zu betrauen, was im Grunde auf dasselbe hinauslief.

Nun hatte allerdings auch Friedrich Wilhelm IV. hinter dem Rücken der Österreicher Politik gemacht, nämlich Rußland in einem Brief an den Zaren, den sein Flügeladjutant Edwin Manteuffel überbrachte, beschworen, Österreichs Wünschen entgegenzukommen, um dem kriegslustigen Buol jeden Vorwand zum Krieg zu nehmen, wobei er zugleich riet, mit der Antwort nichts zu übereilen.

Mitten in die weitreichenden Pläne Österreichs platzte Ende Juni die Einwilligung des Zaren, über den Rückzug aus den Fürstentümern zu verhandeln. »Rußland ist demütiger geworden«, kommentierte Gerlach in Berlin. Ein Blick auf die Karte hatte den Zaren überzeugt, als Paskiewitsch auf die exponierte Lage der Armeegruppe vor Silistria hinwies. Seit Mitte Juni häuften sich kleinere Landungsunternehmen an der Schwarzmeerküste im Rücken der Russen. Aber am meisten beunruhigte den alten Generalfeldmarschall die Haltung der Österreicher, die, falls es zum Bruch mit dem Zarenreich kam, die rechte Flanke der Donauarmee bedrohten. Der Befehl zum Abbruch der Belagerung kam zum Entsetzen der Offiziere in einem Augenblick, in dem die Festung endlich sturmreif schien, nämlich am 21. Juni, zwei Uhr nachts, zwei Stunden vor Angriffbeginn. Die Infanterie stand bereits seit abends in den Ausgangsstellungen. Unter den enttäuschten Ordonnanzen und Adjutanten in den Gräben vor Silistria befand sich auch der junge Leutnant Leo Tolstoi. Für ein paar Tage hatte er das gesellschaftliche Leben und Treiben in den Salons der Etappe von Bukarest mit der Front vertauscht, um »Schießpulver zu riechen«. Daß Gortschakow den Befehl zum Rückzug so diszipliniert hinnahm, obwohl ihm hier die Krönung seiner militärischen Laufbahn versagt blieb, imponierte dem jungen, noch ziemlich ungehobelten Artilleristen Tolstoi. »Gortschakow war ganz offensichtlich froh, das Blutbad vermeiden zu können.«

Damit war der Feldzugsplan für 1854 gescheitert, der »Türkei zu schaden, ohne nutzlos russisches Blut zu vergießen«. Gescheitert war auch ein Vorhaben, das den völligen Bruch mit der bisherigen Politik Rußlands und den Prinzipien der Heiligen Allianz bedeutete. Zum ersten Mal hatte ein Zar auf die Revolution gesetzt, um aus dem russisch-türkischen Krieg einen »Kampf zwischen Christen und Heiden zu machen«.

Aber bis auf den Aufstand der Griechen in Thessalien geschah nichts, »da die christlichen Unterthanen der Pforte, eingeschüchtert und müde, nicht plötzlich als tapfere Krieger neu geboren werden konnten, zumal ihnen sogar der Besitz von Waffen verboten war«.

Fürst Alexander Gortschakow, ein versierter Diplomat und Vetter des glücklosen Generals, überbrachte in Wien die Botschaft von dem Gesinnungswandel des Zaren. Meyendorff wurde abgelöst; er fiel in

Ungnade, weil, wie der Zar meinte, er durch ihn einen falschen Eindruck von Österreichs Absichten erhalten habe.

Der Zar zögerte allerdings, den endgültigen Räumungstermin mitzuteilen und hoffte noch immer, Österreich mit kleinen territorialen Konzessionen zufrieden zu stellen, indem er vorerst nur die Walachei räumte. Auch sollte Österreich durchsetzen, daß die abrückenden Truppen nicht verfolgt und alle Kampfhandlungen zur See vermieden wurden.

Die Tatsache, daß Gortschakow Bedingungen stellte, gab Buol die Möglichkeit, zurückhaltend zu reagieren, obwohl Österreich noch gar nicht in der Lage war, in die Walachei nachzurücken. Dummerweise hatte man die österreichischen Streitkräfte im Osten aufmarschieren lassen, um Galizien und die Bukowina als Operationsbasis gegen Rußland zu benutzen, so daß die Armee erst mit großem Zeitaufwand umgruppiert werden mußte.

Die Hauptmasse stand in Siebenbürgen, ein Vorstoß über die Transsylvanischen Alpen war von hier aus denkbar ungünstig, weil es nur schlechte, für Offensivabsichten ungeeignete Straßen gab.

Der prekären Situation versuchte Wien dadurch zu entgehen, indem es Berlin an die Einhaltung der Verpflichtungen aus dem Bündnisvertrag erinnerte, in dessen Militärkonvention festgehalten war, binnen 36 Tagen 100 000 Mann aufzustellen. Der preußische König hielt die Österreicher erst einmal dadurch hin, daß er die Ergänzung des Pferdegespannes der Artillerie versprach. Friedrich Wilhelm IV. ließ sich nicht einschüchtern.

Im Grunde waren die Westmächte enttäuscht, daß ihnen durch den freiwilligen Rückzug der Russen der Anlaß zum Kriegführen genommen wurde. Wie der englische Botschafter Buol sagte, wäre London die Vertreibung der Russen durch die österreichischen Truppen sogar lieber gewesen. Aber Napoleon III. und Palmerston wollten auch nicht von ihren Kriegsplänen Abstand nehmen, als Gortschakow am 7. August nunmehr die vollständige Räumung der Donaufürstentümer bekanntgab, und zwar aus strategischen Gründen. Nur weil von Räumung und nicht von »endgültiger« Räumung die Rede war und nach der Meinung Buols damit offenblieb, ob die Russen nicht vielleicht die Absicht hatten zurückzukommen, weigerten sich Frankreich und England, einen Waffenstillstand abzuschließen. »Es scheint als sicher, daß die anglo-französischen Truppen nach der Krim dirigiert werden«, hatte Baron Hübner kurz vorher festgehalten. »Es ist klar, daß für den Augenblick von Unterhandlungen keine Rede sein kann.« Buol weigerte sich zu vermitteln und versteckte sich hinter den Westmächten, um nicht auf die geplante Besetzung der Donaufürstentümer verzichten zu müssen.

Nur in Berlin glaubte man aufatmen zu können. Der geheime Zusatzartikel, der im ungünstigen Fall Krieg bedeutet hätte, schien erledigt. Keiner ahnte, daß Österreich, gerade auf diesen Vertrag gestützt, mit weiteren Forderungen an Rußland herantreten würde.

Die Position der preußischen Konservativen war zu diesem Zeitpunkt gefestigt und die der »Westler« denkbar schlecht, aber nicht etwa auf Grund irgendwelcher Intrigen der Kamarilla unter Gerlach, dem *ministre occulté*, sondern auf Grund eigener ungeschickter Manöver. Nach Bunsen wurde der Kriegsminister Bonin aus seinem Amt entfernt, weil er sich im Kammerausschuß zu einer antirussischen Bemerkung hinreißen ließ.

Auch Pourtalés fiel in Ungnade, als er im Gespräch mit dem König noch einmal auf ein Zusammengehen mit England dringen wollte. Der König, dem es in erster Linie darum ging, weder Rußland noch Österreich zu verprellen, fühlte sich hintergangen. Auch in Zukunft blieb sein Wort gültig, der Einfluß seiner Minister habe seine Grenzen, er gehe bis zu einem bestimmten Punkt, und »auf diesen Punkt lasse ich mir nichts sagen«. Auch nicht von Manteuffel oder Gerlach, der natürlich über den morgendlichen Kaffeevortrag, bei dem er über politische Eingänge und Tagesfragen Bericht erstattete, einen gewissen Einfluß ausübte.

Der Streit um den richtigen Kurs, um die Orientierung nach Westen oder Osten, setzte sich bis in die königliche Familie fort, da der Prinz von Preußen nur in einem entschlossenen Auftreten gegen Rußland eine Festigung der Position Preußens sah, mit Österreich und dem Westen. Die Rolle der Neutralität erschien ihm zu passiv und einer Großmacht unwürdig, zugleich warnte er vor einem Krieg mit Rußland, ja fühlte sich sogar zu dem Zaren hingezogen, mit dem ihn im Gegensatz zu seinem von Nikolaus verächtlich behandelten Bruder persönlich ein besseres Verhältnis verband: »Was ein Krieg ganz Europas gegen Rußland sagen will, unter dem größten Feldherrn seiner Zeit, hat das Jahr 1812 gelehrt. Es ist also kein Kinderspiel, ein Krieg gegen Rußland, den man aus Antipathie herbeiwünscht.«

»Sonderbare Lage der Dinge«, philosophierte Gerlach, »Österreich will seinen Einfluß im Orient gewinnen und riskiert darüber den doch gewiß viel wichtigeren in Deutschland zu verlieren. Frankreich will Rußland bekämpfen und befestigt dadurch Englands Herrschaft zur See. Rußland will seinen Einfluß in der Türkei befestigen und verliert darüber seine ganze Stellung in Europa.« Von Preußen hoffte er, daß es nicht eines Tages »zwischen beiden Stühlen« sitzen werde. Am 1. Juli 1854 schrieb Nikolaus I. dem Feldmarschall Gortschakow einen Brief, wie schwer es ihm gefallen sei, den Rückzugsbefehl auszusprechen. Der Zar zweifelte daran, ob die Türken und Alliierten den abrückenden Russen folgen würden. »Eher glaube ich, daß sie alle ihre Kräfte an eine Landung in der Krim oder bei Anapa setzen werden, und dies ist nicht die geringste von allen schweren Folgen unserer jetzigen Lage.« Eine dunkle Ahnung hatte der Zar schon im November 1853 gehabt, als er ahnte, daß die Gefahr nicht auf dem Balkan, sondern ganz woanders drohe: »Eine Landung in der Krim ist nur möglich unter Beteiligung Englands und Frankreichs. Die Ankunft der verbündeten Flotten in Konstantinopel muß bereits Maßnahmen zur Verteidigung der Krim hervorrufen.«

Der Kampf ohne Ruhm

Als Saint-Arnaud am 25. Juni 1854 in Varna eintraf, mußte er dort zu seiner Enttäuschung erfahren, daß die Russen die Belagerung von Silistria abgebrochen hatten. Ihren Rückzug empfand er als »Diebstahl«, er fühlte sich von Paskiewitsch, den er schon so gut wie in die Donau geworfen hatte, um den Sieg betrogen. Dagegen feierten die Türken das Verschwinden der Russen als einen Sieg. Der französische Marschall war klug genug, politische Motive hinter der Rückzugsoperation zu vermuten und keineswegs militärische Notwendigkeit, nachdem ihm einer seiner Ordonnanzoffiziere über den fortgeschrittenen Zustand der Belagerungsarbeiten der Russen vor Silistria Bericht erstattet hatte. Als alle Truppen endlich in Varna eingetroffen waren, bedankte er sich in einem Tagesbefehl bei der Marine für die aufopferungsvolle Arbeit des »häufigen Ein- und Ausschiffens, bei der sie sich gegenseitig um die Ehre stritten, den Flug des Adlers beschleunigen zu helfen«.

Zusammen mit den Engländern saßen »die Söhne der Sieger von Austerlitz, von Eilau, Friedland und von der Moskwa« nun in Varna untätig herum, badeten und fischten, und es war die Frage, wohin der Flug des Adlers nun gehen würde. Am 5. Juli wurde deshalb erst einmal wieder eine Parade abgehalten, die erste gemeinsame Revue der englischen und französischen Expeditionsarmee.

Saint-Arnaud liebte es, durch das Lager der Engländer zu reiten und sich für die freundliche Begrüßung mit einem *England for ever* zu bedanken; nicht weniger populär war Omer Pascha, nach dessen Worten der Zar »verrückt« war, aber »nicht verrückt genug – sonst würde er nicht gegen eine solche Truppe kämpfen«.

Natürlich brach mitten im Hochsommer die Cholera aus. »Wir haben eine tropische Hitze«, stöhnte ein Generalstabsoffizier, »die Quellen versiegen, die ohnehin spärlichen Bäche vertrocknen. Schon verkünden uns plötzliche Übelkeiten und Erbrechen, daß der Augenblick herannaht, wo wir den furchtbaren Kampf, den Kampf ohne Ruhm, zu bestehen haben werden.«

Währenddessen suchten Rekognoszierungstruppen die Russen. Auf dem Schwarzen Meer kreuzten Dampffregatten. Tag und Nacht erkundete Saint-Arnaud nach eigenen Worten »die verwundbare Stelle Rußlands«. Eine verlorene Schlacht hätte für die Russen »nur geringe Folgen, aber für uns wäre eine Niederlage von unberechenbaren Nachteilen. Die Partie steht nicht auf beiden Seiten gleich.«

Die Frage war, wo der Koloß Rußland getroffen werden konnte. Ein Marsch in das Innere des unermeßlichen Reiches kam nicht in Betracht. Das Jahr 1812, Napoleons Zug nach Rußland, war noch in schlimmer Erinnerung. Zur See war der Gegner in der Ostsee nicht zu fassen. Überall hatten sich die Russen zurückgezogen und waren einem ernsthaften Zusammenstoß ausgewichen; auch das erinnerte an die Situation von 1812.

Aus Paris erhielt Saint-Arnaud am 1. und 4. Juli nur die Anweisung, trotz der Aufhebung der Belagerung von Silistria in Varna stehen zu bleiben; dort könne er »Verstärkungen und Lebensmittel am schnellsten an sich ziehen«. Ganz im Gegensatz zu den dunklen Botschaften aus Frankreich erhielt Lord Raglan Anfang Juli klare Anweisungen, nämlich alle Truppen und Mittel zusammenzuhalten, um einen Feldzug nach der Krim und eine Belagerung Sewastopols zu versuchen, »falls die Kräfte der Verteidigung nicht mit jener des Angriffs in handgreiflichem Mißverständnis stehen, ein Mißverhältnis, welches sich nur steigern könnte, wenn die Expedition nicht unverzüglich ins Werk gesetzt wird«.

Am 18. Juli 1854 kam es zu einem großen Kriegsrat in Varna, auf dem Lord Raglan Saint-Arnaud davon überzeugen konnte, sich lieber zu einer kühnen Unternehmung zu entschließen, als mit »zwei schönen Armeen und zwei schönen Flotten vor einem Feind, der sich trotzend zurückzieht, untätig zu bleiben und sich vom Fieber hinraffen zu lassen«.

Die Verehrer Napoleons III. sprachen den Plan, Sewastopol anzu greifen, dem Kaiser der Franzosen zu, doch lag – ohne den Ideenreichtum Napoleons schmälern zu wollen – die Idee einer Krim-Expedition gleichsam in der Luft, nachdem seit Jahrzehnten auf die Bedeutung des Kriegshafens im Schwarzen Meer hingewiesen worden war.

Im Dezember 1853 hatte die *Times* vor einem Angriff auf Sewastopol gewarnt, ein Hinweis darauf, daß »die Idee einer Expedition auf die Krim schon damals viele Anhänger besaß«. Baron Hübner hörte schon am 17. Januar 1854 von dem Gerücht in englischen Kreisen, Sewastopol anzugreifen und die russische Flotte niederzubrennen. Im Mai spekulierte der Generaladjutant des Preußenkönigs, von Gerlach, ob die Alliierten »die Krim oder Finnland einnehmen würden, um Rußland zum Abzug aus dem Donau-Bereich zu zwingen«.

Ende Juni hatte sich die englische Regierung entschieden. Der Herzog von Newcastle entwarf eine Instruktion für Lord Raglan, in der dem englischen Oberbefehlshaber »die Notwendigkeit eines unverzüglichen Angriffs auf Sewastopol und die russische Flotte ans Herz gelegt wurde«.

Der Plan war am 27. Juni bis in die Nacht hinein vom Kabinett durchgesprochen worden, wobei, wie der englische Krim-Historiker Kinglake erzählt, einige Kabinettsmitglieder einnickten, weil der Instruktionsentwurf ziemlich lang und umständlich war. Unmittelbarer Anlaß für den Entschluß war die Tatsache, daß ein erfolgversprechender Angriff auf Helsingfors oder Kronstadt von Admiral Charles Napier als hoffnungslos bezeichnet wurde. Vor der letzten Verantwortung drückten sich die Politiker, sie schoben Raglan im fernen Varna die letzte Entscheidung zu.

Im Juli brauchte dann die russische Regierung nur noch die *Times* aufzuschlagen, um gewarnt zu sein. Hinter den Ereignissen in der Ostsee schien aber der Marsch auf Sewastopol noch einmal zurückzutreten. Am 21. August schrieb Marx, »die Einnahme von Bomarsund in der Ostsee sei vom militärischen Standpunkt aus weit interessanter als selbst die Einnahme Sewastopols«.

Wie sich herausstellte, waren die Festungsanlagen eine Fehlkonstruktion. Man hatte die Mauern der Geschützanlagen und Kasematten ohne Erdverkleidung angelegt, so daß sie unter dem Feuer der neuen schweren Geschütze einstürzten. Den bisherigen Kriegsverlauf fand Karl Marx langweilig.

Die Meldung von der Einnahme Bomersunds stimmte Saint-Arnaud schließlich optimistisch. Auch wenn die Belagerung vielleicht etwas länger als einen Monat dauern würde, so glaubte er doch, den schnellen Fall der Ostseefestung wiederholen zu können. Ihm schwebte, wenn auch nicht gerade ein Handstreich, so doch »ein kurzer brillanter Feldzug mit zwei, drei Schlachten« vor. Das bedeutete auch, daß der Krieg auf der Krim vor Einbruch des Winters zu Ende sein würde.

Am 28. Juli kehrte ein Kommando nach Varna zurück, das die Küste der Krim inspiziert hatte, um einen geeigneten Landungsplatz in einem Bereich von drei Meilen südlich und nördlich von Sewastopol auszukundschaften. Dabei waren sie der Festungsstadt so nahe gekommen, daß russische Kanonenkugeln das Schiff getroffen hatten. Im Lager hatte sich bereits das Gerücht herumgesprochen, daß es auf die Krim ginge. Um so größer war die Überraschung, als der Befehl kam, sich zu einem Vorstoß in die Dobrudscha bereitzuhalten, wo noch angeblich 10 000 Russen mit 35 Kanonen standen, auf die man Jagd machen könnte.

Dem Unternehmen lag der Gedanke zugrunde, die Truppen vor dem Beginn der Einschiffung »dem ungesunden, pestartigen Einfluß des Ortes zu entziehen, ihren Mut wieder zu beleben, da die Soldaten schon seit langem über die Untätigkeit murrten«. Der englische Stabsoffizier Somerset Calthorpe sah darin einen mißglückten Trick, um die Russen von der Krim abzulenken.

Die drei französischen Divisionen, die durch einen Fußmarsch bis nach Kargalik jenseits des Trajanwalles wieder auf Vordermann gebracht werden sollten, dienten als staffelförmig aufgestellte Sicherungseinheiten, um die Bewegung der Reiterei des Generals Jussuf zu decken. Die Infanteristen luden Verpflegung für vier Tage auf den Buckel; ein Fahrzeugtroß, für jede Division rund 400 Karren, deckte den Bedarf für weitere zehn Tage.

So war man auf alles vorbereitet – nur nicht auf das, was in dieser Region am wichtigsten war. Die Generäle setzten ihre Truppen in eine der unwirtlichsten und durch die vorangegangenen Kämpfe total verwüstete Region in Marsch, ohne mit den Ärzten über das Klima Rücksprache gehalten zu haben, ohne »fliegende Lazarette« und ohne Transportmöglichkeiten für Fuß- oder Fieberkranke. Bazancourt schilderte den Weg, den die Soldaten von Varna aus nahmen: Schon am ersten Tag Wassermangel, nirgends Schatten vor der brennenden Sonne, die Dörfer niedergebrannt, das Land flach und öde, so weit das Auge reicht, hier und da Grabhügel als Zeugnisse vergangenen Lebens.

Am Trajanswall wurden die Kolonnen von einem Gewitter überfallen, die Soldaten bis auf die Haut durchnäßt. Küstendsche selber, das nach rund 130 km Marsch erreicht wurde, stellte sich als ein »rauchender Trümmerhaufen« heraus. Allerdings war es nicht von den Kosaken zerstört, wie Bazancourt meinte, sondern von der englischen Schiffsartillerie zusammengeschossen worden.

Die Munitionskarren und Kanonenlafetten mußten bald als Krankenfahrzeuge herhalten; die Kavalleristen führten ihre Pferde am Zügel, um die Fieberkranken aufsitzen zu lassen. In Küstendsche erschien der Dampfer *Pluto*, um die schwersten Fälle an Bord zu nehmen. Der Rückzug war eine beschlossene Sache. 2 000 Tote und 5 000 Kranke waren das Ergebnis der Russenjagd.

Die Soldaten hatten in Varna keine Kraft mehr, Latrinen zu graben, obwohl die Kloaken überliefen, die Fliegenplage vergrößerte die allgemeine Lethargie. »Es ist an der Zeit, hier wegzukommen und wir werden bald gehen. Aber die Lethargie ist so groß, daß sich niemand dafür interessiert, ob wir nach Sewastopol gehen oder nach Südamerika oder bleiben, wo wir sind«, stellte ein Major der 8. Husaren fest.

Auch die Engländer, die außerhalb von Varna kampierten, unternahmen mehrere Übungsmärsche und Vorstöße. Ihre Führung machte dieselben Fehler wie die Franzosen, als sie die Infanterie trotz der Hitze ohne ausreichende Trinkwasserversorgung losschickte.

James Earl of Cardigan machte sich bei seinen Reitern unbeliebt,

indem er schon in der Morgendämmerung vor dem Frühstück takti-
sche Formationsritte ansetzte und auf peinlichste Einhaltung der Vor-
schriften bestand. Als auf einer mehrtägigen Exkursion sich beim
Biwakieren die 13. Leichten Dragoner ihre Zelte auf dem rechten
Flügel aufbauten, wo eigentlich der Tradition nach der Platz für die 8.
Husaren war, befahl Cardigan trotz der Erschöpfung seiner Leute, die
Plätze zu tauschen. Der Dienst war so hart, daß sich die Reiter
fragten, ob man sie eigentlich umbringen wolle.

Fast jeden Tag trat das englische Kriegsgericht zusammen, um Ge-
waltdelikte und Kameradendiebstahl abzuurteilen, bis zu drei, vier
Fälle pro Tag. Als ein Soldat, der seinen Vorgesetzten geschlagen
hatte, von zwei Fuhrknechten öffentlich, im Beisein des Regiments,
ausgepeitscht wurde, fielen vier Rekruten in Ohnmacht, während der
Delinquent »erhobenen Hauptes wegtrat«. Somerset Calthorpe nahm
wahr, wie die Franzosen zwei Mann wegen Insubordination erschossen.

Im Gegensatz zu den Franzosen trafen die Engländer dann doch auf
russische Truppen, »wobei sie sich so nahe kamen wie es das Wasser
erlaubte«. Es war Cardigans Brigade, die an der Donau auf Einheiten
des russischen Generals Lüders stieß. Auge in Auge standen sie sich
gegenüber. Ein türkischer Offizier setzte mit Parlamentärfahne zu
den Russen über und informierte Lüders, daß es sich nicht um Franzosen, sondern um Engländer handle. Kein Schuß fiel.

Für den Korpsgeist der Division hatte sich schon bei der Einschiffung
die Rivalität zwischen Cardigan und seinem Vorgesetzten, dem Divi-
sionskommandeur George Lucan als Belastung herausgestellt. Der
kahlköpfige und bedächtige Lucan war zum Führer der Schweren und
Leichten Reiterverbände ernannt worden, obwohl er 17 Jahre Pensionär gewesen war. Der elegante Draufgänger Cardigan hatte Lucan in
Skutari ohne Truppen sitzen lassen, als er sich sofort mit den ersten
Einheiten nach Varna einschiffte, und verärgerte seinen Chef in
einem Maß, daß sich Raglan veranlaßt sah, Cardigan an die Einhaltung der Befehlshierarchie zu erinnern. Lucan und Cardigan waren
Schwäger, was aber nichts an ihrer Abneigung gegeneinander änderte.

Da wurde das Expeditionskorps in Varna von einem zweiten Unglück
getroffen. Am 10. August, um sieben Uhr abends, brach in einem
französischen Spiritus-Lager ein Großbrand aus, dem binnen kurzem

sämtliche Gebäude aus Holzkonstruktionen zum Opfer fielen. Allein rund 40 Proviantmagazine gingen in Flammen auf; die Alliierten hatten sogar noch Glück, daß das Feuer nicht auf die Pulvermagazine übergriff, wo acht Millionen Patronen lagerten. Die Krim-Expedition war in Frage gestellt.

Am 19. August sprachen sich die beiden Admiräle dagegen aus, Raglan zögerte. Jetzt war es Saint-Arnaud, der sich für die Invasion stark machte, obwohl die schon weit vorgerückte Jahreszeit eigentlich wenig Aussicht auf einen glücklichen Erfolg verhieß.

Über die Russen wußten sie noch immer nichts Genaues. Der Duke of Newcastle teilte mit, daß das Außenministerium nur mit 45 000 russischen Soldaten und 17 000 Marineangehörigen auf der Krim rechnete, obwohl Rußland eine Million Mann unter Waffen hielt. Saint-Arnaud meinte, es seien 70 000, Vize-Admiral Dundas rechnete mit 140 000 – er war sowieso gegen das ganze Unternehmen. Es ließen sich nicht einmal genaue Landkarten von der Krim finden.

Am 25. August beendete der Tagesbefehl Saint-Arnauds alle Ungewißheit: »Wir werden uns nun bald einschiffen und die Pest weit hinter uns zurücklassen; wir vertauschen das Leichenfeld mit dem Schlachtfelde, und jedes edle Gemüt muß sich darüber freuen.«

Zugleich wurden die Soldaten durch eine Proklamation Napoleons III. aufgemuntert, der die Engländer und Türken in seinen Aufruf mit einschloß und nachträglich aus der verfahrenen Operation im Balkan einen Triumph machte: »Soldaten und Matrosen der Orient-Armee. Ihr habt noch nicht gekämpft, und schon habt ihr einen glänzenden Erfolg errungen. Eure Gegenwart und die der englischen Truppen war genügend, um den Feind zum Rückzuge über die Donau zu zwingen, und die russischen Schiffe bleiben feige in ihren Häfen.« Von den Österreichern war keine Rede, von vergangenen Zeiten um so mehr, als Napoleon III. an die Sieger von den Pyramiden 1799 erinnerte.

Am 31. August verhinderte die unruhige See die Einschiffung. Aber bereits einen Tag später hatten die Franzosen drei Divisionen an Bord. Auch die türkische Flotte war segelfertig und traf mit den englischen Transportschiffen auf der Reede von Baltschik zusammen. Wer nicht kam, waren die Engländer. Statt dessen erschien am 5. September Admiral Dundas, um zu berichten, daß er immer noch nicht segelfertig sei, die Transportschiffe hätten noch nicht genug

Trinkwasser geladen. Inzwischen hatte Admiral Hamelin den langsamen Segelschiffen bereits den Befehl zum Ankerlichten gegeben, er selber folgte mit den Dampfern und Schleppkähnen einen Tag später, da die Engländer ihre Abfahrt nochmals auf den 7. September verschoben, um besseres Wetter abzuwarten. Als allgemeiner Sammelplatz der verbündeten Flotten wurde die Schlangeninsel bestimmt, ein Eiland, ungefähr 50 km vom Ausgang des Donaudeltas entfernt und auf gleicher Höhe wie die Hafenstadt Eupatoria auf der fernen Krim.

Erst am 8. September erschien das englische Transportgeschwader. Als Entschuldigung für ihre Verspätung brachten die Engländer diesmal die Mühseligkeiten beim Verladen der Kavalleriepferde vor; auf einem Schiff war ein ganzer Tag mit dem Einschiffen von 80 Pferden verlorengegangen, was den simplen Einwand zur Folge hatte, daß sie eben früher damit hätten beginnen müssen. Im Laufe eines Tages war dann immerhin die ganze Armada versammelt – »ein ungeheurer Mastenwald, der von den Meereswellen geschaukelt wurde, während der Wind das Getöse der auf den Verdecken der Schiffe zusammengedrängten 60 000 Mann weit hinaus trug.«

Die Dampfer hatten zum Teil bis zu drei Segelschiffe im Schlepp, erst durch sie erhielt die ganze Flotte ihre volle Beweglichkeit, da weder auf die Wind- noch auf die Strömungsverhältnisse Rücksicht genommen zu werden brauchte. Ende August war der Bosporus und das *Goldene Horn* nahezu leer, die Franzosen und Engländer hatten so gut wie jeden »fahrbaren Untersatz« angekauft oder angemietet. Die schwarzen Rauchsäulen der Dampfer gaben der Invasionsflotte mit den drei Armeen Englands, Frankreichs und der Türkei an Bord das »Aussehen einer Fabrikstadt, die man zur See gelassen hatte«.

Gleich am 8. September fand an Bord der *Ville de Paris* eine Konferenz der Befehlshaber statt, an der nur Raglan nicht teilnehmen konnte, da die See zu hoch ging und der einarmige Lord das Risiko des Übersetzens scheute. Während der Sitzung, auf der man sich wieder nicht über einen Landeplatz einigen konnte, wurde Saint-Arnaud von einer so großen Schwäche befallen, daß sein Adjutant Trochu und Admiral Hamelin ein Boot bestiegen, um auf der *Caradoc* mit Raglan weiter zu beraten.

Nach langer Diskussion wurde beschlossen, keinen endgültigen Beschluß zu fassen. Noch am Abend fuhr eine gemischte Kommission mit Canrobert, Trochu und zwei englischen Generälen an Bord der *Caradoc* erneut zur Rekognoszierung Richtung Krim davon, begleitet von zwei weiteren schnellen Dampfern und Lord Raglan auf der *Agamemnon*, der die Chancen für seinen Plan, an einem vom Gegner verlassenen Gestade zu landen, wachsen sah.

In der Nacht vom 10. auf den 11. September lagen beide Flotten auf offener See vor Anker, rund 10 Meilen von der Krim entfernt, um ihre Rückkehr abzuwarten. Keine einzige russische Mastspitze zeigte sich. Ein Glück, da die französischen Kriegsschiffe so mit Truppen überfüllt waren, daß sich die Geschützmannschaften bei einem Angriff nicht hätten bewegen können, um die Kanonen zu bedienen. Immerhin hatten die Engländer ihre Kriegsdampfer im Gegensatz zu den Franzosen nicht mit Truppen beladen, so daß sie voll beweglich blieben. Doch hätte ein entschlossener russischer Flottenangriff aus Sewastopol ein Chaos angerichtet, vielleicht das ganze Unternehmen zum Scheitern gebracht und die Alliierten nach Varna zurückgetrieben.

In der Morgendämmerung, kurz vor 5 Uhr, sichtete das Rekognoszierungskommando einen weißen Punkt am Horizont – die Befestigungswerke von Sewastopol. Innerhalb von 20 Minuten hatten sie sich bis auf zweieinhalb Meilen der Stadt genähert, in der aufgehenden Sonne begann jedes Haus und Fenster zu leuchten. Das Bild erinnerte, wie Calthorpe festhielt, an ein großes Diorama, je klarer die Sicht wurde und je näher sie an Hafen und Stadt herankamen.

Eine halbe Stunde lang betrachteten sie sich die Szenerie, durch den Gedanken erregt, daß »das der Preis war, für den sie kämpften« (Calthorpe). Danach drehten sie nach Westen und fuhren die Küste entlang. Nahe bei Sewastopol lag ein Infanterielager. Auch in der Nähe der Flußmündung der Katscha lagerten Truppen, Infanterie und Artillerie. Die Gesamtzahl wurde auf rund 30 000 Mann geschätzt.

Noch einmal plädierte Saint-Arnaud für eine Landung an der Stelle, wo der Feind stand. Als Argument führte er an, daß der Marsch von einem weiter von Sewastopol gelegenen Landungsort zu anstrengend für die Truppe sei und der Schlag gegen die Russen zu lange aufgeschoben werde. Doch gelang es Raglan, die Kommissionsmitglieder auf der *Agamemnon* in Abwesenheit von Saint-Arnaud umzustimmen, um »nicht unter dem Feuer des Feindes zu landen«. Die Ausschiffung sollte an der Alma stattfinden, an einem Platz bei *Old Fort*, einem alten genuesischen Fort, dessen Gemäuer niemand mehr so recht auszumachen verstanden hatte. Ein Scheinangriff an der Katscha sollte die Russen irreführen. Saint-Arnaud resignierte: »Ich gebe nach.« Die Flotte fuhr Kurs Nordost. Niemand wußte, wo man den Fuß ans Land setzen würde. Es war allein das Geheimis der Oberbefehlshaber.

V. Die Invasion

Kein Feldherr entkommt den
Launen des Geschicks
Raymond Aron nach Clausewitz 1980

Die Landung

Im Morgengrauen des 12. September erschien ein dunkler, rötlicher Landstreifen zur Linken der Flotte. Die Posten im Ausguck meldeten »Land in Sicht« – das Gestade der Krim. Den Matrosen und Soldaten erschien es zuerst »öde und unwirtlich«. Dann jedoch, als sich die Schiffe der Küste näherten und die Sonne aufging, belebte sich die Szenerie, »grüne Wiesen, einzelne Bäume, auch weiße Häuser wurden sichtbar« – der idyllische Anblick bestärkte die Hoffnung auf eine ungefährdete Landung.

Der Sinn der Manöver, die nun folgten, blieb allen unklar. Erst fuhr man in eine Bucht hinein, dann wieder hinaus, wobei ein großes Durcheinander entstand, da die vorderen Dampfer wendeten, bevor die langsameren Segelschiffe das Manöver nachvollziehen konnten, so daß sie in die Fahrtrichtung der Dampfer gerieten.

Die Signale wurden ständig geändert, nur das Signal zur Ausschiffung kam nicht. Dann fuhr die ganze Armada wieder in die See hinaus, Richtung Norden. Wieder kam Land in Sicht, wieder wurde gewartet – »und jetzt begannen die Musikkapellen zu spielen, die Trommeln zu wirbeln und die Pfeifen zu schrillen, als ob sie den Russen die Natur des Geschwaders verkünden wollten, welches vor ihrer Küste erschienen war«. Das war alles. Inzwischen war der Abend herangekommen, und kurz nach Sonnenuntergang lag die Flotte im Schein ihrer vielen bunten Lichter vor Anker – »als ob ein Stück des Sternenhimmels sich auf die Oberfläche der See herabgesenkt hätte«, fand Bazancourt.

Am 13. September fuhr die Flotte weiter nördlich bis Eupatoria in der Bucht von Kalamita. Ein Kampf erwies sich als unnötig. In der Stadt, als Kurzentrum bekannt, gab es nur ein Lazarett mit pflegebedürftigen russischen Soldaten. »Machen Sie mit uns, was Sie wollen. Wir sind alle krank«, so wenig heroisch äußerte sich der Stadtkommandant. Dem ebenfalls sehr kranken Marschall von Frankreich Saint-

Arnaud war das zuviel Schicksalsergebenheit; er hätte sich mehr militärische Zeremonie gewünscht. Dann nahm die Flotte endlich Kurs auf das Ufer, das für die Landung vorgesehen worden war, rund 30 km südlich von Eupatoria.

Als die Invasionsflotte auf der Höhe des Ankerplatzes angekommen war, gab es eine weitere Schwierigkeit. Die Boje, die von einem Vorauskommando gelegt worden war, um die Trennungslinie zwischen Engländern und Franzosen zu markieren, hatte sich über Nacht aus unerfindlichen Gründen in Bewegung gesetzt. Ursprünglich war für beide Armeen ein breiter, von zwei Klippen eingefaßter Sandstreifen vorgesehen. Nun nahmen die Franzosen einfach den ganzen Landeplatz für sich ein, während die Engländer nach Norden ausweichen mußten, um einen geeigneten flachen Strand zu finden. Er wurde durch einen landeinwärts reichenden Salzsee begrenzt. Die Szene blieb friedlich. Schafherden weideten, auf den Feldern standen Korngarben. Markantester Punkt war ein kleines zerfallenes Gemäuer mit einer weißen Turmruine – *Old Fort*. Auf der Straße fuhr eine Postkutsche Richtung Sewastopol. Ein Trupp Kosaken mit kolossal langen Lanzen und kleinen, zottigen Pferden erschien auf einer Anhöhe, angeführt von einem eleganten Offizier auf einem hohen Reitpferd. Sie beobachteten das sich anbahnende Landungsmanöver. Der Offizier schien sich Notizen zu machen, wie die Stabsoffiziere durch ihr Teleskop sehen konnten.

Während die Kriegsschiffe feuerbereit den Landeplatz abschirmten, landeten mehrere Schaluppen. Bei den Franzosen war es General Canrobert, der mit als erster um sieben Uhr an Land sprang, bei den Engländern später General Brown; den Betrachtern schienen die Soldaten am Strand ein Grab ausheben zu wollen, doch handelte es sich nur um das Loch für die Landesfahne. Um acht Uhr war bereits die erste Welle der Franzosen an Land, binnen einer halben Stunde über eine Division mit 6 000 Mann auf dem Weg zur Küste, der für die Franzosen kürzer war als für die Engländer, da Admiral Dundas sich nicht entscheiden konnte, näher heranzufahren.

Vorposten sicherten in 4 Meilen Entfernung den Strand. Weiße, blaue und rote Signaltafeln markierten die einzelnen Sammelplätze der Divisionen – »es blitzte das Ufer, das zuvor nur von Möwen und wilden Gänsen bewohnt gewesen war, so weit das Auge reichte, in einem unendlichen Gewimmel von Bajonetten«.

Andere Betrachter verglichen die Ausschiffung mit dem Bild eines sich entfaltenden Fächers. Saint-Arnaud sah optimistisch historische Parallelen. »Am 14. September 1812 zog die große Armee in Moskau ein«, schrieb er seinem Bruder, »am 14. September 1854 landete die französische Armee in der Krim und betrat russischen Boden«.

Erst um neun Uhr ging auf der »Agamemnon« ein schwarzer Ball am Mast hoch, auf den ein Kanonenschuß aufmerksam machte – das Signal für die Landungsfahrzeuge, sich an die Seite der Transportschiffe zu legen.

Den kommandierenden Offizieren waren Instruktionen in die Hand gegeben worden, mit deren Hilfe sie den geordneten Ablauf der Ausschiffung überwachten. Der Befehl an die Soldaten lautete, »die Boote in der Ordnung zu besteigen, in welcher sie in Reih und Glied stehen«, sie sollten also nicht drängeln; sie sollten »sitzen oder stehen, je nachdem es verlangt wird, und sich vollkommen still und schweigsam verhalten«, falls es zu Beschuß durch den Gegner vom Strand her kommen würde. In den Booten durfte der Tornister nicht auf dem Rücken getragen werden, die Decken wurden an Bord zurückgelassen, zusammengefaltet und mit der Registriernummer jedes Soldaten versehen. Paragraph 8 ordnete an, die Gewehre erst nach der Landung auf ausdrücklichen Befehl der Offiziere hin zu laden; mit einem Kampf an der Küste wurde offenbar nicht gerechnet.

Schwer beladen stiegen die englischen Grenadiere die Strickleitern in die Landungsboote hinab. Zur feldmäßigen Ausrüstung gehörten Tornister, ein paar Ersatzschuhe, eine Garnitur Unterwäsche; über die Schulter hing der Verpflegungsbeutel mit 4½ Pfund Pökelfleisch und mehreren Pfund Zwieback, die Ration für drei Tage, weiterhin Kochtopf und hölzerne Feldflasche, das unhandliche Gewehr mitsamt Bajonett, und am schwersten die Patronentasche mit 50 Patronen. Die Matrosen bedachten die Landratten, die sich mühsam in die auf und ab tanzenden Boote fallen ließen, mit gutmütigem Spott. Die Highlander, die Schotten, gaben wie immer die dankbarste Zielscheibe ab und wurden mit einem »Hallo Girls« begrüßt, wenn sie sich über die Reling schwangen.

Der tagelange Aufenthalt auf den Schiffen in qualvoller Enge machte sich bemerkbar. Völlig erschöpft stolperten die Soldaten an Land, viele brachen auf dem Weg zu ihrem Sammelplatz zusammen und mußten weggetragen werden.

Gegen Abend wurde die Ausschiffung unterbrochen. Ein heftiger Wind ließ die Wogen höher gehen, so daß Geschütze und Pferde ins Meer zu stürzen drohten. Um Mitternacht ging der leichte Regen in einen schweren Wolkenbruch über; nun rächte es sich bei den Engländern, daß Decken und Zelte noch immer an Bord waren, während die Franzosen zu diesem Zeitpunkt längst ihre Dreieck-Segeltücher, von denen jeder Mann eins im Gepäck mit sich führte, zu Dreimannzelten zusammengesetzt hatten. Die englischen Soldaten verfluchten ihre Offiziere und deren Anweisungen. Allerdings ging es ihren Vorgesetzten auch nicht besser, die ihre schönen Uniformen ruiniert sahen – ein »zu teurer Schlafanzug«, wie ein Offizier sarkastisch meinte.

Erst gegen Mittag des 15. September ließ der Seegang nach, so daß mit der Ausschiffung der Artillerie und Kavalleriepferde fortgefahren werden konnte. Die Kavalleristen wandten ihre Blicke ab, um nicht zu sehen, was mit ihren ängstlichen und um sich schlagenden Tieren geschah. Ein Pferd an Land zu schaffen, erforderte eine Zeit, die am Tag zuvor für die Ausschiffung von 100 Infanteristen benötigt worden war.

Lord Cardigan wurde am 16. September mit einer Reiterabteilung und zwei Feldgeschützen zum Rekognoszieren ausgeschickt, kehrte aber am Abend zurück, ohne auf russische Soldaten gestoßen zu sein. Statt dessen erschienen die zur einheimischen Bevölkerung gehörenden Tataren und hießen die Briten willkommen, ohne einen Hehl daraus zu machen, die Russen nicht zu mögen. Lord Raglan setzte in Verhandlungen mit den Dorfältesten feste Preise für Eier und Geflügel fest, doch hielten sich in erster Linie seine französischen Bundesgenossen nicht an die Abmachungen, plünderten die umliegenden Dörfer aus und trieben das Vieh zusammen, wobei sich die Zuaven besonders unangenehm aufführten, die nach einem Gerücht sogar Tatarenfrauen raubten.

Kurze Zeit später trieben sie sogar eine Herde blökender Schafe während eines Gottesdienstes unter freiem Himmel in die Reihen der Versammelten.

Am 18. September war die Landung abgeschlossen. Zelte und Ausrüstungsgegenstände der Engländer wurden auf die Kriegsdampfer zurückgebracht, die als schwimmender Troß die Kolonnen auf ihrem Weg nach Sewastopol begleiten und schützen sollten. Der größte Teil der Flotte fuhr nach Varna zurück, unter ihnen die *Känguru* als

Sanitätsschiff Richtung Skutari, mit über 1 000 Cholerakranken an Bord, viermal mehr Kranke als Platz vorhanden war.

Die Matrosen konnten sich zwischen den Toten und Sterbenden an Deck kaum bewegen.

Die Verluste waren schnell vergessen. In der Armee herrschte Optimismus und Siegeszuversicht. Hatten die Russen nicht in Silistria gekniffen, anstatt sich zum Kampf zu stellen? »Ich werde am Bulganak übernachten, am 19. bin ich dann frisch und munter«, schrieb am 17. September Saint-Arnaud. Er brannte darauf, die Russen zur Schlacht zu stellen und ihnen »die Adler zu zeigen«. Bulganak war der erste der vier Flüsse, die es auf dem Weg nach Sewastopol zu überqueren galt. Als am 18. September die Engländer noch einmal den Abmarsch verschieben wollten, beschloß der Marschall, sich nicht länger aufhalten zu lassen und am folgenden Tag allein abzurücken, obwohl er auf die englische Armee angewiesen war, wenn es zum Zusammenstoß mit den Russen kam. Raglan gab schließlich seine Zustimmung.

Kaum war am 19. September um drei Uhr nachts der Befehl zum Wecken gegeben, als die Franzosen anfingen, stundenlang zu trommeln, indessen die Engländer in »tödlicher« Unordnung auf dem Strand herumliefen. Viele Soldaten benutzten die Dunkelheit, um sich lästiger Ausrüstungsgegenstände zu entledigen. Aber erst sechs Stunden später, um neun Uhr, konnte Saint-Arnaud den Befehl geben, abzumarschieren. Die Franzosen beanspruchten, vorn zu sein und die Führung zu übernehmen.

Mittlerweile war »Mr. Russell von der *Times*« für die Soldaten der Invasionsarmee eine vertraute Erscheinung. Daß ein Zivilist eine Armee in den Krieg begleitete, war nichts Ungewöhnliches. Neben Russell gab es einen weiteren Zivilisten, Alexander William Kinglake, in dessen Person die Engländer gleich ihren eigenen Historiker mit sich führten; daß ein Journalist aber seine Nase in Angelegenheiten steckte, die ihn nach Meinung der Generäle nichts angingen, war völlig indiskutabel. William Howard Russell, ein 34 Jahre alter Ire, war von seinem Verleger erst nach Gallipoli, dann nach Varna und schließlich Richtung Sewastopol losgeschickt worden, um den *Times*-Lesern den Krieg möglichst ungeschminkt und aktuell nahezubringen.

Den Beruf des Kriegsberichterstatters gab es zwar noch nicht, aber schon einmal hatte ein *Times*-Reporter englische Truppen an die Front begleitet; Wellington hatte sich hinterher über das Geschwätz in den englischen Zeitungen beschwert.

Da Russell keinen offiziellen Status besaß, hatte ihm die Armee alle nur denkbaren Schwierigkeiten bereitet, um ihn wieder los zu werden. Erst als seine ersten Berichte in der *Times* erschienen, wiesen die Minister Raglan an, Russell zu unterstützen, weil seine Berichte die Öffentlichkeit zu beunruhigen begannen. Sein Zelt sei eine Fliege im großen Topf der militärischen Salbe, schrieb Russell, aber »bald machte sie sich Flügel und flog der Leichten Division hinterher«.

Russell war kein Neuling. Seine Feuertaufe hatte er im deutsch-dänischen Krieg von 1850 erhalten, zusammen mit einer harmlosen Fleischwunde.

Russell nutzte am 18. September die Verzögerung, um sich die Truppen der Verbündeten anzuschauen, wobei ihm in erster Linie die scharlachroten Hosen der französischen Infanterie und die Zuaven gefielen, deren Abteilungen – wie er fand – bunt wie Blumenbeete aussahen. Mit den rund 6 000 Türken, deren Detachement den Franzosen unterstellt war, hatte er Mitleid. Weder Raglan noch Saint-Arnaud wußten offenbar so recht etwas mit den Türken anzufangen und benutzten sie erst einmal als Packesel, Munitionsträger, Holzhauer und Wasserholer.

In den Augen der Militärs bot er einen fürchterlichen Anblick. Da Russells Koffer noch immer auf irgendeinem Schiff auf See schwamm, hatte er sich seine Garderobe für die Invasion zusammengestoppelt: die Kappe mit einem breiten Goldband stammte von einem Verpflegungsoffizier, die Patrouillenjacke von einem Infanteristen, dazu trug er Cordhosen und ein Paar »Schlächterstiefel« mit riesigen Messingsporen.

Den Engländern war in den sechs Stunden kaum Zeit genug geblieben, ihre Wasserkanister zu füllen, geschweige denn, ihr Frühstücksfleisch zu kochen. Das Hauptproblem bestand für sie darin, genügend Transportwagen und Gespanne aufzutreiben, um Munition und Proviant zu verstauen.

Umsonst hatte Raglan immer wieder London auf diesen Engpaß hingewiesen. So kam Raglans Armee von ca. 27 000 Mann nur auf 350 zusätzliche Bagagewagen, die zum Teil sogar von Kamelen gezogen wurden, Ambulanzwagen fehlten völlig. Im Gegensatz zu den Engländern hatten die Franzosen ihr eigenes Transportkorps mitgebracht.

An der Tete marschierten die Militärkapellen und spielten aufmunternde Marschmusik, zu deren Melodie die Männer obszön-humorige Verse machten. Aber die Fröhlichkeit dauerte nicht lange an, die Sonne brannte, Trinkwasser fehlte, Einheiten mußten zurückbleiben, um die Nachzügler aufzusammeln. Wieder machte sich die Cholera bemerkbar, fast von einen Augenblick zum anderen. Soldaten brachen plötzlich taumelnd zusammen. In erster Linie wurden diejenigen krank, die das Wasser nicht abgekocht hatten.

Teilweise brach die Marschordnung auseinander, die Soldaten ließen ihre Mäntel fallen und warfen sogar ihre Helme *(Tschakos)* weg; gleichgültig trampelten die folgenden Kolonnen drüber hinweg. Wie Ertrinkende klammerten sich die Fußkranken an den Wagen fest. Ab Mittag wurde nur noch eine halbe Stunde ohne Pause durchmarschiert. Sie befanden sich jetzt in einer öden, baumlosen Steppe, die durch kleinere Erhebungen aufgelockert wurde. Vor ihnen am Horizont standen die dunklen Rauchfahnen brennender Dörfer.

10 km vor der Alma bekam die Vorhut Feindberührung. Das folgende Gefecht wurde auf beiden Seiten mit größter Zurückhaltung geführt. Die Gegner tasteten sich nur ab. Die Russen glaubten, daß Lord Raglans Reiterei vor einem Angriff zurückschreckte.

In der Dämmerung wurde Halt gemacht und der Befehl zum Biwakieren gegeben. Aus Zweigen und den Dauben der zerschlagenen, leeren Rum- und Proviantfässer wurde Feuer gemacht – in der Nacht waren in Entfernung von einer halben Wegstunde die Wachtfeuer der Russen deutlich sichtbar. Inzwischen trafen auch die Fußkranken ein und meldeten sich bei ihren Divisionen. Still lagen sich in der Dunkelheit beide Armeen gegenüber, mit den Gedanken an den kommenden Tag beschäftigt. »Die Russen sind vor mir. Und meine eigenen Leute sind hinter mir«, schrieb ein englischer Füsilieroffizier seiner Schwester. »Und ich glaube nicht, daß du mich jemals wiedersehen wirst.«

»Der sicherste Hafen der Welt«

Auf dem Wiener Kongreß hatte die Krim eine so unwichtige Rolle bei der Neuaufteilung Europas gespielt, daß Talleyrand es als besonders witzig empfand, den Herzog von Richelieu, der in russischen Diensten stand, als »besten Kenner der Krim« zu bezeichnen, um dessen Ahnungslosigkeit in allen anstehenden europäischen Angelegenheiten bloßzustellen. Das sollte Ludwig XVIII. nicht hindern, ihn zum Nachfolger Talleyrands zu machen, als wiederum dessen Ahnungslosigkeit über die wirklichen Absichten Napoleons I. nach dessen Rückkehr von Elba zu Tage trat.

Nach der Eroberung durch Rußland 1783 hatte die Krim einen trostlosen Eindruck geboten, an dem die Eroberer nicht schuldlos waren: das Land verwüstet, Bäume umgehauen, heilige Moscheen und öffentliche Gebäude niedergerissen, die Einwohner ausgeplündert. Unter Richelieu, dem Gouverneur der drei Provinzen zwischen Odessa und Cherson am Schwarzen Meer, einem Urgroßneffen des Kardinals, nahm das Land einen großen Aufschwung. Deutsche und französische Gartenbauexperten legten im Süden der Krim Parks und Gärten an, die die Halbinsel als Park- und Blumenlandschaft berühmt machten. Deutsche Kolonisten führten die Zuckerrübe ein, französische Weinbauern pflanzten Reben an, aus denen der berühmte Krimsekt *(Krimskoje Schampanskoje)* gewonnen wurde; später kamen italienische Architekten dazu.

Als der Österreicher Joseph de Ligne 1787 im Gefolge Kaiser Josephs II. und Katharinas II. an das Schwarze Meer kam, fand er statt »unwirtlicher Gestade« ein reiches, blühendes Land vor. »Ich hatte damit gerechnet, mich in Taurien an den wahren und erdichteten Geschehnissen dieses Landes ergötzen zu können. Ich war bereit, auf den Spuren des Mithridates zu wandeln, mit Iphigenie ins Sagenreich zu reisen und das Kriegerische der Römer, die schönen Künste der Griechen, das Räubertum der Tataren und den Handel der Genueser aufs neue vor meinen Augen erstehen zu lassen ... doch alles ist ganz anders gekommen. Denn all dies ist verschwunden und hat Tausendundeiner Nacht Platz gemacht.«

Fürst de Ligne stand bei diesen Worten unter dem Eindruck eines orientalischen Tatarenschlosses in Baktschisarai.

Danach ritt er zum südwestlichen Punkt der Krim, zum Cap Chersones, jener Punkt, wo Goethe *Iphigenie* »das Land der Griechen mit der Seele« suchen ließ. De Ligne fand noch eine Säule, den traurigen Rest eines Dianatempels, wie er meinte, »berühmt durch Iphigenies Opferung, zur Linken die Klippe, von der Thoas Fremde hinabzustürzen pflegte, kurzum der schönste und merkwürdigste Ort«. In der Welt der Gebildeten lebte der griechische Mythos aus der *Ilias* wie eine Erinnerung an eine wirkliche Begebenheit fort. Opern und Bühnenfassungen hielten ihn am Leben. »Keiner beschädige den Feind, so lange wir reden« – ließ Goethe in seiner Version der griechischen Tragödie den Skythenkönig Thoas sagen, der durch Iphigenie vom barbarischen Brauch der Menschenopfer abgebracht wird. Im Herbst 1854 hatten manche noch die Hoffnung, daß die feindlichen Großmächte wieder miteinander reden würden, anstatt sich gegenseitig zu beschädigen. Aber in der Realität des Jahres 1854 gab es keine Windstille, durch die die Invasionsflotte an der Weiterfahrt gehindert worden wäre wie tausende Jahre zuvor die Griechen der *Ilias*, um den Kriegführenden eine Atempause zu gönnen.

1854 galt das an der Westküste gelegene Sewastopol neben Kronstadt als der größte befestigte Kriegshafen des zaristischen Rußlands und als eine der mächtigsten und sichersten Seefestungen der Welt überhaupt. Die »erhabene Stadt« galt überdies als einer der schönsten Plätze, soweit der Betrachter auf ästhetische Urteile Wert legte: tief, geräumig und gegen Stürme geschützt, ohne gefährliche Klippen oder Felsen im Hafenbecken.

Alles an dieser Stadt war neu. Zwar hatte der russische Kronrat, als es 1768 wieder einmal zu einem russisch-türkischen Krieg kam, als erstes den Bau eines Hafens und einer Festung als allgemeines Kriegsziel bestimmt. Doch als Fürst de Ligne die Krim bereiste, gab es die Festungsstadt Sewastopol noch nicht. Erst 1834, vier Jahre nach der Februarrevolution, kam unter Nikolaus I. ein neuer Festungsplan zustande, der bis 1852 zum großen Teil realisiert war.

»Sie ist, ungleich ihren sämtlichen Schwestern der Halbinsel, eine ganz moderne Stadt, eine durchaus neurussische Schöpfung«, konnte man in einem Rußland-Handbuch 1854 lesen. Wo das antike Cherson gelegen hatte, befand sich nun der Schlachthof der Festungsstadt. Ein Schiff, das in den Hafen einlief, passierte die schmale, von zwei Forts zur Rechten und Linken geschützte Einfahrt und hatte einen Meerbusen, die große Bucht, vor sich, auch Tschernaja-Bucht genannt, weil in ihr am anderen Ende die Tschernaja mündete. Das Schiff ließ die erste kleine Bucht zur Rechten (die *Artillerie-Bucht*) hinter sich und bog dann rechts in den großen Kriegshafen ein, nachdem es wiederum den Engpaß von zwei flankierenden Forts *(Fort Nikolaus* und *Fort Paul)* durchfahren hatte. Zur Rechten lag nun ansteigend die Stadt, zur Linken die seitliche Bucht mit den Dock- und Kasernenanlagen und dem Gebäude der Admiralität; die Buchten zum Teil so tief, daß die Schiffe »unmittelbar am Kai anlegen können und der Schiffsmannschaft erlauben, vermittels eines Brettes vom Schiff ans Ufer zu gehen«.

Die Stadt selbst erschien – ebenso wie das von Richelieu gegründete Odessa – »wie auf dem Reißbrett entworfen« mit ihren regelmäßigen, rechtwinklig angeordneten Straßenzügen und Häusermassen.

Von den Dockanlagen erzählte man sich Wunderdinge. Sie waren so groß, daß an drei Linienschiffen zur gleichen Zeit gearbeitet werden konnte.

Als Architekt der ganzen Anlagen zeichnete ein englischer Ingenieur namens Hupton verantwortlich, dem während der Arbeiten der Rang eines Oberst gegeben worden war, um ihm als Zivilperson die notwendige Autorität zu sichern.

In Sewastopol wurden allerdings keine Schiffe gebaut, die Schiffswerkstätten wurden nur zum Kalfatern der Schiffsrümpfe und zu Reparaturen benutzt. Die Schiffswerften Rußlands lagen aus Verkehrsgründen in Nikolajew.

Da als Baumaterial für die Docks, Kais, Forts und Marinegebäude Kalkstein verwendet worden war, strahlten Stadt, Werft und Kriegshafen einen fast schneeweißen Glanz aus, der bei Sonnenbeleuchtung das Auge blendete – so schön, wie einst das antike Cherson gestrahlt haben sollte. Das Material hatte nur den Nachteil, schnell zu verwittern, so daß die architektonisch wichtigsten Gebäudeteile durch Granitstein gesichert wurden.

Im französischen *Moniteur* wurde der Zeitungsleser darauf aufmerksam gemacht, daß die Festung auf der Seeseite und im Innern des Landes durch vierzehn, höchst bedeutende, regelmäßige Verteidigungswerke gesichert war – ein System aus mehrstöckigen Festungen, deren Geschützfeuer sich kreuzte und keinen toten Winkel ließ. Das war also die Stadt, die auch mit einer geladenen Riesenkanone verglichen wurde, »mit ihrer Mündung nach Stambul gerichtet und stets fertig, auf einen Ruck an der Percussionsleine von Petersburg ihr genau berechnetes Geschoß in die Stadt der Sultane zu schleudern«.

»Nun mögen die Herren Engländer kommen, wenn sie sich die Nase blutig schlagen wollen«, hatte ein Russe 1837 stolz erklärt. Im September 1854 war diese Siegeszuversicht verflogen. Es waren zwei Dinge, die gerade zu einer Stimmung der Mutlosigkeit bis zur Panik unter der Bevölkerung Anlaß gaben: die schnelle Einnahme von Bomarsund und die Tatsache, daß zu wenig russische Truppen auf der Krim standen.

Es war schon einigermaßen unbegreiflich, daß die angeblich »furchtbare Militärmaschine« des Zaren nicht in der Lage schien, sofort Abhilfe zu schaffen. Aber ebenso wie die Westmächte hatte Rußland keinerlei Vorkehrungen für einen großen europäischen Krieg getroffen, es lag sogar weit hinter den Vorbereitungen der westlichen Alliierten zurück. Es fehlte an Waffen und Munition, vor allem aber an einem gut ausgebauten Straßennetz, um den Vorteil der inneren Linie und schnelle Truppenverschiebungen von einem Teil des Landes zum anderen ausnutzen zu können, von einem leistungsfähigen Eisenbahnnetz ganz zu schweigen.

Custine hatte 1843 treffend von der Entfernung als »Geißel Rußlands« gesprochen. Der Raum hatte Napoleons Armee verschlungen, aber er erwies sich für das Riesenreich selbst auch als Verhängnis.

Rußlands gesamte Heeresmacht bestand 1854 aus rund 1,2 Millionen Mann, und doch war es den Russen unmöglich, auch nur an einem Punkt ein Heer von 200 000 Mann zu versammeln, da die große Ausdehnung des Reiches eine ständige Präsenz von Truppeneinheiten an allen bedrohten Grenzen verlangte. Die Ostseeprovinzen und die baltischen Küsten mußten vor einem eventuellen Landungsversuch der Engländer und Franzosen geschützt, Polen durfte wegen der ständigen Revolutionsgefahr nicht von Truppen entblößt werden, Südosteuropa nicht wegen der Gefahr, die von den Österreichern und den Türken ausging. Die kaukasische Front forderte den Einsatz von rund 100 000 Mann, die Garnisonen im Innern des Landes mußten besetzt bleiben. »Es gab also vom finnischen Meerbusen bis zum Kaukasus keinen Teil des russischen Grenzgebietes, welchem eine entsprechende Sicherung beigemessen werden konnte«, bemerkte General Todleben im Rückblick.

Für Sewastopol stellte es sich als Fehler heraus, daß man alles zur Verteidigung der Stadt von der Seeseite aus getan und die Batterien am vorderen Teil der Hauptbucht massiert hatte; nun drohte der Stadt mit dem Anmarsch der Invasionsarmee die größte Gefahr von der Landseite, deren Verteidigung bisher sträflich vernachlässigt worden war.

»Wer sich im Besitz des oberen Teils der Stadt, den umliegenden Höhen zu setzen vermöchte, würde bald Herr des Hafens sein« – das war der Kenntnisstand der Alliierten bei Beginn des Feldzugs.

1852 hatte Seymour in seinem Bericht die englische Admiralität auf diesen Punkt aufmerksam gemacht. Zwischen Sewastopol und seinen Angreifern schien im Grunde nur eine Mauer zu stehen, die russische Infanterie, die lebende Mauer Rußlands.

Admiral Menschikow beschloß nach einer realistischen Einschätzung der Lage, sich ganz auf den Kampf zu Land einzustellen und die Flotte zu desarmieren, um die Schiffsgeschütze bei den äußeren Befestigungswerken einsetzen zu können. Menschikow galt als Menschenverächter, doch konnte ihm ein deutscher Arzt, der hier zum Chronisten des Geschehens wurde, seine Achtung nicht versagen, als er ihn am Abend des 17. September in der Stadt dabei beobachtete, wie er Anweisungen gab, die Bevölkerung beruhigte, den Truppen Mut zusprach.

Eine Ordonnanz überbrachte ihm den Befehl, sich zum Abmarsch bereitzuhalten, zum Dienst im Hauptquartier Menschikows. Es war ihm ganz recht, die dem Verderben geweihte Stadt zu verlassen; »Sewastopol ist verloren, jedermann sagt es«. Es war die Entwaffnung und Stillegung der Flotte, die diese Stimmung der Resignation auslösten, und der Beobachter fragte sich, ob »dieses freiwillige Verzichten auf den einen Kampfplatz, auf das Meer«, mochte es auch von der Klugheit geboten sein, nicht völlig ungeeignet war, dem »Mannesmut eine rechte, innere Befriedigung zu gewähren«.

Nach dem Verlassen der Stadt mitten unter den an die Front marschierenden Truppen kam er auf andere Gedanken: »Und dennoch ist nicht zu leugnen, daß in dem allen ein gewisses Etwas lag, das von großen und erhabenen Entschlüssen sprach; dennoch steht es jetzt in meinem Innern felsenfest, daß Menschikow und sein Heer, daß die Matrosen und Kanoniere der Flotte, ja daß selbst die Einwohner von Sewastopol zum Kampfe auf Tod und Leben entschlossen sind, und daß sie in

diesem Entschluß beharren werden, bis das letzte Bollwerk und der
letzte Turm dieser stolzen Feste über ihrem Haupte zusammen-
bricht«.

Die Schlacht an der Alma

Menschikow erwartete Raglan und Saint-Arnaud an der Alma. Die
letzten Verstärkungen erreichten ihn in der Nacht zum 20. September
1854. In Eilmärschen waren 42 Bataillone Infanterie, 16 Schwadronen
Kavallerie, 11 Gruppen Kosaken und 96 Geschütze hier zusammengezogen worden.

Der zum Stab des Fürsten gehörende deutsche Arzt hatte in der
letzten Nacht vor der Schlacht keinen Schlaf gefunden, wie so viele
andere: »Denn überall, wohin ich meine Schritte lenkte, kauerten im
Halbdunkel Gestalten am Boden und tauschten im flüsternden Gespräch die Erinnerungen an die ferne Heimat und die letzten Aufträge
für den Fall des Todes aus.« In der Ferne waren die Lichter der
alliierten Flotte zu sehen. Die Soldaten beunruhigten die Wunderwaffen der Engländer, Raketen, die angeblich ganze Bataillone auslösch-
ten, mit Dampf betriebene Kanonen, weittragende Flinten. Die 21
französischen Kriegsgefangenen, die von Kosaken beim Marodieren
festgenommen worden waren, brachten wenig Ermutigung.

Menschikow standen rund 34 000 Mann zur Verfügung. Damit war er
rein zahlenmäßig den Alliierten unterlegen, doch machte er dies
durch eine Verteidigungsstellung wett, die gut ausgesucht war und als
fast unangreifbar galt. Er hatte mit seinen Truppen auf einem Berg-
plateau Stellung bezogen, das die sich vor ihm ausbreitende Ebene
beherrschte. Zu seinen Füßen, im Tal, schlängelte sich die Alma
durch drei Dörfer, um fast senkrecht auf das zur Linken liegende
Meer zu treffen.

In der Mitte der Front verlief quer zur Alma die Poststraße, die
Hauptverbindungsstraße zwischen Eupatoria und Sewastopol. Sie
führte durch das Dorf Burliuk, passierte eine Brücke und stieg dann
durch einen Taleinschnitt auf das Plateau hinauf. Hier lag nach
Menschikows Ansicht die Hauptstoßrichtung der Alliierten. Ein Ausweichen war unmöglich, da ihr Vormarsch dicht am Meer erfolgen
mußte, um die Verbindung zu den Schiffen nicht zu verlieren. Der

linke Flügel war durch einen felsigen Steilhang begrenzt, der zum Meer abfiel und – wie er meinte – unersteigbar war. Die zur Ebene abfallenden Terrassen hatte Menschikow mit Geschützen gespickt, in den Weinbergen und Gärten unten standen seine Plänkler und Scharfschützen, um den ersten Ansturm aufzufangen.

Die ganze Front hatte eine Ausbreitung von rund 7 km; den rechten Flügel kommandierte Fürst Peter Gortschakow, ein Bruder des bekannten Generals von der Donaufront, den linken Flügel General Kiriakow. Und genau auf diesen Punkt richtete Saint-Arnaud seine Aufmerksamkeit. Er hatte erkannt, daß dieser Frontteil nur schwach besetzt war, weil offenbar niemand hier mit einem Angriff rechnete, vor allem nicht mit einem kombinierten Land- und Seeangriff.

Ungeduldig ließ Saint-Arnaud die Division von General Bosquet bereits um halb sechs Uhr abrücken, da sie den weitesten Weg hatte. An diesem Morgen war ohne das übliche Trommeln geweckt worden. Über 150 Mann standen überhaupt nicht auf, sie waren nachts an der Cholera gestorben. Kurze Zeit später wollte er selbst mit der ganzen Armee abrücken, doch wer zu spät erschien, war Raglan mit seinen Engländern. Der Lord war nicht aus der Fassung zu bringen.

Die Schlacht an der Alma begann auf der Seite der Alliierten mit Mißverständnissen. Nach der festen Überzeugung von Saint-Arnaud hatte Raglan seinen Schlachtplan akzeptiert, den er ihm am Abend zuvor mit vielen enthusiastischen Worten dargelegt hatte, offenbar durch ein Medikament in überreizte Stimmung versetzt. Eine zittrige Skizze diente als Unterlage. Raglan hatte volle Kooperation zugesagt. Aber es widerstrebte dem pragmatisch denkenden Raglan, mit einem fertigen Plan in den Kampf zu gehen, bevor er nicht eine ausreichende Kenntnis von der endgültigen Aufstellung des Gegners hatte, und das konnte er nur kurz vor Schlachtbeginn.

Am Rand der Ebene machten beide Armeen noch einmal Halt, bevor sie in die Reichweite der feindlichen Geschützbatterien gerieten.

Vor den verbündeten Armeen lag nun im Tal das Schlachtfeld: die drei Dörfer Alma Tamak (am Meer), Burliuk in der Mitte, und zur Linken, weiter entfernt, Tarkanla. Zwischen Burliuk und Tarkanla lag der Abschnitt der Engländer; hier standen auf der Anhöhe die besten Truppen Menschikows, Gardeeinheiten. Die Landstraße talaufwärts war zu beiden Seiten durch Geschütze gesichert. Das größte Problem stellten auf dem Hügel zur Linken der Straße – dem *Kourganè-Hügel*

– zwei Redouten dar; zwei Schanzen, besetzt mit weitreichenden, schweren Geschützen. Es war ein Uhr. Die Schlacht begann mit großer Verspätung, der Moment der Überraschung schien dahin zu sein.

In der Zwischenzeit war die Division von General Bosquet in Brigaden hintereinander gestaffelt längst unterwegs, hatte die Alma dicht am Meer durchquert und begann sich am Steilhang hochzuarbeiten. In diesem Augenblick setzte auch das Feuer der Schiffsartillerie ein, um die Russen oben auf dem Plateau niederzuhalten und zu vertreiben. Zu ihrem Glück entdeckten die Leute von Bosquet einen Hohlweg, der ganz offensichtlich von den Bauern benutzt wurde und nach oben führte, eine andere Kolonne stieg einen steilen Fußpfad hoch, sich an Wurzeln und Gestrüpp festhaltend. Es waren die berühmten algerischen Zuaven, »von Afrika an das Klettern gewöhnt«, wie ein deutscher Chronist später etwas abfällig bemerkte. Nach weniger als einer halben Stunde war das Unmögliche geschafft. Die Zuaven erreichten, ohne beschossen zu werden, die Hochebene und begannen sofort zu feuern. Trotz allem hätten sie keinen Erfolg gehabt, wenn es Bosquet nicht gelungen wäre, auch Geschütze nach oben zu schaffen. »Es waren furchtbare Anstrengungen nötig, um die Geschütze auf die Hochfläche zu bringen, je 20 Mann stemmten sich mit den Schultern gegen die Protzen, die Räder, die Lafetten, während gleichzeitig die Pferde mit äußerster Kraft anzogen«.

Saint-Arnaud jubelte: »Ich sehe rote Pantalons. Es ist Bosquet. Er hat die Anhöhen erstiegen. Daran erkenne ich meinen alten Bosquet von Afrika wieder.«

Zu spät erkannte Menschikow, der die Schlacht von einem im Bau befindlichen Telegrafenturm in der Mitte der Front leiten wollte, die Situation, zu spät ließ er Reserven nachführen, während General Kiriakow verzweifelt hin- und hergaloppierte, um seinen Oberbefehlshaber von der Größe der Gefahr zu überzeugen. Jetzt rächte sich das Versäumnis, die auf das Plateau führenden Wege nicht unbrauchbar gemacht zu haben.

Die Russen machten zusätzlich den Fehler, ihre Geschütze nicht sofort näher an die Franzosen heranzufahren, um auf ihren Gegner einwirken zu können; die weiterreichenden Batterien von Bosquet töteten die Bedienungsmannschaften und zerstörten die Geschütze. Hier kam der französischen Armee die Modernisierung durch Napoleon III. zugute, wie Bazancourt registrierte: ein einheitliches Kaliber (12 Pfünder), durch das Vollkugeln wie auch Explosivgeschosse verschossen werden konnten.

Im Tal lief der Angriff der beiden französischen Divisionen von Canrobert und Prinz Napoleon zwischen Alma Tamak und Burliuk nicht so glücklich. Auf der Suche nach den besten Übergängen gerieten die Angriffskolonnen ins Stocken, die Vorderen stürzten, die Nachfolgenden drängten über sie hinweg und traten auf die Verwundeten und Toten. An ein weiteres Vorgehen war nicht zu denken, die Artillerie konnte nicht auffahren, da das Wasser zu tief war. Zum ersten Mal geriet Saint-Arnaud in Panik, da Bosquet auf dem Plateau isoliert war, wenn Canrobert nicht nachkam. Der Marschall entsandte einen Stabsoffizier zu Raglan mit der Bitte, ihm englische Truppen zu schicken. Er hatte auch damit gerechnet, daß Raglan zur selben Zeit wie er angreifen würde.

Die Engländer waren schon während des Vorrückens unter stärksten Beschuß geraten. Raglan hoffte, daß der Angriff der Franzosen auf dem linken Flügel ihm Luft verschaffen würde, wenn Menschikow gezwungen war, Truppen von der Front der Engländer abzuziehen, um sie gegen Bosquet zu werfen. Die britischen Geschütze waren in diesem Augenblick in ihrer Reichweite noch den russischen unterlegen, sie konnten die Geschütze auf dem gegenüberliegenden Hang, knapp 2 000 m entfernt, noch nicht erreichen.

Raglan befahl der Infanterie, sich in Linie auseinanderzuziehen und hinzusetzen, um kein leichtes Ziel zu bieten. Die Vollkugeln der russischen Artillerie hüpften mit großer Gewalt über den Boden. Die Soldaten machten sich den Spaß, die einzelnen russischen Geschütze, die sie sehen konnten, mit den Namen unbeliebter Offiziersfrauen zu belegen, und bedachten die rollenden Kugeln mit obszönen Redensarten.

Als ihn der Hilferuf der französischen Nachbardivision erreichte, sie würden massakriert, gab Raglan seine Wartestellung auf und ließ seine Truppen vorgehen: die 1. Division unter dem Herzog von Cambridge am äußersten linken Flügel, daneben die Leichte Division unter General George Brown, und direkt auf Burliuk angesetzt, die 2. Division. In diesem Augenblick setzten die zurückgehenden russischen Soldaten das Dorf Burliuk in Brand. Das trockene Heu, das in den Häusern gestapelt worden war, entzündete sich mit einem Schlag, dichter schwarzer Qualm verhinderte jegliche Sicht. Im letzten Augenblick wurde die einzige Brücke über die Alma von den russischen Pionieren *(Sapeurs)* abgebrochen.

Aber bereits vorher war es im Bereich der Leichten Division zu einem völligen Durcheinander gekommen, weil General Brown die Abstände für seine Regimenter nicht richtig einzuschätzen verstand. Die einzelnen Abteilungen marschierten in die Vormarschrichtung der anderen, jeder behinderte jeden, binnen kurzem war es mit der berühmten englischen Schlachtordnung à la Wellington vorbei.

Die Antwort auf die Frage nach der Ursache dieser Konfusion lag in der simplen Tatsache begründet, daß Sir Brown kurzsichtig war und aus purer Eitelkeit eine Brille verschmähte.

Seine beiden Brigadegeneräle waren ebenfalls kurzsichtig, doch benutzte Major-General Codrington immerhin einen Feldstecher, während Brigade-General Buller sogar davon überzeugt war, besser zu sehen als ein Normalsichtiger. Das sollte bald dazu führen, daß er während des Angriffs auf dem Hang ein Karree bilden ließ, um einen Reiterangriff abzuwehren, obwohl gar keine Reiter in Sicht waren.

Die Schlacht an der Alma entwickelte sich teilweise zu einer Farce, aber es war eine blutige Farce. »Bei Gott«, stellte Raglan fest, ohne seine Ruhe zu verlieren, »diese Regimenter gehen nicht wie englische Soldaten vor.« Keiner seiner Untergebenen getraute sich, Brown zu korrigieren, da er der Ranghöhere war und auch Ratschläge haßte. Und Raglan selbst vermied es, Untergebene vor den Kopf zu stoßen, eine Eigenart, die die Engländer fast um den Sieg brachte.

Seltsamerweise fanden die Russen, die vom Hang aus den lärmenden Haufen der Engländer beobachteten, dies alles gar nicht verwunderlich. Man hatte ihnen erzählt, daß sie in der Schlacht auf Matrosen stoßen würden, und sie selber hatten eine sehr schlechte Meinung von ihren eigenen Seeleuten.

Als die Engländer von der Leichten Division die Gärten und Häuser am Ufer erreichten, löste sich die Ordnung der Truppen vollends auf. Die Kranken und Mutlosen verkrochen sich in Heuschobern, die Vorwärtsgehenden sprangen, Bauernkaten und Sträucher als Deckung benutzend, in die Richtung vor, aus der der Beschuß kam. Die Offiziere hatten die Hoffnung aufgegeben, ihre Leute wieder in die »schönen paradeähnlichen Formationen zu bringen, die in der Praxis so einfach schienen«. Explodierende Granaten, brennende Holzhäuser, an Mauern klatschende Vollkugeln vollführten zusammen mit dem Zischen und Singen der Gewehrkugeln einen Höllenlärm, in dem die Schreie der Soldaten fast untergingen.

Der Angriff stockte erneut, als sie an die Alma kamen. Es gab nur den Befehl, nicht Halt zu machen. Gewehre und Munition über dem Kopf haltend, wateten die Angreifer durch das schnell fließende Wasser, das stellenweise sehr tief war, so daß einige stürzten und ertranken. Stabsoffizier Calthorpe fand zwar die Spur einer Furt, versank aber mit seinem Pferd bis zur Hüfte im Wasser, da die Russen an dieser Stelle ein Loch gegraben hatten, um die Furt unbrauchbar zu machen. Mit einem zweiten energischen Satz war er wieder aus dem Wasser heraus und suchte Raglan.

Am jenseitigen Ufer versuchten die Offiziere erneut, ihre Leute zu ordnen: »Die Männer schrien nach ihren Offizieren, die Offiziere nach ihren Männern, Sergeanten boten fremden Regimentern ihre Dienste an.« Obwohl es keinen neuen Befehl gab und nur General Codrington in seinem Bereich die Mannschaften anbellte, vorwärts zu gehen, stürmten die Soldaten nun bergan.

Auch General Brown lief noch immer mit zornrotem Gesicht zwischen den Soldaten hindurch und gab ein offensichtlich so einmaliges Bild ab, daß ihn die russischen Soldaten, in deren Nähe er aus Versehen geriet, zu erschießen versäumten.

Über den Köpfen der Engländer erschien nun die Große Redoute. Es war ein Glück, daß die russischen Kanoniere mit dem Feuern aufhören mußten, weil die zurückgehenden russischen Plänkler und Jäger-Truppen in die eigene Schußlinie gerieten. Neben den Redouten stand abwartend in dichten, bedrohlichen Massen russische Infanterie – in einer Haltung, als ob sie die Redouten mit den kostbaren Geschützen »wie einen heiligen Tempel bewachen«. Dann setzten sich die russischen Kolonnen in Bewegung und stießen bergab, die Bajonette vor sich ausgestreckt. Mit letzter Kraft stellten die englischen Offiziere brüllend und handgreiflich ihre eigenen Leute in zwei lange, dünne Reihen auf – denn nur eine Formation, die ein gleichmäßiges Feuern und Flankenschutz ermöglichte, »bedeute die einzige Chance zum Überleben«. Aber zur Überraschung aller fingen die hartnäckigen und zähen Engländer den Ansturm auf. Ihre lose Aufstellung hatte im Grunde sogar ihr Gutes, da sie dem massiert einsetzenden Artillerie- und Infanteriefeuer der Russen kein gutes Ziel boten, während fast jeder Schuß der Engländer einen Russen »niederstreckte«. Nun setzten die Regimeter der Leichten Division sogar frontal zum Gegenstoß hangaufwärts an – ein Vorgang, den der deutsche Hauptmann a. D. von Trützschler später im »Soldatenfreund« mit dem so beliebten Ausdruck »Den Stier bei den Hörnern packen« umschrieb. Daß übereifrige Offiziere erst einmal ihre Leute nach der Vorschrift des Handbuches ordentlich aufzubauen trachteten, anstatt den Angriffsschwung sofort auszunutzen, beschrieb er nicht.

Als die ersten Engländer vor der Großen Redoute erschienen, sahen sie, wie die russischen Kanoniere mit großer Schnelligkeit und Perfektion wie im Manöver ihre Geschütze zurückzogen und in die Protzen hängten, um sie schleunigst in Sicherheit zu bringen und ja kein Risiko einzugehen. Trotzdem gelang es den Engländern, eine Kanone zu erbeuten und abzufahren, bevor der nächste Gegenstoß der Russen einsetzte. Die Situation der Engländer begann heikel zu werden.

Raglan, unermüdlich hin- und hergaloppierend, hatte selber im Tal dafür gesorgt, daß Geschütze über die Alma herübergeführt wurden, um die Leichte Division zu unterstützen. Als die Bedienungsmannschaft fehlte, sprangen erst einmal Stabsoffiziere als Kanoniere ein. Den englischen Pionieren war es gelungen, die Brücke wieder gangbar zu machen.

Saint-Arnaud hatte inzwischen seine Probleme auch ohne die Hilfe der Engländer gelöst. Da der Hang zwischen Burliuk und Alma Tamak für die Geschütze zu steil war, dirigierte einer seiner Generäle die Artillerie kurzerhand um, nahm einen kilometerlangen Umweg in Kauf, um die Geschütze dann hintereinander durch einen Hohlweg, der aus Alma Tamak hinauf auf das Plateau führte, nach oben schaffen zu lassen. Nun standen über zwei französische Divisionen mitsamt Artillerie auf der Hochebene. Unter mörderischem Feuer begannen sie den Sturm auf den Telegraphenhügel. Entsetzt mußte Menschikow feststellen, daß damit die Entscheidung der Schlacht gefallen war, während der Kampf um die Redoute unterhalb des Kourganè-Hügels weiterging.

Hier konnten nur noch die 1. Division, die königliche Garde und die schottischen Highländer, Hilfe bringen, so sehr wurden die nur noch in Teilen vorhandenen Regimenter der Leichten Division von zwei russischen Regimentern, *Borodino* und *Fürst Michael*, bedrängt. Aber die Garde hing noch immer weit am linken Flügel zurück. Sie stand unter dem Kommando des Herzogs von Cambridge, der kein Mann von großen Entschlüssen war und aus Furcht vor Fehlern am liebsten gar nichts unternahm. Die 1. Division, die ihre Nachbarn befehlsgemäß unterstützen sollte, war in großer Ordnung über die Alma gegangen, wobei die schweren Bärenfellmützen die Gesichter fast ins Wasser drückten, und stieg nun erst langsam und beharrlich den Hang hoch, nachdem ein sehr deutlicher Befehl Raglans Cambridge in Fahrt gebracht hatte. Calthorpe sah sie »wie auf dem Paradefeld« vorgehen und war sehr stolz.

Als die vorgehenden Schotten in den Rückzugsweg einer Füsiliereinheit gerieten, die vor dem Bajonettangriff der Russen flohen, wurden sie mitgerissen und mußten sich erst neu unten an der Alma formieren. Der Flankenangriff der 1. Division verschaffte jedoch insgesamt der Leichten Division Luft. Codrington wollte sich ihrem Angriff anschließen, fragte aber erst einmal um Erlaubnis, als ihm rechtzeitig einfiel, daß es sich um die »hochnäsige« Garde handelte und er selbst ja nur Kommandeur eines ordinären Linienregiments war. Auf der ganzen Front prallten unterhalb der Redouten Russen und Engländer aufeinander. Zwischen ihren eigenen Linien und Kolonnen liefen auf beiden Seiten die Offiziere hin und her, Befehle und Anfeuerungsrufe herausbrüllend, um sich auflösende Abteilungen wieder zum Stehen zu bringen. Die Soldaten beider Seiten konnten ihnen ihre gegenseitige Bewunderung nicht versagen.

Die Offiziersverluste waren auf beiden Seiten entsprechend hoch. Zum Nachteil der Russen hatten die Engländer mittlerweile fast zwanzig Geschütze über die Alma gebracht, was der Initiative Raglans zuzuschreiben war. Raglan war überall, wenn auch von der lenkenden Hand eines Feldherrn nirgends mehr die Rede sein konnte. Einmal erschien der englische Oberbefehlshaber sogar weit in den Stellungen der Russen an der Straße nach Sewastopol, jedermann an seinem hohen, weißen Federbusch als Offizier erkennbar, als ob er sich vergaloppiert hätte. Nach Russells sarkastischer Bemerkung kam er nur mit dem Leben davon, weil seitens der Russen kein Befehl vorlag, ihn zu erschießen. Neben Raglan fielen mehrere Stabsoffiziere, er selber blieb »cool«, nahm sich sogar Zeit, mit seinem Pferd zu sprechen, als ob er sich auf einem »Ausritt im Hyde Park« (Calthorpe) befand.

General Gortschakow führte seine Gardeeinheiten selber in den

Kampf, dabei streiften ihn mehrere Schüsse. Als sein Pferd getroffen wurde, stürzte er schwer und lief halb von Sinnen über das Schlachtfeld. Hier traf er auf seinen Vorgesetzten Menschikow, der inzwischen wußte, daß die Schlacht verloren war. Sein linker Flügel war nicht mehr zu halten. 48 französische Bataillone und 84 Geschütze standen gegen 16 Bataillone und nur noch 40 Geschütze. Der Telegraphenhügel war so gut wie verloren, die letzten, fliehenden Nachzügler der Russen wurden gnadenlos von den Zuaven mit dem Bajonett niedergestochen. Menschikow gab schweren Herzens den Rückzugsbefehl.

Neue englische Einheiten, die noch nicht am Kampf teilgenommen hatten, stiegen den Hügel hoch.

Viele Russen warfen ihre Waffen weg und flohen. Die meisten Einheiten jedoch lösten sich ohne Panik von ihren Gegnern. Nach nur vier Stunden war die Schlacht vorbei. Das »Hurra«-Geschrei von mehreren tausend Engländern toste den Hang herauf. Die Soldaten fielen sich in die Arme, die Offiziere gaben sich die Hand. Der letzte Kanonenschuß fiel von russischer Seite aus großer Entfernung – eine Art »Trotzhandlung«, wie Calthorpe meinte.

Russell verzichtete später darauf, einen Bericht über den Verlauf der Schlacht abzufassen. Es erschien ihm unmöglich, den Ablauf der Ereignisse synchron und genau zu beschreiben. Zum ersten und berühmtesten Chronisten der Schlacht an der Alma wurde Alexander William Kinglake, obwohl nur sein Pony in vorderster Linie bei Raglan erschienen war, es hatte seinen Reiter abgeworfen. Ein Leipziger Verleger sollte rund ein Jahrzehnt später Kinglakes »The invasion of the Crimea« als Taschenbuchausgabe drucken, damit die vielen Engländer sich ihren Kinglake kaufen konnten, wenn sie sich in Deutschland zur Kur oder als Touristen aufhielten.

Russell passierte die Brücke über die Alma und geriet in eine Gruppe von verwundeten und sterbenden Offizieren. Einer von ihnen, der in einer Blutlache saß, witzelte verzweifelt, daß er kein Bein mehr habe, um darauf zu stehen.

»Mr. Russell, Mr. Russell. Erzählen Sie zu Hause, wie wir massakriert wurden, ohne Hilfe zu bekommen! Aber wir haben sie geschlagen.«

Die vier Punkte

Nicht etwa der Sieg der verbündeten Armeen an der Alma, sondern der Fall von Sewastopol war Anfang Oktober das Tagesgespräch in ganz Europa. Am 2. Oktober las in Berlin Leopold von Gerlach zu seinem Entsetzen in einem Extrablatt der *Kreuzzeitung* von dem Ereignis. Ein zweites Extrablatt nahm den Fall der Festungsstadt zwar wieder zurück, beließ es aber bei dem Sieg über Menschikows Armee. Zwei Tage später bestätigte dies ein Brief des preußischen Gesandten aus Petersburg, in dem ein Gespräch mit dem Zaren wiedergegeben wurde: Menschikow geschlagen, weil er den Angriff im Zentrum erwartet und nicht mit der Mitwirkung der feindlichen Flotte gerechnet hatte, Rückzug bis in das Tal von Inkerman; gelänge es nicht, den Feind vom nördlichen Ufer der Bucht abzuhalten, sei Sewastopol wahrscheinlich verloren. Auch Friedrich Wilhelm IV. wurde von der deprimierten Stimmung des Zaren angesteckt.

Zu seinem Pech hatte Napoleon III. im Heerlager von Boulogne, wo er Truppen inspizierte, die Nachricht vom Fall Sewastopols verkündet, anstatt erst einmal die schriftliche Bestätigung abzuwarten. »Als er das sagte«, kommentierte Friedrich Engels bissig, »kam er sich vielleicht wie ein wirklicher Napoleon vor. Zum Pech des Neffen hatte es der Onkel niemals notwendig, einen Sieg zu verkünden; er schlug seine eigenen Schlachten, und seine Soldaten, die den Feind fliehen sahen, brauchten keine Bestätigung.«

Bei der Nachricht vom Fall Sewastopols handelte es sich um eine gezielte Falschmeldung, die als *Tatarenpost* berühmt wurde. »Danach war ein von Konstantinopel nach Bukarest reitender Tatar einem anderen, in umgekehrter Richtung reitenden begegnet und hatte es diesem mündlich erzählt, worauf sie, die Depeschen austauschend, wieder zurückgeritten waren.«

Die Tatarennachricht hielt sich zwei Tage, bis sie sich als Börsenente herausstellte. Ein Wiener Spekulant, Redakteur der Zeitung *Der Wanderer*, hatte sie telegraphisch von Bukarest veranlaßt und daraufhin 200 000 Gulden an der Börse verdient.

Die Diskussionen, was mit Sewastopol nach der Einnahme geschehen sollte, gingen trotzdem weiter, obwohl die Königin von England Clarendon vorschlug, die Entscheidung bis zur wirklichen Eroberung zu vertagen. Der Sieg an der Alma und der Glaube, die Einnahme von

Sewastopol sei »nur noch eine Zeitfrage« (Prokesch-Osten), veranlaßte Buol zu einem verschärften antirussischen Kurs. Am 3. Oktober wies er Hübner in Paris an, die ins Stocken gekommenen Verhandlungen mit den Westmächten wieder aufzunehmen. Hübner hatte die Drohungen Napoleons III. kurz vor seiner Abreise in das Kriegslager von Boulogne nicht vergessen: Er sei – so zu Hübner, während er sich eine Zigarre anzündete – voller Vertrauen in die Politik Österreichs: »Aber Sie wissen auch, daß ich Feuer an Europa legen kann wie an diese Zigarre.« Die Zeiten von Kongressen und Konferenzen seien »passés«, jetzt gelte es, Krieg zu führen!

Feldzeugmeister (FZM) Hess hatte von Buol sogar den Befehl erhalten, den Türken nicht etwa den Weg zu verlegen, falls sie über den Pruth gingen, um Rußland in Bessarabien anzugreifen; ein erneut unfreundlicher Akt gegenüber Rußland, da es ja die erklärte Absicht der Österreicher war, durch das Dazwischenschieben ihrer Truppen im Donauraum ein Aufeinanderprallen von russischen und türkischen Truppen zu verhindern.

Nach dem Rückzug der Russen aus den Fürstentümern hatte sich die Situation an der ersten Front entschärft. Doch waren neue Komplikationen aufgetreten. Zuerst einmal benutzte Omer Pascha die Langsamkeit der Österreicher, die ihre Truppen umgruppieren mußten, dazu, entgegen allen Abmachungen als erster in Bukarest einzuziehen.

Um alle Streitpunkte aus dem Weg zu räumen, kam es im September zu einer Begegnung, die ebenso »historisch« wie pikant war – zum persönlichen Zusammentreffen zwischen FZM Hess und dem osmanischen Seraskier Omer Pascha, dem ehemaligen Deserteur der österreichischen Armee, welcher nun von einem hochgestellten Beamten Wiens mit Hoheit angeredet werden mußte.

Aber auch mit der Bevölkerung und den lokalen Behörden gab es Reibereien und Streit. Trotz der Rückkehr der Hospodare gaben die Österreicher die Verwaltung nicht aus den Händen. Sie übten weiterhin die Polizeigewalt aus, um das Land von »unsauberen Elementen« zu reinigen, verboten Einfuhr und Vertrieb von Druckerzeugnissen, die »der Ordnung und Sittlichkeit entgegenarbeiteten«, führten die Theater-Zensur ein und organisierten natürlich ein Netz von bezahlten Spitzeln, eine alte österreichische Spezialität. Das Land hatte wieder einmal nur die Besatzer gewechselt.

Seit August drehte es sich in den diplomatischen Auseinandersetzungen um die sogenannten vier Punkte, auf die die fünf Kriegsziel-Punkte der Westmächte geschrumpft waren. Drouyn de Lhuys Forderung nach der Errichtung einer permanenten Kriegsbasis für die Seemächte im Schwarzen Meer war als eine zu große Zumutung für Rußland gestrichen worden. Aber auch die restlichen vier Punkte stellten als unerläßliche Vorbedingungen für weitere Verhandlungen – wie Nesselrode sagte – eine unzumutbare Demütigung und Schwächung Rußlands dar. Das als Mindestprogramm formulierte Papier sah vor:

1) Das Protektorat Rußlands über die Donaufürstentümer abzuschaffen und die staatsrechtliche Stellung der »osmanischen Provinzen« durch eine Kollektivgarantie der Großmächte zu ersetzen.

2) Die Sicherung der freien Schiffahrt im Donaumündungsgebiet gemäß der Wiener Kongreßakte.

3) Die Revision des Dardanellenvertrages von 1841 im Interesse des europäischen Gleichgewichts und die Neutralisierung des Schwarzen Meeres.

4) Die Abschaffung des russischen Anspruchs auf die offizielle Schutzherrschaft über die christlichen Untertanen der Pforte.

Die vier Punkte machten deutlich, daß es im Krimkrieg schon lange nicht mehr um den Erhalt der Türkei oder um die Verbesserung der Rechtslage der christlichen Konfessionen im Osmanenstaat ging, sondern um die Eindämmung Rußlands auf dem Balkan und dem Schwarzen Meer. Der Verdacht lag nahe, daß die Bedingungen absichtlich extrem formuliert waren, so daß die Russen sie unmöglich akzeptieren und die Westmächte ihren Krieg weiterführen konnten, nachdem mit der Räumung der Donaufürstentümer der Kriegsanlaß weggefallen war. Nicht zufällig hatte Bourqueney in Wien die Räumungsabsichten als »Schiffbruch unserer schönsten Hoffnungen« bezeichnet. Selbst Hübner in Paris, ein Anwalt der Westorientierung Österreichs, meinte, die vier Punkte hätten nichts anderes zum Gegenstand als den Verzicht Rußlands auf alles, was seit Peter dem Großen das politische Leben Rußlands ausgemacht habe.

Unter fadenscheinigen Rechtfertigungsgründen forderte Buol von Petersburg die »rückhaltlose Annahme der vier Punkte«. Gegenüber dem neuen russischen Botschafter in Wien, Alexander Gortschakow, meinte er, auf diese Art und Weise zusammen mit Rußland an den

Verhandlungstisch zu kommen, um ihm dort als Freund Hilfe zu leisten – er halte sich »fern von Rußland, um ihm besser zu dienen«. Was Gortschakow mit der Bemerkung konterte: »Wir sind keine Kinder, denen man Schläge gibt, und sagt, es geschehe zu ihrem Besten.«

Buol lag daran, Rußland ebenso wie die Westmächte hinzuhalten. Er selber hatte diese heikle Situation ganz treffend mit der Bemerkung charakterisiert, daß »Österreich ein Gegner Rußlands war, ohne mit ihm Krieg zu führen, und ein Freund der Alliierten, ohne mit ihnen alliiert zu sein«.

Preußen hatte sich »wohl oder übel« dem *Vierpunkteprogramm* angeschlossen, um nicht isoliert zu werden. Friedrich Wilhelm IV. sprach aber nur von »moralischer Unterstützung«. Der Zar sah in Österreichs Politik dagegen nur eine »Perfidie ohnegleichen« und bezeichnete Franz Joseph als »demütigen Vollstrecker der englischen und französischen Launen«, als einen »eifrigen Freund der Türkei« und »Diener des Halbmonds«.

Im September verschärfte Österreich den Druck auf Preußen und die deutschen Mittelstaaten, um seinen Einfluß in Deutschland zu behalten. Es bestand trotz der Entspannung im Balkanraum auf Mobilisierung von Bundestruppen zur Unterstützung der Vier-Punkte-Somnation und begründete die erforderliche Kriegsbereitschaft ganz Deutschlands mit den Verpflichtungen aus dem Zusatzartikel des Aprilvertrages: der *casus belli* sei gekommen, da Rußland jederzeit in die Fürstentümer zurückkehren könne.

Für die mangelnde Kriegsstimmung in Deutschland spricht ein Brief Wilhelm von Kügelgens, des Kammerherrn des Herzogs von Anhalt-Bernburg, vom 24. September 1854: »Seit die Fürstentümer geräumt sind, bin ich entschieden auf russischer Seite. Preußen ist jetzt dank der Adelspartei entschieden neutral, und nur seiner Haltung ist es zu danken, wenn Österreich sich weiterer feindlicher Schritte enthält.« Für den Fall einer Niederlage der Alliierten reservierte er für sich eine Flasche Champagner.

Preußen weigerte sich nun, die vier Punkte auf der in Permanenz tagenden Wiener Botschafterkonferenz zu unterstützen, mit dem Argument, die Konferenzen seien dazu da, Ergebnisse zu protokollieren, doch nicht um politischen Druck auszuüben. Es blieb der Wunsch Friedrich Wilhelms IV., die Kriegführenden wieder an den Verhandlungstisch zu bringen: »Der grüne Tisch ist der Rettungsanker der Welt. Der Rest findet sich mit Hilfe der Vorsehung.«

Da Österreich ohne die Rückendeckung Deutschlands nicht offen auf die Seite der Westmächte zu treten wagte, lenkte es den Unwillen Londons und Paris' auf Preußen ab, Franz Joseph sprach in einem Brief an die Queen vom »Schaukelsystem in Berlin«; er warnte Preußen, »seine Feigheit unter der Maske der deutschen Nationalität zu verbergen«.

Die Niederlage Rußlands hatte Friedrich Wilhelm IV. verunsichert, was auch an seiner *Hamletnatur* liegen mochte, die ihn »an der Entfaltung eines vollen und ungebrochenen Gefühls seiner Kraft hinderte«. Nach der Schlacht an der Alma ging das Eingeständnis seiner Einflußlosigkeit so weit, daß er dem Zaren wenig diplomatisch mitteilte, man würde auf seine Stimmen so viel hören wie auf den »Enten tragenden Tatar« – eine Anspielung auf den reitenden Boten mit dem Schwindel von Sewastopol. Bei seinem Versuch, durch persönliche Briefe an die Regierungen der Großmächte Einfluß zurückzugewinnen, nachdem die Sonderbotschafter gescheitert waren, handelte er sich bei Prinz Albert nur pampige Antworten ein; wahrscheinlich hatte Albert die Bemerkung gekränkt, England sei ein Sklave der öffentlichen Meinung.

Der Prinzgemahl benutzte die Argumente Österreichs, um dem König »Preußens Sündenregister« vorzuhalten; Berlin habe durch eine für Rußland wohlwollende Neutralität die Annäherung Deutschlands an die Westmächte behindert und auch das Bündnis mit Österreich dazu benutzt, es von England und Frankreich fernzuhalten; es sei ein Kriegsverlängerer, öffne der Revolution Tür und Tor und verdiene die Animosität Englands und Frankreichs – die Strafe werde nicht ausbleiben! Zuerst werde es zwischen zwei Stühlen sitzen – eine Formulierung, die von Gerlach hätte stammen können. Natürlich konnte der immer stärker pragmatisch denkende Prinz nichts mit der religiös-moralischen Mentalität des Preußenkönigs anfangen, der ihm schrieb: »Rußland kann ich nur um seiner Sünden willen, nicht als Alliierter helfen, da ich gegen Niemand Krieg mache, der mir Nichts zu Leide getan hat.«

Doch kam es durch die Niederlage an der Alma zu neuen Konzessionen gegenüber Österreich. In einem Brief beschwor Friedrich Wilhelm IV. den jungen Franz Joseph, sich an die Spitze Mitteleuropas mit seinen 72 Millionen Menschen zu setzen; Franz Joseph sollte sich nicht allein »von Westwinden treiben« lassen.

Für die Ratlosigkeit der preußischen Führung sprach auch die bis dahin undenkbare Vorstellung einer französisch-russisch-preußischen Allianz, geboren aus der alten Furcht vor einem Zusammengehen Rußlands mit Frankreich, falls es doch zu einem russisch-österreichischen Krieg käme. Ein »Graus« für Friedrich Wilhelm, doch: »Was zum Frieden führt, da bin ich obenan. Denn ich halte dafür, daß der Friede ein Segen, der Krieg aber ein Fluch ist.« Und er ließ sogar einen seiner Generaladjutanten nach Paris fahren, um Napoleon III. zum Geburtstag zu gratulieren.

Die Berater des Königs hatten den Eindruck, daß der nervöse König nicht zu einer gelassenen Haltung den Ereignissen gegenüber zu bewegen war, als Wien nach dem 3. Oktober den Mobilmachungsbefehl für die Gesamtarmee von 400 000 Mann herausgab. Friedrich Wilhelm IV. wollte auch weiterhin durch eine enge Beziehung mit Franz Joseph Österreich von unüberlegten Schritten gegenüber Rußland abhalten, von dem »Verbrechen des Bruchs der Bundestreue«, nachdem Buol und der Kaiser unverhüllt gedroht hatten, die Ereignisse könnten sich »sehr unglücklich verketten, wenn nicht dem unseligen Krieg ein Ziel gesetzt wird«.

»Ich glaube, unsere Sachen stehn nicht ganz schlecht«, schrieb Buol am 24. Oktober dem Vertreter Österreichs beim Bundestag in Frankfurt. »Preußen hat sich evident in dem Einfluß verrechnet, den es auf die deutschen Regierungen ausüben zu können wähnte. Man möchte in Berlin nur so lange als immer möglich bei halben Maßregeln stehen bleiben; man wird sich drehen und wenden, um es nach keiner Seite hin zum Bruche kommen zu lassen, am Ende aber, wenn es zur Entscheidung käme, doch vom Strome mit fortgerissen werden.« Prokesch-Osten sah bereits den Triumph der österreichischen Politik in Sicht – und als Folge ein »neues Olmütz«.

Ein verhängnisvoller Sieg

»Wir sind geschlagen worden«, schrieb am 24. September der deutsche Arzt, der mit den Verwundetentransporten nach Baktschisarai zurückging, während Menschikows Armee Richtung Sewastopol marschierte. »Viele unserer Tapferen schlummern dort auf den Höhen der Alma den ewigen Schlaf.«

Die Säbel-»Blessuren« waren überraschenderweise am leichtesten zu kurieren. Die furchtbarsten Verletzungen gingen auf das Feuer der Schiffsartillerie zurück, auf die Bombensplitter der 68er und 120-Pfünder; »denn wen eines dieser Eisenstücke dieser furchtbaren Feuerbälle auch nur gestreift, dessen ganzes Knochengerüst ist zersplittert und selbst die Amputation des getroffenen Gliedes vermag deshalb bei diesen entsetzlichen Verletzungen in den meisten Fällen keine Hilfe mehr zu schaffen«.

Die hohen Offiziersverluste waren den französischen Scharfschützen zuzuschreiben. Als Ergebnis der Schlacht konnte auch etwas Gutes verbucht werden: die Gerüchte über die Wunderwaffen der Alliierten hatten sich als unwahr herausgestellt. Für den Arzt war die Schlacht ein »Ehrentag für beide«, für die Russen und ihren Gegner; für den letzteren war der Gewinn im Grunde »gleich Null«, da er keinen Vorteil aus dem Sieg zu ziehen vermochte.

In der Tat hatten die verbündeten Armeen noch nicht einmal am 24. September die energische Verfolgung Menschikows eingeleitet, nachdem es ihm gelungen war, seine Truppen in voller Ordnung ohne jegliche Panik vom Feind zu lösen und sogar noch einen französischen Adler zu erbeuten und mehrere Gefangene zu machen. Für den Angriffselan der Franzosen fand Menschikow bewundernde Worte, für die Engländer, die sich zu Beginn der Schlacht durch Hinlegen und Hinsetzen vor dem russischen Artilleriefeuer zu schützen versucht hatten, nur Spott – »als ob diese Rotröcke es der größeren Bequemlichkeit wegen vorgezogen hätten, im Liegen statt im Stehen totgeschossen zu werden«. Für Menschikow war der Vorstoß der Engländer nur deshalb erfolgreich gewesen, weil er inzwischen, auf der linken Flanke von den Franzosen bedrängt, den Befehl zum Rückzug gegeben hatte.

Die Russen kostete der Kampf fast 5000 Mann, unter den 2315 Verwundeten befanden sich 5 Generäle.

Die französischen und englischen Verbündeten hielten sich zwei Tage an der Alma auf, um die Verwundeten einzusammeln und die Toten zu begraben. Auf französischer Seite gab es lediglich 260 Tote und etwa 1300 Verwundete, bei den Engländern rund 1700 Tote und Verwundete. Raglan war gedrückter Stimmung. »Noch solch ein

Sieg«, so der Herzog von Cambridge, »und England hat keine Armee mehr.« »Welch schöner Tag«, stellte dagegen erst einmal Saint-Arnaud fest. »Unsere Soldaten sind noch immer die Franzosen von Austerlitz und Jena.« Daß die Engländer auch ihren Anteil zum Sieg beigesteuert hatten, unterschlug der Marschall. »Sieg, Sieg, Sieg« – schrieb er seiner Frau, »gestern schlug ich die Russen völlig. Die Russen fochten tapfer, aber niemand konnte dem Elan der Franzosen widerstehen.« Auch die französischen Offiziere redeten so, als ob sie die Schlacht mit der linken Hand gewonnen hätten, eine Einstellung, die Lord Raglan fast um seine sprichwörtliche Ruhe brachte. »*Toot, toot, tooting*«, imitierte er die ständig blasenden Trompeten der Franzosen, »das ist alles, was sie können.« Im Grunde hatte jeder seine eigene Schlacht geführt.

Der französische Oberbefehlshaber besichtigte seine Truppen, »eine Revue mitten unter den Trümmern der rauchenden, noch blutenden Schlacht«; dann ließ er seine Zelte am Telegraphenturm mitten auf dem Schlachtfeld aufschlagen, wo sich auch Menschikow aufgehalten hatte, obwohl sich dort ein grauenvoller Anblick bot, wie ein Chronist schrieb, während Saint-Arnaud alles eher furchtbar erhaben vorkam. Neugierig las er in den Papieren, die aus der erbeuteten Kutsche Menschikows stammten.

Die russischen Gefangenen wurden auf die Schiffe zum Abtransport nach Skutari gebracht. Ein sterbender russischer Offizier, der den Angriff der schottischen Garde erlebt hatte, meinte, daß sie mit dieser Truppe, diesen »Wilden ohne Hosen«, alle schlagen könnten.

Der einzige gefangene russische General war durch Zufall im allgemeinen Durcheinander in die Hände der Engländer geraten, weil er zu alt war, sein Pferd allein zu besteigen. Er bat darum, nach Sewastopol geschickt zu werden, weil er alt und nutzlos sei und äußerte seine absolute Abneigung gegenüber der See. Auf dem englischen Admiralsschiff wurde er wie ein Gast aufgenommen.

Während der ganzen Nacht war das Stöhnen und Jammern der Verwundeten von allen Seiten zu hören. Am schlimmsten sah das Terrain vor den beiden Redouten aus, um die der Kampf mehrmals hin- und hergegangen war. In den Gräben und Vertiefungen bei den Schanzen standen buchstäblich Lachen von Blut, an einigen Punkten lagen Leichen drei und vier Mann hoch übereinander geschichtet.

Einem Soldaten hatte die Wucht einer Vollkugel Hand und Arm durch den Leib hindurchgetrieben.

Die Ufer der Alma waren zu beiden Seiten mit Toten bedeckt, denen Gliedmaßen und Kopf fehlten, manche Körper zu »unförmigen Klumpen blutiger Lumpen verwandelt«. In den stehengebliebenen Häusern und Schuppen im Dorf Buliuk hatten die Feldschere ihre Operationsräume eingerichtet, »um die Wände häuften sich Massen abgeschnittener Gliedmaßen«; die Amputation war das beste Mittel, um den tödlichen Wundbrand zu vermeiden.

»Morgen werden wir die Kehrseite des Bildes zu sehen bekommen, die Verwundeten und die Wunden zu zählen haben. Wenn doch der Sieg rein und unbekümmert bleiben könnte, aber das ist unmöglich«, stellte Saint-Arnaud auch fest. Er machte selbst einen zu Tode erschöpften Eindruck, seine Stimme war kaum mehr zu verstehen. Er hatte fast zwölf Stunden im Sattel ausgehalten. Vor versammelter Mannschaft und Generalität fand am nächsten Morgen bei den Franzosen ein Gottesdienst statt. Die Matrosen, die Landurlaub bekommen hatten, vertrieben sich damit die Zeit, ihre toten Gegner nach Gegenständen abzusuchen, die ihnen nützlich erschienen.

Die Offiziere begutachteten die Ausrüstung der Russen. Die Gefallenen des 16. und 52. Regiments trugen kurze Mäntel von grobem, grauem Tuche, blaue Waffenröcke, blaue Hosen mit einem schmalen roten Streifen, dazu starke, rindslederne Stiefel, weiterhin weißes saubergehaltenes Lederzeug. Die russische Infanteriewaffe war der der Engländer in der Reichweite unterlegen. Das Bajonett taugte nicht viel, das Eisen ließ sich glatt mit beiden Händen zerbrechen.

Erstaunen und Bewunderung erregte der russische Tornister, er war leicht und zweckmäßig, aus ungegerbter Rindshaut angefertigt; jeder Ranzen enthielt zwei baumwollene Hemden, zwei Paar Socken, ein paar Hosen und ein Paar Ersatzstiefel, ebenfalls in einem ordentlichen und reinlichen Zustand, worüber sich die Engländer nicht genug wunderten. Das Spiel Karten, das fast jeder Russe bei sich hatte, fand ebenfalls dankbare Abnehmer.

Die Toten lagen »fast sämtlich auf ihren Gewehren. Sie hatten jene lächelnde Miene, welche der Tod, wenn er plötzlich erfolgt, in der Regel dem menschlichen Gesicht aufdrückt«, fand Calthorpe; andere, unter ihnen die Soldaten mit Bauchschüssen, hatten verkrampfte Gesichtszüge, weil sie lange leiden mußten.

Nach außen hin hatten die verbündeten Armeen einen glänzenden Sieg erfochten. Der Weg nach Sewastopol war frei. In England wurde der Triumph auf den Höhen der Alma mit Kanonenschüssen und Glockenläuten gefeiert. An der Börse verkündete ihn ein Fanfarenstoß, im Theater erhob sich jubelnd das Publikum, und der Erzbischof von Canterbury würdigte das Ereignis durch ein besonderes Dankgebet. Inzwischen war die Zahl der besiegten Russen auf 50 000 Mann gestiegen.

Nur Friedrich Engels blieb skeptisch. Zwar war die Kutsche des Oberbefehlshabers erbeutet worden, doch wo blieben die Kanonen? Galt doch in der damaligen Zeit die Eroberung des gegnerischen Geschützparks als Zeichen des Triumphs.

Gerade die magere Zahl der Beutewaffen nahm Engels als den besten Beweis dafür, daß es sich kaum um einen vollständigen Sieg handeln konnte, da es den Russen gelungen war, so gut wie ihre ganze Artillerie zu bergen, eher also um eine abgebrochene Schlacht und einen geordneten Rückzug.

Auch die ungenauen Angaben über die Stärke der Russen irritierte ihn: Wie konnten gerade 50 000 Mann geschlagen worden sein, wenn auf der ganzen Krim nur 45 000 Mann standen?! Für Engels war alles an dem alliierten Sieg »hausbacken« und »rein taktischer Natur«, bar aller Strategie. »Der Abbruch der Schlacht, das Zurückziehen der Truppen aus der Feuerzone, der Abtransport der Artillerie gereichen Menschikow als Feldherrn mehr zur Ehre als den alliierten Generalen der Sieg!«

Noch schärfer beurteilte später ein Beobachter vom amerikanischen Kontinent das Geschehen, ein Kapitän der US-Kavallerie namens George McClellan, der mit einer Kommission seines Landes den Kriegsschauplatz bereiste. Der Ausgang der Schlacht war eher verhängnisvoll für den ganzen weiteren Fortgang des Feldzugs. Bosquets kühner Vorstoß in die linke Flanke der Russen hatte zwar den Kampf entschieden, aber auch den Russen die Möglichkeit gegeben, geordnet abzurücken. Wäre es nicht besser gewesen, Menschikows ganze Armee gegen die Küste zu drücken und sie dort von den Schiffsgeschützen erledigen zu lassen?! »So einfach ist es nicht mit dem Insmeerwerfen«, stellte dagegen der ungarische General Georg Klapka fest, der als Emigrant in der türkischen Armee diente.

Erst zwei Tage nach der Schlacht, am Morgen des 23. September, nahmen die Alliierten die Verfolgung Menschikows auf. Franzosen und Engländer schoben sich gegenseitig die Schuld an der Verzögerung in die Schuhe. »Meine Soldaten rennen, die ihrigen gehen«, stöhnte Saint-Arnaud. »Welche Langsamkeit in unseren Bewegungen! Auf diese Weise läßt sich nicht gut Krieg führen.« Er gestand seinen Verbündeten immerhin zu, sich um mehr Verwundete kümmern zu müssen und vom Meer weiter entfernt zu sein. Saint-Arnaud stellte den Engländern mehrere Maultiere und Cacolets – kleine Karren – zur Verfügung, um ihnen zu helfen. Die russischen Verwundeten ließen sie einfach liegen.

Auf ihrer Vormarschstraße standen zerbrochene Wagen, lagen weggeworfene Gegenstände und Tornister – der Rückzugweg der Armee Menschikows. Noch nicht einmal die Brücken über die Flüsse waren in der Eile zerstört worden, die Eimer hingen unbeschädigt an den Brunnen. Die Soldaten hatten das Gefühl, den Krieg so gut wie gewonnen zu haben; es ging das Gerücht um, Menschikow habe sich die Kehle durchschnitten.

Doch eine schlechte Nachricht ließ nicht lange auf sich warten. Admiral Hamelin, der mit der Flotte vorausgedampft war, überbrachte beim nächsten Halt am Belbek die Hiobsbotschaft, daß sich die russische Schwarzmeerflotte im Hafen von Sewastopol selbst versenkt hatte und damit die Zufahrt blockierte – ein heroischer Entschluß, der an den Brand von Moskau erinnerte. Damit brach der Plan zusammen, die Festung von der Nordseite anzugreifen und den Sturm über die große Bucht (Tschernaja-Bucht) auf die Stadt mit dem gleichzeitigen Eindringen der alliierten Schiffe in die Hafenanlagen zu verbinden. Die Stärke der Invasionstruppen reichte jedoch nicht aus, die ganze Landseite Sewastopols im Norden und im Süden abzuriegeln und sich zugleich der Bedrohung durch die russische Feldarmee zu widersetzen.

Angesichts des mächtigen Forts im Norden von Sewastopol hielt man mehrmals Kriegsrat. Es schien in der Tat schwer einzunehmen, weil die Kanonen zur Rundumverteidigung nach allen Himmelsrichtungen ausgerichtet waren.

Raglan schlug trotzdem einen Handstreich auf die Festung von hier aus vor, auch weil es ihm vor einer langen Belagerung mitten im Winter graute.

General Burgoyne gab den Ausschlag; er schlug den Angriff auf die

Südseite Sewastopols vor, da hier die Befestigungsanlagen unvollständig seien und auch das Gelände mehr Schutz biete als die Nordseite, wo die Russen den Angriff erwarteten. Außerdem gäbe es an der Südküste der Krim geeignete Häfen, um den Nachschub und das Belagerungsgerät auszuschiffen.

Die Soldaten nahmen es von der besten Seite; damit entfiel auch der Sturm auf das berüchtigte Nord-Fort: »Wozu sollen wir also gleich anfangs mit dem Kopf gegen eine Festung rennen, die, wenn Sewastopol genommen, sich doch nur pro forma halten kann?«

Damit hatte Menschikow nicht gerechnet. Er hatte den »von Silistria her bewährten« Oberstleutnant Todleben beauftragt, sich erst einmal besonders um die Befestigungen der Nordseite zu kümmern. Menschikow erblickte hier die Chance, den Alliierten eine Niederlage beizubringen, während Todleben, dem als Festungs-Ingenieur der jämmerliche Zustand der Anlagen sofort aufgefallen war, gerade hier den schwachen Punkt Sewastopols sah. In der Hafenstadt standen zur Zeit nur ältere Milizeinheiten, Matrosen und Festungsbautruppen, auch waren nicht genügend Gewehre vorhanden.

Auf alliierter Seite setzten sich jetzt die Engländer an die Spitze. Der Kompaß gab den Wegweiser ab. Es gab nur eine einzige Straße. Der später als berühmt bezeichnete Flankenmarsch war ein Marsch ins Ungewisse. Hinter dem Belbek wurde das Gelände waldig, steil und unübersichtlich. Ein französischer Offizier: »Wir kommen sehr langsam vorwärts, denn unser Weg führt durch eine Gegend, die uns nicht nur, wie die ganze Krim, völlig unbekannt ist, sondern sich auch auf Karten im kleinen Maßstab – und nur solche haben unsere vorsichtigen Gegner veröffentlicht – schwer vorzeichnen läßt.«

Die Kolonnen gerieten immer wieder ins Stocken, es gab stundenlange Aufenthalte, der Durst peinigte Tiere und Menschen.

Nächster Orientierungspunkt war Mackenzies Farm, ein Gutshof, den sich der schottische Admiral Mackenzie gebaut hatte, als er Ende des 18. Jahrhunderts im Auftrag des Zaren die Anlage der Verteidigung Sewastopols zur See entwarf. Hier stieß Lord Raglan, der gerne weit vorn ritt, am Waldrand auf einen haltenden russischen Troß. Unglücklicherweise hatte sich General Lucan, der die Vorhut bildete, zur Schadenfreude von Cardigan verirrt, und war nicht zur Stelle, als es zu einem Überraschungsangriff der mit Raglan nach vorne gegangenen Leichten Artillerie kam.

Es handelte sich um Nachzügler der Armee Menschikows, die sich quer zur Stoßrichtung der Alliierten von Sewastopol Richtung Simferopol–Baktschisarai absetzte.

Die russischen Kolonnen wurden völlig überrumpelt. Als Beute fielen den Engländern Proviant, Uniformstücke und pornographische Geschichten in französischer Sprache in die Hände, dazu ein völlig betrunkener russischer Artillerieoffizier, der alle zum Trinken einlud, während sich Raglan angewidert abwandte. Mackenzies Farm war nur noch eine rauchende Ruine.

Die Franzosen warteten hier auf ihre Nachzügler und ihre Nachhut, die erschöpft zusammen mit vielen Kranken im Lager eintrafen. Canrobert beobachtete eine bedenkliche Auflösung der Disziplin; er selbst mußte wegen seiner Verwundung gefahren werden, Saint-Arnaud war nach einem Choleraanfall nicht mehr in der Lage, ein Pferd zu besteigen.

Die Nacht verbrachte Raglan sorgenvoll mit der Vorhut an der steinernen Brücke von Traktir im Tal der Tschernaja, wo die Straße nach Balaklawa verlief. Aber Menschikows Armee war wie vom Boden verschluckt. Am Morgen des 26. September erreichten die Engländer, nachdem sie die Geschütze von Sewastopol in respektvollem Abstand passiert hatten, das Plateau von Balaklawa und wurden in dem Dorf Kadikoi von den Einwohnern mit Weintrauben und Salz – als Zeichen der Gastfreundschaft – begrüßt.

Einen Tag später verabschiedete sich Saint-Arnaud von Lord Raglan; an seiner tödlichen Erkrankung war nicht mehr zu zweifeln. Bereits im Lager an der Tschernaja hatte er den Oberbefehl an General Canrobert übergeben, was vielen Offizieren nicht behagte. Canrobert galt als »Afrikaner«, weil er lange Zeit in Algier Zuaven und Fremdenlegionäre kommandiert hatte. Auch befürchtete man, daß er als viel Jüngerer keinen Einfluß auf den alten englischen Oberbefehlshaber haben würde. Matrosen trugen Saint-Arnaud auf die *Berthollet*, deren Seeoffiziere um die Ehre gebeten hatten, den Marschall nach Konstantinopel zu bringen. Am 29. September starb er auf der Überfahrt, im Alter von 53 Jahren.

Noch immer herrschte Unklarheit darüber, wie es nun weitergehen sollte. Raglan plädierte erneut für einen sofortigen Angriff, bevor die Russen noch mehr Zeit gewannen, ihre Verteidigungsmaßnahmen zu verstärken. Diesmal war es der neue Oberbefehlshaber der Franzosen, der widersprach, weil er sich nicht sicher war, ob seine Leute dem Befehl zum Angriff Folge leisten würden, wenn sie über offenes, ungeschütztes Gelände vorgehen mußten. Auch General Burgoyne unterstützte diese Vorbehalte, so daß Raglan wieder einmal zurücksteckte, weil er das Bündnis der beiden Alliierten keiner Belastungsprobe unterwerfen wollte.

Inzwischen hatten zwei englische und zwei französische Divisionen das Plateau besetzt, an dessen Ende Sewastopol lag. Zum ersten Mal sahen die Offiziere, die zum Rekognoszieren ausgeschickt worden waren, in vier Kilometern Entfernung die Stadt vor sich, das von tiefen Schluchten durchfurchte Gelände hatte bisher jegliche Übersicht erschwert.

Zu ihren Füßen lag wie in einem Kessel der Hafen mit seinen Arsenalen, seinen Kasernen und anderen großen Gebäuden, mit seinen Dächern, die »wie Smaragde in der Sonne glänzten«. Russische Soldaten, aber auch Frauen und Kinder waren Tag und Nacht mit dem Ausheben von Gräben beschäftigt. Die Alliierten sahen die »Masten der Kriegsschiffe, die Einfahrt in den Hafen, wo die versenkten Kriegsschiffe lagen, und die Herzen der Heerführer und der Soldaten schlugen vor Freude, Ungeduld und stolzem Selbstgefühl«, so meinte es jedenfalls Baron de Bazancourt, der den Augenblick für die Weltgeschichte festhielt.

Der Kommandeur der englischen 4. Division, General Cathcart, fiel aus allen Wolken, als er von der Entscheidung des Hauptquartiers erfuhr, erst einmal das schwere Belagerungsgerät auszuschiffen. Er war der festen Überzeugung, in der Nacht oder eine Stunde vor Morgengrauen regelrecht nach Sewastopol »hineinzuspazieren«. Bei den Befestigungen handle es sich um eine niedrige Parkmauer; die Russen würden keinen weiteren Ärger machen.

VI. Die Belagerung

»Wir sehen den Krieg nicht in seiner korrekten, schönen, glänzenden Form, mit Musik und Trommelschlag, mit wehenden Fahnen und stolz zu Rosse sitzenden Generalen, sondern in seiner wahren Gestalt: in Blut, Leiden und Tod.«

Leo Tolstoi 1854

Im Garten Eden

Die Belagerung von Sewastopol begann als Idylle. Die Alliierten hatten sich entschieden, erst einmal ihr Kriegsmaterial auszuladen und vor allem ihre schweren Belagerungsgeschütze an Land zu bringen, bevor sie die Festung stürmten. Der Herbst war schön, das Land reich an Früchten, man brauchte sie nur abzupflücken. Enten und Gänse flogen den jagenden Offizieren fast vor die Flinte. Eine sanfte Seebrise ging, der Krokus blühte, die Zuaven stahlen wie immer. Nach den schrecklichen Erfahrungen in Varna kamen sich die Soldaten »wie im Garden Eden« vor oder – eben – wie in England, wie ein Leutnant nach Hause schrieb.

Da die Bucht von Balaklawa zu klein war, um die Versorgungsschiffe beider Armeen aufzunehmen, mußten sich die Franzosen einen anderen Hafen suchen, einfach aus dem Grund, weil die Engländer in Balaklawa die ersten gewesen waren. Die Franzosen wählten als Versorgungsbasis eine Doppelbucht nördlich der Südspitze der Krim oberhalb des Kap Chersones, die Bucht von Kamiesch. Dadurch hatten sie wiederum den Vorteil eines weitaus kürzeren Weges zwischen Etappe und Front, während der Weg der Engländer von Balaklawa zu den Belagerungsgräben fast dreimal so weit war.

Durch die Lage der beiden Häfen ergab sich auch die Aufteilung der Front. Die Franzosen übernahmen den westlichen Abschnitt zwischen Meer und Kriegshafen, also die Stadtseite von Sewastopol; die Engländer den östlichen Abschnitt zwischen Kriegshafen und Tschernaja-Bucht, so daß die verbündeten Armeen nunmehr in einem riesigen Halbkreis die Stadt umgaben. Geteilt wurde die Frontlinie durch eine Doppelschlucht zwischen Südspitze des Kriegshafens und Plateau von Balaklawa, die Hafen- und die Woronzowschlucht. Obwohl hier zwei Chausseen nach Sewastopol endeten, verbot sich an dieser Stelle wegen des flankierenden Feuers von zwei Bastionen ein Vorstoß eigentlich von selbst. Trotzdem wählten die Alliierten gerade diese Stelle als Schwerpunkt ihres Angriffs.

Von einer völligen Abriegelung der Stadt konnte keine Rede sein, da die Nordseite jenseits der Tschernaja- oder großen Bucht wegen Truppenmangels den Russen überlassen bleiben mußte. Über das Nordufer wickelte sich beim großen Nord-Fort, das den Alliierten im September so unbezwingbar erschienen war, der russische Nachschub ab, Stadt- und Nordseite waren durch Fährbetrieb verbunden.

Die Alliierten hatten nicht vergessen, daß Menschikows Feldarmee auf der Krim stand. Ein aus Truppen beider Armeen zusammengesetztes Beobachtungs-Korps schützte zusammen mit den türkischen Einheiten den Rücken der Belagerer am Rand des Plateaus, verteilt auf eine Länge von rund neun Kilometern zwischen den Sümpfen an der Mündung der Tschernaja und der Straße Balaklawa–Sewastopol.

Eine Woche später war wie mit einem Schlag die Idylle zu Ende, das Land kahl und ausgeplündert wie nach dem Überfall durch einen »Heuschreckenschwarm«. Obwohl der Winter noch gar nicht begonnen hatte, gab es kein Feuerholz. Mit dem Herbst kam die Cholera zurück und forderte bis zu 25 Tote am Tag.

Da Transportwagen und Zuggespanne fehlten, mußten die schweren Belagerungsgeschütze zu ihrem Standort auf den Höhen geschleift werden, 50 Matrosen vor jeder Kanone an den Seilen. Die Wege waren bald ruiniert. Vor allem begannen nun die verhaßten Grabenarbeiten, um die Belagerung einzuleiten, auch belästigten die Russen von Tag zu Tag mehr die Belagerer durch Geschützfeuer, nächtliche Patrouillen und größere Angriffe in Bataillonsstärke aus der Festung (»Ausfälle«). Die Russen galten bald als Experten in plötzlichen Bajonettangriffen. Von nervösen Offizieren wurde allerdings viel zu häufig unnötig Alarm gegeben. Bei einem Rekognoszierungsritt gab es den ersten Toten, einen französischen Pionieroffizier namens Schmitz, ein Beweis dafür, daß dem Geniekorps bei der Belagerung die Hauptaufgabe zufiel.

Daß sich die Verteidiger von Sewastopol bald auf ein vorzügliches Verteidigungssystem stützen konnten, war in erster Linie einem Deutschen in russischen Diensten zu verdanken – dem Ingenieur-Chef

Eduard von Todleben, einem »Kurländer Bürgerssohn«. Auf die militärischen Entscheidungen hatte er keinen Einfluß, auch wurde anfangs seine Leistung unterbewertet, da von Bajonettangriffen und Attacken natürlich mehr militärischer Glanz ausging als von der technischen Maulwurfsarbeit. Außerdem galt er als Ausländer. Durch die Desarmierung der Flotte standen Todleben mit einem Schlag ungeahnte Reserven an Geschützen und Bedienungsmannschaften mit den ans Land versetzten Matrosen zur Verfügung. Menschikow hatte den Entschluß, fünf Linienschiffe und zwei Fregatten eingangs der Bucht zu versenken, um den Alliierten den Zugang zum Kriegshafen zu versperren, nur gegen das äußerste Widerstreben des Admiralitätsrats durchsetzen können, dem unter anderem General Kornilow und Vizeadmiral Nachimow angehörten. Kornilow plädierte leidenschaftlich dafür, mit der ganzen Flotte das englische und französische Geschwader anzugreifen und in einem selbstmörderischen Akt zu vernichten, um auf diese Weise dem gelandeten Heer den Rückweg abzuschneiden. »Die russischen Schiffe sollten sich an die feindlichen anklammern und sich mit ihnen in die Luft sprengen.«

Aber angesichts der feindlichen Übermacht erwies sich die Selbstversenkung, die Saint-Arnaud als »Tat der Verzweiflung« vorkam, als einzig richtige Maßnahme. Für Menschikow mußte es von tragischer Ironie sein, daß sich unter den auf Grund gesetzten Kriegsschiffen auch der *Donnerer* befand, auf dem er rund eineinhalb Jahre zuvor nach Konstantinopel gefahren war, um jene verhängnisvolle Mission durchzuführen, die den Krieg auslösen sollte.

»Da es drängte« – so Todleben im Rückblick – »zunächst nur in die Lage zu kommen, mit einiger Aussicht auf Erfolg dem Feind die Stirn bieten zu können, behalf man sich an den Hauptpunkten einstweilen mit Werken, deren Profilstärke bzw. Böschung der Geschützbedienung nur gegen Feldkaliber Schutz gewähren konnten und suchte die Ausgleichung in einer möglichst imposanten Armierung.« Die Folge war, daß dem Feind bald mehr Geschütze zur Verteidigung entgegengesetzt werden konnte als er selbst besaß. Es wurde Tag und Nacht geschanzt, innerhalb von 24 Stunden wurden bis zu 12 000 Arbeiter, darunter Frauen, Alte und Kinder, eingesetzt, um so »langjährige Versäumnisse durch Improvisation wieder wettzumachen«.

Die Verteidigungsanlagen zogen sich bis nach Sewastopol hinein. Straßenzüge wurden durch Batterien verriegelt. Ein verwirrendes

System von Laufgräben und Erdschanzen, Geschützstellungen und Kasematten, Türmen und Mauern, künstlichen Hindernissen und gedeckten Unterständen, Redouten und Lünetten umgab die Stadt. Außerdem übernahmen die Kriegsschiffe gleichsam als schwimmende Batterien den Schutz der Uferbereiche. Als Bodenhindernisse wurden unter anderem sogenannte Eggen mit aufwärts stehenden Zinken vergraben, gemeine Fußangeln. »Mit den Werken wuchs begreiflich auch die Zuversicht der Verteidiger«, wie Todleben registrierte. Mitte Oktober war die Zahl der Kombattanten in der Stadt auf 32 000 Mann angewachsen. In den Batterien an der Frontseite standen 341 Geschütze, die Armierung in den Forts der Seeseite (719 Geschütze) nicht mitgerechnet. Als Munition standen rund 1 Million Geschosse zur Verfügung; es fehlte nur an Pulver, der Vorrat zum Verfüllen der Granaten betrug 21 000 Zentner.

Innerhalb des ganzen Verteidigungssystems stellten die Bastionen die Schwerpunkte der Befestigungsanlagen dar. Den Franzosen lagen an der Stadtseite gegenüber: am Meer die Quarantäne-Bastion, dann in der Mitte die Zentralbastion (Nr. 5), vor der sich der große Friedhof außerhalb der Stadtmauern ausbreitete, durch den sich die Angreifer erst hindurchgraben mußten, und die Mastbastion (Nr. 4), die die Südspitze des Kriegshafens schützte; im Frontbereich der Engländer gab es anschließend den großen Redan (Nr. 3) und an der Tschernaja-Bucht Bastion Nr. 1 und 2 (auch kleiner Redan genannt). Beherrscht wurde die russische Verteidigungsanlage in der Mitte dieser Seite durch eine Bastion, die von dem später berühmt gewordenen Malakow-Turm gekrönt wurde, einem runden Turm von zwei Gewehretagen und einer Plattform-Batterie für fünf Geschütze, rund 11 m hoch, zusätzlich durch eine Doppellinie von Erdwerken umgeben. Hinter diesen vier Bastionen lag die Schiffer-Vorstadt (Karabelnaja), lagen die Docks, Werften, Kasernen, Lager.

Die Engländer konzentrierten sich auf den großen Redan auf ihrem linken Flügel. Daß der »weiße Turm« auf dem Malakow-Hügel der »eigentliche Schlüssel der Verteidigungsanlagen« war, hatten sie noch nicht erkannt.

Am 7. Oktober begannen die Belagerungsexperten den Verlauf der ersten *Parallele* abzustecken, d. h. des ersten, parallel zur Front der Verteidiger verlaufenden Deckungs- oder Laufgrabens für die Aufnahme der Infanterie, Kanoniere und Pioniere. Die Franzosen gingen damit nach der klassischen Festungslehre vor, die »von dem berühmten Vauban zwar nicht erfunden, aber doch zur höchsten Vollkommenheit gebracht worden war«. Im Bereich dieser Parallelen wurden auch die Batterien angelegt; Kanonen, um die feindlichen Geschütze im direkten Beschuß zu bekämpfen, und Mörser, »dazu bestimmt, das Innere der Bastionen oder auch die Stadt zu bewerfen und die von oben bedeckten militärischen Etablissements, Kasernen, Pulvermagazine zu zerstören«.

Von der ersten Parallele führten nach rückwärts zu den Depots und Lagern Verbindungsgräben *(Kommunikationen)*, nach vorn mit dem Fortschritt der Belagerung Annäherungsgräben *(Approchen)*, d. h. im Zickzackkurs oder Sägeschnitt vorgetriebene Sappen, von denen aus dann die zweite Parallele angelegt wurde, wiederum mit *Demontierbatterien* ausgestattet, um nun noch gezielter feuern zu können. Und dieses System von Parallelen und Annäherungsgräben sollte so lange wiederholt werden, bis man an der Festungsmauer des Gegners herangekommen war und nunmehr die Infanterie direkt zum Sturm einsetzen konnte.

Der Plan ging dahin, die Mastbastion links von der Südspitze des Kriegshafens und den großen Redan rechts davon zusammenzuschießen, dann am Grund der Schlucht in die Stadt einzudringen, die an dieser Stelle durch den Hafen geteilten feindlichen Kräfte zu überwältigen und nunmehr beide Bastionen von hinten aufzurollen – worauf dann der Fall des ganzen Befestigungssystems wie von selbst folgen mußte; aber es sollte sich bald zeigen, daß man diese Rechnung ohne den Wirt gemacht hatte.

Für Vauban war eine Belagerung eine Operation, die mit mathematischer Sicherheit zum Erfolg führte, eine »reine Frage der Zeit, wenn sie nicht von außen gestört wurde«. Nach den Grundsätzen des französischen Festungsklassikers mußte bei einer Belagerung das Feuer des Angriffs dem der Verteidigung überlegen sein. Das aber traf im Fall Sewastopols nicht zu. Es sollte sich überhaupt bald als charakteristisch herausstellen, daß sich der Kampf um Sewastopol ganz gegen die herkömmliche Festungsdoktrin abspielte, nicht nur weil sich inzwischen die Artillerie weiterentwickelt hatte, sondern auch weil General Todleben die Prinzipien deutscher Fortifikationsingenieure gegen den veralteten Vauban setzte: ein unübersichtliches System aus kleinen, vorgeschobenen Werken und Gräben, aus Feldschanzen zwischen den großen Bastionen, mit Breschen für offensive Ausfälle durch die Infanterie.

Außerdem hielt er sich lieber an Scharnhorst, den deutschen General aus den Befreiungskriegen, nach dessen Worten man im Kriege alles versuchen mußte und sich in keiner, noch so verzweifelt scheinenden Lage von vornherein verloren geben durfte: »Der schlechteste Ort ist eines großen Widerstandes fähig, wenn der Kommandant entschlossen ist, alle Hindernisse wegzuräumen, und mit Mut ans Werk geht.« Todleben war über den neuen Zeitgewinn, der ihm durch das systematische Vorgehen der Alliierten gegeben wurde, äußerst erfreut.

Für Friedrich Engels war die Unentschlossenheit der Alliierten und ihr Respekt vor der berühmten Festungsstadt ein deutlicher Beweis dafür, daß »in demselben Maße, wie sich während der langen Friedensperiode das Kriegsmaterial durch den industriellen Fortschritt verbessert hat, die Kriegskunst heruntergekommen ist«. Denn wie Engels, obwohl in Manchester weitab vom Schuß, erkannte, waren die Alliierten unfähig, die schwächsten Stellen des Gegners ausfindig zu machen; anstatt alle Kräfte zu konzentrieren, führte jede Armee voller Stolz, unabhängig von der anderen zu operieren, bald ihren eigenen Belagerungskrieg.

Während die Franzosen fleißig zu schanzen anfingen, legten die Engländer in erster Linie Stellungen für ihre Batterien an, die sie je nach ihrer Reichweite auch im Hinterland postierten, so z. B. die modernen Lancaster-Kanonen. Zuerst hatte Raglan sogar daran gedacht, auf Erdbewegungen ganz zu verzichten, die Kanonen auf freiem Feld aufzubauen, Bresche zu schießen und die Infanterie stürmen zu lassen, ohne sie durch das mühselige Graben von Annäherungsgräben zu ermüden. Sein großes Vorbild Wellington hatte so operiert, auch auf Kosten großer Verluste. General Burgoyne, der Chef der Pioniere bzw. Ingenieurtruppen, hatte ihn schnell vom Leichtsinn dieses Unternehmens überzeugt.

Raglan ließ am 3. Oktober sogar noch fünf russische Bataillone und einen Proviantroß über die Brücke von Inkerman in der Tschernaja-Niederung in die Stadt marschieren anstatt sie anzugreifen, weil sie seiner Meinung nach so nur in die Falle gingen, »der Platz sei überfüllt« – was Engels den »Gipfel der Albernheit« nannte.

Während die Offiziere Wetten abschlossen, ob man innerhalb von 24 oder 48 Stunden in der Stadt sein würde, wuchs die Unruhe unter den

Soldaten, die sich von Tag zu Tag vertröstet sahen. Auch von den Alliierten wurden nun Schiffsgeschütze an Land gebracht; die zu ihrer Bedienung abkommandierten Teerjacken, die sich auch an Land nicht von Pistole und Entersäbel trennen mochten, führten anfangs ein lärmendes Lagerleben. »Die Rächer von Sinope« stand auf einer Tafel an einer Zeltreihe.

Die gefangengenommenen Russen, auch der ehemalige Kommandant vom Ort Balaklawa, wurde zunächst im St.-Georgs-Kloster untergebracht. Raglan beschlagnahmte sein Landhaus auf halber Strecke zwischen Sewastopol und Balaklawa, um dort sein Hauptquartier einzurichten. Das Haus gehörte zu den wenigen stehengebliebenen ländlichen Villen in der Umgebung, da die Kosaken fast alle Häuser abgebrannt hatten, um den Alliierten das Leben so schwer wie möglich zu machen. Trotz aller Widrigkeiten bahnte sich zwischen der Tochter des Kommandanten und einem englischen Offizier eine Liebesbeziehung an, die sogar später in die Ehe münden sollte, wie *Times*-Korrespondent Russell sorgfältig festhielt.

Seit Belagerungsbeginn war die Infanterie Mädchen für alles; sie mußte zum Schanzen ausrücken und Kanonen schleppen, Schanzkörbe und Faschinen flechten und Häuser niederreißen, um an die Holzbalken zu kommen, Sprenggranaten zu den Batterien transportieren und die Vollkugeln zu Pyramiden stapeln, in den bald eisig kalten Nächten Wache halten und Proviant nach vorn bringen. Dennoch war die Stimmung gut. Es bestand die feste Hoffnung, spätestens Weihnachten wieder zu Hause zu sein.

Bomben auf Sewastopol

Bisher hatte die russische Artillerie das Vorfeld von Sewastopol beherrscht; das sollte nun endlich anders werden. In der Nacht vom 9. zum 10. Oktober begannen die Schanzarbeiten im unmittelbaren Frontbereich. Die Franzosen hatten Glück, daß ein günstiger Nordostwind die Geräusche nicht zu den Verteidigern hinübertrieb. Bereits die Vorausabteilung, die das Gelände sichern sollte, war zwei Tage zuvor angegriffen worden.

Insgesamt waren 1 600 Mann zum Schanzen abkommandiert, um den ersten Laufgraben von rund 1 000 m Länge anzulegen. Sie arbeiteten in zwei Schichten von je 12 Stunden. Die erste Schicht mußte sich also anstrengen, um bis zum Morgengrauen soviel Erde zwischen sich und dem Feind aufzuhäufen, um ihrer Ablösung Schutz zu bieten, ein hartes Stück Arbeit. Offiziere des Geniekorps hatten das Gelände so abgesteckt, daß die Kolonnen bei Dunkelheit eingewiesen werden konnten. Eine »mondhelle« Nacht erleichterte die Orientierung. Bazancourt beschrieb die Schanztätigkeit: »Jeder Arbeiter hat einen Schanzkorb mitgebracht, den er vor sich aufbaut. Auf dem Erdboden liegend, ihre Werkzeuge und Gewehre in der Hand haltend, warten sie auf das Zeichen zum Beginn der Arbeit. Achthundert Hacken dringen in den steinigen, widerstrebenden Boden ein. Die Erde wird in Schanzkörbe geworfen; so errichtete man die Schanzkorbbedeckung für die Batterien Nr. 1 und 2.«

Als markanter Orientierungspunkt diente am linken Flügel das »Abgebrannte Haus«, eine Villa auf dem Höhenrücken zwischen Stadt und französischem Lager, die von den Russen in Brand gesteckt worden war.

Um Zeit und Energie zu sparen, wurde von den Franzosen die erste Parallele bereits im Bereich der russischen Artillerie angelegt, nur 950 m von der Zentralbastion entfernt, während die Engländer auf größere Distanz (1 200 m) gingen. Allerdings besaßen sie mit den modernen Lancaster-Kanonen die weiter reichenden Geschütze. Auch legten sie nur wenige Ausgangsstellungen für die Infanterie an.

Natürlich entdeckten die Russen die aufgeworfene Erde im Morgengrauen. Vergeblich versuchten ihre Festungsgeschütze in den folgenden Tagen den Fortgang der Grabungsarbeiten am *Mont Rodolpho* und bei den Engländern vor dem Grünen Hügel und auf der Anhöhe vor dem großen Redan zu verhindern. Da bei Tage nur die Hälfte der Arbeiter eingesetzt wurden, blieben die Verluste gering, obwohl die Russen am 14. Oktober ihr Artilleriefeuer verstärkten; innerhalb einer Stunde zählten die Franzosen in ihrem Abschnitt 845 Granaten und Vollkugeln.

Rund eine Woche später waren die Geschütze in Stellung gebracht: Fünf Batterien gegen die Zentral- und Mastbastion, auf der Todleben 50 Geschütze postiert hatte, und eine Batterie im alten Genueser Fort am Meer gegen die Quarantäne-Bastion – insgesamt nur 57 Geschütze auf französischer Seite, wobei immerhin die schwersten Kaliber überwogen. Gegenüber dem Malakow-Turm mit seinen 33 Geschützen und dem großen Redan brachten es die Engländer immerhin auf 73 Geschütze, denen zusätzlich die Aufgabe zufiel, im Hafen die Kriegsschiffe zu beschießen.

Bei dem Bau der Stellungen hatten die Alliierten die gleichen Schwierigkeiten wie die Russen. In Sewastopol fehlte es wegen des felsigen Bodens an Erde, um die Umwallungen und Böschungen ausreichend stark aufzuschütten, und auch an Verkleidungsmaterial wie Rasen, Sträucher, Holz, so daß man auf Sandsäcke und mit Lehm beworfene Bretter zurückgriff als Schartenfassungen und *Masken* (Vorsätze) für die Kanonen. Nach einem Schuß brach das Ganze meist schon zusammen. Im Lager der Alliierten mußten alle Tonnen, in denen die Lebensmittel verpackt waren, an die Materialparks abgeliefert werden, um anstelle von Schanzkörben verwendet zu werden; gepreßte Heuballen wurden den Fouragebeständen entnommen und als seitliche Verschläge für die Belagerungsgeschütze benutzt. Da die Schiffsgeschütze keine geeigneten Bettungen besaßen, wurden Notroste aus Balken, schlittenförmige Gestelle, angefertigt. Und da die in Konstantinopel bestellten Balken noch nicht eingetroffen waren, riß man die Häuser der Umgebung ein, um an die Dachbalken zu kommen. Todleben standen für die Erdbewegungen nur hölzerne Schaufeln zur Verfügung!

Am 17. Oktober sollte das Bombardement eröffnet werden, über einen Monat nach der Landung auf der Krim. Und noch immer waren sich Engländer und Franzosen nicht einig, welche Rolle die Landtruppen und die Flotte dabei zu spielen hatten. Raglan und Lyons, der englische Vizeadmiral, plädierten zusammen mit Canrobert für einen gleichzeitigen Schlag gegen Sewastopol von der Land- und Seeseite aus; der französische Admiral Hamelin und der englische Admiral Dundas, der als übervorsichtig und schwierig galt, stimmten schließlich zu. Wer aber am Morgen des 17. Oktober nicht auftauchte, das waren die beiden Flotten, da Dundas Hamelins dringenden Vorhaltungen nachgab, wegen des Munitionsmangels erst nachmittags in Stellung zu gehen, um sich nicht zu früh verschossen zu haben, während die Landkanonade noch lief. Immerhin handelte es sich um den Einsatz von 27 Kriegsschiffen mit 1244 Kanonen an einer Bordseite. Als die Kriegsschiffe endlich vor der Einfahrt von Sewastopol erschienen, um in einem Halbkreis vor Anker zu gehen, hielten Hamelin und Dundas einen so großen Abstand ein, daß ihre Breitseiten erst einmal ohne Wirkung blieben. Von Kooperation konnte also keine Rede sein.

Statt der Belagerer eröffneten überdies die Russen im Morgengrauen das Bombardement, als sie das aufgeregte Treiben hinter den französischen und englischen Batterien beobachteten; außerdem waren sie durch das Legen von Markierungsbojen am Eingang der Tschernaja-Bucht vor der Schiffsbarriere am Vorabend auf die Absichten der Alliierten aufmerksam gemacht worden. Jedenfalls wurden die französischen und englischen Artilleristen völlig verwirrt, weil sie auf die drei Schüsse einer Mörserbatterie als Signal für die Eröffnung des Feuers auf ganzer Frontbreite gewartet hatten, und nun nicht wußten, ob sie anfangen sollten oder nicht. Auch dachten die bei den Schiffsgeschützen eingesetzten Matrosen nicht daran, sich an das vorgeschriebene Schießen in Gruppen zu halten, was eine bessere Beobachtung erlaubte, sondern feuerten ganz nach ihrer Gewohnheit schnelle Breitseiten ab, was zu einem planlosen Munitionsverbrauch führte, und sprangen überdies nach jedem Schuß auf die Brustwehr, um sich den Einschlag anzuschauen. Auf diese Weise konnten sie leicht ein Opfer der russischen Scharfschützen werden, die sich wie die Zuaven und *Plänkler* mit ihren Rifle-Büchsen im Vorfeld, gleichsam im Niemandsland zwischen den Fronten umhertrieben, um die Artilleristen hinter den Scharten abzuschießen. Auf russischer Seite sollten die Verluste an ausgebildeten Kanonieren bald so groß werden, daß Infanteristen zur Bedienung der Geschütze eingesetzt werden mußten, die natürlich keinerlei Übung im Umgang mit dem Gerät mitbrachten. Als gleichsam liebenswerter Zug wurde von den Chronisten hervorgehoben, daß viele Zuaven auch ins Gefecht ihre Katzen mitbrachten.

Rauch und Dreckfontänen verhinderten allerdings bald jede genaue Sicht, so daß von genauem Zielen nicht mehr gesprochen werden konnte. Da völlige Windstille herrschte, standen Pulverqualm und Rauch bald in riesigen, schwarzen Dunstwolken, in denen es von den Explosionen aufblitzte, über Stadt und Hafen. Die gespenstische Szenerie wurde untermalt vom unaufhörlichen Donnern von mehr als 3 000 Kanonen – einem »ununterbrochenen Geschmetter einer im rasend schnellen Lauf heranbrausenden Lokomotive ähnlich – nur viel stärker!« Admiral Dundas, der auf einige Seeschlachten bis in die napoleonische Zeit zurückblicken konnte, meinte, »noch nie eine so kraftvolle Kanonade erlebt« zu haben.

Im Eifer des Gefechts hob er nun den Befehl auf, Abstand zu den Batterien und Forts an den Ufern der großen Bucht zu halten, und mußte nun die Erfahrung machen, daß die Marineexperten zu Recht vor dem Feuer aus den drei Forts gewarnt hatten. Der Tag endete für beide Flotten mit einem Debakel. Auf russischer Seite stellte sich nur heraus, daß die offenen Plattformbatterien auf den Forts am meisten gelitten hatten, das hufeisenförmige Fort Konstantin erwies sich als Fehlkonstruktion. Mit 138 Mann waren die Verluste gering.

Die *Ville de Paris*, das Flaggschiff der französischen Flotte, die Fort Alexander bekämpft hatte, zählte 150 Einschüsse in Mastwerk und Rumpf; eine Granate zertrümmerte die Kajüte, wo Hamelin nur durch Zufall dem Tod entging, eine andere zerstörte die Maschine der *Charlemagne*, so daß sie abgeschleppt werden mußte; schwer getroffen wurden die *Bellerophon* und *Napoleon*. Auf den englischen Schlachtschiffen war der Schaden noch größer. *Albion*, *Agamemnon*, *Queen* und *London* waren demoliert, die Mannschaft hatte nur mit Mühe ein Ausbreiten der Brände verhindern können. Die *Rodney* war gesunken. Mit über 500 »blutigen Verlusten«, worunter Tote und Verwundete fielen, zogen sich die Flotten zurück. Es sollte ihr letztes Gefecht im Krimkrieg gewesen sein, und der letzte Versuch einer Flotte, den Hafen von Sewastopol zu bombardieren – in diesem Sinn war am Abend des 17. Oktobers der Nimbus der russischen Hafenfestung wieder hergestellt. Nach Todleben mußte dieser Tag als Bankrott der hölzernen Schiffe und als Geburtsstunde der Panzerschiffe betrachtet werden.

Angesichts der 30 000 Schuß, die auf die Verteidigungsanlagen niedergegangen waren, war der Schaden gering. Den Alliierten gelang es nicht, die Festung »sturmreif zu schießen«. Die Infanterie wartete vergeblich in ihren Ausgangsstellungen auf den Befehl zum Angriff.

Eine Granate der russischen Artillerie traf auf dem Rudolphsberg genau den Eingang zum Pulvermagazin der Batterie Nr. 4, das offenbar nachlässig angelegt worden war – eine Kettenreaktion löste eine furchtbare Explosion aus, über fünfzig Mann wurden getötet oder verwundet. Die Überlebenden waren mit ihren geschwärzten und verbrannten Gesichtern und vom Körper heruntergerissenen Uniformen kaum von den Toten und Verstümmelten zu unterscheiden. Ein Treffer in einem Munitionswagen in der von der Marine bedienten Batterie folgte. Einige vermuteten, daß an dem Explosionsunglück Ungeschicklichkeit oder Sorglosigkeit des Kanoniers Schuld war, der mit der brennenden Zündrute gegen einen Kameraden stieß, welcher einen Sack mit 40 kg Schwarzpulver trug.

Bereits um halb elf Uhr, vier Stunden nach Beginn der Beschießung, ließ der verantwortliche Artillerie-General Thiery das Feuer einstellen; General Canrobert blieb es überlassen, den Engländern die Nachricht mitzuteilen, was umso bitterer war, als nur die britischen Artilleristen an diesem Tag erfolgreich waren. Ihre Verluste blieben gering, da ihre Kanonen zum Teil außerhalb der Reichweite der russischen Geschütze standen und ihre Stellungen eine weitaus größere Ausdehnung als die der Franzosen besaßen. Der sternförmige große Redan, der von den zwei Artilleriegruppen der Engländer umfaßt wurde, litt am meisten. Um 3 Uhr durchschlug eine Granate die Decke zum Pulvermagazin, die Explosion kam einem Erdbeben gleich, der vordere Teil des Werkes stürzte ein. Als sich die Staub- und Dreckfahne verzogen hatte, sahen die Offiziere von ihren Observationspunkten, daß ein riesiger Trichter im Frontbereich entstanden war. Von 22 Geschützen waren nur noch zwei intakt. Der »Glückstreffer« forderte fast hundert Tote auf russischer Seite. Doch erkannten die Belagerer nicht die Chance, die sich ihnen in diesem Augenblick bot, wie Todleben später bestätigte. Am Abend war vom Malakow-Turm die obere Etage zertrümmert, nur noch eine Kanone feuerte, der »große, weiße Turm hatte seine Regelmäßigkeit und Schönheit verloren und war durch die Löcher, welche die Kugeln in ihn gebohrt, in eine halbe Ruine verwandelt«. Überall rutschte die Erde vor dem Mauerwerk weg, Wälle und Aufbauten wurden in Grund und Boden gestampft.

Hier traf die Russen der empfindlichste Verlust. General Kornilow, der Befehlshaber der Südseite der Stadt, seit dem Morgengrauen unermüdlich unterwegs, um den Soldaten ein Beispiel zu geben und die Front zu inspizieren, wurde von einer Sprenggranate getroffen und sterbend ins Hospital gebracht. Der Kommandant der Malakow-Bastion hatte ihn vergeblich gebeten, fernzubleiben und sich nicht unnötig zu exponieren. »Meine Pflicht ist, alles zu sehen« – so die Antwort Kornilows, dessen Risikobereitschaft von vielen Offizieren imitiert wurde und Leichtsinn einschloß, da ein Offizier sich nicht mit der gleichen Vernünftigkeit in den Dreck warf wie der einfache Soldat, wenn eine Granate heranpfiff. Auf der Zentralbastion war auch Admiral Nachimow verwundet worden, als er es sich nicht nehmen ließ, hinter offenen Scharten Geschütze zu richten, um »seinen Matrosen das Beispiel der Unerschrockenheit zu geben«, wie Todleben schrieb.

Die russischen Verluste waren weitaus höher als die der Alliierten, da die Massen der Infanterie fast den ganzen Tag in den vorderen Bereitstellungen warten mußten, um den eventuellen gegnerischen Angriff abzufangen. 1 100 Gesamtverlusten auf russischer Seite standen 520 auf alliierter entgegen.

Die beiden Chronisten Kinglake und Russell waren Augenzeugen des ersten großen Schlags gegen die Festung. Für Russell war es der erste Ausflug nach langer Krankheit. Er hatte das Glück, bei einem befreundeten Offizier in der Nähe der Landvilla Raglans untergebracht worden zu sein, wo er die Generäle und Generalstabsoffiziere aus nächster Nähe studieren konnte. Den legendären Flankenmarsch hatte er als Cholerakranker auf einem Karren nur wie im Fieber erlebt. Obwohl auch Kinglake nicht offiziell eingeladen, doch geduldet war, bekamen beide die Erlaubnis, sich auf dem Observationspunkt im »Verbrannten Haus« aufzuhalten, so daß sie wie von einem Logenplatz aus die Stadt in Qualm und Rauch verschwinden sahen. Kinglake wollte eigentlich abends in Sewastopol sein und wurde zusehends leicht hysterisch: er sei es leid, er werde krank, wenn er das sehe! Damit meinte er das mißlungene Bombardement. Nach Ansicht des kurzsichtigen Generals Brown war der bleiche, scharfnasige Kinglake »blind wie ein Maulwurf!«

Wie der Stabsoffizier Calthorpe registrierte, stellten sich die modernen Lancaster-Kanonen als ziemlich große Enttäuschung heraus. Von der schweren Lancaster, die über eine Distanz von fast 3 km schoß, mußten fast 30 Granaten abgefeuert werden, um auf eine Quote von einem Treffer zu kommen, so groß war die Streuung. Immerhin zwang sie das russische Kriegsschiff auf der Höhe der ersten Bastion an der Bucht, sich zurückzuziehen. Die Abschüsse der Lancaster waren aus dem allgemeinen Lärm herauszuhören, ihre Granaten sausten durch die Luft mit dem Geräusch eines Eisenbahnzuges und wurden »Eilzug« genannt.

Der versäumte Sturm war nicht nachzuholen. Über Nacht wurden der große Redan und die Malakow-Bastion wieder ausgebessert; die Schießscharten wurden repariert, die Geschützplätze neu besetzt, die Deckung verbessert. Die Russen stellten Posten auf, die vor den langsam herangurgelnden Mörsergeschossen warnten. Am 18. und 19. Oktober zählten die Russen noch einmal 1 060 Gesamtverluste, danach blieb es bei einer Verlustquote von rund 250 Mann täglich.

Nach siebentägiger, immer schwächer werdender Beschießung setzte sich die Erkenntnis durch, daß an keinen Überraschungsangriff mehr zu denken war und Sewastopol nur durch eine regelmäßige, systematische Belagerung zu bezwingen war.

Am 21. Oktober ging den Geschützen die Munition aus. Am 24. Oktober standen nur noch 1 000 Schuß insgesamt zur Verfügung. Lange Feuerpausen wurden üblich; kurz vor Einbruch der Dunkelheit wurden noch einmal ein paar lebhafte Salven abgegeben, von denen man sich »eine gute Wirkung auf den Geist der Truppen versprach«.

Von Haß oder Verachtung zwischen den Gegnern konnte keine Rede sein. Als die Russen einen französischen Offizier, der sich bei Inkerman verirrt hatte, gefangen nahmen, ließen sie ihn selber zum französischen Lager zurückreiten, um seine Gefangennahme anzuzeigen; auf Ehrenwort! Eines Tages erschien ein russischer General vor einer englischen Batterie vor dem Grünen Hügel und forderte die Engländer zu einem Wettkampfschießen zwischen dem besten russischen und dem modernsten englischen Geschütz auf, und da *Johnny* wiederum die ältere Kanone war, durfte sie auch als erste beginnen. Nach einem kurzen Schußwechsel schlug eine englische Granate bei den Russen ein – die überlebenden Kanoniere schwenkten ihre Mützen als Eingeständnis ihrer Niederlage. Die Engländer hatten bereits am Ende der Schlacht an der Alma ihren Sportsgeist bewiesen, als sie die zurückgehenden Russen einfach laufen ließen, anstatt gefangen zu nehmen.

Ein so großer Munitionsverbrauch wie bei dem Oktober-Bombardement hatte es bisher noch nie gegeben. »Die russischen Kugeln, welche um unsere Schanzen die Ebene zu verschütten drohten«, hieß es in einem französischen Bericht, »würden ausreichen, die Stadt Marseille zu pflastern.«

Übereifrige berechneten, daß den Russen jeder tote Engländer und Franzose 40 Zentner Pulver und 120 Zentner Eisen kostete, bei 400 Toten insgesamt und einem Verbrauch von 16 000 Zentnern Pulver und 48 000 Zentnern Eisen – für die Experten ein grobes Mißverhältnis! Sieger konnte offenbar nur bleiben, wer mehr Eisen verschoß und die längere Ausdauer besaß; individueller Kampfgeist und persönlicher Einsatz schienen angesichts dieser neuartigen Materialschlacht keine Rolle mehr zu spielen. Aber diese Vermutung sollte sich sogleich als Irrtum herausstellen.

Balaklawa – Das Tal des Todes

Im Morgengrauen des 25. Oktober 1854 erschienen russische Verbände vor der östlich gelegenen Redoute an der Woronzow-Chaussee. Diese Schanze gehörte zu einer ganzen Reihe von hochgelegenen Stützpunkten und Vorposten, durch die die Engländer die Straße von der Traktir-Brücke nach Balaklawa sicherten, die hier die Woronzow-Chaussee kreuzte. Die Entfernung vom Hafen betrug rund 5 km. Die Überraschung war perfekt. Im Nu war die Redoute eingenommen, nach kurzer Gegenwehr warfen die 500 Türken ihre Waffen und Tornister weg und flohen den Abhang hinunter Richtung Kadikoi, dem letzten Ort vor Balaklawa, zusammen mit den englischen Artilleristen, die zu der Besatzung gehörten.

Die anderen Redouten auf den Woronzow-Hügeln oder *Causeway-Heights* fielen der Reihe nach von selbst. Elf Kanonen blieben zurück, die meisten unvernagelt und damit so gut wie gebrauchsfertig. Der Weg nach Balaklawa schien frei zu sein. Zwischen den Russen und dem Hafen standen bis auf ein Regiment Schotten nur noch eine Handvoll Soldaten, eine Genesungseinheit von 100 Mann und ein paar Matrosen-Batterien. Aber die russischen Einheiten legten nun erst einmal eine Pause ein, demolierten (rasierten) die westliche Redoute (Nr. 4) und stürzten die Kanonen den Hang hinunter. Die russische Hauptmacht war noch gar nicht in Erscheinung getreten; sie wurde von General Liprandi kommandiert, der in Eilmärschen aus Bessarabien eingetroffen war und bei dem Dorf Tschorgun (östlich von Balaklawa) rund 16 000 Mann zusammengezogen hatte. Es war ganz offensichtlich sein Plan, den Hafen anzugreifen und die Engländer von ihrer Versorgungsbasis abzuschneiden.

Durch die Schwerfälligkeit der Russen, das umständliche Hin- und Herziehen der beiden für den weiteren Angriff vorgesehenen Kavalleriegruppen, erhielt Raglan mehr als eine Stunde Zeit, um seine Truppen zu alarmieren und Verstärkungen heranzuholen. Er selber erschien kurz nach 8 Uhr mit seinem Stab und seinen Ordonnanzen zusammen mit General Canrobert auf dem Sapun-Rücken am Rand des Chersones-Plateaus, durch ein Tal von Kadikoi und den Redouten getrennt. Mit ihnen kamen auch Kinglake und Russell. Vor ihnen lag wie auf dem Präsentierteller der Schauplatz der kommenden Ereignisse: Parallel zu den Redouten lief die Nordschlucht auf sie zu (Mulde von Brod genannt); sie machte am Fuß des Sapun-Rückens einen Knick nach Süden Richtung Kadikoi, deshalb nunmehr Südschlucht oder Schlucht von Kadikoi genannt.

Aber lange davor hatte Lord Paget, der Vertreter Cardigans, dem Chef der Leichten Brigade, die Regimenter vor Kadikoi bereitgestellt, wo sich ihr Lager befand. Dem Kommandeur der gesamten englischen Kavallerie, Lord Lucan, war bereits beim Morgenritt eine Vollkugel vor die Beine seines Pferdes gerollt, als er mit seinem Stab in Richtung des Kampflärms ritt. Nur Cardigan schlief nicht im Lager, sondern auf seiner Yacht im Hafen von Balaklawa, aber nicht etwa, um sich vor den Plagen des Lagerlebens zu drücken, wie böse Zungen meinten, sondern weil er den Befehl erhalten hatte, sich »an Bord zu begeben«; gemeint war das Lazarettschiff Richtung Konstantinopel. Doch Cardigan, an einer Diarrhöe erkrankt, hatte den Befehl einfach auf seine Weise interpretiert, um auf der Krim bleiben zu können.

Die Lage war dramatisch und grotesk zugleich. Während eine Soldatenfrau in Kadikoi auf die fliehenden Türken einprügelte, die voller Schreckensrufe Richtung Hafen liefen und dabei auf zum Trocknen ausgebreitete Wäsche traten, während in Balaklawa eine Panik ausbrach, versah Raglan seine dringenden Befehle an die 1. und 4. Division mit einem höflichen »Bitte«, so daß weder der Herzog von Cambridge noch General Campbell die Notwendigkeit einsehen wollten, ihre Truppen sofort in Bewegung zu setzen, von denen ein großer Teil gerade von der Nachtschicht bei der Belagerung zurückgekommen war.

Im Gegensatz zu der konfusen Schlacht an der Alma entwickelte sich das Gefecht vom 25. Oktober in einzelnen überschaubaren Etappen und schon dadurch spannend, daß sich die einzelnen gegnerischen Einheiten in dem zerklüfteten Gelände nur schlecht sehen konnten und ständig mit Überraschungen rechnen mußten, während Raglan und Canrobert auf dem Sapun-Rücken einen hervorragenden Aussichtspunkt eingenommen hatten und sich gleichsam im Besitz eines Feldherrnhügels wähnten.

Die Aufgabe, den Zugang nach Kadikoi zu verriegeln, fiel zunächst den 650 Hochländern vom Regiment Nr. 93 von der 1. Division zu, die von Campbell geführt wurden. An der Alma waren sie nicht zum Zuge gekommen, hätten aber auch schon dort unter dem vorzüglichen und von der Truppe geachteten, erfahrenen General sicherlich eine gute Figur gemacht. Es zeigte sich, daß sie das nun nachholen konnten. Campbell ließ seine Leute sich erst einmal ins Gras setzen, um dem Gegner seine wirkliche Stärke zu verbergen. Erst als vor ihm mehrere russische Schwadronen auftauchten, gab er den Befehl, sich zu erheben, und beschwor seine Leute, keinen Schritt zu weichen; ein Rückzug käme nicht in Frage!

Es herrschte eine »erdrückende Stille«, wie die Beobachter im »Logenplatz« auf dem Sapun-Rücken bemerkten; zwischen einzelnen, weither knallenden Kanonenschüssen hörte man ganz deutlich das Schnauben der Pferde und das metallische Klirren des Zaumzeugs und der Waffen. Nur eine dünne, rote Linie, zwei Glieder tief, verlegte der Kavallerie den Weg.

Als eine weitere englische Einheit hielt sich unmittelbar links von Campbell die Schwere Kavallerie unter Brigade-General Scarlett auf, ebenfalls seit der Morgendämmerung in Wartestellung. Auch Scarlett wurde durch die »Berufskrankheit der englischen Generalität«, nämlich durch Kurzsichtigkeit, behindert, nur daß er im Gegensatz zu seinen Kollegen auf seinen erfahrenen Stabsoffizier hörte; er war es auch, der ihn auf einen »Wald von Lanzen« aufmerksam machte, der langsam heranschwankte – der rechte Angriffsflügel der Russen.

Der linke Flügel der russischen Kavallerie, der sich in der auf Kadikoi zulaufenden Südschlucht unterhalb der Redoute Nr. 3 und 4 vorwärtsbewegte, stieß nun auf das 93. Highlander-Regiment, das sich auch nicht aus der Ruhe bringen ließ, als die Russen – rund 1 500 Mann – plötzlich angaloppierten. Die Hochländer waren mit weitreichenden modernen Minié-Gewehren ausgestattet, deren Existenz den russischen Kavalleristen offenbar unbekannt war. Trotzdem lag die erste Salve der Engländer zu kurz. Zu ihrer Überraschung aber drehten die Reiter nach der zweiten Salve, der einige von ihnen zum Opfer fielen, 200 Schritt vor den Schotten wie auf dem Exerzierplatz ab und versuchten, in die Flanke der Engländer zu reiten, konnten jedoch nichts erreichen, da die Infanteristen ebenfalls wie auf dem Manöverfeld mit der Bewegung der Russen mitgingen. Von den hochgewachsenen, bedächtigen Schotten schien eine solche grimmige Entschlossenheit auszugehen, daß die Russen erst einmal den Rückzug antraten, um ganz offensichtlich auf Artillerieunterstützung zu warten. Ein »Hurra« donnerte ihnen hinterher.

Nun kam die Stunde der Schweren Brigade. Die rechte russische Reiter-Abteilung, rund 3000 Mann, darunter die Nikolai-Husaren und Don-Kosaken, überquerten die Höhen, auf denen die Verschanzungen lagen, in der Nähe der vierten Redoute, um dem Feuer eines französischen Artilleriegeschützes auf dem Sapun-Rücken auszuweichen, und ritt in das Südtal hinunter, wo Scarlett mit den Dragonern und Schottischen Grauschimmeln stand. Zum Teil trugen sie noch ihre »Futterkleidung« statt ihrer Kampfmontur, was Scarlett bemängelte, obwohl er wußte, daß seit dem Alarm keine Zeit geblieben war, um sich auf den Kampf korrekt vorzubereiten. Keiner von ihnen schenkte ihrem Oberkommandierenden Lucan, der hin und her ritt und Signale blasen ließ, irgendwelche Aufmerksamkeit. Die Russen machten Halt und schienen ihre Gegner nicht gerade mit großer Achtung zu mustern – es war das erste Mal, daß die Kavallerie der beiden Gegner im Krimkrieg aufeinandertraf. Zur Überraschung der Russen übernahmen die Engländer, weitaus in der Minderzahl, die Initiative. Scarlett ließ zum Angriff blasen und war schon nach ein paar Galoppsprüngen weit voraus, hinter ihm das schottische Regiment. In der Hast übersah der kurzsichtige General sogar seinen ersten völlig verdutzten Gegner in der Front der Russen.

Das Gelände war so ungünstig, daß so gut wie kein Raum für Ausweich- oder Flankenbewegungen blieb. Den Zuschauern auf dem Sapun-Rücken schien es, als ob die Rotröcke von der Masse der russischen Kavallerie regelrecht verschluckt würden – aber zum größten Erstaunen aller tauchten die Dragoner bald wieder auf, nachdem sie sich durch die russischen Formationen »durchgehackt« hatten, als ob es sich bei ihren Gegnern um Pappfiguren handelte. Das Gedränge war sogar so dicht, daß kaum Platz blieb, um mit dem Säbel auszuholen. Die Klingen verfingen sich in den schweren Mänteln der Russen. Die Russen schlugen wiederum so unorthodox zu, daß sich die englischen Ärzte später über die »unmöglichen« Schnittwunden wundern sollten. Kaum waren die Dragoner durch die russischen Linien einmal hindurch, als die sofort umdrehten, um erneut auf dem Rückweg auf sie »einzuhacken«. Es gab kaum Tote, doch erhielten die Reiter zahllose Hieb- und Stichwunden; ein englischer Offizier kam auf 15 Säbelwunden, von denen eigentlich jede tödlich sein mußte.

Das Kampfgewühl Mann gegen Mann animierte nun auch andere Einheiten der Schweren Brigade dazu, sich zu beteiligen, ohne daß ein Befehl vorlag. Sogar zwei Fleischer kamen aus dem englischen Lager, das in der Nähe lag, hemdsärmlig herausgeritten, ihre Schlachtbeile schwingend. Nach nicht einmal zehn Minuten war der Kampf vorbei. Die russischen Formationen lösten sich auf und verschwanden unbehelligt über der Anhöhe, zur Überraschung der Zuschauer auf dem Sapun-Rücken, die mit einer Verfolgung rechneten; vor allem die französischen Offiziere regten sich über das Versäumnis auf. Statt dessen kam von Raglan ein schlichtes »*Well done*«, von einer Ordonnanz überbracht. Die Verfolgung aufzunehmen, wäre Aufgabe der Leichten Brigade gewesen, da die Pferde der Schweren Brigade nunmehr viel zu ermüdet waren, um einen weiteren Kampf zu riskieren. Cardigan, längst eingetroffen, hatte sich auch in rund 400 m Entfernung voller Neid das Gefecht angesehen, nervös auf seinem Pferd hin und her tänzelnd.

Er machte Lucan für die vertane Chance verantwortlich, hielt er sich selber doch an dessen Anordnung, an Ort und Stelle zu bleiben, bis ein neuer Befehl käme, eingedenk der Rüge Raglans, auch den Befehlen seines Schwagers Folge zu leisten und nicht etwa auf eigene Faust zu handeln! Also kanzelte er auch einen seiner Offiziere (Captain Morris) ab, der schon immer die Trompete zum Angriff blasen ließ. Lucan, der wie viele andere Cardigan für einen »gefährlichen Esel« hielt, doch Eigeninitiative nicht verboten hatte, falls sich die Gelegenheit dazu bot, hielt das Gelände für viel zu zerklüftet und unübersichtlich, um den Befehl zur Verfolgung zu geben, und wunderte sich nur über den Starrsinn seines Schwagers.

Langsam und umständlich marschierte nunmehr Cathcarts 4. Division vorbei, um die Redouten zurückzuerobern. Cathcart ließ die Kanonen sogar jetzt schon feuern, obwohl die feindlichen Stellungen noch gar nicht in Reichweite lagen, treu seiner Devise, Artillerie sei »gut für jede Distanz«.

Eine Dreiviertel-Stunde verging, in der Raglan zum ersten Mal von

Minute zu Minute ungeduldiger wurde, weil Cathcart seine Truppen zu umständlich in der Gegend verteilte, anstatt anzugreifen. Russell beobachtete, wie der Armstumpf in Raglans Rock nervös hin- und herwippte. Es gab für ihn wahrscheinlich mehrere Gründe, noch einmal die Kavallerie einzusetzen; vielleicht hatte er gegenüber Cardigan ein schlechtes Gewissen, vielleicht spürte er, daß nun der Moment gekommen war, entscheidend in den Verlauf der Schlacht einzugreifen, vielleicht war es die simple Tatsache, daß er plötzlich durch sein Fernrohr den Versuch der Russen ausmachen mußte, die eroberten Kanonen aus den Redouten abzutransportieren. Und wahrscheinlich wollte er auch seinen eigenen Fehler wieder gutmachen, alle Warnungen vor einem russischen Angriff am Tag zuvor, als ihn ein Spion von Liprandis Angriffsabsicht informiert hatte, in den Wind geschlagen zu haben.

Als ob er die Engländer in eine Falle locken wollte, hatte General Liprandi am Ende der langen Nordschlucht (Richtung Tschorgun), die zwischen den Woronzow-Höhen und den fast parallel sich hinziehenden Fediukin-Höhen verlief, Artillerie postiert und dahinter Kavallerie; die Abhänge der beiden Anhöhen waren ebenfalls von russischen Truppen besetzt, so daß ein englischer Vorstoß auf dem Grund der Schlucht von drei Seiten ins Kreuzfeuer geraten mußte – eine »infernalische Gasse«, wie Todleben sagte.

Raglan, der seine Kanonen wiederhaben wollte, platzte nun der Kragen; er rief General Airey zu sich und diktierte ihm den Befehl: Er, Lord Raglan, wünsche, daß die Kavallerie schnell avanciere, den Feind verfolge, ihn an dem Abtransport der Kanonen hindere – und zwar »sofort!« Und damit begann die Kette der Mißverständnisse, die jenen 25. Oktober für England zum denkwürdigsten Tag des ganzen Krimkriegs machen sollte.

Airey gab den Befehl, den er schriftlich vor sich hatte, seinem jungen Ordonnanz-Offizier Captain Nolan mündlich weiter, zur Übermittlung an Lord Lucan. Um den Befehl zu überbringen, war Nolan der denkbar schlechteste Bote, er war ziemlich eitel und hielt Lucan und Cardigan zusammen für »die größten Dummköpfe der ganzen englischen Armee«; also gab er Aireys Anweisung in denkbar knappster Form weiter, so daß sich Lucan verärgert fragen mußte, um welche Kanonen es sich eigentlich handelte, da die Vorgänge auf den Höhen bei den Redouten seinen Blicken entzogen waren. Lucan und Cardigan mußten zwangsläufig annehmen, daß der Gegner gemeint war, den sie alle als graue Masse, doch mit im Sonnenlicht blinkenden Geschützen am anderen Ende der Nordschlucht in Wartestellung sahen, Entfernung rund 2 400 m – eine Verwechslung, für die Airey und Nolan gemeinsam verantwortlich waren. Lucan zögerte, seinem Schwager den Befehl zum Angriff zu geben, obwohl nach dem Einsatz der Schweren Brigade nunmehr die Leichte Brigade an der Reihe war.

Ihm kam die ganze Sache unsinnig und gefährlich vor und überdies auch als Verstoß gegen das Reglement, da Kavallerie nicht ohne Artillerieunterstützung gegnerische Batterien frontal anzugreifen hatte. Nach Cardigans erregten Worten würde es nicht möglich sein, einen einzigen Mann zurückzubringen! Aber Nolan quittierte Lucans Fassungslosigkeit von oben herab ungeduldig mit einer verwaschenen, knappen Handbewegung: »Dort ist ihr Feind, my Lord, dort sind ihre Kanonen!« Und er wiederholte die Anweisung auch gegenüber Cardigan, nachdem Lucan und Cardigan ganz und gar gegen ihre Gewohnheit miteinander geredet hatten, in einer so beleidigenden Weise, daß Cardigan gegen die Unterstellung der Feigheit protestierte. Man werde sich nach der Schlacht vor Gericht wiedersehen!

Cardigan bestand darauf, den Befehl zum Angriff vor der Front der versammelten Regimenter erhalten zu haben, um die Verantwortung zurückweisen zu können, und setzte sich mit einem »Vorwärts! Der Letzte der Cardigans!« an die Spitze der Leichten Brigade, befahl Schritt und schwenkte wie zur Parade rechts in das langgezogene Nordtal ein, hinter sich 673 Reiter: die 13. Dragoner rechts, die 17. Lancers in der Mitte, und links hinter sich die 11. Husaren, sein eigenes Regiment, das Wellington einmal als das schönste der ganzen englischen Armee bezeichnet hatte; die 4. Dragoner und 8. Husaren unter Paget als zweites Treffen dahinter. Da trabte er auch schon an. Es war kurz nach 11 Uhr.

In diesem Augenblick mußte Nolan zu seinem Entsetzen erkannt haben, daß Cardigan seine Geradeausrichtung beibehalten wollte. Schreiend und winkend jagte er quer über das Feld vor der Reitermasse auf Cardigan zu, der wiederum Nolans merkwürdiges Benehmen für eine weitere Unverschämtheit hielt – als ob sich Nolan noch vor dem Kommandeur der Brigade an die Spitze des Angriffs setzen wollte. Aber es war ohnehin zu spät, den Lauf der Dinge aufzuhalten.

Die Regimenter gingen in den Galopp über. In demselben Augenblick begannen die russischen Geschütze von den Anhöhen zu feuern. Als erster Reiter starb Nolan, von einem Splitter ins Herz getroffen, mit einem gellenden Schrei; sein Pferd fiel sofort zurück – mit einem Reiter, der noch eine Weile mit seiner eleganten, prunkvollen Uniform im Sattel sitzen blieb – wie eine »Parodie auf seine vorherige Kühnheit«.

Nach 20 Minuten war alles vorbei. Auf der Ebene wälzten sich Hunderte Pferde und Reiter, Verwundete und Sterbende wurden getreten und überritten, reiterlose scheuende Pferde irrten umher oder schleiften ihren blutverschmierten Reiter mit, dessen Fuß am Bügel festhing, Kavalleristen, die ihr Tier verloren hatten, stolperten über das Feld.

Aber Cardigan hatte mit den letzten zweihundert Mann nach einer rasenden Attacke die 12 Kanonen erreicht, eine Wand von Feuer und Blitzen, Qualm und Gestank vor sich; die Artilleristen, die sich im letzten Augenblick unter ihren Kanonen und Wagen zu verkriechen suchten, waren erschlagen oder erstochen worden; Wut und Kampfesrausch waren so groß, daß sich ein englischer Offizier, durch den Blutgeruch und dem Höllenlärm wie von Sinnen, auf einen Russen warf, um ihn mit den Händen zu erwürgen. Danach hatten sie sogar die russischen Reiter angegriffen, die sich in einiger Entfernung voller ungläubigem Entsetzen die Attacke angesehen hatten und sich vor diesen Verrückten zur Flucht wenden wollten. Auch auf dem Sapun-Rücken herrschte blankes Entsetzen. Nach den Worten des Franzosen Bosquet, dem die Tränen in den Augen standen, war diese Attacke das Großartigste, was er jemals gesehen hätte – »aber, bei Gott, kein Krieg!« General Liprandi dachte zuerst, Betrunkene vor sich zu haben und fürchtete um die Moral der russischen Kavallerie.

Nur unter größten Schwierigkeiten hatten dann die Überlebenden der Leichten Brigade noch einmal versucht, mit ihren ermüdeten Pferden eine Front zu bilden. Sie ließen von dem Kampf mit den Gegnern ab und mußten zu ihrem Schrecken sehen, daß russische Reiter auch von den Abhängen herunterkamen, um ihnen den Rückweg abzuschneiden – und kamen schließlich doch unbehelligt zurück, weil die russischen Kavalleristen ganz offensichtlich kein Interesse hatten, sie nun ihrerseits zu attackieren – es war, als ob einige sie beim Vorbeireiten nur mit ihren Lanzen »kitzelten«, voller Erbarmen mit dem traurigen Rest einer ehemals so großartigen, farbenprächtigen Reiterschar.

Nur Russell hatte es anders gesehen. Er schilderte seinen Lesern in der *Times*, wie die fürchterlichen moskowitischen Kanoniere, kaum daß die Leichte Brigade ihren Rückweg angetreten hatte, angeblich an ihre Geschütze zurückkehrten, um in die überlebende Kavalleriemenge mörderische Salven von Schrot und Kartätschen zu pumpen – dieselben Kanoniere also, die doch nach Russell gerade niedergesäbelt worden waren!

Cardigan hatte sich nicht an dem Handgemenge nach der Einnahme der Batterie beteiligt. Er wendete, fast blind und taub vom Geschützfeuer, sofort sein Pferd, jagte durch die Schlucht zurück und auf den Sapun-Rücken hinauf, um Raglan zur Rede zu stellen, mußte sich aber von ihm den Vorwurf anhören, eine Batterie gegen alle Regeln und Dienstvorschriften frontal angegriffen zu haben – während er selbst sich auf den Befehl Raglans berief. Wiederum sah Russell, daß Raglans leerer Uniformärmel vor Aufregung hin- und herhüpfte.

Das war alles. Cardigan ritt zu der Stelle an einem Abhang, wo sich die Überlebenden seiner Brigade sammelten, mit blutbefleckten, zerrissenen Uniformen – es waren nur noch die Hälfte. Für sie war Cardigan der Held des Tages, sie ehrten ihn mit einem dreimaligen Hurra und wollten am liebsten gleich noch einmal mit ihm gegen die Russen reiten.

Von den 150 Mann der 13. Leichten Dragoner waren nur noch 14 Mann angetreten, von Cardigans Husaren sogar nur noch acht Mann am Leben. »Ich habe meine Brigade verloren« – Cardigans Kommentar zu General Cathcart. Die Verluste wurden später maßlos übertrieben. Calthorpe bezeichnete sie trotzdem als schwer! 156 Reiter tot oder vermißt (vermutlich gefangengenommen), 122 verwundet; doppelt so hoch die Zahl der getöteten Tiere: 335 Pferde. Diese Nacht verbrachte Cardigan bei seinen Leuten auf dem Feld, in der Nähe seines verwundeten Adjutanten, in seinen Mantel gewickelt – und nicht auf seiner Yacht nach dem Genuß einer Flasche Champagner, wie Böswillige später erzählten.

Was nach dem Angriff der Leichten Brigade kam, war nur noch ein Epilog, obwohl dieser Epilog bis zum nächsten Tag dauerte und obwohl der Kampf sogar noch den Schauplatz wechselte. Zunächst hatte die französische Reiterei die russischen Batterien auf den Fediu-kin-Höhen attackiert, hatte die Artilleristen getötet, sich aber vor der russischen Infanterie wieder zurückgezogen. Eine Aktion, die auch den Überlebenden der Leichten Brigade den ungefährdeten Rückzug ermöglichte. Dann hatte Cathcart endlich die vierte Redoute wieder besetzt, nur daß die Russen längst verschwunden waren. Der Kampf löste sich in Einzelaktionen der Plänkler und Kosaken auf.

Am 26. Oktober erfolgte ein massierter Angriff auf die Belagerer aus ganz anderer Richtung, nämlich aus Sewastopol. Gegen 10 Uhr verlie-ßen rund 8000 Russen mit 32 Geschützen die Bastion Nr. 2 und drangen über die Sapeur-Straße auf die Höhen von Inkermann vor, dem Plateau oberhalb der Tschernaja-Bucht, wo der rechte Belage-rungsflügel der Engländer endete.

Hier befand sich in der Nähe des *Bombenberges,* der von den Fe-stungsgeschützen besonders gerne »eingedeckt« wurde, falls sich hier jemand sehen ließ, das Lager der 2. Division unter Sir de Lacy-Evans. Die Russen rückten in drei Kolonnen vor, je 1500 Mann stark und trieben die englischen *Pickets*, Beobachtungs- und Postentruppen, in Kompaniestärke, erst einmal vor sich her, ließen sich dabei aber fast zwei Stunden lang hinhalten, daß den Engländern Zeit gegeben wurde, die Division in Schlachtordnung mitsamt ihrer Artillerie auf-zubauen. Zusätzlich rückte der Herzog von Cambridge mit der Garde-Brigade (darunter Grenadiere und Schottische Füsiliere) und General Bosquet mit fünf Bataillonen heran. Die Russen brachen daraufhin dieses halbherzig geführte Unternehmen ab und zogen sich, da auch die englischen Lancaster-Geschütze ihrer Infanterie Feuerun-terstützung aus der Ferne gaben, in großer Unordnung zurück, ohne ihre Toten mitnehmen zu können. Neunundsechzig russische Soldaten, darunter vier Offiziere wurden gefangengenommen, der Verlust der Engländer belief sich auf 82 Mann. Am gleichen Tag wurden aber auch über achtzig gefangene alliierte Soldaten in Sewastopol einge-bracht.

Das Ganze war aber nur der Auftakt und gewissermaßen die miß-glückte Generalprobe für einen entschieden schwereren und ernst-hafteren Angriff wenige Tage später.

Während dieser Kämpfe herrschte im stillen Tal von Balaklawa eine inoffizielle Waffenruhe. Einige russische und englische Kavalleristen gingen über das mit toten und sterbenden Menschen übersäte Feld und erschossen mit ihrer Pistole die Pferde, die unfähig waren, wieder auf die Füße zu kommen und schaumbedeckt und zähnebleckend im Gras lagen oder mit den Beinen schlugen. General Liprandi machte den gefangenen Engländern Komplimente und versicherte sie seiner Trauer.

Lucan hatte seinen kühlen Kopf bewahrt und die Schwere Brigade nicht mehr eingesetzt, als er sehen mußte, wie Cardigans Brigade massakriert wurde: »Sie haben die Leichte Brigade geopfert, sie werden nicht die Schwere Brigade bekommen!« Für böse Zungen hatte er nur seinen Spitznamen gerechtfertigt: *General Look-on.*

Trotz allem wälzte Cardigan die Schuld an diesem »verrückten Streich« ganz auf Lucan ab, mit dem ihn nun wieder der alte Haß verband. Raglan zog sich in seinem Bericht an die Regierung in London elegant aus der Affäre, indem er von einer heroischen Attacke auf Grund eines Mißverständnisses sprach, Lucan nicht direkt verantwortlich, jedoch den Vorwurf machte, die Situation nicht übersehen zu haben, während Lucan in einem Schreiben, das er auf dem Dienstweg weiterleitete, auf völliger Rehabilitierung bestand; denn seiner Meinung nach hatte der Mann die Verantwortung zu tragen, der die beste Übersicht von allen gehabt hatte – der Oberbefehlshaber. Und dieses Schreiben versuchte wiederum Airey zu verhindern, um dem Ansehen der Armee nicht zu schaden. Es muß anerkannt werden, daß keiner von ihnen die Schuld dem toten Nolan gab, von dem Lucan annahm, er hätte die Attacke sogar mitreiten wollen.

Wenige Tage später verließ der Earl of Cardigan, der fortan *Cardigan von Balaklawa* hieß, die Krim. Die Russen feierten die Schlacht von Balaklawa als Sieg, weil sie das Schlachtfeld behaupten konnten. Ein Unentschieden entsprach dem wirklichen Schlachtverlauf.

Inkerman – »Welch eine Schlachtbank!«

Wenige Tage nach der halbherzig geführten Schlacht bei Balaklawa holte Menschikow zu einem großen Schlag gegen die Alliierten aus. Die Zeit drängte. Die Belagerung war so weit fortgeschritten, daß mit einem baldigen Sturm auf Sewastopol gerechnet werden mußte. Nachdem alle Verstärkungen, darunter das 4. Korps aus dem Donauraum, eingetroffen waren, konnte der Fürst auf eine respektable

Streitmacht zählen, die den Belagerern zahlenmäßig überlegen war. An der Ausarbeitung des Angriffsplans war sogar der Generalstab in Petersburg beteiligt, und der Zar hatte seine beiden Söhne, die Großfürsten Nikolaus und Michael, auf die Krim gesandt, um an dem Kampf teilzunehmen. Insgesamt standen auf der Krim zwar 108 000 Mann, aber nur knapp 60 000 wurden operativ eingesetzt.

Mittlerweile war den Russen klargeworden, daß die Verteidigungsstellungen der Engländer und Franzosen von der Landseite her ziemlich unangreifbar waren. Aber es gab doch noch eine »weiche Stelle« in der Front der Alliierten, und das war der rechte Belagerungsflügel der Engländer, die Ostecke des Plateaus.

Die englische Front schloß nicht direkt mit der großen Bucht ab, sondern ließ zwischen Vorposten und Ufer eine Lücke, durch die die neue Sapeurstraße nach Sewastopol verlief. Sie begann bei der zweiten Bastion, dem kleinen Redan, schlängelte sich ein Stück landeinwärts und führte dann unterhalb des Steilufers bis zur Mündung der Tschernaja, wo sie vor der Brücke von Inkerman auf die alte Poststraße traf. Neben dem Fährbetrieb über die große Bucht an der Nordseite war dies die zweite Verbindung der belagerten Stadt mit dem Hinterland; die Russen benutzten sie aber so gut wie nie, da sich hier alles unter den Augen der Belagerer abspielte.

Die Engländer hatten dieser Stelle bisher keine große Beachtung geschenkt und nur oberhalb der großen Bucht auf den steilen Höhen von Inkerman mehrere Erdwerke und Batterien angelegt, darunter auf dem äußersten rechten Flügel die Redoute Nr. 1 oder »Sandsackbatterie« in der Nähe der alten Poststraße. Es war eine Batterie ohne Kanonen! Die Redoute Nr. 2 lag 500 m weiter südlich unmittelbar an der Straße, ein Graben zerschnitt ihre Trasse. Den Engländern unterlief hier derselbe Fehler wie den Russen an der Alma: Sie hielten einen Angriff von Infanteriekolonnen mit Artillerie von dieser Seite aus auf die Anhöhen für so unwahrscheinlich, daß sie den Ausbau der Redouten vernachlässigten und noch nicht einmal die Brücke über die Tschernaja bei den Ruinen von Inkerman gründlich zerstört hatten.

Andererseits waren die Engländer gar nicht stark genug, um zugleich die Belagerung intensiv vorwärts zu treiben und auch noch sich gegen einen Angriff von außen zu sichern. Vergeblich hatte Raglan Canrobert gebeten, ihm Truppen für die Verteidigung der exponierten Flanke zur Verfügung zu stellen, da die Franzosen mit ihren 40 000

Mann um 15 000 Mann stärker waren als die Engländer. Die englischen Generäle verzichteten auf die Anlage von Erdwerken auch deshalb, weil sie der Ansicht waren, sich in einer offenen Feldschlacht mit beweglichen Truppen besser schlagen zu können. Eine gewisse Sorglosigkeit war ihnen nicht abzusprechen.

Der russische Angriffsplan schloß die Beteiligung der Truppen in Sewastopol ein und beruhte auf einer genauen Koordination aller beteiligten, aus verschiedenen Richtungen anmarschierenden Kolonnen. Die Experten bescheinigten ihm »napoleonische Kühnheit«; die Frage war nur, ob die russischen Regimenter in ihrer bekannten Schwerfälligkeit überhaupt in der Lage waren, die Idee in die Tat umzusetzen.

Optimistisch schrieb Menschikow, der ja auch das Gefecht von Balaklawa als einen Sieg betrachtete, an den alten Paskiewitsch nach Warschau, daß man in Zukunft »die Erinnerung an die exemplarische Züchtigung der vermessenen Alliierten bewahren werde: Sewastopol bleibt uns! Der Himmel beschützt sichtbar Rußland!«

Die erste Kolonne, als rechter Flügel eingesetzt, wurde von General-Leutnant Sojmonow geführt und bestand aus sieben Regimentern, rund 19 000 Mann. Sie sollte Sewastopol um 5 Uhr über die Schiffswerftbucht beim kleinen Redan verlassen, ein Stück die neue Sapeurstraße benutzen und dann eine Stellung am Kilen-Grund (Kiel-Schlucht) beziehen, und zwar zeitlich vor dem Eintreffen der anderen Kolonne des linken Flügels. Diese zweite Kolonne war 16 000 Mann stark und führte mit 96 Geschützen doppelt so viel Kanonen mit sich; sie rückte über die Brücke von Inkerman an. Ihr Ziel, die Redoute Nr. 1 auf dem Plateau, konnte sie nur über die Poststraße und einen Hohlweg gewinnen, weshalb Sojmonow die Aufgabe zufiel, ihr Feuerschutz zu geben und die Engländer abzulenken. Nach Vereinigung beider Kolonnen war General Dannenberg als Oberbefehlshaber und Lenker der Schlacht vorgesehen. Einer dritten Gruppe unter Fürst Peter Gortschakow, 20 000 Mann stark und vor allem mit Kavallerie ausgerüstet, war der Angriff aus dem Dorf Tschorgun Richtung Sapun-Rücken zugeteilt. Nach dem Plan gerieten Engländer und Franzosen also unter Druck aus drei Richtungen! Und um das Maß der Verwirrung vollzumachen, war ein Ausfall aus der Bastion Nr. 4 vorgesehen mit dem Ziel, sich des französischen Artillerieparks zu bemächtigen und die Geschütze zu zerstören.

Zwar setzte Menschikow wie Liprandi bei Balaklawa auf den Augenblick der Überraschung, doch veranstalteten die Russen in der Nacht vor dem Angriff eine Fülle von Gottesdiensten und Festlichkeiten in einer derartigen Lautstärke, daß Gesänge und unablässiges Glockengeläut bis zu den Wachtposten und Zelten der Belagerer drangen. Auch die Wachtfeuer der lagernden russischen Truppen bei den Ruinen von Inkerman in der Nähe der Brücke waren den Engländern nicht entgangen.

»Unsere Truppen sind durch priesterlichen Segen zum Siege oder Tode geweiht, und das Geschrei, mit dem sie zu Ende dieser Zeremonie in den Kampf geführt zu werden verlangten, war so gewaltig, daß die Feinde, wenn sie dadurch nicht aus der Ruhe geschreckt und auf die ihnen drohende Gefahr aufmerksam gemacht worden sind, fürwahr den Schlaf der Gerechten schlafen müssen«, schrieb der deutsche Arzt, der wieder nach Sewastopol abkommandiert war, in der Nacht vom 4. zum 5. November; vor allem wurde »das Trinken nicht vergessen, eine russische Nationalleidenschaft, vom General abwärts bis zum gemeinen Solaten«.

Die Überraschung gelang tatsächlich. Sprühregen, Nebel und dichtes Gestrüpp auf dem Plateau begünstigten das Unternehmen. Ein schwerer Fehler unterlief Menschikow aber gleich zu Beginn; anstatt westlich der Kiel-Schlucht, am Malakowturm vorbei, vorwärts zu gehen, wählte Sojmonow den kürzeren Weg östlich der Schlucht und griff dadurch nicht den linken Flügel der Engländer, sondern deren Zentrum an und geriet überdies auf die Angriffsseite der Kolonnen aus Richtung Inkerman, so daß sich hier bald eine heillose Verstopfung auf dem engen Terrain ergab und die russische Übermacht überhaupt nicht zur Entfaltung gebracht werden konnte.

Das Mißverständnis ergab sich aus einem unklar formulierten Befehl, der es Sojmonow überlassen hatte, selber seine Route zu wählen, während es Dannenberg wiederum unterließ, in der Nacht vom 4. zum 5. November den Sachverhalt zu klären, als ihm Sojmonow noch einmal schriftlich sein Vorgehen mitteilte. Unglücklicherweise verirrten sich auch noch zwei seiner Regimenter in der pechschwarzen Dunkelheit, so daß sie beim Angriff vorerst fehlten. Hinzu kam, daß die Wiederherstellung der Brücke über die Tschernaja länger dauerte und die zeitliche Disposition durcheinander geriet. Dadurch verzögerte sich der Aufmarsch der Artillerie.

Ein Teil der Engländer von der 2. Division, die hinter der Redoute Nr. 2 ihr Lager hatte, war gerade dabei, Holz zu sammeln und Wasser zu holen, um sich nach der Nachtschicht in den Belagerungsgräben Frühstück zu machen, als die ersten Schüsse fielen.

Geistesgegenwärtig schickte der verantwortliche General Pennefather sofort alle Mann, die er in der Eile zusammenbringen konnte, zur Verstärkung der Feldwachen und Vorposten (*Pickets*) los, um die Russen hinzuhalten und damit Zeit zu gewinnen. Inzwischen fegten die Granaten der russischen Artillerie, aufs Gratewohl abgefeuert, auch schon durch die Zeltreihen, töteten die an Pfählen angebundenen Pferde und richteten eine allgemeine Verwirrung an. Die Redouten gingen erst einmal verloren.

Reguläre Linienbildung oder Schlachtaufstellung war unmöglich. Aber auch bei den Russen löste sich in dem muldenreichen und mit dichtem Unterholz bestandenen Gelände bald die Front auf. Dazu kam der dichte Nebel, der nur eine Sicht auf wenig mehr als 10 m erlaubte und die Unterscheidung zwischen Freund und Feind erschwerte. Entscheidende Hilfe bekamen die Männer der 2. Division auf ihrer linken Flanke von vier Kompanien des 77. Infanterie-Regiments, das auf Initiative von General Buller hereilte. Nun wurde der Nebel zum entscheidenden Nachteil der Russen. Er erlaubte nur noch den Kampf von kleinen Rudeln oder einzelnen Soldaten; sobald die russischen Infanteristen ihren Halt in der kompakten Masse, den Schulterkontakt mit dem Nebenmann verloren, verloren sie auch ihren Kampfgeist, im Gegensatz zu den Engländern, deren Kampfmoral sich gerade jetzt überlegen erwies. Zwar gingen drei englische Geschütze verloren, doch drängten die »77er« die Russen bald zurück und verfolgten sie sogar bis zum *Bombenberg*, von den Russen *Kosakenberg* genannt, auf dem die Artillerie stand. Zahllose russische Infanteristen, die auch mit dem ihnen zugeteilten Wodka nicht ihre Angst hinuntergespült hatten und sich tot stellten, wurden von den Engländern mit dem Kolben erschlagen.

Der erste Erfolg auf seiten der Engländer war aber nur der Auftakt zu einem der mörderischsten Gemetzel auf den Schlachtfeldern des vorigen Jahrhunderts. Die Schlacht von Inkerman bestand aus einer Folge rücksichtsloser Bajonettangriffe, in denen die Engländer den Russen um nichts nachstanden. »Man kämpfte mit einer an Wut grenzenden Erbitterung in Schluchten und Talengen, in Gebüschlichtungen und abgelegenen Vertiefungen, nirgends sah man mehr als 30 Schritte vor sich, niemand konnte sagen, wo der Feind stand, woher er kam und wohin er zog«, hieß es in einem Bericht.

Die Engländer standen nun in einem dem Gegner zugekehrten offenen Halbkreis aufgebaut: in der Mitte bei der Redoute Nr. 2 die Brigade Pennefather, zur Linken, am Kilen-Grund, die Brigade Codrington, zur Rechten an der Redoute Nr. 1 die Brigade Adams – jede Brigade drei Regimenter stark. Nach dem Gefecht im Zentrum ging der Kampf nun um den Besitz der nördlichen Redoute. Codrington hatte einen Angriff des Regiments Katharinenburg abwehren können. Nach dem Tod von Sojmonow entfiel auf dem rechten Flügel der Russen jegliche einheitliche Leistung. Anstatt im Feuer gewesene Regimenter neu zu formieren und mit Munition zu versehen, wie es die Engländer machten, marschierten Sojmonows abgekämpfte Bataillone einfach ab und davon.

Um 8 Uhr verschwanden damit zehn Bataillone vom Gefechtsfeld, und die Engländer konnten sich ganz auf ihren eigenen rechten Flügel konzentrieren.

Raglan erschien um 7 Uhr und mußte sich erst einmal orientieren, wo der Schwerpunkt des Angriffs lag. Fast zur selben Zeit trafen die ersten Einheiten der russischen Angriffsgruppe aus Richtung Inkerman, die Regimenter Borodino und Tarutino (acht Bataillone) ein. Der rechte Flügel unter General Adams geriet mehr und mehr in eine verzweifelte Situation, das 41. und 49. Grenadier-Regiment war nur noch jeweils 700 Mann stark. Da die Gewehre durch den Regen und Nebel feucht wurden, konnten die Engländer nicht ihre überlegene Reichweite ausspielen. Angeblich wechselte die Redoute Nr. 1 viermal den Besitzer, doch kam in der Hitze des Gefechts niemand zum Zählen. In der Umgebung dieser Stellung sollten später über 1 500 tote und schwer verwundete Russen gefunden werden; sie lagen buchstäblich »in Schichten übereinander«.

Ohne Raglans Befehl kam die Garde-Brigade der 1. Division unter dem Herzog von Cambridge vom linken Flügel herüber, um General Adams zu helfen, gerade rechtzeitig, weil hier nun 12 Bataillone der Regimenter Ochatsk, Jakutsk und Selenginsk eingesetzt wurden.

Als die Schotten, die mit ihren Bärenfellmützen einen großen Eindruck bei den Russen hinterließen, auftauchten, hatten sich die englischen Grenadiere jedoch gerade aus der Redoute zurückgezogen.

Einen Kampf um ein paar Quadratmeter sahen sie als völlig nutzlos an und gedachten lieber aus der Bewegung her wieder von einem erhöhten Punkt aus anzugreifen.

Ihr aufmunterndes Geschrei lud die Russen geradezu ein, sich wieder in den für sie wertlosen Besitz der Redoute zu setzen, was den Offizieren der Garde völlig absurd erschien.

Kaum hatten die Schotten die Russen aus der Redoute vertrieben, als sie zu ihrem Schrecken ein völlig neues, weitaus stärkeres Regiment der Russen im Anmarsch bergan sahen. Nun überließen die Gardesoldaten den Russen die Stellung, die mit großem Siegesgeschrei von der Umwallung hinuntersprangen und dabei auf die weichen, zuckenden Leiber der Toten und Halbtoten traten. Und wiederum sahen sich jetzt die Grenadiere in ihrer Regimentsehre herausgefordert und begannen, die Russen mit dem Bajonett, mit Felsbrocken und Knüppeln anzugreifen, weil ihnen die Munition ausgegangen war.

Inzwischen war auch George Cathcarts 4. Division heran. Da er die meisten seiner Bataillone an alle Brennstellen der Front abgegeben hatte, standen ihm nur noch 400 Mann zur Verfügung, die er nun auf Raglans Befehl auch noch zur Unterstützung der Garde an den rechten Flügel schicken sollte. Der alte General, der einmal der Liebling Wellingtons gewesen war, dachte jedoch nicht daran, seine letzten Leute zu verzetteln, und griff auf eigene Faust ein allein stehendes Regiment der Russen im Tal an, ein gutes Ziel, das Raglan seiner Meinung nach übersehen hatte. Nun riß der Nebel auf, deutlich waren die feuerroten Röcke der Engländer und das gelblich-graue Tuch der Russen zu unterscheiden. Cathcarts Regiment geriet in schweres Artilleriefeuer, dann wurde ihm der Rückweg abgeschnitten; seine erschöpfte Truppe mußte bergan zurück. Nur wenige kamen wieder bei den eigenen Linien an. Cathcart stürzte, tödlich getroffen, von seinem Pferd.

In dieser kritischen Phase der Schlacht entschloß sich Raglan nun endlich, das Hilfsangebot der Franzosen anzunehmen. Die beiden erfahrenen Generäle Canrobert und Bosquet hatten längst erkannt, daß Fürst Gortschakow, der Führer der dritten Angriffsgruppe bei Tschorgun, überhaupt nicht daran dachte, sich mit seinen Truppen in eine exponierte Stellung zu versetzen, bevor der Kampf auf den Höhen von Inkerman entschieden war. Kurz entschlossen dirigierte

Canrobert Bosquets 2. Division um und ließ sie dem rechten Flügel der Engländer zueilen. Damit begann der Kampf der Franzosen um die Redoute Nr. 1. Der ständige Nachstrom frischer Truppen von Zuaven, algerischen Scharfschützen, Infanterie, Chasseurs d'Afrique brachte die Entscheidung.

Noch immer war die Sicht beschränkt, da der Regen den Pulverdampf herunterdrückte. Als Bosquet zur Redoute ritt, war er entsetzt von dem Bild, das sich seinen Augen bot. Nur mit Mühe konnte er sein Pferd bewegen, über die Leichenhaufen hinwegzutreten. Sein Kommentar »Was für eine Schlachtbank!« gab der Sandsackbatterie ihren neuen Namen: *»Batterie de l'Abattoir«*.

Bald darauf mußte Dannenberg zur Kenntnis nehmen, daß die Schlacht verloren war. Der Rückzug begann. Für viele Truppenteile wurde der schmale Weg vom Plateau hinunter zu einer Katastrophe. Die Zuaven verfolgten die Russen bis in die Schluchten, Steinbrüche und Hohlwege; viele wurden von den »vom langen Gemetzel trunkenen Franzosen«, wie Bazancourt zugab, die Steilhänge hinuntergestoßen. Das völlige Chaos wurde durch zwei Kriegsdampfer in der großen Bucht verhindert, die den Rückzug deckten, weiterhin durch Artillerie, die den zurückströmenden Regimentern aus dem Festungsbereich entgegenkam, eine Initiative Todlebens.

Auch der Ausfall aus der Festung beim Quarantänefort war gescheitert. Rund 5000 Mann, darunter das Regiment Minsk, hatte die Franzosen zunächst im dichten Nebel überrascht und aus den Batterien der ersten Parallele herausgedrängt, sahen sich dann aber bald in einer unhaltbaren Position. Zwei Regimenter, ein Jägerbataillon, vier Kompanien der Fremdenlegion begannen nun, die Russen zurückzudrängen und bis an die Festungswälle zu verfolgen, als die Rückzugsbewegung in eine wilde Flucht überging. Hier fingen sich nun aber wiederum die Russen und begannen, die Franzosen zurückzujagen. Auch deren Rückzugsbewegung artete in eine Flucht aus. Ein französischer General fiel.

»Nein, es ist zum Rasendwerden! Geschlagen, trotz des Heldenmutes unserer Soldaten, geschlagen, während wir den Sieg schon in den Händen hatten«, schrieb der deutsche Arzt in sein Tagebuch. Ihm fiel es schwer, eine Bilanz zu ziehen, »denn gesehen hat bei dem Regen und Nebel jedermann nur das Nächste, was er vor Augen hatte und auch das kaum genau.«

Ein Rätsel stellte nicht nur die Passivität Gortschakows dar, sondern vor allem eine merkwürdige Pause im russischen Angriff zu einem Zeitpunkt, als die Russen auf dem Schlachtfeld noch überlegen gewesen waren. Zwischen 10 und 11 Uhr hatten sie ihre Truppen zeitraubend und umständlich unter dem Geschützfeuer der Engländer umgruppiert, nur um eine »reglementsmäßige Gefechtsformation« einzunehmen, die auch schon vorher auf den Exerzierplätzen von Sewastopol geübt worden war, ohne mehr als eine allgemeine Verwirrung zu erzielen. Der deutsche Arzt, selber in der Schlacht verwundet, fand, daß »im Hauptquartier dieser Fehler mit einer ungewöhnlichen Schweigsamkeit bedacht wurde«. Seiner Meinung nach konnte »die Sache nur eine sehr hochgestellte Person angehen, da die Herren sonst gerade eben nicht durch Schonung oder Zurückhaltung bei Beurteilung anderer sich auszuzeichnen pflegen«, wie er seinem Tagebuch anvertraute.

In der Tat ging diese Anordnung auf den Zaren zurück. Er hatte mit der Formationsänderung von Bataillonskolonnen in Kompaniekolonnen sogar die beste Absicht: die Russen sollten sich der alliierten Kampfweise anpassen, um die bisherige typische Massierung aufzulockern. Doch durch die hohen Offiziersverluste war es während der Schlacht unmöglich, die Truppen besser zu führen. Wie in der Schlacht an der Alma war es die besondere Aufgabe der vor den Linien ausgeschwärmten Einzelschützen, der Plänkler, die Offiziere herauszuschießen, um die Mannschaft kopf- und mutlos zu machen. Beide Seiten setzten ihre Scharfschützen dazu ein.

Die Russen mochten sich trösten, daß auf englischer und französischer Seite Glück und Improvisation geherrscht hatten und nicht etwa überlegene Feldherrnstrategie, wie Bazancourt schrieb. Auch der Zar war nicht der Hauptschuldige. General Dannenberg hatte seine Bataillone hintereinander in den Kampf geschickt und rund ein Drittel (vier Regimenter bzw. 16 Bataillone) seiner Streitmacht in Reserve gehalten, anstatt alles auf eine Karte zu setzen. Und während sich die russische Artillerie so gut wie gar nicht bewegte, obwohl ja ihre brillante Manövrierfähigkeit bei der Parade gerühmt wurde, hatten die Engländer und Franzosen die Geschütze ihren Truppen folgen lassen, was die Russen aus der bekannten Angst unterließen, Geschütze zu verlieren.

Auf allen Seiten waren die Verluste hoch: über 4 000 Mann bei den

Alliierten, darunter neun Generäle; die russischen Verlustzahlen erreichen 12 000 Mann, darunter sechs Generäle und 289 Offiziere.
Die Russen konnten noch nicht einmal ihre Schwerverwundeten bergen. Sie hatten zwar die Schlacht verloren und damit die Hoffnung, die Alliierten ins Meer zu werfen, doch blieb die Niederlage nicht ohne günstige Auswirkungen. Für die Engländer bedeutete die Schlacht von Inkerman ein Pyrrhussieg. Der Plan, am 7. November Sewastopol zu stürmen, mußte aufgegeben werden. Raglans Ziel, den Winter auf keinen Fall auf der Krim zu verbringen, war fehlgeschlagen. Denn nun betrat ein neuer Feind den Schauplatz – *General Winter*, der alte Verbündete Rußlands.

Novemberstürme

Auf die Engländer und Franzosen kam nun die schaurige Pflicht zu, das Schlachtfeld aufzuräumen. In einem formellen Brief baten Raglan und Canrobert Fürst Menschikow, sich an der Bergung der toten und schwerverwundeten Russen zu beteiligen. Doch Menschikow lehnte ab: das sei die Aufgabe desjenigen, der das Schlachtfeld behaupte, also die des Siegers. Über drei Tage brachte man mit dem Einsammeln der Toten zu, die in seltsam verkrümmten Stellungen die Höhen von Inkerman bedeckten, noch im Tod hatten sie ihre Gewehre an sich geklammert. Allerdings unterließ man es, in den unwegsamen Tälern nach Russen zu suchen; noch Jahre nach Beendigung des Krimkrieges sollten Einwohner aus der Stadt hier auf die Skelette von Soldaten stoßen. Über 4 000 tote Russen kamen ins Massengrab. Die Türken, die ja an der Schlacht nicht beteiligt gewesen waren, wurden als Leichenträger eingesetzt.
Zur großen Überraschung der gefangenen Russen stellten sich die Engländer und Franzosen nicht als Ungeheuer heraus, schnitten ihnen auch nicht die Ohren ab, wie ihnen ihre Vorgesetzten versichert hatten, ganz offensichtlich in Erinnerung an die Bräuche aus den Kriegen mit den Türken.
Es war ein deutscher Prinz, Eduard von Sachsen-Weimar, der als Adjutant Lord Raglans auf der Krim stand und die Queen Victoria persönlich von den schrecklichen Ereignissen informierte, wobei er auch nicht auf so unerhebliche Details verzichtete, daß eine Granate

im Lager der 2. Division einen Offizierskoffer getroffen habe und dessen Inhalt in alle vier Winde zerstreut: »Niemals werde ich den Anblick der toten und sterbenden Russen vergessen, einige dieser armen Unglücklichen hatten wenigstens 60 Stunden auf dem Felde zu liegen, bevor sie in die Lazarettzelte geschafft werden konnten. Die Mehrzahl starb natürlich. Ich fürchte, das ist eins der notwendigen Übel des Krieges, denn wir mußten unsere eigenen Leute natürlich zuerst versorgen.«

Die Schlacht von Inkerman hatte noch ein übles Nachspiel. Nach Gerüchten war es auf russischer Seite zu Übergriffen gekommen, angeblich hatte ein russischer Major seine Soldaten ermuntert, auf der Erde liegende englische Verwundete zu töten. Dieser Major geriet durch einen Zufall in englische Gefangenschaft, doch konnte ihm kein Kriegsverbrechen nachgewiesen werden.

Trotzdem hatten die beiden alliierten Oberbefehlshaber bereits bei Menschikow Protest eingelegt, obwohl sie selber fairerweise zugaben, daß in einer kämpfenden Armee einzelne Gewalttaten schwer zu verhüten seien – »solche Handlungen sind allerdings bei uns durchaus nicht zu befürchten, weil sie nicht nur dem Kriegsbrauch als auch den Vorschriften des Christentums zuwider sein würden«. Menschikow wies den Vorwurf natürlich zurück und beschwerte sich seinerseits, daß die christlichen Belagerer die Plünderung christlicher Kapellen auf der Krim geduldet hätten.

In der Tat gab es einen englischen Soldaten, der von den Russen trotz seiner Verwundung mehrmals bajonettiert worden war; doch hatten ihn seine eigenen Leute wiederum nachher hochgehoben und brutal auf den Boden fallen zu lassen, um zu sehen, ob noch Leben in ihm war. Bei den Briten waren es die Regimentsmusiker, die als Krankenträger abgestellt wurden. Die Belagerungsarbeiten waren trotz der Kämpfe mit der russischen Entsatzarmee weitergegangen. Am 1. November hatten die Franzosen den dritten Parallelgraben angelegt und waren damit nur noch 150 m von der Mastbastion an der Woronzow-Straße entfernt. Zu den artilleristischen Neuheiten gehörte auch eine mobile Batterie von sechs leichten Mörsern, die je nach Notwendigkeit »bald hier, bald dort« aufgebaut werden konnte. Es gab keinen Tag ohne Kanonade, die Alliierten rechneten bei einem normalen Tag, an dem nichts Besonderes vorlag, mit 100 Mann Verlust, bei den Russen war es die doppelte Zahl.

Während die Franzosen die Beschießung intensivierten, ging die Tätigkeit der Engländer immer mehr zurück. Am 1. November standen ihnen nur noch 550 Schuß für die schwere Belagerungsartillerie zur Verfügung, auch steckten sie noch immer in ihrer ersten Parallele, da ihnen die Grabungsarbeiten wenig zusagten.

Nach dem 5. November machte sich eine allgemeine Entmutigung im Lager der Engländer breit. General de Lacy-Evans empfahl sogar Raglan, die Belagerung aufzugeben. Viele Offiziere quittierten ihren Dienst und reisten ab. Auch machte die Abreise des Prinzen Napoleon und des Herzogs von Cambridge, des Kommandeurs der Garde-Division, in der Öffentlichkeit einen schlechten Eindruck. Aber nur im Fall des Prinzen reiste ein Mann ab, der sich weder in die Hierarchie noch in das Lagerleben hatte einordnen können. Der Duke of Cambridge war nach dem blutigen Gemetzel auf den Höhen von Inkerman einem Nervenzusammenbruch nahe, er hatte sich nicht den Anforderungen gewachsen gezeigt und mehr Unordnung angerichtet als Ruhe in seine Truppen zu bringen. »Alle meine Waffenbrüder sind tot, meine Schuld ist es nicht, wenn ich nicht mit gefallen bin«, wiederholte er. Man befürchtete einen Selbstmordversuch.

Hinzu kam die Tatsache, daß sich die Generäle gegenseitig mit Vorwürfen bedachten. General Burgoyne wurde als »*nincompoop*«, also als Trottel bezeichnet. General Brown, der sich noch immer als der Sieger von der Alma vorkam, als »der größte Idiot der britischen Armee«.

Eine Woche nach dem Sieg bei Inkerman mußten die Alliierten einen weiteren schweren Rückschlag hinnehmen, der für den kommenden Winter nichts Gutes verhieß. Am frühen Morgen brach ein orkanartiger Sturm los, unter dessen verheerender Wucht das Lager der Engländer und Franzosen in eine Trümmerlandschaft verwandelt wurde. Zelte und Holzbaracken wurden in die Höhe gerissen und über die Ebene verstreut, der strömende Regen verwandelte die Schluchten und Vertiefungen in Schlammseen, Pferde ertranken, Laufgräben standen knietief unter Wasser, das wegen des felsigen Untergrunds nicht absickern konnte, die Pulvervorräte in den Magazinen wurden durchnäßt.

Am schlimmsten traf die Engländer die Wucht der Sturmsäule im Hafen von Balaklawa, wo auch Depots und Materialschuppen standen. In dem schmalen, sackähnlichen Hafenbecken herrschte ohnehin eine drangvolle Enge, die wenig englischen Ordnungssinn verriet. Mehrere Schiffe gingen auf Grund, stießen ineinander oder wurden so beschädigt, daß sie in die Werft mußten. Kurz vor der Einfahrt der Bucht sank der Schraubendampfer *Prince*, mit ihm gingen nicht nur der so dringend benötigte Munitionsnachschub unter, sondern auch die Winterbekleidung: 40 000 Überröcke, Socken, Handschuhe, Stiefel, also die gesamte Ausrüstung der Armee. Von 150 Mann Besatzung überlebten nur zehn. Weiterhin sank die *Resolute* mit 900 Tonnen Schießpulver an Bord.

Zwischen Sewastopol und Eupatoria wurden mehrere Kriegsschiffe und 17 Transportschiffe auf die weit ins Meer reichenden, gefürchteten Sandbänke gedrückt, darunter der Schraubendampfer *Lord Raglan*. Das französische 100-Kanonen-Linienschiff *Henri IV* trieb in der Bucht von Eupatoria an Land. Seine Kanonen wurden später geborgen und vor Sewastopol eingesetzt. Das Gestade der Krim war mit Schiffstrümmern und Leichen übersät. Kosaken feuerten auf die Matrosen, die sich nicht ergeben wollten. In Panik geratene Kapitäne setzten ihre gestrandeten Schiffe in Brand, damit die Ladung nicht in russische Hände fiel. Kriegsschiffe feuerten auf die in Rudeln umherschweifenden beutegierigen Kosaken. Nach Bazancourt bedeutete der 14. November beinahe der Untergang der verbündeten Flotte.

Aber auch Sewastopol wurde durch den Sturm in Mitleidenschaft gezogen. In der Bucht, die man für völlig sicher gehalten hatte, sanken mehrere Schiffe, andere rissen sich von ihrem Anker los, trieben aufeinander zu und gerieten mit ihrer Takelage ineinander, Masten brachen. »Es war, als ob der Orkan die Stadt aus ihren Grundfesten reißen und in das Meer hinausschleudern wollte«, kritzelte der deutsche Arzt in sein Tagebuch. Ältere Offiziere, auf der Flotte des Schwarzen Meeres »alt und grau« geworden, waren der Überzeugung, in ihrer mehr als dreißigjährigen Dienstzeit kaum zwei- oder dreimal ein solches Unwetter erlebt zu haben. »Wäre ich Fürst Menschikow, so würde ich diesen Aufruhr der Elemente zu einem plötzlichen Angriff benutzen, denn eine bessere Gelegenheit, den Gegner vollständig unvorbereitet zu überraschen als die jetzige, findet sich wohl schwerlich jemals wieder, aber alles steckt jedoch auch bei uns den Kopf unter die Decke und niemand denkt daran, diese unverhoffte Gunst des Himmels gebührend auszubeuten«, man trank offensichtlich lieber auf den Untergang des Feindes. Allerdings nutzten die Russen die Gelegenheit dann doch zu einem Angriff auf Eupatoria, jedoch erfolglos.

Nach einer Woche trat endlich besseres Wetter ein. Am 6. Dezember verließen zwei russische Kriegsdampfer die als unpassierbar geltende Schiffsbarriere an der Hafeneinfahrt und griffen alliierte Kriegsschiffe an, beschossen die Belagerungsanlagen der Franzosen und kehrten unbehelligt zurück, bevor die Gegner genug Dampf in ihren Kesseln hatten, um nachsetzen zu können. Danach wurde die letzte Lücke in der Hafeneinfahrt endgültig gesperrt. Es war der letzte dramatische Vorfall im alten Jahr. Der wenig spektakuläre Kampf mit den Elementen, mit Kälte, Schnee und Eis begann.

VII. Zermürbungskrieg

»Mit der Belagerung von Sewastopol beginnen die mono-
tonen und nivellierenden Operationen, bei denen die
Artillerie dominiert – das Vorbild künftiger Materialschlachten.«

Ernst Jünger 1974

Preußen – zwischen zwei Stühlen

In England und Frankreich erwartete man tagtäglich den Fall von
Sewastopol, wie Baron Hübner in Paris schrieb. Dabei hätte man es
sich schon bei der unter außerordentlichem Pomp vollzogenen Beiset-
zung Saint-Arnauds im Invalidendom am 16. Oktober 1854 denken
können, daß Wunsch und Vorstellung ganz offensichtlich nicht mit der
Wirklichkeit auf dem Kriegsschauplatz übereinstimmten, wenn man
sich ein näheres Bild von den Offizieren und Adjutanten machte, die
den Leichnam des Marschalls von Frankreich auf seiner Fahrt durch
das Mittelmeer begleitet hatten und »selber wie Leichen aussahen«.
Nach den Worten eines Frontoffiziers konnte sich niemand »von den
Entbehrungen, den Krankheiten, den Leiden aller Art im Lager und
besonders in den Laufgräben« einen Begriff machen. »Ihre eingefalle-
nen Wangen, bleichen Gesichter, der erloschene Blick« hinterließen –
wie Hübner bemerkte – einen peinlichen Eindruck bei der zahlreichen, hochkarätigen Begräbnisgesellschaft.
Die anfängliche Unzufriedenheit mit Raglan war im britischen Kabinett nach der Schlacht an der Alma und dem »wunderbaren Marsch«
nach Balaklawa in höchstes Lob umgeschlagen. Optimistisch
wünschte ein Regierungsmitglied den Invasionstruppen ein »fröhli-
ches Weihnachtsfest« und machte den Krimkämpfern schon jetzt auf
einen ehrenvollen Empfang in der Heimat im kommenden Frühjahr
Aussichten. Ein Brief, den Raglan am 23. Oktober 1854 nach London
richtete, um auf die Erfahrungen des ehemaligen britischen Konsuls
Catley in Kertsch hinzuweisen, der vor der »russischen Kälte« warnte,
blieb ohne Beachtung.
Während die Lage vor Sewastopol stagnierte, kam es in der Politik
nun doch zu entscheidenden Weichenstellungen. Obwohl der österreichische Kaiser betonte, eine defensive Allianz mit Preußen sei ihm

213

lieber als eine offensive mit England und Frankreich, blieben in Berlin die Befürchtungen bestehen, Österreich würde zuletzt doch noch zu den Westmächten übergehen. Ein Indiz war der enge Kontakt zwischen Hübner und dem französischen Außenminister. Die alte Furcht vor der »Isolierung« ging um. Friedrich Wilhelm IV. wurde zusehends nervöser, während seine Berater zum Abwarten rieten. Im Oktober bot der preußische König schließlich Wien eine »Bekräftigung« des Bündnisvertrages vom April in Form eines Zusatzartikels an, »um Österreich zum Stillstand auf dem verderblichen Weg zu bringen«.

Österreich fühlte sich nun in der Situation des Umworbenen und war nicht dazu bereit, bedingungslos ein Zusatzabkommen zu unterzeichnen. Offiziell teilte Buol am 9. November mit, er wolle sich weder zur Defensive gegenüber Rußland verpflichten, noch es bei der Festlegung auf die vier Punkte bewenden lassen. Doch in einer weiteren, diesmal vertraulichen Depesche, gab er seine Zusicherung, sich »aufs wärmste« bei den Westmächten für Rußland einzusetzen und versprach sogar, mit keiner fremden Macht Abkommen zu treffen ohne vorherige Information seines Bundesgenossen Preußen.

In dem erweiterten Abkommen sollte Preußen allerdings festgenagelt werden, den *casus foederis*, also den Bündnisfall auch dann in Kraft zu setzen und damit Österreich militärisch beizustehen, wenn es auf dem Gebiet der Donaufürstentümer, die Österreich zusammen mit den Türken besetzt hielt, von Rußland angegriffen würde. Außerdem wollte man nun gemeinsam mit den deutschen Mittelstaaten auf die Annahme der vier Punkte in Petersburg drängen, und das bedeutete, daß Preußen auch im Frankfurter Bundestag für die Mobilisierung der Bundesstreitkräfte stimmte, falls es zum Krieg Österreichs gegen Rußland kam.

Den Konservativen um Gerlach, die die Entfernung von Rußland kritisierten, obwohl sie der Politik des Zaren nicht unbedingt zustimmten, gefiel dies alles nicht; doch war der Entschluß Friedrich Wilhelm IV., auf die Bedingungen Österreichs einzugehen, im November gar nicht mehr so extrem, da sich Petersburg immer mehr mit dem Gedanken vertraut machte, die Bedingungen der Westmächte zu akzeptieren. Daß Rußland nicht das Vertrauen zu Preußen verlor, war zu einem guten Teil dem geschickten neuen preußischen Gesandten in Petersburg, Carl Freiherrn von Werther, zuzuschreiben; er gab dem Zaren den Rat, die vier Punkte erst einmal anzunehmen und dann in den Verhandlungen auf Änderungen zu bestehen, obwohl der österreichische Außenminister zwei Schritte unternommen hatte, die den Zaren aufs äußerste verärgern mußten.

Gegen den Willen des österreichischen Generalstabschefs überredete Buol den Kaiser, in eine Ausweitung der Operationen über die Grenzen der Donaufürstentümer hinaus einzuwilligen, und zwar sollte den Türken unter Omer Pascha gestattet werden, die russische Grenze am Pruth zu überschreiten. Buols Argument: Österreich könne unmöglich im Sinn haben, die Türken »an der Besitzergreifung dessen, was ihnen rechtens gehöre, zu hindern!« Buol kalkulierte damit den Zusammenstoß österreichischer und russischer Truppen ein, falls letztere die Türken bei einer fehlgeschlagenen Operation auf das Gebiet der Donaufürstentümer verfolgten. Es war der Zar, der diese neue gefährliche Lage durch den Befehl an seine Truppen entschärfte, auf die Türken zu schießen und vor den Österreichern »zu präsentieren«.

Natürlich war der Zar auch über das Glückwunschtelegramm Franz Josephs an Napoleon III. nach der Schlacht an der Alma verbittert, da sich der österreichische Kaiser – seiner Meinung nach – ganz offensichtlich »über den Tod Tausender Russen freue, die für die Ehre ihres Herrschers gefallen seien«. Gerlach bezeichnete es als Unverschämtheit, den Türken den Übergang über den Pruth zu ermöglichen und Rußland die Verfolgung türkischer Soldaten zu verbieten. Österreich, nicht Rußland war für ihn der »Kriegshetzer«.

Weiterhin ließ Buol am 22. Oktober 1854 die totale Mobilmachung der gesamten österreichischen Armee anordnen, was zur Folge hatte, daß in Kürze über 300 000 Mann und 1 000 Geschütze an der österreichisch-russischen Grenze standen; eine Anordnung, die nach den üblichen Regeln als Kriegserklärung ausgelegt werden konnte.

Für Buol bot der Krimkrieg die einzigartige Gelegenheit, Österreich als gleichberechtigte Großmacht neben Frankreich und England zu etablieren und damit ein entscheidendes Wort beim Ausgang des Krieges mitzusprechen. Das Risiko eines Krieges mit Rußland wurde dabei bewußt eingegangen. Durch den österreichischen Truppenaufmarsch an der Westgrenze des Zarenreiches sollte Rußland daran gehindert werden, weitere Truppen aus dem Westen abzuziehen und auf die Krim zu werfen.

Mehr noch. Hübner erhielt am 30. Oktober die Anweisung aus Wien, die abgebrochenen Allianzverhandlungen in Paris wieder aufzunehmen und Napoleon III. zu bitten, auch London von den nunmehr ernsthaften Absichten der Österreicher zu überzeugen. Österreich drängte sich förmlich den Westmächten auf und bestand sogar auf eine Fristenverschärfung gegenüber Rußland. Als Termin für Rußlands »Unterwerfung« sollte nun der 31. Dezember und nicht erst der April 1855 festgesetzt werden. Einzige Bedingung Österreichs war die Aufnahme einer Klausel in den Tripelvertrag, in der sich die Alliierten verpflichteten, »durch uns in Friedensverhandlungen mit Rußland zu treten, wenn es die vier Punkte bedingungslos akzeptiert«. Napoleon III. versprach Hübner, sein Möglichstes zu tun. Er beglückwünschte Franz Joseph, nunmehr zu den »drei großen Reichen« zu gehören, die Europa den Frieden vorschrieben, »wenn sie in der Verteidigung der Angelegenheit der Ordnung und der Zivilisation übereinstimmen«.

Doch die schwere Niederlage bei Inkerman gab in Petersburg den letzten Anstoß, Verhandlungen aufzunehmen. Am 28. November traf die Zustimmungserklärung des russischen Kabinetts in Wien ein. Zwei Tage zuvor war in Wien das Zusatzabkommen mit Preußen unterzeichnet worden.

Es war zugleich der letzte Versuch, Österreich von dem Übertritt zu den Westmächten zurückzuhalten; eine vergebliche Hoffnung, wie sich bald herausstellte. Die Hoffnung des Zaren, Preußen von Österreich zu trennen und »wie 1813 und 1814 zusammen zu stehen oder zu fallen«, hatte sich allerdings auch nicht erfüllt. Durch Edwin von Manteuffel hatte Friedrich Wilhelm IV. dem Zaren deutlich sagen lassen, daß ein »Treuebruch« für ihn nicht in Frage kam, trotz der für Preußen wichtigen Freundschaft Rußlands.

Für Österreich dagegen war ein Treuebruch kein moralisches Problem, obwohl man in Wien ebenso wie in Berlin seit langem von der Absicht des Zaren zum Einlenken wußte. Für den Neutralitätswunsch Preußens hatte Buol, der sich in seiner Verhandlungskunst unfehlbar vorkam, von Anfang an kein Verständnis gehabt, für die politischen Wünsche der deutschen Mittelstaaten blieb nunmehr nur noch Verachtung übrig: »Eine große Einigung mit Deutschland, um nach Osten und Westen hin den Ausschlag zu geben, ist ein schöner, aber leerer Traum. Preußen fühlt nur Haß und Mißgunst für uns, und die kleinen Staaten kann man nur zu dem, was ihnen frommt, zwingen.«

In Österreich glaubte man sich im Herbst 1854 am Ziel aller politi-

schen Wünsche. Im Deutschen Bund hatte man wieder die Führungsrolle übernommen, Preußen durch einen Zusatzvertrag an sich gebun-
den, gegenüber Rußland Selbständigkeit demonstriert, und gleichzeitig durch die Verbindung mit den Westmächten den territorialen
Zugewinn auf dem Balkan abgesichert. Und auch die italienischen
Besitzungen schienen durch die enge Beziehung mit Frankreich weiterhin garantiert; im Gespräch war ein Geheimvertrag mit Frankreich, der den Status quo in Italien für die Dauer des Krieges fest-
schrieb – und das alles »ohne einen Flintenschuß«. Österreichs Far-
ben wehten von der Nordsee bis zum Schwarzen Meer.

»Ganz reuevoll kehrt man in Österreichs Schoß zurück«, stellte Prokesch in Frankfurt fest, der nun auch Bismarck an die Kandare gelegt
sah, »auch Preußen fügt sich.«

Vergeblich warnte Bruck im fernen Konstantinopel vor der Freundschaft Englands und Frankreichs: »Man bekämpft den Einfluß Rußlands, um sich den Alpdruck Englands und Frankreichs aufzula-
den!«

Aber der Vertrag war bereits in Paris paraphiert worden und galt als so
gut wie abgeschlossen. Nur die Engländer blieben skeptisch. »Wir
werden nun einen Allianzvertrag unterzeichnen«, sagte Palmerston
Hübner unverblümt ins Gesicht, als sie sich in Paris begegneten, »er
wird ein totgeborenes Kind sein.

Unter Allianz verstehe ich Ihre Beteiligung an dem Kriege. Nun aber
werden Sie nie gegen Rußland Krieg führen...«

Der Vertrag sah vor: keine separaten Friedensverhandlungen mit
Rußland ohne vorherige gegenseitige Verständigung, die Verteidi-
gung der Donaufürstentümer durch Österreich, den Abschluß eines
Offensiv- und Defensivbündnisses für den Kriegsfall – von einer
Kriegsbeteiligung war also nicht die Rede; noch nicht. In krassem
Mißverhältnis zu dieser Politik der Stärke standen Österreichs Staats-
finanzen. Die politische Annäherung an Frankreich ging einher mit
Anleihen vom französischen Kapitalmarkt gegen Verkauf und Ver-
pachtung österreichischer Staatsbetriebe und Überlassung eines Teils
der österreichischen Eisenbahnen.

Ausgerechnet am 2. Dezember 1854 – dem Jahrestag von Austerlitz
und der Wiedererrichtung des französischen Kaiserreiches – wurde
der Bündnisvertrag Österreichs mit den Westmächten unterzeichnet.
Der Austausch von Militärattachés folgte.

Obwohl man seit langem durch den preußischen Gesandten in Paris von den Verhandlungen Ahnung hatte, schlug die Nachricht in Berlin wie eine Bombe ein. »Österreich hat uns von neuem verraten, man will uns verderben«, so Friedrich Wilhelm IV. Er dachte zuerst sogar daran, preußische Truppen an der schlesischen Grenze zu Österreich aufmarschieren zu lassen und wurde durch den Jahrestag der Schlacht bei Leuthen am 5. Dezember dazu inspiriert, beruhigte sich aber unter dem Einfluß Manteuffels, der mit Buols Doppelspiel gerechnet hatte. Prinz Wilhelm sah in der neuen Situation nur die Quittung für das monatelange »Schwanken« der preußischen Politik.

Buol überließ seinem Gesandten in Berlin das delikate Geschäft, die erneute Brüskierung seines Bundesgenossen zu rechtfertigen. Nunmehr hieß es, daß eine Defensivallianz mit Deutschland eine Offensivallianz mit den Westmächten nicht ersetzen könne, eine festere Verbindung mit den Westmächten diene überdies »zur Erreichung des gemeinsamen Zweckes«.

Erst recht mußte sich der Zar hintergangen fühlen. Es war wenig glaubhaft, daß die neue Bündnisverpflichtung »aufs Versöhnlichste« gemeint war, wie Buol Gortschakow versicherte, und nur zeitlich mit dem Entgegenkommen Rußlands »unglücklich zusammenfiel«.

In der Geschichtsschreibung hielt sich lange die Legende, Franz Joseph habe im letzten Augenblick, als er von der Annahme der vier Punkte durch Rußland erfuhr, versucht, den Vertragsabschluß rückgängig zu machen und sei von den Westmächten förmlich gezwungen worden, zu seiner Zusage zu stehen.

In Wahrheit gab es keine Unstimmigkeiten zwischen Minister und Kaiser. Zu dieser Geschichtsfälschung gehört auch die Anekdote, Franz Joseph hätte sich in diesem Herbst 1854 mehr um sein junges Eheglück mit »Sissi« und um die Auerhahnjagd gekümmert als um Buols Aktivitäten auf dem diplomatischen Parkett.

Preußen war isoliert, seine Neutralität gefährdet, da es nun auf sich selbst gestellt zwischen Ost und West stand – »zwischen zwei Stühlen«, wie Gerlach befürchtet hatte. Für Napoleon III. spielte nunmehr Frankreich die Hauptrolle im europäischen Konzert: »Jetzt ist Deutschland mit uns, und der Zar hat aufgehört, der Schutzengel der deutschen Regierung zu sein.«

Am 31. Dezember 1854 zog Gerlach die Bilanz: »England und Frankreich in einer unnatürlichen Allianz« – der sich nun auch noch der

»Kriegshetzer« Österreich zugesellt hatte – »führen einen Krieg ohne
Zweck und rufen ein Gottes-Urteil in der Eroberung oder Nichter-
oberung von Sewastopol an, die von Wind und Wetter, Hitze und
Kälte, nicht nur von Menschen abhängt«.

General Winter

Mit Eintritt des Winters verlor der Krieg endgültig allen Glanz. Das
prächtige Bild, das die englische Kavallerie bei ihren Attacken geboten hatte, gehörte der Vergangenheit an. Wenn viele englische Offiziere den Krieg schon deshalb verabscheuten, weil er die Uniformen
verdarb, so war das Lagerleben noch weniger geeignet, die Kriegslust
zu fördern. Mit den Infanteristen und Artilleristen war kein Staat
mehr zu machen. Seit der Schlacht an der Alma waren sie kaum aus
ihren Uniformen gekommen. »Die Parademäßigkeit der äußeren Erscheinung des Soldaten wie auch des Gardeoffiziers machte mit rei-
ßender Schnelligkeit Platz für die Unsauberkeit und Zerlumptheit des
Lagerlebens, ein übler Umstand für eine Nation, welche ihren Stolz
darin setzt, unter allen Völkern die meiste Seife zu verbrauchen«,
stellte etwas gehässig ein Beobachter fest. Das Scharlachtuch glich nur
noch schwach dem strahlenden Rot von einst, die goldenen Epauletten und Tressen waren matt und verblichen, die Stiefel zerrissen.
»Gestern mußte ich durch alle Laufgräben gehen«, berichtete der
Stabsoffizier Calthorpe nach London, »es regnete meist die ganze
Zeit, und nie habe ich etwas dem Schmutz Ähnliches gesehen, den wir
zu durchwaten hatten. Die Leute sahen größtenteils erfroren und
elend aus. Alles, was sie trugen, war durch und durch naß, und selbst
wenn sie endlich nach ihren Zelten zurückkehren, haben sie keine
trockenen Kleider anzuziehen«. Schon aus der Ferne roch man buchstäblich eine Ansammlung von Soldaten.
Die Zahl der Kranken stieg dramatisch an. Im ganzen waren fast
11 000 Mann dienstunfähig, fast ein Drittel der englischen Armee.
In den Lagern konnte kaum Feuer gemacht werden, da es kein Brennholz gab. Nach dem Ende des Sturms hatten die Matrosen die Schiffs-
trümmer im Hafenbecken von Balaklawa geborgen. An den Felsen-
riffen und Ufern lagen ganze Berge von Masten, Planken und Raa-
stangen der geborstenen und gesunkenen Fahrzeuge, »mit denen das

britische Lager sich wochenlang wärmen und sein Essen kochen könnte«, schrieb Russell für die *Times*, »aber man läßt dieses Holz lieber verfaulen, da die Befehlshaber der Flotte es denen am Lande nicht gönnen« – ein Zeichen der alten Rivalität zwischen Marine und Landheer.

Die Wache in den Gräben wurde im 24-Stunden-Rhythmus abgewickkelt. Eine Nacht mußte in dem mit Wasser angefüllten Frontgraben zugebracht werden, wo natürlich auch kein Feuer angezündet werden durfte, um sich gegen die Kälte zu schützen. »Den Rücken an Schanzkörbe gelehnt, auf einem Haufen Steine stehend, mit dem Gewehr in Schußbereitschaft, fast ohne einander zu sehen, kämpfen Offiziere und Gemeine gegen den Schlaf an«, schrieb Russell weiterhin, der sich in eigener Person von den Zuständen überzeugte.

Der Krieg ging trotzdem weiter. Die Russen überraschten die erschöpften Wachen der Alliierten immer wieder durch Ausfälle aus dem Festungsbereich. Viele Engländer wurden im Schlaf erstochen. Den Russen brachten diese Unternehmen nicht viel Gewinn, da sie selbst Verluste hinnehmen mußten. Die Kanonen, die sie in den feindlichen Stellungen vernagelten, um sie unbrauchbar zu machen, waren meist schon am nächsten Tag wieder schußfertig, »entnagelt«. Weitaus mehr als durch die tägliche Gefahr, getötet oder verwundet zu werden, wurden die Soldaten durch die Cholera entmutigt, mit der ständig zu rechnen war.

Die Franzosen, die übrigens ihren Kriegshafen in der Bucht von Kamiesch ungleich ordentlicher hielten als die Engländer Balaklawa, nutzten die Atempause, um eine feste Straße von ihrer Versorgungsbasis bis zu ihren Lagern und zu den Engländern anzulegen. Später sollte sie mit der Woronzow-Chaussee verbunden werden. Während sie zu diesem Zweck rund 6000 Mann ihrer eigenen Armee einsetzten, um den Ausbau voranzutreiben, beschäftigten die Engländer ungefähr 1000 Türken, um die Straße von Balaklawa Richtung Plateau auszubessern. Calthorpes Meinung nach war nicht nur der zähe Lehmboden denkbar ungeeignet, um einen Erfolg zu erzielen, sondern auch auf den Einsatz der Türken wenig Verlaß; für ihn waren sie die schlechtesten Arbeiter der Welt, besonders bei nassem Wetter. Daß die Alliierten auf der Krim erschienen waren, um den türkischen Bundesgenossen bei seinem Kampf gegen den russischen Erzfeind zu unterstützen, schien längst in Vergessenheit geraten.

Der Türke wurde auf beiden Seiten der Front mit der größten Verachtung bedacht. Zwischen den englischen und russischen Vorposten kam es bei Inkerman im Januar zu einem Wortwechsel, der sich danach sogar noch zu gegenseitiger Hilfeleistung ausweitete, als die Russen ihren Gegnern das so bitter benötigte Brennholz schenkten. Nachdem sich englische und russische Soldaten wechselweise bescheinigt hatten, »bono« zu sein, spuckte ein Russe nach dem Wort »Moslem« auf den Boden und schnitt eine Fratze, während der Engländer auf das Stichwort »Turk« so tat, als ob er ausreißen wollte, was alle zu großer Erheiterung veranlaßte. Calthrope, dem die Szene nicht verborgen blieb, fand nichts Böses dabei. Er war ohnehin der Ansicht, daß Vorpostengefechte, bei denen sich die Gegner nur belauerten, um sich bei der ersten besten Gelegenheit zu erschießen, nur unnötige Opfer kosteten. Auch Calthorpe selbst hatte noch keine Winterbekleidung bekommen. Viele Engländer trugen viel zu kleine türkische Überzieher, das Ergebnis einer Winterhilfsaktion in Konstantinopel. Viele Soldaten hatten nicht einmal eine wollene Decke; Ersatz gab es vorerst nicht; dummerweise hatte man im Herbst die kostbaren Schlafdecken als Leichentücher an Stelle von Särgen benutzt.

Da die Truppen tagelang auf halbe Ration gesetzt werden mußten, weil auch der Landtransport zu wünschen übrig ließ, behalfen sie sich mit Pferdefleisch; wo immer ein Tier zusammenbrach, an Überanstrengung, Entkräftung oder an der Witterung verendete, waren auch sofort findige und hungrige Soldaten zur Stelle.

Die Türken dagegen, denen neben Zwieback und Reis auch zweimal die Woche von den englischen Verpflegungsämtern Pökelfleisch zugeteilt wurde, warfen das Fleisch weg, da sie es für Schweinefleisch hielten. Die türkische Regierung schien sie vergessen zu haben. Auf beiden Seiten gab es Deserteure, jede Seite glaubte wohl, daß es der andere besser hätte. Aber nur bei den Engländern glich die Desertion schon einer Massenflucht. »Diese Unglücklichen wissen nicht genug von den Leiden zu erzählen, denen sie draußen im Lager ausgesetzt sind und man braucht nur auf die weißleinenen Hosen zu blicken, um alles, was sie über die Unordnung, Nachlässigkeit und Verschleuderung in ihrer Armee, und über den scheußlichen Betrug und die Gewissenlosigkeit ihrer Lieferanten mitteilen, glaublich und erklärlich zu finden«, hielt der deutsche Arzt in Sewastopol fest.

Die Franzosen setzten Maultiere als Zug- und Transporttiere ein, während den englischen Kavalleristen das Herz brach, wenn sie ihre Pferde sahen – »matt, müde, mit weit hervorstehenden Hüftknochen, die lebendige Erinnerung an die selige Rosinante des Ritters von der traurigen Gestalt«.

Mit der zunehmenden Kälte nahm die gegenseitige Belästigung ab. Zwischen den erschöpften Feldwachen der beiden Gegner kam es zu regelrechten Verbrüderungsszenen. Die Offiziere machten keine Ausnahme und hielten auch das Zeremoniell ritterlicher Höflichkeit ein. Admiral Lyons schickte dem russischen Admiral Istomine, den er vom griechischen Befreiungskrieg her kannte, einen Chester-Käse, um sich für das Arrangement eines Austauschs gefangener Offiziere zu bedanken, und teilte ihm mit, wie leid es ihm täte, daß sie sich gegenwärtig »feindlich gegenüber« ständen; weil er sich an seine alte Vorliebe für englischen Käse erinnere, sende er ihm einen Chester, das sei besser als eine Kugel! Istomine revanchierte sich mit einem Rehbock. Kam jedoch der entsprechende Befehl, ging der Kampf weiter. »Auf ein gegebenes Zeichen grüßt man sich im Kriege, auf ein anderes gegebenes Zeichen schießt man auf einander – so ist nun einmal der Kriegsbrauch«, resümierte Russell.

Ein Soldat des englischen 7. Füsilier-Regiments erschoß sich nach einer durchwachten Nacht in dem vorderen Grabenstück. Seinen Kameraden hatte er kurz vorher anvertraut, den strengen Winter und die harte Arbeit nicht länger ertragen zu können, er sei entschlossen, seinem Leben ein Ende zu machen. Wie Calthorp herausfand, hatte er sechzehn Jahre in dem Regiment gedient und sich stets sehr gut geführt.

Hoher Schnee lag in den Tälern, ein eisiger Nordwind fegte über das kahle, unwirtliche Plateau, auf welchem die meisten Truppen noch immer unter leinenen Zelten lagen.

Den Russen erging es nicht besser. Nach der verlorenen Schlacht von Inkerman hatte der ehemalige Militär-Gouverneur von Odessa, von Osten-Sacken, den glücklosen General von Dannenberg im Oberkommando der 4. Division abgelöst und gleichzeitig auch den Oberbefehl über die Garnison von Sewastopol übernommen.

Viele russische Offiziere sahen in der Unfähigkeit General Dannenbergs die Ursache an der Niederlage bei Inkerman, auch Leo Tolstoi. Der junge Leutnant der Artillerie hatte sich freiwillig nach Sewastopol gemeldet, als er von dem Tod eines alten Kameraden in der

Schlacht erfuhr; das Leben in der Etappe erschien ihm unerträglich, wo mit gesellschaftlichen Veranstaltungen, Bällen und festlichen Diners alles so weiterlief, als ob es gar keinen Krieg gäbe, in dem Rußland um seine Existenz kämpfte. Der ziellose Landadlige, am Spieltisch fast um Hab und Gut gebracht, begann sich in einen ernsthaften Mann zu verwandeln, der in der patriotischen Liebe zu seinem Land und zu seinem Volk neuen Halt fand.

Der Kampf um Sewastopol begeisterte Tolstoi, obwohl ihn die Realität des Krieges zunächst einmal schockierte, weil der erste Eindruck von der belagerten Stadt gar nicht heroisch, eher unerfreulich war, so das abstoßende Durcheinander von Front, Biwak und städtischem Treiben, da ja ein Teil der Bevölkerung in Sewastopol geblieben war.

Nach der Überfahrt über die große Bucht kommt Tolstoi mit dem Kriegsalltag in Berührung: »Keine Spur von Enthusiasmus, Todesbereitschaft, äußerste Entschlossenheit.« Auch die überfüllten Frontlazarette sind kaum geeignet, die Stimmung zu heben. Tolstoi schreckt nicht davor zurück, eine dieser Stätten im ehemaligen Offizierskasino der Stadt zu besuchen, wo man »den Krieg nicht in seiner schönen, glänzenden Form sieht, mit Musik und Trommelschlag und wehenden Fahnen, sondern in seiner wahren Gestalt, in Blut, Leiden und Tod«. Auf den Straßen begegnet er den Leichensammlern, von Kamelen gezogenen Karren.

Er selber gehört zur Artillerie der vierten Bastion, der Mastbastion, die dem französischen Feuer am meisten ausgesetzt ist. Hinter einer Barrikade beginnt der Weg zur vorderen Linie. Es geht an unbewohnten Häusern vorbei, Türen und Fenster sind vernagelt, die Dächer zertrümmert. Auf dem Weg stolpern die Kolonnen über herumliegende, verrostete Kanonenkugeln, über Ziegeltrümmer, treten in wassergefüllte Granatlöcher. Auf der steilen Anhöhe erreicht Tolstoi zuerst die Redoute Jasonow, die auf allen Seiten von Schanzkörben, Erdhütten, Wällen und Geschützplattformen umgeben ist; das von Gräben durchzogene, aufgewühlte Gelände macht mit seinem Durcheinander von Blindgängern, Vollkugeln, Eisensplittern, Ausrüstungsgegenständen den Eindruck einer Müllhalde.

Aber erst ab hier ist der Weg wirklich gefährlich. Ein schmaler Laufgraben führt zur Bastion. Er wird in gebückter Haltung passiert, während die Kugeln über die Köpfe hinweggurgeln und -pfeifen.

Matrosen von der Ablösung quetschen sich vorbei, Soldaten mit Tragbahren, auf denen wimmernde, schlamm- und blutbespritzte Bündel liegen. Aus dem Graben führen Nebenwege zu anderen Stellungen, zu Stolleneingängen, wo Minensprengungen vorbereitet werden. In der Batterie zeigt ein Marineoffizier dem Neuen durch eine Schießscharte vorsichtig den Feind, der nur 120 Schritt entfernt ist – ein weißer Steinwall, kein Mensch ist zu sehen. Doch bei Tag ist es wegen der gegnerischen Scharfschützen gefährlich, die »Masken«, das Mattengeflecht von den Kanonenscharten zu nehmen. Ein Abschuß! Die ganze Stellung vibriert, der Körper zittert, dicker Pulverqualm erfüllt die Stellung. Tolstoi bewundert die Ruhe, Konzentration, Unaufgeregtheit, mit der die Matrosen ihrer Pflicht nachkommen. Ihn erfülle Stolz, schreibt er gleich in seiner Erzählung »Sewastopol im Dezember«; Schlichtheit, Ausdauer – darin besteht für ihn die Stärke des russischen Soldaten. Er ist überzeugt, daß »es unmöglich ist, die Kraft des russischen Volkes zum Wanken zu bringen«.

Ein neuer Alliierter

In dieser desolaten Situation sahen sich die Westmächte nach einem neuen Bundesgenossen um. Der englisch-französisch-türkische Allianzvertrag vom 10. April 1854 enthielt ohnehin den Artikel, »bereitwillig jede andere europäische Macht, die dazu geneigt ist, in ihr Bündnis aufzunehmen«. Preußen weigerte sich; am »Kriegswillen« Österreichs zweifelten die Engländer; Schweden wollte es nicht mit Rußland verderben; Spanien hatte innenpolitische Schwierigkeiten; blieben nur die Italiener.

Als aus dem Königreich beider Sizilien ebenfalls ein ablehnender Bescheid kam, wandten sich die Alliierten an das norditalienische Königreich Piemont-Sardinien. Es traf sich gut, daß Nikolaus I. 1848 die diplomatischen Beziehungen zu Piemont, der einzigen konstitutionellen Monarchie in Italien, abgebrochen hatte. König Carlo-Alberto von Savoyen hatte sich am Kampf gegen Österreich beteiligt, wenn auch mehr aus dynastischen als nationalen, geschweige denn revolutionären Gründen. Die Verhandlungen mit London und Paris liefen schon seit dem Frühjahr 1854. Es waren die Engländer, die den italienischen Mittelstaat zur Teilnahme am Krieg gegen Rußland aufforderten, sahen sie doch in der Beteiligung eines sardischen Truppen-kontingents ein Gegengewicht zum militärischen Übergewicht der Franzosen auf der Krim. Und die Norditaliener sahen im Krimkrieg eine Chance, sich der Vorherrschaft der verhaßten Österreicher zu entledigen.

Die Hoffnungen der italienischen Patrioten auf die Einigung Italiens und Befreiung von der österreichischen Militärdiktatur und politischen Bevormundung waren 1848/49 ebenso enttäuscht worden wie die der deutschen auf die Beseitigung der Vielstaaterei und auf die Beteiligung des Volkes an der Regierungsgewalt. Bis auf Piemont-Sardinien war ganz Ober- und Mittelitalien militärisch und politisch in der Hand der Österreicher, die die Politik Metternichs fortsetzten, Italien als geographischen Begriff und nicht als nationale Größe zu behandeln.

Für die liberalen und nationalen Kräfte war Piemont die letzte Hoffnung. Schon früh war hier der Gedanke entstanden, Österreich für seinen Rückzug aus der Lombardei und die Preisgabe seiner italienischen Besitzungen durch territoriale Gewinne auf dem Balkan, speziell durch türkische Gebiete an der unteren Donau, zu entschädigen.

1846 schrieb der spätere Ministerpräsident von Piemont-Sardinien Camillo di Cavour: »Wenn die Zukunft für Italien ein glücklicheres Schicksal bereithält, wenn, wie man nur hoffen kann, dieses herrliche Land dazu bestimmt ist, seine nationale Einheit wiederzuerlangen, dann kann dies nur als Folge einer politischen Neuordnung in Europa geschehen oder als Folge einer dieser großen Erschütterungen oder Ereignisse, die irgendwie von der Vorsehung geschickt werden.«

Daß der Krimkrieg die von der Vorsehung geschickte Gelegenheit zur nationalen Einigung war, dies war Cavour aber im Jahr 1854 ebensowenig bewußt wie in Deutschland dem Bundestagsgesandten Bismarck, der Österreichs Einfluß nur einzudämmen beabsichtigte, um Preußen die Gleichberechtigung neben Habsburg zu sichern.

Als Österreich im Dezember 1854 in das Lager der Westmächte trat, kam diese Nachricht für Piemont einer Katastrophe gleich, da man auf die alte Allianz Österreichs mit Rußland, dem »nordischen Koloß und ärgsten Feind der Christenheit«, gehofft hatte. Daß die Österreicher zur gleichen Zeit auch noch ein Geheimabkommen mit Napoleon III. schlossen, in dem Habsburg für die Dauer des orientalischen Krieges die Erhaltung des Status quo in Italien und damit des italienischen Besitzstandes garantiert wurde, war den Italienern dabei nicht einmal bekannt.

Am 26. Januar 1855 wurde der Vertrag mit Piemont unterzeichnet. Turin hatte den Wünschen des englischen Außenministers Clarendon nicht nachgegeben, das sardische Kontingent nur als Hilfstruppe zur Verfügung zu stellen und dafür Subsidien zu kassieren. Clarendon wiederum hatte die Bedingungen Piemonts abgelehnt, das Königreich von Savoyen bei den kommenden Friedensverhandlungen zu beteiligen und die Erörterung der politischen Verhältnisse in Italien zuzulassen. Clarendon fand es zwar zeitgemäß, die »italienischen Verhältnisse« zur Sprache zu bringen, wenn ein allgemeiner Friede geschlossen würde, schob jedoch das Thema erst einmal auf. In einer Militärkonvention wurde die Aufstellung eines sardischen Korps von 15 000 Mann festgehalten, den Transport auf die Krim übernahmen die Engländer, unentgeltlich.

Der Vertrag war in Italien nicht unumstritten, er galt in vielen Kreisen sogar als Verrat an den nationalen Zielen, weil es sich um ein Bündnis auch mit dem »Erbfeind« handelte. In Turin kam es zu einer Regierungskrise, die Cavour, von seinem König Vittorio Emanuele II. unterstützt, erfolgreich durchstand; er plädierte dafür, die nationale Frage erst einmal aufzuschieben, auch die italienischen Großmachtambitionen als neue Macht am Mittelmeer, und erst einmal die Beziehungen zu England und Frankreich intensiver auszunutzen: »Die Lorbeeren, welche die Soldaten Piemonts auf den Schlachtfeldern im Orient erringen«, seien für das künftige Schicksal Italiens »von größerem Nutzen als alle möglichen Deklarationen und Schreibereien«.

Verständlicherweise kam auch Österreich der neue Bündnispartner ungelegen. Buol konnte von den Westmächten nur erreichen, daß Turin zu den anstehenden Wiener Friedenskonferenzen nicht zugelassen wurde, übrigens ebenso wie Preußen. Anfang des Jahres strotzte Buol vor einem Selbstbewußtsein, das in seiner Arroganz gegenüber Preußen und Deutschland seinesgleichen suchte: »Kommt es zum Krieg, so ist es mir viel lieber, Preußen hält nicht mit uns. Ein Krieg mit Preußen gegen Rußland ist für uns eine große Verlegenheit. Hält dagegen Preußen mit Rußland, so führen wir mit Frankreich gegen Preußen. Da nehmen wir Schlesien; Sachsen wird wieder hergestellt und wir haben einmal Ruhe in Deutschland. Um den Preis mag immerhin Frankreich die Rheinlande nehmen. Was liegt uns daran, ob sie deutsch oder französisch sind.«

In Berlin suchte König Friedrich Wilhelm IV. nach einer Möglichkeit, die Isolation, ja Verachtung Preußens zu durchbrechen, um an den Verhandlungen zwischen den Großmächten wieder teilzunehmen. Auf keinen Fall wollte er die Beziehungen zu Österreich abbrechen, obwohl der »Hochverrat« Franz Josephs seinen Stolz zutiefst verletzt hatte. Hoffte er doch, über Österreich auf die Auslegung der vier Punkte Einfluß zu haben. Österreich war die Brücke zwischen den beiden gegnerischen Seiten in einem Krieg, in dem trotz der militärischen Auseinandersetzungen auf der Krim und auf den Weltmeeren die diplomatischen Kontakte niemals abreißen sollten. Friedrich Wilhelm IV. dachte nicht daran, dem Allianzvertrag zwischen den Westmächten und Österreich beizutreten, weil dies seiner Ansicht nach Krieg mit Rußland bedeutete und Deutschland zum Schauplatz eines Weltkrieges machte. Er blieb bei seiner Politik der strikten Neutralität, bewaffnet oder nicht. Auch Moustier, dem französischen Gesandten in Berlin, wäre es wie Buol lieber gewesen, Preußen im Bündnis mit Rußland zu sehen, weil »dann die Last geklärt und das Schlachtfeld genau bezeichnet wäre«.

Preußens Situation war in der Tat prekär: Napoleon III. drohte mit der Wiederherstellung Polens durch die Entfesselung revolutionärer Propaganda und mit dem Durchmarsch alliierter Truppen durch Deutschland.

In England war es Palmerston, der nur auf einen Vorwand wartete, um Preußens Häfen zu blockieren; dies war nur allzu begreiflich, da Rußland über Deutschland seine geheimen Waffengeschäfte abwickelte, aus Waffenfabriken in den USA und in – England.

Friedrich Wilhelm IV., »Treibender und Getriebener zugleich«, geriet im Winter 1854/55 fast in Panik und erweiterte den Kreis seiner Berater sehr zum Mißfallen der alten Kamarilla, indem er den Historiker Leopold von Ranke, den fußkranken alten General Groeben und den Geheimrat Karl von Usedom, der den Vorzug einer englischen Gattin besaß, einlud, nach Berlin zu kommen und Denkschriften zur Lage Preußens auszuarbeiten, die er vor Gerlach und dem Prinzen von Preußen geheimhielt. Ranke hatte immerhin den guten Einfall zu schreiben, wer einen guten und dauerhaften Frieden wolle, dürfe nicht den Keim künftiger Zwietracht in die Verträge legen.

Der König suchte überall Rat, dachte aber nicht daran, sich von jemandem ernstlich beraten zu lassen, schwankte zwischen Parteien und Beratern, indem er sie gegeneinander ausspielte, aber nicht in seinem Ziel, Preußen aus dem Krieg herauszuhalten. Als Intrigant war er jedoch wenig geeignet und der Sphinx in Paris unterlegen, die auf dem Gebiet der Geheimdiplomatie bald ihr Meisterstück liefern würde. In den Fängen einer Kamarilla war der Preußenkönig jedenfalls nicht.

Um die Verwirrung vollkommen zu machen, verfiel er wiederum auf seine alte Vorliebe, Sonderbotschafter in Spezialmission an die Höfe Westeuropas zu schicken, weil er sich von dem direkten Kontakt zwischen den Herrschern mehr versprach als von dem offiziellen diplomatischen Weg. Edwin von Manteuffel fuhr zum Kaiser nach Wien, Kabinettsrat Niebuhr nach Holland und Belgien, General von Wedell, der noch den Kampf gegen Napoleon I. im Schillschen Freikorps mitgemacht hatte, nach Paris, und Usedom nach London, in »Familienangelegenheiten«, wie der König seinem mißtrauischen Ministerpräsidenten Manteuffel mitteilte.

Im Fall der Queen Victoria unterschätzte Friedrich Wilhelm IV. die verfassungsmäßigen Verpflichtungen, durch die die Beziehung zwischen Regierung und Monarchie geregelt war, so daß die Staatsräson nicht so einfach durch persönliche Spontaneität überspielt werden konnte. Da die Sonderbevollmächtigten parallel zu den offiziellen preußischen Gesandten des Auswärtigen Amtes auftraten, gab es eine große protokollarische Verwirrung und sogar Belustigung, da die Regierung in London nicht wußte, an wen sie sich nun zu halten hatte. Clarendon sprach sogar von einer verfassungswidrigen Sendung. Die Verwirrung ging nachher sogar so weit, daß Usedom und Wedell sich mit Manteuffel duellieren wollten, weil er sie angeblich hintergangen hatte. Der preußische Ministerpräsident und Außenminister erfuhr von den Inhalten der Vertragsentwürfe, die Usedom und Wedell im Diplomatengepäck mit sich führten, erst durch seine Gesandten, welche natürlich die Sondergespräche geschickt blockieren konnten, wenn keine Anweisung von ihrem Chef vorlag, ohne daß es der König erfuhr. Friedrich Wilhelms Angebot, Truppen an der Ostgrenze zu stationieren und Rußland den Krieg zu erklären, wenn es Österreich angreifen würde, wurde überhaupt nicht ernst genommen.

Die vielen Vertragsentwürfe für ein Sonderbündnis zwischen Paris,

London und Berlin scheiterten zwangsläufig, als die Endredaktion – redaction combinée – zwischen Clarendon, Napoleon III., Friedrich Wilhelm IV. und Manteuffel immer komplizierter wurde und die politische Entwicklung über sie hinweg ging.

Es scheiterte aber auch Wiens Versuch, die deutschen Mittelstaaten durch das Angebot von Sonderbündnissen am deutschen Bundestag in Frankfurt vorbei auf seine Seite zu ziehen. Daran war der preußische Bundestagsgesandte Otto von Bismarck nicht unerheblich beteiligt. Bismarck war nicht etwa als prinzipieller Gegner Österreichs 1851 nach Frankfurt gegangen.

Er hielt den Deutschen Bund für ein nützliches Instrument und die nationale Frage für einen Schwindel. Preußen und Österreich waren seiner Ansicht nach sogar in der Lage, ihr Jahrhundert in die Schranken zu fordern, wenn Österreich Preußen als gleichberechtigten Partner anerkannt hätte. Als er aber nach und nach erkennen mußte, daß Österreich überhaupt nicht daran dachte, die Führungsrolle im Deutschen Bund aufzugeben oder zumindest mit offenen Karten zu spielen, schlug seine Kompromißbereitschaft in Haß um. Die Verlogenheit war für ihn von nun an der Schlüssel zur Erkenntnis des Habsburger Reiches, mit dem zusammen es keine Zukunft für Preußen geben konnte. Auf keinen Fall sollte Berlin seine »seefeste Fregatte an das wurmstichige alte Orlogschiff von Österreich koppeln«.

Seine größte Sorge war, wie er im Dezember 1854 schrieb, »daß wir allmählich durch den Strom der Ereignisse zu einem Krieg gegen Rußland im österreichischen Interesse geführt werden könnten. Ich gehöre nicht zu denen, welche die russischen Interessen mit den unseren identifizieren; im Gegenteil, Rußland hat viel an uns verschuldet. Mir schwebt nur der Gedanke als Schreckbild vor, daß wir die Anstrengungen und Gefahren im Dienst Österreichs übernehmen könnten, für dessen Sünden der König soviel Nachsicht hat, als ich mir von unserem Herrn im Himmel für die meinigen wünsche«.

Neben der Kriegsgefahr lag aber in der gegenwärtigen Krise auch die große Gelegenheit für Preußen, die Vormundschaft, ja das Bündnis mit Österreich, ein Relikt aus der Zeit der Heiligen Allianz, abzuschütteln.

Nach Bismarck konnte Preußen nur durch eine souveräne und selbständige Neutralitätspolitik seine Großmachtstellung zurückgewinnen. Hierin stimmte er mit seinem König überein, wenn ihm auch die

Anbiederungsversuche in Richtung London und Wien mißfielen. Daß er sogar ein französisch-russisch-preußisches Bündnis als gar nicht abwegig empfand, diesen revolutionären Gedanken behielt er erst einmal für sich, da ihm dafür die machtpolitische Basis in Berlin fehlte.

Preußens Absicht, bei den Westmächten auf die strikte Einhaltung des *Friedensprogramms* zu drängen, stellte sich als richtig heraus. Schon jetzt stand fest, daß es keineswegs bei den vier Punkten bleiben sollte. Napoleon bezeichnete sie als »sehr elastisch«, sie könnten gar nichts oder sogar die Aufteilung Rußlands bedeuten: Wenn bei Friedensschluß nichts erreicht sei als die Zerstörung der russischen Flotte und Sewastopols, so würde man in Frankreich sagen, er habe »nur die Kastanien für England aus dem Feuer geholt«.

England behielt sich vor, die »praktische Anwendbarkeit« der vier Punkte zu prüfen und wenn nötig weitere Bedingungen zu beantragen. Gerlach brachte das Hin und Her im Vorfeld von Wien auf den Punkt mit dem Satz, England und Frankreich würden gar keinen Frieden machen, solange sie die Hoffnung hätten, Sewastopol zu nehmen.

Die Lady mit der Lampe

Am 13. Januar 1855 landete Cardigan, der Held von Balaklawa, in Folkstone, nachdem er in Paris mit Napoleon III. diniert hatte. Er wurde von einer riesigen Menge erwartet. Die Glocken läuteten. Seit Wellingtons Beerdigung hatte es keine so große öffentliche Anteilnahme mehr gegeben. Die Leute spannten die Pferde seiner Kutsche aus, um sie selbst zu ziehen, und stimmten den Chor »Seht! Der siegreiche Held kommt!« aus Händels Oper *Judas Maccabäus* an. Cardigans Pferd, das sein Reiter aus der Krim mitgebracht hatte, mußte besonders in Schutz genommen werden, weil jeder ein Roßhaar aus seinem Schweif auszureißen versuchte, als Souvenir und Talisman. Die Fahrt nach London glich einem Triumphzug. An jeder Eisenbahnstation mußte gehalten werden, damit sich *Cardigan of Balaclawa* der wartenden Menge zeigen konnte. In vielen Läden der Hauptstadt war ein Druck zu sehen, der ihn auf seinem Pferd im vollen Galopp zeigte, wie er gerade über eine russische Kanone setzte.

Aus einer Skandalfigur der britischen Armee war mit einem Schlag der populärste Soldat Englands geworden. Die Clubs, die ihm noch vor kurzem den Zutritt verwehrt hatten, öffneten sich wieder. Cardigans Todesritt, das Opfer von 600 Mann der Leichten Brigade, schien sich in das Symbol des ganzen Krieges zu verwandeln, in dem als Sieg verherrlicht wurde, was in Wahrheit das Ergebnis von Mißverständnissen, blindem Gehorsam und beschränkter Intelligenz gewesen war.

Cardigans triumphale Heimholung fiel mit einer schweren Regierungskrise zusammen. Russell hatte Recht, wenn er schrieb, daß England das Schauspiel großer Tapferkeit und Kühnheit brauchte, um sich über die katastrophalen Zustände auf der Krim hinwegzutrösten. Er mußte es wissen, waren es doch seine Berichte für die *Times*, durch die die Öffentlichkeit über die skandalösen Zustände aufgeklärt wurde, welche die Regierung am liebsten unter den Teppich gekehrt hätte. Bereits in seinen Berichten aus Gallipoli hatte er etwas von der Desorganisation und dem Dilettantismus im englischen Expeditionskorps durchblicken lassen, so daß die Franzosen einspringen mußten.

In einem weiteren Brief aus Skutari, wo das Hauptspital lag, berichtete er, daß die Kranken ohne Decken und Medikamente von den Schiffen an Land gebracht wurden, während der Herzog von Newcastle im Parlament behauptete, sich um jeden Komfort für die Kranken gesorgt zu haben.

Der Kriegsminister wollte den Artikelschreiber am liebsten in Stücke reißen; mußte er doch auch auf die »Gallophobie« unter den Veteranen von Waterloo Rücksicht nehmen, wenn von Erfolgen des neuen Bündnispartners die Rede war. Noch immer wurde vermieden, englische Truppen durch Frankreich zu verlegen. Für die Tatsache, daß die englisch-französische Allianz als »unnatürlich« galt, war ein Witz bezeichnend: Der englische Oberbefehlshaber hört früh morgens im Lager ein französisches Trompetensignal, schaut noch im Halbschlaf aus dem Zelt und ruft: »Der Feind ist da!«

Hilfssendungen aus England verschwanden in dem bodenlosen Abgrund des türkischen Zollamtes, waren nie ausgeladen worden oder fuhren, unter Stapeln von Kriegsgütern verborgen, gleich nach Balaklawa durch. Zuweilen fuhren sie auch mehrmals zwischen Skutari und Krim auf dem Schwarzen Meer hin und her, bis sie endlich durch

Zufall entdeckt wurden. Mitunter wurden sie auch sofort ausgeladen, nur der Empfänger nicht benachrichtigt, so daß sie auf dem Kai vergammelten. Den Soldaten wurde grüner Kaffee geschickt, doch keine Röstapparate. Lord Raglan war zu nobel, um den Skandal beim Namen zu nennen, wenn er der Queen schrieb, daß »es nicht in seiner Macht gelegen« habe, seinen Solaten »die Bürde ihres Dienstes zu erleichtern«. Und das, nachdem er es zugelassen hatte, nur mit 21 Transportwagen für 30 000 Mann an Land zu gehen, weil das Transportwesen nicht in sein Ressort fiel.

Als Cardigan von Victoria empfangen wurde, schockte er die Queen zum Entsetzen der Anwesenden mit einer realistischen Schilderung der mangelhaften Versorgung der kämpfenden Truppe und Belieferung mit minderwertigem Material. Allerdings hielt er auch nicht mit seiner Meinung über seinen Vorgesetzten Lucan zurück und gab ihm die Schuld an jenem verhängnisvollen Angriffsbefehl. Nach einer inoffiziellen Diskussion, welcher Orden angemessen sei, wurde Cardigan am 7. Februar zum Ritter des Hosenbandordens gemacht, obwohl Aberdeeen dagegen war. Lord Raglan ging weiterhin leer aus. Für die Truppe wurde die Krim-Medaille und das Victoria-Kreuz – für persönliche Tapferkeit – gestiftet. Da die Krim-Medaille jeder am Krimkrieg Beteiligte erhalten sollte, vom Lagerverwalter in Konstantinopel über den Schiffskoch bis hin zum Frontsoldaten vor Sewastopol, war von vornherein die Auszeichnung entwertet. Lord Lucan erhielt seine Versetzung. Erst Mitte des Jahres, während auf der Straße noch patriotische Lieder zum Ruhme Cardigans angestimmt wurden, tauchten erste Zweifel auf, ob der Held von Balaklawa wirklich jene Unsterblichkeit verdiente, die ihm die Poeten nachsagten, oder ob er nicht einfach nur in die falsche Richtung geritten war. Der Fall nahm endgültig peinliche Züge an, als Cardigan gegen Calthorpes »Briefe aus dem Hauptquartier oder die Wahrheit über den Krieg in der Krim« gerichtliche Schritte unternahm.

Schon bald nach dem Erscheinen der ersten Artikel aus der Feder Russells konnte sich jedenfalls das Kriegsministerium kaum vor dem Ansturm von adligen Damen und Pfarrern retten, die sich anboten, die Leitung der Krankenpflege auf der Krim zu übernehmen, um ihre human-sozialen Ideale in den Dienst des Vaterlandes zu stellen. Nur an Schwestern, die unter ihnen arbeiten sollten, mangelte es, und man mußte erst das Gehalt verdoppeln, um welche aufzutreiben.

Die 35jährige Florence Nightingale war nur eine unter vielen anderen, doch gelang es ihr, alle Mitbewerber auszuschalten, weil sie die besseren Beziehungen zur Regierung und zum Kriegsministerium besaß. Der Staatssekretär Sidney Herbert zählte zu ihren Freunden, Lord Palmerston war ein Nachbar der Familie; er überredete den Außenminister Clarendon, auf Stratford in Konstantinopel einzuwirken, daß der oberste Militärarzt in Skutari Florence Nightingale anforderte, um die lästige, »unbremsbare« Person endlich wieder loszusein. Florence Nightingale schaffte es in einigen Fällen auch von sich aus, die Vorsteherinnen von religiösen und weltlichen Stiftungen zu überreden, selber nicht in die Türkei zu fahren, ihr jedoch das Schwesternpersonal und auch die bis dahin gesammelten Spenden zu überlassen, da sie selbst sich für die einzig geeignete Person hielt, dort das Spital zu leiten.

In der Tat brachte sie gute Voraussetzungen mit. Sie hatte eine Stiftung für invalide, verarmte Damen der höheren Gesellschaftskreise geleitet und dabei einige Erfindungen gemacht, die sowohl dem Wohl der Patientinnen dienten wie auch die Arbeitsbedingungen der Schwestern erleichterten, so zum Beispiel eine Art Speiseaufzug und eine mechanische Daueranzeige, wenn Patientinnen läuteten, und sie hatte die Regel eingeführt, die Schwestern in der Nähe der Stationen übernachten zu lassen. Ihre praktische Ausbildung stammte von einem fünf Monate langen Aufenthalt im Diakonissenstift von Kaiserswerth bei Düsseldorf, doch waren ihr die dortigen Lehrer und Schwestern zu »anti-intellektuell« – kein Wunder bei einer Frau, die Shakespeare las und politische Bücher, so den Franzosen Thiers, studierte.

Schließlich reiste sie mit 38 Nonnen und weltlichen Schwestern ab, die sie sorgfältig ausgewählt hatte und doch ständig beaufsichtigen mußte, weil die verschiedenen Anhänger der religiösen Stiftungen, Konfessionen oder weltlichen Organisationen einander nicht ausstehen konnten, weil sich eine irische Nonne verbat, sich von einer Anglikanerin etwas sagen zu lassen, oder weil einige Schwestern dem Alkohol zusprachen. Wahrscheinlich war Florence Nightingale nur dadurch überhaupt in der Lage, sich und ihre Vorstellungen durchzusetzen, da Herrschsucht und Anspruch auf uneingeschränkte Autorität, so unangenehm sie dies im menschlichen Umgang machte, zu ihren festen Charaktereigenschaften zählten. In diesem Sinne war

Florence Nightingale eine Ausnahmeerscheinung in einem Zeitalter, das die Unterordnung der Frau als Selbstverständlichkeit betrachtete. Es war nur verständlich, daß die Queen bald auf sie aufmerksam wurde und mit Worten der Bewunderung nicht sparte; war ihr doch selbst das so gut wie einmalige Kunststück gelungen, sich in der Männerwelt der Politik durchzusetzen.

Obwohl Florence Nightingale auch in Skutari die meiste Zeit damit zubrachte, ihre Helferinnen unter Kontrolle zu halten und sich selbst beim Ministerium ins beste Licht zu setzen, indem sie Beschwerdebriefe zurückhielt, um erst ihre eigene Version nach London abgehen zu lassen, veränderte sie das Berufsbild der Krankenpflegerin nachhaltig. Eine Krankenpflegerin galt bis dahin als »ein altes Frauenzimmer, immer ungebildet, meistens unsauber, oft brutal, auf du und du mit der Schnapsflasche, man konnte ihr kaum die einfachsten ärztlichen Verrichtungen anvertrauen«. Florence Nightingale verbot den Schwestern, allein zu den Kranken zu gehen oder mit den Patienten zu sprechen, um private Beziehungen zu verhindern oder die Zuteilung von Medikamenten ohne ärztliche Anweisung. Sie erreichte, daß die Sterblichkeit in den englischen Lazarettkasernen in Skutari sank, während sie in den französischen Spitälern, wo Charité-Schwestern arbeiteten, die ganze Zeit des Krieges gleich hoch blieb.

In der englischen Armee gab es weitaus mehr Ärzte als in der französischen, nur war der Feldsanitätsdienst schlecht organisiert, und die ersten hohen Verluste gab es durch die Zurücklassung der Sanitätskolonne in Varna. Viele Soldaten starben auch an der Sorglosigkeit, mit der man mit Verbandsstoffen und Instrumenten umging, da die Hygienekenntnisse gering und die Gefahr einer Sepsis groß waren.

Florence Nightingale kam gerade rechtzeitig nach Skutari, um die Opfer der Schlacht von Inkerman in Empfang zu nehmen. Es war ein Schock. Die Verwundeten trafen, auf der Krim notdürftig behandelt, zu je zweihundert Mann zu einem Transport zusammengefaßt, nach einer endlos langen Überfahrt an der Landungsstelle auf dem asiatischen Teil von Konstantinopel ein. Zwischen den Kranken und Verwundeten an Deck lagen die Toten und Sterbenden, »Amputierte, Soldaten mit erfrorenen Gliedmaßen, oder in Fieberschauern, im letzten Stadium von Dysenterie oder Cholera, ohne Betten, oft kaum bekleidet, oft in den blutgetränkten, steifen Fetzen ihrer Uniform«. Die Überlebenden der Transporte mußten selbst sehen, wie sie die steile Anhöhe von der Anlegestelle 400 m weit zum Lazarett kamen. Nur die Schwerverwundeten wurden transportiert, weil es nicht genug Bahren gab. »Die anderen wurden hinaufgetragen und -geschleppt von den Rekonvaleszenten, die gerade zur Verfügung standen und nicht selber in allzu jämmerlichem Zustand waren.«

Ein bleibendes Problem war die Unterordnung des medizinischen Stabes unter das militärische Kommando. Auch Florence Nightingale war den Militärs unterstellt, ihr Wirkungsbereich war mit Skutari abgesteckt, wo sie in erster Linie die Kranken unter den einfachen Soldaten pflegte. In den Militärlazaretten hatte sie nichts zu sagen, es bedurfte langer Schreibereien zwischen der Krim und London, bis ihr ein Besuch in Balaklawa erlaubt wurde. Ihr Hauptgegner war Dr. Hall, der besondere Vorkehrungen für kranke Soldaten wie Diätessen und Zahnbürsten als »lächerlichen Luxus« bezeichnete.

Einen Dauerkrieg führte sie auch mit der Lagerverwaltung in Konstantinopel, um verloren gegangene Ausrüstungsgegenstände ersetzen zu lassen. Wie bei allen Armeen in der Welt war die Kluft zwischen Front und Etappe, wo der Krieg verwaltet wurde, grenzenlos. Nach Thouvenel, dem französischen Gesandten in Konstantinopel, verdienten die Beamten vom Verpflegungsamt gehängt zu werden.

Es war das Los der Verwundeten, die paar Habseligkeiten wie Tornister und Wäsche zum Wechseln an der Front zurückzulassen. Meistens kamen sie mit zerrissener Uniform im Lazarett an. Eine neue Uniform stellte ihnen die Armee natürlich nicht zur Verfügung, weil sie schon eine hatten... Aus dem Spendenkonto der Times kaufte Florence Nightingale also auch Mäntel, Socken, Wäsche, Hosen, um die Soldaten zu bekleiden. »Ich bin jetzt tatsächlich dabei«, schrieb sie Sidney Herbert, »die britische Armee einzukleiden.«

Die Lazarettgebäude waren in einem verwahrlosten Zustand, die Fußböden verfault, die Kloaken verstopft, überall wimmelte es von Ungeziefer, von Flöhen und Läusen, und von Ratten, die zwischen den Verwundeten umherliefen. Es gab zu wenig Ärzte. Die Leichtverwundeten ersetzten die fehlenden Krankenpfleger, die wiederum den »Ausschuß« darstellten, da das Militär für sich die besten Kräfte auf der Krim rekrutiert hatte.

In ihren Briefen und Berichten faßte sie zusammen: Nicht genug Bettstellen, die Laken aus so grobem Segeltuch, daß die Verwundeten baten, ihnen lieber die alten, dreckigen Decken zu lassen, keine

Waschgelegenheit, keine Handtücher, keine Seife, keine Scheuerlappen, keine Teller, keine Bestecke, kein Brennmaterial, keine Medikamente, Bahren, Schienen, Binden, Ärzte und Helfer überlastet, gehemmt von bürokratischen Vorschriften, beeinträchtigt durch hohes Alter, Unerfahrenheit, Unfähigkeit.

Die männlichen Sanitäter machten weiterhin die Hauptarbeit, den Schwestern war ohnehin untersagt, sich um alles, was beim Patienten unterhalb der Gürtellinie lag, zu kümmern, ihnen blieb in erster Linie die Arbeit in der Küche, am Waschzuber, das Bettenmachen.

Florence Nightingale führte pünktliche Mahlzeiten und Diätessen ein, sorgte für Tee und einwandfreie Verpflegung, für sauberes Bettzeug und Bekleidung. Und wenn sie nachts mit ihrer türkischen Lampe durch die dunklen Räume mit ihrem »wunderschönen fließenden Gang« glitt, um nach den Patienten zu sehen und die Toten zu zählen, schien sie der gute Geist des Hauses zu sein. »The lady with the lamp« wurde für die britische Nation zu einer Heiligen.

Nachts schrieb sie für die Soldaten an die Angehörigen Briefe, zwischen Front und Heimat war sie die einzige Kontaktstelle, um persönliche Sorgen und Nachrichten auszutauschen und Trost zu spenden. Sie schrieb auch die Kondolenzbriefe, um die sich bisher niemand Gedanken gemacht hatte.

Großen Zeitaufwand verbrachte sie weiterhin bei der Auseinandersetzung mit den Zulieferern, Apothekern, Händlern. Wahrscheinlich hätte Florence Nightingale weitaus mehr erreicht, wenn sie es verstanden hätte, Aufgaben zu delegieren oder zumindest gerecht zu verteilen. So aber war das Küchenpersonal völlig überfordert, während sie im Spital bald mit zehn Schwestern auszukommen meinte und alle anderen am liebsten nach Hause geschickt hätte, oder einige schlichtweg wegekelte. Nach ihren eigenen Worten war ihr eine weltliche Schwester lieber als fünf irische Nonnen.

Auf diese Art und Weise schaffte sie es natürlich nicht, sich der Zuneigung ihrer Mitarbeiterinnen zu versichern, mit denen sie nie zusammen das Essen einnahm und denen sie selbst die Tageszeitung vorenthielt, deren Exemplare sich auf ihrem Sofa stapelten. So war es kein Zufall, daß sie nach ein paar Monaten krank wurde und zusammenbrach. Doch gönnte sie auch jetzt ihrer größten Konkurrentin *Reverend Mother* Francis Bridgeman, der Oberin der irischen Nonnen und von ihr boshaft *Ehrwürden Ziegelsteinbrocken* genannt, nicht den Triumph, es länger ausgehalten zu haben.

Die Zahl der Krankenschwestern, die insgesamt in der Zeit zwischen Winter 1854 und Frühjahr 1856 in Skutari gewesen waren, sollte schließlich 142 betragen. Ihre Arbeit war so segensreich und verdienstvoll, daß sie später nach dem schlimmen Winter sogar die Zahl der Krankeneingänge fälschen, d. h. frisieren und in die Höhe treiben mußte, um ihre Existenzberechtigung in Skutari nachzuweisen. In die Legende, an der Russell und Kinglake arbeiteten, ging dies ebenso wenig ein wie das Gerangel auf den Stationen um die Seelen der Sterbenden. Denn die katholischen oder evangelischen Schwestern versuchten oft, einen sterbenden Soldaten, bei dem sich nicht eindeutig die Konfessionszugehörigkeit bestimmen ließ, durch eiliges Taufen schnell noch der eigenen Kirche zuzuführen. »Wenn Sie in die Heimat zurückkehren«, schrieb die Queen der »Heiligen der Nation« nach Skutari, erschüttert vom Anblick der nach England zurückgekehrten Invaliden, »so wird es mir eine große Ehre sein, jemanden zu empfangen, der unserem Geschlecht ein so leuchtendes Vorbild gesetzt hat«.

»Der Zar ist tot!«

Inzwischen ging die Pressekampagne der *Times* gegen die Regierung weiter und nahm groteske Züge an. So wurde Prinzgemahl Albert vorgeworfen, Lord Raglan beauftragt zu haben, Preußen zuliebe nur einen Scheinkrieg gegen die Russen zu führen und die Soldaten in den vorderen Gräben ihrem Schicksal zu überlassen. »Die *Times* scheint alles und jedes zu bekämpfen, ohne eine Idee zu haben von den Schwierigkeiten, mit denen wir zu kämpfen haben«, klagte Stabsoffizier Calthorpe auf der Krim, den die journalistischen Übertreibungen ärgerten. Er bedauerte lebhaft, die unverschämten Lügen der Zeitungen über Raglan nicht widerlegen zu können, da er den englischen Oberkommandierenden selbst auf seinen zahllosen Wegen zur Front und in die Lager begleitete.

Natürlich war ihm nicht verborgen geblieben, daß die minderwertigen Stiefel der englischen Infanteristen nach einer Woche Grabendienst zerschlissen, und daß die neuen Holzbaracken kaum zu transportieren waren und die Nägel fehlten, um sie zusammenzusetzen. Immerhin war die englische Armee einheitlich mit dem weitreichenden *Minié-Gewehr* ausgerüstet und besaß damit die modernste Handfeuerwaffe, im Gegensatz zu den Franzosen, wo nur Jäger- und Zuaveneinheiten diese zielgenaue Waffe führten, die aber auch noch ein Vorderlader war.

Nach dramatischen Szenen im Unterhaus kam es Anfang Februar 1855 zur Bildung einer neuen englischen Regierung. Das Koalitionskabinett Aberdeen, einst als »Ministerium aller Talente« angetreten, war nicht mehr in der Lage, dem Ruf nach dem starken Mann angesichts der Misere auf der Krim Widerstand zu leisten, oder sich zumindest zur Ablösung des Kriegsministers durchzuringen. Nach Disraeli war Newcastle ein Günstling des Prinzgemahls; Albert wiederum saß Tag und Nacht über Reformideen und Verbesserungsvorschlägen.

Als der offizielle Untersuchungsbericht auf sich warten ließ und die Regierung die Forderung der Opposition nach der Einsetzung eines Ausschusses, der die Verantwortlichen zur Rechenschaft zog, blokkierte mit dem Argument, mitten im Krieg doch nicht die Mängel des Kriegsministeriums an die Öffentlichkeit und damit auch zur Kenntnis des Feindes zu bringen, brach das Ministerium auseinander. Premier Aberdeen, der so lange vergeblich versucht hatte, den Krieg zu vermeiden, verschwand von der politischen Bühne und widmete sich wieder seinen archäologischen Studien. Da ein Versuch zur Regierungsneubildung nach dem anderen scheiterte, blieb der Königin nichts anderes übrig, als Palmerston – »Lord Feuerbrand« – zu beauftragen. Die englische Öffentlichkeit sah ohnehin seit langem in ihm den Mann, der dem Krieg den alten Glanz wiedergeben würde. Die neue Regierung wurde natürlich besonders von Napoleon III. begrüßt, denn für ihn war Palmerston seit 1852 der Garant des Zusammengehens zwischen Frankreich und England.

»Palmerston scheint mir jetzt der Unvermeidliche zu sein, obwohl er in Wirklichkeit ein Hochstapler ist, völlig ausgemergelt und ein alter aufgeschminkter Hanswurst, total taub, total blind, und mit falschen Zähnen, die ihm beim Sprechen aus dem Mund fallen würden, wenn er nicht immer druckste«, so äußerte sich Disraeli voller Zweifel, ob der 71jährige gichtbrüchige Palmerston der Mann war, den »offiziellen Herkules« (Karl Marx) abzugeben. Doch gleichzeitig ahnte er etwas von der Sturheit des alten Routiniers: »Wenn Lord

Palmerston erfolgreich ist, kann der Krieg so lange dauern wie der Peloponnesische oder der Dreißigjährige Krieg in Deutschland.« Aber auch Palmerston hätte nun am liebsten auf die Einsetzung einer Untersuchungskommission verzichtet, um die Bloßstellung hochgestellter Regierungs- und Parteimitglieder zu vermeiden, doch bestand Lord John Russell darauf, der wichtige Ämter innehatte; schließlich war er ja aus diesem Grund zur Opposition übergeschwenkt und hatte Aberdeen zu Fall gebracht. Palmerston plädierte zwar dafür, die russische Festung Kronstadt in die Luft zu sprengen, und ließ sich mit dem Erfinder eines Unterwasserbootes ein, doch änderte sich im Grunde nichts. Es gelang ihm nur, das Durcheinander der Kompetenzen zu ordnen, das zu einem »unglaublichen Hin- und Herschieben« der Verantwortung geführt hatte, doch blieb es ansonsten bei der Einsetzung von Kommissionen, zum Beispiel zur Verbesserung des Hospitals- und Verpflegungswesens. Der Bau einer Feldeisenbahn auf der Krim und einer Telegraphenlinie zwischen Varna und Balaklawa waren ohnehin noch von der alten Regierung in die Wege geleitet worden.

Vor allem scheiterte die neue Regierung daran, neue Truppen aufzustellen, um das Ungleichgewicht auf der Krim zu Gunsten der Engländer zu ändern. Stattdessen beschloß man die Anwerbung von Freiwilligen im Ausland für eine Fremdenlegion und übersah, daß in Deutschland, wo nach Ansicht der Engländer das Hauptreservoir von Rekruten lag, der Krieg gegen Rußland höchst unpopulär war.

Schließlich bekam Lord Raglan auch noch einen General an die Seite gestellt, der sich speziell um Organisationsfragen kümmern sollte, den rotnasigen, malenden James Simpson, der fast so alt wie Raglan war. Als nach fast einem Jahr der Untersuchungsbericht dann vorlag, glänzte er durch die Feststellung, daß das frühere Ministerium sich »über die Schwierigkeiten einer Krimexpedition getäuscht« und »keine ausreichende Vorsorge für einen Winterfeldzug« getroffen hatte, Versäumnisse, die mehr einem verrotteten System als einzelnen Persönlichkeiten angelastet wurden. Seit Waterloo hatte sich so gut wie nichts geändert, nur der Ruhm war verblaßt.

Unsichtbar saß auf der Anklagebank auch der »alte Herzog«; er hatte zu lange in den *Horse Guards*, der militärischen Oberbehörde, regiert, so daß es trotz aller Gefahrenzeichen wie der Niederlage in Afghanistan nicht zu einer Modernisierung der Armee gekommen war. »Wenn auch der Krieg im Orient zu nichts anderem taugt«, meinte treffend Karl Marx, »so wird er doch einen guten Teil des militärischen Ruhms des verstorbenen Herzogs von Wellington zerstören.«

Kaum war die innenpolitische Krise vorbei, sorgte der französische Kaiser bei seinem Allianzpartner für einen Schock: er äußerte die Absicht, auf die Krim zu reisen und durch sein persönliches Erscheinen dem Krieg neuen Schwung zu geben. Nachdem er seinen früheren Traum, am Krieg von 1828/29 im Donauraum teilzunehmen, nicht hatte realisieren können, glaubte Napoleon III. nun, es seinem großen Vorbild gleichtun und sein eigenes Austerlitz schlagen zu können. Wie Hübner festhielt, roch sein Vorzimmer in den Tuilerien, das mit Adlern, Fahnen und Reitausrüstungen angefüllt einen kriegerischen Anblick bot, »förmlich nach der Krim«. In Konstantinopel bereitete der Sultan für seinen hohen Besuch bereits einen Palast vor, was Stratford schwer verärgerte. Nach englischer Überzeugung drohte die geplante Reise Napoleons III. die Rolle Englands ungebührlich zu verkleinern, ja wie Clarendon meinte, auf »die Rolle als Fuhrknecht« zu reduzieren, gut genug dafür, »in den Laufgräben vor Sewastopol zu verfaulen«, während Ehre und Ruhm des neuen Feldzugs einzig und allein die Franzosen einheimsten. Aber auch die engsten Mitarbeiter von Napoleon III. versuchten, ihn von seinem Vorhaben abzubringen, indem sie ihm suggerierten, daß sich die Truppe nach dem harten Winter ungern von einem Zivilisten befehligen lassen würde, und daß seine Abwesenheit, die auf vier Monate geschätzt wurde, sofort zu revolutionären Unruhen ausgenutzt werden könne, wenn nicht sogar zu einem Putsch aus nächster Umgebung, womit Jerôme Napoleon, die »Plage der Familie«, gemeint war. Auch die Gefahr, an Typhus oder Cholera zu erkranken, wurde ihm vor Augen gehalten.

Da traf am 2. März die Nachricht vom Tod des Zaren ein. »Welches Ereignis!« schrieb Baron Hübner in Paris, »Europa atmet freier auf!« In Frankfurt hielt Prokesch fest, daß die meisten nun Friedenserwartungen mit dem Ableben Nikolaus I. verknüpften. Wilhelm von Kügelgen war weniger optimistisch: »Viele hoffen nun auf Frieden, andere sehen den Krieg jetzt erst recht für unheilbar an.« Auch Bismarck war ratlos und betroffen von dem »Sturz einer Eiche«; seiner Ansicht nach mußte es Napoleon III. leichter fallen, mit dem Nachfolger von Nikolaus Frieden zu machen. Napoleon III. und Victoria von England schickten offiziell Beileidsbezeugungen, als ob sich ihre Völker nicht im Krieg miteinander befänden. »Der Krieg zwischen Frankreich und Rußland wird ohne Feindseligkeiten geführt«, sagte Nesselrode, »der Friede wird geschlossen werden, wenn Kaiser Napoleon es will.« Ein Wink aus Petersburg. Am 3. März telegraphierte Franz Joseph, er könne sich »nicht an den Gedanken gewöhnen, einen solchen in allen Wechselfällen erprobten Freund verloren zu haben und das gerade in einem Augenblick, wo er dem entschlafenen Kaiser gerade die Beweise seiner Treue durch die Tat beweisen wollte.« Er meinte die bevorstehende Friedenskonferenz von Wien.

Wahrscheinlich wurden nur in Berlin keine politischen Krokodilstränen vergossen. Friedrich Wilhelm IV. war tief bewegt, als er erfuhr, daß die letzten Worte des Zaren Preußen und seiner Person gegolten hatten, eine Mahnung, für Rußland »immer derselbe zu bleiben«. Ohne Zweifel war Nikolaus I. zuletzt bewußt, was er Friedrich Wilhelm IV. zu verdanken hatte. Im Nachlaß seines engsten militärischen Beraters, Fürst Paskiewitsch, wurde ein Brief gefunden, in dem der alte Marschall festhielt, »nicht die heldenmütige Verteidigung Sewastopols hat die Österreicher zurückgehalten, sondern die Festigkeit des Königs von Preußen, der großmütig genug die unverantwortlichen Verhöhnungen, ja die Frechheiten vergessen hat, welche wir ihm im Jahre 1848 und während der folgenden Jahre zugefügt hatten«.

Auch durch Rußland ging ein Aufatmen, als man von dem plötzlichen Hinscheiden des allmächtigen Zaren hörte. Nikolaus war an einer grippeähnlichen Erkältung gestorben, die er sich bei einer offiziellen Veranstaltung in der schneidenden Kälte Petersburgs zugezogen hatte. Schuld an seinem Tod war der Zustand völliger Erschöpfung und Depression, in dem er sich seit Kriegsausbruch befand. Der fehlgeschlagene Angriff bei Eupatoria, ausgerechnet gegen die verhaßten Türken, an und für sich ein unerhebliches Gefecht, war die letzte einer ganzen Reihe von schlechten Nachrichten. Schon vor seinem Tod hatte man in Petersburg »den Glauben an unsere Unbesiegbarkeit, an die Unerschöpflichkeit unserer Mittel und an die Charakterfestigkeit unseres Zaren verloren«.

Nikolaus I. hatte sich nach dem Jahr 1850, für ihn der Höhepunkt seiner außenpolitischen Macht, lange Zeit ein falsches Bild von Rußland gemacht. Sein Land befand sich in einem Prozeß geistiger Erstarrung, durch den jede wirtschaftliche und soziale Entwicklung blockiert wurde. Es war bereits Alexander I. nicht gelungen, den geschlossenen Kreis einer übermächtigen und undurchschaubaren Bürokratie zu durchbrechen und die unübersehbare Masse der Erlasse und Verordnungen zu kontrollieren. Auch Nikolaus I. hatte es nicht geschafft, sich gegen die Barbarei des Strafrechts, die Eigenmächtigkeit der Behörden, das Elend der Leibeigenschaft, den Schlendrian der Verwaltung und den Starrsinn des Adels durchzusetzen. Eine Ursache dafür lag in der autokratischen Selbstherrlichkeit des Zaren selbst begründet, der sich als ersten Diener des Staates bezeichnete und ein asketisches, selbstverleugnendes Arbeitsleben führte, aber auch der erste Zuchtmeister der Nation war. Eine weitere Ursache lag in der Kluft, die zwischen Zar und Wirklichkeit klaffte, in der gewaltsamen Abschirmung von der westlichen Welt, in der Tatsache, daß die Nachrichten, die ihn erreichten, nur ein Zerrbild darstellten, weil sie durch zu viele Hände gegangen waren, weil die Angst vor ungerechter Bestrafung das Bild absichtlich verfälschte.

Beim Begräbnis zeigte es sich, daß mit seinem Tod auch die Ära Nikolaus' gestorben und »die eisige Kälte, mit der er regiert hatte, verschwunden war«. Es gab weder eine zeremonielle, noch militärische Ordnung. »Man kannte weder den Platz, den man einzuhalten hatte, noch ging man in Reih und Glied. Von Trauer und Feierlichkeit keine Spur. Man unterhielt sich lebhaft über die zu erwartenden Veränderungen.«

Auf der Krim ließ General Canrobert die über den Telegraphen eingetroffene Nachricht vom Tod des Zaren dem Kommandanten von Sewastopol mitteilen – der Umweg von Petersburg über Warschau, Berlin und Paris und von dort wieder über Konstantinopel und Varna nach Balaklawa war schneller als der direkte Weg von der Hauptstadt auf die Krim. Denn inzwischen hatte eine englische Firma das von Varna 600 km entfernte Balaklawa durch ein unterirdisches Kabel verbunden Die Sprechapparate stammten von der preußischen Firma *Siemens & Halske* in Berlin. Es waren die gleichen Apparate mit aufeinander folgender Seriennummer, die die Firma später auch in Sewastopol installierte.

Im Herbst 1854 hatte Werner von Siemens bereits die Kabellinie zwischen Petersburg und Moskau verlegt. Auch Kiew und Odessa waren bereits verbunden. Nun hatte Siemens den Auftrag, ja den

Befehl erhalten, zwischen der Krim und Petersburg die Verbindung herzustellen. Dies war sicher keine leichte Aufgabe, da die englischen Kriegsschiffe auf der Ostsee Jagd auf alle Frachter mit Material für Rußland machten. Mochte auch Telefondraht die Informationen beschleunigen, so marschierten die russischen Verstärkungen nach Sewastopol doch nicht schneller, da es keine Eisenbahnverbindungen gab.

Obwohl der Krieg in Rußland bei den Adelsschichten nicht populär war, sah sich der Nachfolger Nikolaus I., sein 37jähriger Sohn Alexander II., verpflichtet, den Kampf im Sinne seines Vaters weiterzuführen, um Rußland die Demütigung eines Diktatfriedens zu ersparen. Noch war Sewastopol ja nicht gefallen. Im Gegensatz zu dem verstorbenen Nikolaus I. sympathisierte der Adel eher mit Frankreich und verstand nicht, warum ein Krieg gegen ein Land geführt wurde, zu dessen Kultur viel engere Beziehungen bestanden als mit England.

Auf der Krim wurde der bisherige Oberbefehlshaber Fürst Menschikow durch Fürst Michael Gortschakow – Gortschakow II – ersetzt, der unter Paskiewitsch die Donau-Armee bis nach Silistria geführt hatte. Angesichts des Stellungskrieges erschien die Bestallung eines Organisationstalents die beste Lösung. Diese Maßnahme ging noch auf Nikolaus I. zurück, den Menschikows Passivität bis zur Weißglut gebracht hatte.

Tatsächlich änderte sich unter Gortschakow einiges. Während des Oberbefehls von Menschikow war das ganze Transportwesen »mehr dem Zufall anheimgegeben«, im Hauptquartier war niemand für die Beschaffung von Transportmitteln zuständig. Auch hier gab es eine Untersuchungskommission, die den Fehlern und Versäumnissen auf der Spur war. Schwerwiegend betroffen waren durch die allgemeine Desorganiation die Lazarett-Transporte. Augenzeugen fanden die bergige Strecke Sewastopol–Baktschisarai in einer Strecke von 5 Meilen buchstäblich mit Wagen von Kranken, Kriegs- und Lebensvorräten gestaut. »Kleine offene Wagen oder schwere Zugwagen, mit Ochsen, Pferden oder Kamelen bespannt, bewegten sich nur schrittweise oder standen mit den Rädern im Straßenschlamm versunken auf der Stelle, jeder mit nicht weniger als drei bis vier vor Kälte und Nässe zitternden Patienten beladen. Zugleich hörte man das Stöhnen und Ächzen der Kranken, das wilde Geschrei der Führer, das Krächzen von Raubvögeln, die scharenweise das umherliegende Aas zerfleischten, das Rauschen der vom Regen angeschwollenen Bergflüsse und in der Ferne das Donnern der Sewastopoler Kanonen.«

Auch auf russischer Seite gab es eine Art Rotes Kreuz. So einmalig war das Erscheinen von freiwilligen weiblichen Krankenpflegerinnen, durch die die Lücken in der medizinischen Versorgung geschlossen wurden, nicht, wie es die Verehrer von Florence Nightingale behaupteten.

Von November 1854 an trafen auf russischer Seite 300 tüchtige und im Pflegedienst geschulte Schwestern im belagerten Sewastopol ein, um auf den Verbandsplätzen und in den Operationssälen unter der Aufsicht der Ärzte zu arbeiten, also im gefährdeten Frontbereich. Diese Schwestern stammten aus verschiedenen Gesellschaftsschichten und gehörten einem Frauenverein zur Krankenpflege an, den barmherzigen Schwestern der Gesellschaft der Kreuzeserhöhung, der auf eine Stiftung der Großfürstin Helene zurückging, einer deutschen Prinzessin, die ehemalige Prinzessin Charlotte von Württemberg. Man nannte sie später auch »die russische Nightingale«.

In Rußland war nach Kriegsausbruch sofort die Anwerbung ausländischer Ärzte angelaufen, um den Ärztemangel in der Armee zu beseitigen. In Sewastopol operierten zwei berühmte Kriegschirurgen mit ausgebildeten Assistenten, doch gab es auch hier nur wenige, gut geschulte Sanitätsgehilfen. Auf russischer Seite starben während des Krieges 354 Ärzte. Der Mangel an Sanitätern machte sich doppelt negativ bemerkbar. In Ermangelung von *Blessiertenträgern* wurden Schwerverwundete von Soldaten ihrer Einheit zum Verbandsplatz getragen. Da aber auch marschfähige Verwundete von zwei, drei Kameraden unterstützt dort ankamen, wurden viele kampffähige Soldaten der Front entzogen, weil sie sich natürlich nicht sehr beeilten, zur Front zurückzukehren, sondern die Gelegenheit nutzten, sich zu »verkrümeln«.

Florence Nightingale hatte jedoch auch im Lager der Alliierten auf der Krim eine Konkurrentin. Ironischerweise war sie, als sie ihre Hilfe anbot, bereits in England abgewiesen worden. In Balaklawa lagen nicht nur die Schiffe der englischen Kriegsflotte, sondern auch neutrale Frachtschiffe, die entweder im Auftrag der Alliierten Material, Tierfutter und Lebensmittel brachten, oder dort sogar britischen Offizieren und Besuchern als Quartiere dienten, zum Beispiel der Norweger *Phönix*, der dem Vater des späteren Südpolbezwingers

Amundsen gehörte. Die eigentliche Attraktion stellte für alle, die vom Hafen auf das Schlachtfeld hinauf mußten, das *Britische Hotel* in »Spring Hill« vor Kadikoi dar, das eigentlich mehr eine Ansammlung von Steinhaus, Baracken und Hütten war, die als Laden, Kantine, Ställe, Pension für kranke und verwundete Offiziere und als Lagerräume dienten. Auf dem Weg zur Front oder zum Hafen war es ein Ruhepunkt und ein Ort, um Rat zu holen. Die Angehörigen der Land-Transport-Kolonne tranken hier morgens ihren schwarzen Kaffee mit einem Stückchen Butter, weil die Milch für die Patienten aufbewahrt wurde, oder während des Tages in der heißen Jahreszeit kühlen Cidre. Hier gab es auch Raritäten wie frisches Gemüse und Eier.

Die Seele dieses Etablissements war eben die Frau, deren Hilfe abgelehnt worden war und die auf eigene Kosten auf die Krim reiste – Mother Seacole, eine Farbige aus Jamaika.

In der unübersehbaren Literatur über Florence Nightingale war sie so gut wie keine Fußnote wert – außer einigen Erwähnungen im *Punch*, obwohl auch Russell bei ihr einmal Halt machte. Sie war eine inzwischen fünfzig Jahre alte verwitwete echte »Mammie«, die viele Offiziere des 48. und 97. Infanterieregiments bereits bei ihrer Stationierung in Jamaika kennengelernt hatten. Sie hatte auf abenteuerliche Weise den Isthmus von Panama überquert und ließ sich durch nichts einschüchtern. In medizinischen Dingen war sie durch ihre Kräuterkenntnisse so bewandert, daß Dr. Hall und auch alle anderen Ärzte nichts dagegen einzuwenden hatten, daß sie an Cholera, Durchfall, Gelbsucht Erkrankte behandelte, geschweige denn ihr zu verbieten, während der Gefechte auch in den Feuerbereich zum Feldlazarett zu gehen, wo sie den Kranken Erfrischungen brachte und erste Verbände anlegte. Florence Nightingale mußte ihre ganze Autorität in die Waagschale werfen, um sich durchzusetzen. Mrs. Seacole überzeugte einfach durch ihre Offenheit, Erfahrung und praktischen Lebenssinn, obwohl sie gleichzeitig Geschäftsfrau war, um existieren zu können.

»Die Fliegen sind entsetzlich, Mami«, klagte der verwundete Prinz Viktor Hohenlohe-Langenburg, der spätere Count Leichen, der sich der Fliegenplage nicht zu erwehren vermochte, »ich bin ihr Abendessen, der Kampf mit ihnen ist schlimmer als die russischen Kugeln«. Und sofort besorgte Mrs. Seacole Kattun, aus dem sie ein Moskitonetz herrichtete.

Mit den Dankesschreiben der Offiziere vom Generaladjutanten bis zum Inspektor des Hospitalwesens auf der Krim hätte sie ihre Wände tapezieren können. Der türkische Pascha kam gerne zum Schwätzchen, »entgegen seinen Prinzipien beim Bier oder Cherry«, und schickte ihr türkische Soldaten als Arbeiter, wenn sie auch »die meiste Zeit beim Beten verbrachten oder sich in den Schlaf rauchten«. Für Mary Seacole waren sie die anständigsten auf der Krim. Aber die Türken konnten auch sie nicht vor den Dieben beschützen, die das Hinterland um Balaklawa verunsicherten: Zuaven, Griechen und Malteser, die am Kai während des Entladevorgangs stahlen und nachts aus den Ställen Pferde, Schafe, Geflügel raubten, so daß Mary Seacole einmal ein Pferd, das sie besaß, sich mehrmals wiederbeschaffen mußte, bis es endgültig verschwand. Das Leben im Hinterland der Armeen war wegen der Kriminalität im Schlepptau des Krieges, der das Gesindel anzog, gefährlich, ein Raubmord keine Ausnahme.

In ihrem Hotel stiegen auch die Touristen ab, die im Frühjahr an die Krim reisten, und auch die Angehörigen von Offizieren, so Ellen Palmer, die spätere Frau eines Peel-Neffen, die ihren Bruder bei der Leichten Brigade besuchte. Lord Raglan stellte ihr sogar eines seiner Pferde zur Verfügung, mit dem sie als elegante Amazone die Front abritt, ein Privileg höherer Kreise, das die Russen wie Kavaliere durch eine Feuerpause honorierten. Von Raglan wußte Mrs. Seacole später in ihrer Autobiographie *Wonderful Adventures* zu berichten, daß er pausenlos im Sattel saß, um seine Männer zu sehen – »jeder Soldat wird sich daran erinnern«.

Osterbombardement

Ende Januar 1855 schickte Napoleon III., der immer unzufriedener mit dem Verlauf der Belagerung wurde, seinen Generaladjutanten Niel zu einem umfassenden Lagebericht auf die Krim. Der französische Oberbefehlshaber General Canrobert erwartete ihn mit gemischten Gefühlen.

Napoleon III. gab Canrobert und Raglan, diesem »alten Weib«, die Schuld an der Stagnation. Aber auch die französische Armee hatte unter dem Mangel an Winterbekleidung zu leiden, sie war erst im Januar eingetroffen. Es war sogar vorgekommen, daß Soldaten nachts auf den Friedhöfen Gefallene ausgruben, um sich ihre Kleider zu holen. Die niedrigen, leichten Zelte stellten sich für eine längere Unterbringung als völlig ungenügend heraus, die Soldaten nannten sie »Hundehütten«. Canrobert war unermüdlich unterwegs, um seine Soldaten an der Front und in den Lazaretten zu besuchen, er stellte sogar seine eigene Holzbaracke als Krankenstation zur Verfügung. Die Zahl der Soldaten, die an Krankheiten starben, war so groß, daß die Toten nur noch nachts begraben wurden, um das Massensterben geheimzuhalten.

Statt besserer Verpflegung trafen 4 000 Brustharnische ein, die in aller Eile in Frankreich aufgetrieben worden waren, eine der vielen Ideen Napoleons III. Sie sollten von den Spitzenleuten der Sturmkolonnen getragen werden, um sie gegen das Gewehrfeuer zu schützen, erwiesen sich aber als so schwer und hinderlich, daß sie niemals zur Anwendung kamen. In den Augen der Generäle streifte diese Maßnahme die Grenze des Lächerlichen. Kein Gedanke mehr daran, den Russen die Erinnerung an das Jahr 1812 heimzuzahlen, wie Gustave Doré in einer Karikatur im Jahr davor versprochen hatte: Französische Soldaten stopfen dem Zaren die Zahl 1812 mit dem Gewehrkolben gewaltsam in den Mund – »So, alter Freund, jetzt kannst du endlich verdauen, was du uns so oft vorgekaut hast!« Es waren eher die Erinnerungen an Napoleons Zug nach Moskau, die zurückkehrten. Der Russe erwies sich eben nicht wie in einer Karikatur Daumiers als aufgeblasener Gummikosak, mit dem sich die Pariser Bürger erschrecken ließen.

Der Februar 1855 wurde zum folgenschwersten Monat der ganzen weiteren Belagerung. Lord Raglan erklärte sich damit einverstanden, seine eigene Front zu verkleinern und sich ganz auf den großen Redan an der Kriegshafenbucht zu konzentrieren, während die Franzosen neben der Stadtseite auch noch den Angriff gegen den Malakow-Turm übernahmen. Die Franzosen rahmten damit das kleine Heer der Engländer ein, da im Gegensatz zu ihrem Verbündeten ihr Heer nun laufend vergrößert wurde. In seinem Bericht an Napoleon III. war es General Niel, der den Malakow-Hügel als unstreitig einzig richtigen Angriffspunkt bezeichnete und die Autorität des französischen Kaisers in die Waagschale warf, um die Änderung des ganzen bisherigen Verfahrens durchzusetzen. Damit kritisierte er vor allem Canroberts Entscheidung, die Stadt von der Westseite zu Fall zu bringen – bei »der rastlosen Tätigkeit und Energie der Verteidiger« läge die Annahme nahe, daß je näher man der Stadt mit dem bisherigen Angriff rückte, die Schwierigkeiten sich umso mehr häufen würden; mit einem Eindringen in die Mast- und Zentralbastion sei nichts gewonnen, von dort aus würden sich die eigenen Streitkräfte nicht entfalten können und außerdem sofort auf weitere Verteidigungslinien stoßen.

Nun war die Idee, gegen den Malakow-Turm vorzugehen, gar nicht so originell. General Bourgoyne, der englische Belagerungsexperte, hatte gleich zu Beginn der Belagerung vorgeschlagen, den Schwerpunkt auf die Ostseite Sewastopols zu verlegen, doch war der Boden hier wenig geeignet für die Anlage von Sturm- und Laufgräben, da wegen der Felsen kaum genug Erde vorhanden war, um Schutzwälle aufzuwerfen.

Mit den Verstärkungen aus Frankreich war auch ein neuer General auf der Halbinsel erschienen, den viele schon für den Nachfolger Canroberts hielten – General Pellissier. Auch er hatte seine Erfahrungen im Algerienkrieg gesammelt. Die französische Armee (83 000 Mann stark) erhielt eine neue Organisationsform. Sie wurde in zwei Armeekorps (zu je vier Divisionen) und eine Reserve eingeteilt.

Den ganzen Winter über liefen die Tranchée-Arbeiten weiter. Die Franzosen trieben ihre Parallelgräben und den Batterienbau bis vor die Quarantäne-Bastion, den Eckpfeiler Sewastopols am Meer, und bis zu der zwischen Mast- und Quarantäne-Bastion gelegenen Zentralbastion vor. Und sie begannen nun auch mit dem Bau von unterirdischen Tunneln, um Minensprengungen vorzubereiten. Die Engländer kamen nur langsam voran, die ihnen zugeteilten Türken entpuppten sich »als faul, schlaff und unzuverlässig«. In Ermangelung von Maultieren und Pferden dienten die Türken als »Arbeitstiere«, um Verpflegung oder Munition zu transportieren; zwei Mann trugen an einem über die Schulter gelegten Stock in Sandsäcken die 24- oder 32-Pfund-Granaten oder Kartuschenbüchsen. Da die Wirkung von Vollkugeln zusehends verpuffte, wurde nunmehr größerer Wert auf die schweren Mörser mit ihren Sprenggranaten gelegt.

General Todleben, neben dem Festungskommandanten Osten-Sakken und Admiral Nachimow, Verteidiger von Sewastopol, blieb nicht lange verborgen, daß die Alliierten einen neuen Schwerpunkt gewählt hatten. Aus der Anlage von Parallelgräben vor dem Grünen Hügel, dem *Mamelon vert,* der rund 1 000 m vor dem Malakow-Turm lag, und dem Bau neuer Batterien sah er, daß die Malakow-Bastion, nach dem

Tod General Kornilows nun Kornilow-Bastion genannt, das Ziel des Angriffs sein sollte. Die Franzosen blieben auch dabei, als sie nunmehr ganz neue Schwierigkeiten auf sich zukommen sahen. Die Bettungen für die Geschütze mußten zum Teil in den Fels gesprengt, Geschützstände durch Sandsackbarrieren gedeckt werden. Für den Bau der Batterie Nr. 5 wurden 25 000 Sandsäcke getapelt, 150 000 Sandsackfüllungen waren notwendig, um Deckungen aufzuschütten. Sandsäcke hatten nur den Nachteil, daß sie in der Feuchtigkeit schnell verfaulten.

Daraufhin ging Todleben in die offensive Verteidigung, den »Angreifern mit dem Spaten in der Hand entgegen«. Im Februar errichteten die Russen in der Nacht zwei Außenstellungen, die sie mit Infanterie und Geschützen besetzten, die Redouten Selenginsk und Volhynien. Beide lagen an der Sapeurstraße am nördlichen Rand der Kiel-Schlucht, an der Stelle, wo am 5. November die Angriffskolonne von General-Leutnant Sojmonow gegen das englische Lager vorgerückt war. Ihre Bekämpfung machte wiederum den Bau neuer Gegenstellungen und Batterien notwendig, so daß die Terminpläne der Alliierten durcheinander gerieten.

Zu der größten Überraschung der Engländer und Franzosen stand auch am Morgen des 9. März auf dem Grünen Hügel ein weiteres Erdwerk, die Redoute Kamtschatka, mit bewunderungswürdiger Schnelligkeit ausgebaut und befestigt. Sie bildete das Zentrum einer neuen vorgeschobenen Verteidigungslinie zwischen den beiden Redouten an der Kiel-Schlucht und den Steinbrüchen in der Woronzow-Schlucht vor dem großen Redan.

Die Russen brachten es durch ihren Erfindungsreichtum zur Meisterschaft in der Verteidigung. Sie verwandelten die ehemalige Festungsmauer in ein tiefgestaffeltes Stellungssystem und führten die elastische Verteidigung ein, um dem Gegner möglichst große Verluste zuzufügen. Vor den Bastionen, der Hauptkampflinie, legten sie Schützenlöcher und Schützengräben an, die außerordentlich schwer von der Artillerie getroffen werden konnten und einen geradezu verschwenderischen Munitionseinsatz zu ihrer Zerstörung erforderten. Die klassische Festungslehre kannte diese Einrichtungen als Jägerlöcher (Embuscades, rifle pits) oder Jägergräben, da in ihnen die Scharfschützen lauerten, um Offiziere und Kanoniere in den gegnerischen Linien zu erschießen, doch wurden sie unter Todleben, im großen Maßstab angelegt, zu einem integralen Bestandteil des Stellungskrieges.

Je näher die Franzosen und Engländer Sewastopol kamen, umso weiter schien sich die Festung zu entfernen. Nun mußte erst der Grüne Hügel gestürmt werden, um an den Malakow-Turm heranzukommen.

Als Mitte Februar zum ersten Mal wieder die Sonne durchkam und das bisherige »weiße Leichentuch der Schneedecke« sich in einen freundlichen Anblick zu verwandeln versprach, nahm die Kampftätigkeit sprunghaft zu. In der Nacht vom 19. zum 20. Februar scheiterte ein Angriff unter General Bosquet, durch den die russischen Truppen unter General Liprandi bei Tschorgun vertrieben werden sollten. Bosquets Divisionen gerieten in einen plötzlich eintretenden Schneesturm, die Truppen wurden mühsam durch Trompetensignale zusammengehalten; bis alle Bataillone wieder zum Rückmarsch beieinander waren, marschierte die Hauptmacht auf Befehl im Kreis, um einem Erfrieren die Gliedmaßen oder dem Tod durch Erschöpfung im Schnee vorzubeugen.

Auch die Russen mußten einen schweren Rückschlag hinnehmen. Am 17. Februar scheiterte ein Großangriff von 22 000 Mann gegen Eupatoria, wo nun die Türken in einer Stärke von über 30 000 Soldaten unter Omer Pascha standen. Derselbe russische General, der in Eupatoria das Gefecht abgebrochen hatte, als sich der Mißerfolg andeutete, hatte auch bei einem nächtlichen Angriff vom 22. auf den 23. März gegen die Stellungen vor dem Grünen Hügel kein Glück; mit 1 300 Mann Verlusten, darunter 387 Toten, war dies das schwerste Gefecht nach der Schlacht von Inkerman. Im Gegensatz zu Menschikow bat General Osten-Sacken am nächsten Tag um einen Waffenstillstand, um die Toten und Verwundeten zu bergen.

»Drei Stunden hindurch gingen und kamen schweigsam die Träger, um auf ihren Bahren Leichname zu bringen und fortzutragen«, so beschrieb Bazancourt das »düstere und traurige Geschäft« des Austausches der Toten. »In der Ebene mitten unter den Trümmern des Kampfes bemerkte man zwei Gruppen von Offizieren, deren eine die französische, die andere die russische Uniform trug. Diese Gruppen vermengten sich für einen Augenblick miteinander und die Offiziere beider Nationen unterhielten sich gegenseitig voller Zuvorkommenheit und Artigkeit.«

Innerhalb einer Woche fanden im März nicht weniger als vier Gefechte in diesem Frontbereich statt.

Am 12. März erschien zum ersten Mal der türkische Generalissimus vor Sewastopol, um mit Raglan und Canrobert zusammen den weiteren Einsatz der verstärkten türkisch-ägyptischen Einheiten zu bestimmen. Sollten sie selbständig gegen das russische Hinterland operieren oder vor Sewastopol als Hilfstruppen der Alliierten eingesetzt werden? Das Foto, das der Krimkriegphotograph Roger Fenton vom Kriegsrat der drei Oberbefehlshaber bald machte, täuschte die Öffentlichkeit. Omer Paschas Rat war nicht mehr gefragt. Die Türken marschierten erst einmal nach Kadikoi, um den Rücken der Belagerer zu decken.

Das neuartige Verteidigungssystem der Russen bewirkte auch auf französischer Seite eine Abkehr von der klassischen Festungsschule. Die Franzosen paßten ihre Stellungsführung den geographischen Gegebenheiten an, den vielen kleinen Steinbrüchen, aus denen einmal das Baumaterial für die Stadt gebrochen worden war, sowie den zahllosen Bodenfalten und Einschnitten – die Russen waren gewissermaßen ihre Lehrmeister. Auch während der Vorbereitung für das Bombardement der Stadt gab es Anordnung, bestimmte Punkte der gegnerischen Front unter Feuer zu halten, Redouten, Sammelplätze für Infanterie, Straßen. Alle zehn Minuten feuerten Mörser in der Nacht auf den Grünen Hügel und auf die Kiel-Schlucht, um die Russen bei ihren Arbeiten zu stören. Um nachts möglichst schnell Truppen an die Brennpunkte zu werfen, wurden Signale verabredet: Sternraketen bei einem Angriff gegen den rechten, Schwärmer bei einem Angriff gegen den linken Flügel.

541 Geschütze waren Anfang April eingerichtet, 270 000 Schuß lagen bereit, für jedes Geschütz durchschnittlich 500 Schuß. Dazu 24 000 Raketen, die nur den Nachteil besaßen, zu früh zu explodieren. Trotz allem gab es für die Ablieferung russischer Geschosse einen Finderlohn. Die schweren Geschütze überwogen, die Engländer hatten viele ihrer 24-Pfünder durch 32-Pfünder ersetzt, ihr schwerstes Kaliber waren die 64-Pfünder, bei den Franzosen die 30-cm-Geschütze.

Inzwischen war General Niel wieder auf höheren Befehl auf die Krim zurückgekehrt, mit ihm die Nachricht, daß der Kaiser selber vor Sewastopol erscheinen würde. Den Generälen war klar, daß damit für sie wenig Lorbeer übrig blieb. Nur die Engländer baten zum Ärger Niels um Aufschub, da sie mit ihren Vorbereitungen noch nicht fertig waren.

Am 8. April hatte die orthodoxe Bevölkerung in Sewastopol Ostern gefeiert. Frauen und Kinder gingen auf die Bastionen hinaus, um ihren Männern und Vätern den Osterkuß zu geben. Es war ein schöner Sonnentag. Um Mitternacht begann es zu regnen, um 5 Uhr morgens brach ein höllischer Orkan aus Eisen und Stahl über die Stadt herein. Aber der Regen bedeutete kein gutes Vorzeichen für die Alliierten. Die vorderen Gräben soffen ab, Grabenwände stürzten ein, die schweren Mörser rutschten auf den schlüpfrig gewordenen Bettungen hin und her, so daß sie sich kaum richten ließen. Im Grunde war es wie bei dem ersten Bombardement sechs Monate zuvor. Den Verteidigern gelang es meist über Nacht, die Zerstörungen zu beheben und die demontierten Geschütze zu ersetzen. Vor der Mastbastion wurden unterirdische Minen von 26 220 kg Pulver gezündet, um in ihren Trichtern sofort neue Stellungen anzulegen. Die Mastbastion und die Redoute Kamtschatka auf dem Grünen Hügel war nur noch ein Schutthaufen. Die russischen Verluste waren dreimal so hoch wie die englischen und französischen, nämlich rund 300 Mann täglich. Die Antwort der Belagerer blieb diesmal schwach. Admiral Nachimow hatte vor Munitionsverschwendung gewarnt und ruhiges Zielen befohlen.

Nach 14 Tagen stellten die Alliierten ihr Feuer ein. Die Sturmtruppen kehrten in ihre Lager zurück. Doch nach Todlebens Überzeugung waren die Alliierten einem Durchbruchserfolg so nahe gewesen wie noch nie.

VIII. Der Fall von Sewastopol

»Wenn man bedenkt, was da noch stehn geblieben
Von den gewaltgen Werken, die Nikolaus erbaute,
So ergreift mich ein Wehmutsgefühl, denn
's ist bloß der Mallakoff, der steinern Turm im Westen,
Der schon zweimal die Feinde von sich abhielt.«

Friedrich Nietzsche 1856

Die Wiener Friedenskonferenz

Im März 1855 bot Wien der Welt das bemerkenswerte Schauspiel, die Vertreter der Westmächte und Rußlands am Verhandlungstisch zu vereinen, während sie sich an der Front auf der Krim feindlich gegenüberstanden. Österreich fiel der Vorsitz zu, es stand gleichsam als Makler zwischen den Westmächten und Rußland, das Fürst Alexander Gortschakow vertrat. Preußen fehlte. Nur Gortschakow monierte seine Abwesenheit, aber niemand gedachte es hinzuzubitten. Buol schlug vor, den Ausdruck »fünf Großmächte« durch »die kontrahierenden Mächte« zu ersetzen, so daß das Thema vom Tisch war. Basis war das sogenannte Vierpunktepapier.

Die Unterbrechung der Feindseligkeiten infolge der schlechten Jahreszeit stellte, wie Nesselrode seinem Botschafter in Wien schrieb, eine Gelegenheit dar, Friedensverhandlungen zu führen. Andererseits war die Situation vor Sewastopol so unentschieden, daß eigentlich keine Partei gezwungen war, schwerwiegende Zugeständnisse zu machen, nur um des Friedens willen. Ohne Zweifel war es ein Erfolg des österreichischen Außenministers Graf Buol, noch einmal die österreichische Metropole zum Mittelpunkt des politischen Entscheidungsprozesses in Europa gemacht zu haben.

Aber schon die ersten Sitzungen bedeuteten für Österreich eine bittere Enttäuschung. Hier ging es um die Zukunft der Donaufürstentümer und die Freiheit der Donau-Schiffahrt. Buol hatte sich ausgerechnet, die beiden ja noch immer von österreichischen Truppen besetzten Balkanländer dem Habsburger Reich einzuverleiben bzw. die »Oberaufsicht« im Namen Europas zu erhalten als eine Art Übergangsregelung. Nicht zuletzt deshalb war er im vorigen Dezember mit den Westmächten eine Allianz eingegangen. Aber aus einer gemeinsamen

Sprache, auf die sich Buol zusammen mit dem englischen Gesandten Westmoreland und dem Franzosen Bourqueney am 28. Dezember vorab geeinigt hatte, wurde nichts. Zur Überraschung der Österreicher trat Bourqueney mit dem Plan auf, die beiden Fürstentümer zu einem Staat zu vereinigen und ihnen unter einem Regenten überdies eine gewisse Selbständigkeit zu geben, eine Idee, die ganz eindeutig auf die Initiative Napoleons III. zurückging, zu dessen politischem Konzept die Förderung nationaler Bestrebungen gehörte.

Rußland verzichtete zur Überraschung aller auf die Fortsetzung des russischen Protektorats, verlangte nur die Streichung des Begriffs Protektorat als einen für die Vergangenheit nicht zutreffenden Ausdruck, und eine Kollektivgarantie der Großmächte. Ein Papier von sechs Punkten regelte den neuen Status, bei dem das Osmanische Reich ein Mitspracherecht erhielt, zumindest das »Recht freier Würdigung«. Punkt 2 hing eng mit Punkt 1 zusammen«, weil er die Schiffahrt auf der unteren Donau betraf und damit die wirtschaftliche Entwicklung der ganzen Region. Auch hier verzichtete Fürst Gortschakow auf alle alten Sonderrechte Rußlands. Er verwahrte sich nur gegen den Vorwurf, der freien Schiffahrt Hindernisse in den Weg gelegt zu haben, obwohl allen am Tisch bekannt war, daß Rußland den einzigen schiffbaren Mündungsarm der Donau hatte versanden lassen, um den Handelsverkehr über Odessa zu leiten. Man einigte sich darauf, eine europäische Kommission, zu der auch Rußland gehörte, die Grundlagen eines Schiffahrts- sowie Strom- und Seepolizeireglements für die untere Donau ausarbeiten zu lassen.

Nun trat aber am 26. März wie zu erwarten in der sechsten Sitzung die erste Stockung ein, als es an Punkt 3 ging, der die Revision des Dardanellenvertrages von 1841 betraf und als Ziel hatte, dem Übergewicht Rußlands auf dem Schwarzen Meer ein Ende zu bereiten.

Die Westmächte traten für eine weitgehende Neutralisierung des Schwarzen Meeres ein. Es sollte nur noch Handelshäfen und eine begrenzte Zahl von kleinen Kriegsschiffen für die Küstenpolizei neben ein paar Transportschiffen geben, was für Rußland und die Türkei galt. Da eine Neutralisierung des Schwarzen Meeres von Gortschakow strikt verworfen wurde, schlug Buol vor, gleich zu Punkt 4 überzugehen, was jedoch bei Clarendon in London keine Zustimmung fand.

Die nun folgende Pause, bei der alle Verhandlungsteilnehmer Rücksprache mit ihren Regierungen nahmen, kam allen gelegen, da auch die Wiederaufnahme des Bombardements auf Sewastopol verschoben worden war.

Am 6. April betrat der französische Außenminister Drouyn de Lhuys die Szene, um den schleppenden Verhandlungen einen neuen Schwung zu geben. Der Franzose hatte vorher seinen Kollegen in London konsultiert, um eine einheitliche Marschroute festzulegen und um gleichzeitig Österreich zu einer klaren Entscheidung für die Westmächte zu bewegen. Buol weigerte sich jedoch entschieden, Rußland wegen der Ablehnung von Punkt 3 ein Ultimatum vorzulegen bzw. »um zwei Schiffe mehr oder weniger« mit der Eröffnung von Feindseligkeiten zu drohen. Nun suchte Drouyn de Lhuys nach einem Kompromiß. Wie er Franz Joseph offenherzig sagte, war er weniger um des Friedens mit Rußland willen als um der Festigung des Bündnisses mit Österreich nach Wien gekommen.

Mit dem Fortgang der Verhandlungen wurde damit Österreichs Position immer schwieriger – Ausdruck des Dilemmas, in das es sich durch Buols doppelgleisige Politik selbst manövriert hatte: Rußlands Vorherrschaft auf dem Balkan zu brechen, zwecks Rückendeckung mit dem Westen zu kooperieren und doch den Krieg mit Rußland zu vermeiden.

Daß Buols Politik dem Versuch der Quadratur des Kreises glich, kam in seinem Lösungsvorschlag für Punkt 3 zum Ausdruck, den er bei Geheimverhandlungen mit den Westmächten auf den Tisch legte; er schlug ein Einfrieren der russischen Flotte auf dem Zahlenstand vor Kriegsausbruch vor und die Stationierung von ebenso vielen englischen, französischen und türkischen wie russischen Kriegsschiffen; eine permanente Nachrüstung auf den jeweils aktuellen Stand sollte dann ein »System der Gegengewichte« bilden bzw. das maritime Gleichgewicht auf dem Schwarzen Meer erhalten, eine Art Gleichgewicht durch Abschreckung.

Da der Plan die Unterstützung Drouyn de Lhuys fand und John Russell selber zu den Gemäßigten im englischen Kabinett gehörte, reiste Lord John am 23. April ab, mit dem Vorschlag Buols in der Tasche. Er hätte gewarnt sein müssen, weil Clarendon bereits vorher ein »Gleichgewicht der Kräfte« wegen seiner Labilität als »bewaffneten Waffenstillstand« abgelehnt hatte. Wie zu erwarten, verweigerte das Kabinett unter Palmerston den Kompromiß, Gladstone verließ aus Protest die Regierung, Russell folgte einige Zeit später. »Wenn wir Buols Plan annehmen«, meinte Clarendon zu Russell, »könnte keiner von uns vor tätlichen Angriffen auf der Straße sicher sein, und das würde uns recht geschehen.«

Danach kühlte sich das Verhältnis Österreichs zu den Westmächten merklich ab. Aber es war Buols Glück, daß die Westmächte nicht daran dachten, die Allianz mit Österreich einem Härtetest zu unterziehen. Nach dem harten und verlustreichen Winter auf der Krim konnten es sich die Westmächte nicht leisten, auf einen potentiellen Bundesgenossen zu verzichten. Alexander Gortschakow wiederum hatte in Erfahrung gebracht, daß Buol vor einem offensiven Bündnis mit dem Westen zu diesem Zeitpunkt zurückschreckte. Rußland dachte also nicht daran, in Wien ohne Not als geschlagene Nation aufzutreten, obwohl seine Schwarzmeerflotte, der Stolz des Zaren, auf dem Grund der Bucht von Sewastopol lag. Nicht Buol, sondern der russische Bevollmächtigte erwies sich in Wien als die dominierende Persönlichkeit.

Während der Wiener Friedenskonferenz hatte Napoleon III. seinen lang erwarteten Staatsbesuch in England absolviert, in dem Land, in dem ihm als politischer Flüchtling einst so großzügig Asyl gewährt worden war. Auf zwei Ministerbesprechungen war in London der weitere gemeinsame politische Kurs festgelegt worden.

Ein Militärübereinkommen hielt die Abmachung fest, die Belagerung von Sewastopol – auch bei Mißerfolgen – weiterhin aufrechtzuerhalten und zwei Operationsarmeen aufzustellen, davon eine Armee unter dem Befehl des französischen Kaisers. Napoleon III. konnte die sechstägige Reise am 21. April zu voller Zufriedenheit abschließen. Der englische Hof hatte ihn mit großer Zuvorkommenheit aufgenommen, pikanterweise hatte er dieselben Zimmer in Schloß Windsor bewohnt wie Nikolaus I. 1844 bei seinen Eröffnungen über die orientalische Frage; ihm zuliebe war der *Waterloosaal*, wo der Empfang und Ball stattfand, in *The Picture Gallery* umbenannt worden. Wollte man den Zeitungen glauben, war Napoleon III. auch von den Londonern ein enthusiastischer Empfang bereitet worden, während Thomas Carlyle als Augenzeuge nur »zwei dünne, sehr dünne Reihen der verworfendsten menschlichen Geschöpfe« als Jubelspalier gesehen hatte, »Lahme, Krumme und Krüppel, mit schmutzigen Hemden und der Miene von Taschendieben und wahren Schakalsgesichtern. Kaum ein halbwegs anständig Gekleideter war unter ihnen, viel weniger ein der besseren Klasse Angehörender«.

Der Gegenbesuch wurde auch gleich festgelegt; er sollte im Juli in Paris stattfinden, als Höhepunkt der geplanten Weltausstellung, mit der Napoleon III. das Londoner Vorbild von 1851 zu übertreffen gedachte. Ein Besuch am Sarg Napoleon I. würde das Bündnis zwischen Großbritannien und dem Kaiserreich besiegeln, die endgültige Rückkehr in den Kreis der europäischen Häupter. In London war Napoleon III. mit neuem Selbstbewußtsein ganz auf die Linie Palmerston-Clarendon eingeschwenkt, nach der ein Friede mit Rußland, wie ihn Österreich vorgeschlagen hatte, unehrenhaft und haltlos war. »Die Londoner Reise ist ihm zu Kopf gestiegen«, notierte Baron Hübner; die geplante Allianz Paris–Wien, ein Ärgernis für London, war damit zerbrochen.

Er werde um nichts in der Welt irgendetwas annehmen, was den Stand vor dem Kriege beibehält, erklärte der Kaiser seinem Außenminister: »Wir haben Besitz vom Schwarzen Meer ergriffen, wir werden es nur um den Preis bedeutender Konzessionen wieder verlassen.« Drouyn de Lhuys sah sich durch diese neue Entwicklung nach eigenen Worten in Wien und London bloßgestellt und nahm seinen Abschied.

Damit stand fest, daß nicht etwa Rußland am Abbruch der Gespräche Schuld war; Clarendon war mit der festen Absicht nach Wien gegangen, den Krieg bis zum endgültigen militärischen Sieg auf dem Schlachtfeld weiterzuführen.

Buol, der gedacht hatte, wie einst Metternich als Dirigent des europäischen Konzerts auftreten zu können, kaschierte das Scheitern der Wiener Friedenskonferenz und führte am 26. April die 13. Runde weiter, als ob nichts Endgültiges geschehen sei, und vertagte dann die Konferenz auf unbestimmte Zeit.

Sewastopol im Mai

»Wir haben heute den wundervollsten ersten Mai nach einer Woche nassen, rauhen Wetters«, schrieb der englische Stabsoffizier Calthorpe. »Ich hoffe, es ist eine Vorbedeutung für künftige günstige Erfolge.« Der russische Artillerieoffizier Leo Tolstoi auf der anderen Seite war weitaus weniger optimistisch. »Die Stimmung sinkt täglich.

Und der Gedanke an eine mögliche Einnahme Sewastopols äußert sich jetzt in vielem.«

Seine Hochstimmung vom Dezember war dahin. Er hatte nun die Kehrseite des Krieges entdeckt: das entsetzliche Elend in den Lazaretten, die miserable, veraltete Bewaffnung mit dem veralteten Steinschloßgewehr, die schlechte Unterkunft und Verpflegung sowie die schlechte Behandlung des Soldaten, dem beim sinnlosen Fuß- und Gewehrexerzieren der letzte Funke Stolz ausgetrieben wurde, die Korruption in der Militärverwaltung.

Nach Überzeugung eines Stabsoffiziers verlor die russische Armee »vier von fünf Männern, bevor sie in die Reichweite ihrer Musketen vorrücken konnten«.

Noch war Tolstois Erzählung »Sewastopol im Dezember« nicht in Rußland erschienen, aber ihre Veröffentlichung stand kurz bevor. Sie hatte die Zensur passiert und allerhöchstes Interesse gefunden.

Im Gegensatz zu Russell und Kinglake auf der anderen Seite, war Tolstoi kein Kriegsberichterstatter oder Zivilist mit der Unverbindlichkeit eines Schlachtenbummlers, einmal abgesehen davon, daß Kinglake trotz aller Akribie in erster Linie daran gelegen war, den englischen Anteil am Krimkrieg ins beste Licht zu setzen, während Russell die Kluft zwischen den aristokratischen Offizieren und dem einfachen Mann zu seinem Lieblingsthema machte. Tolstoi war mehrmals in Lebensgefahr gewesen und hatte die Skala der menschlichen Gefühle durchgemacht, von der krassen, kreatürlichen Angst bis zum Hochgefühl des Individuums, das sein Schicksal zu meistern glaubt und in der »Gefahr, dem Spiel um Leben und Tod, einen besonderen Reiz findet«. Wenn er ehrlich war, hielt er die Eitelkeit für die hervorstechendste Eigenschaft des Menschen, und das galt für beide Seiten der Front: »Eitelkeit, Eitelkeit, noch am Rand des Grabes und bei Menschen, die für eine hohe Idee zu sterben bereit sind. Eine Krankheit unserer Zeit.« Er fand es trotzdem gut, daß Fürst Menschikow nach jedem Einsatz Orden verteilte; Ordensvorschläge, die drei Monate brauchten, um bewilligt zu werden, hätten für einen, der jeden Augenblick des Todes gewärtig sein muß, wahrhaftig keinen Wert. Von den hohltönenden Phrasen der Tagesbefehle und offiziellen Ansprachen unterschieden sich seine Berichte deutlich, die er an die Militärverwaltung sandte, um sie in einer Zeitung für die Soldaten abdrucken zu lassen. Es fehlte ihnen auch jede glorifizierende Kriegsromantik, obnwohl die Liebe zum Vaterland trotz aller Skepsis und Verachtung des Kasernenbetriebs den Grundton abgab. Tolstois Vorbild ist Stendhal, dessen »Kartause von Parma« er in Sewastopol in seinen freien Minuten liest.

Einen Tag nach dem 1. Mai mußten die Russen wiederum einen Rückschlag hinnehmen, als die Franzosen die neuen Grabenstellungen vor der Mast- und Zentralbastion eroberten und nun die Schanzarbeit ihres Gegners für sich selber ausnutzten, die Gräben umdrehten. Viermal versuchten die Belagerten, ihre alte Stellung zurückzuerobern, bevor sie sie verloren gaben.

Dann trat eine allgemeine Ruhe an der Front ein, an der aber nicht etwa der Zustand der Erschöpfung die Ursache war. Während die beiden Oberbefehlshaber, General Canrobert und Feldmarschall Raglan, bisher selbständig vor Ort entscheiden konnten, was sie zur Fortsetzung des Kampfes für richtig hielten, mischten sich nun mehr und mehr die Politiker in den Krieg auf der Krim ein. Die Einrichtung der Telegraphenlinie zwischen Varna und Balaklawa spielte dabei eine entscheidende Rolle, weil nunmehr Weisungen und Depeschen aus den Kriegsministerien in London und Paris auf schnellstem Weg direkt die beiden Hauptquartiere erreichten und den Generälen kaum mehr Spielraum für eigene Entschlüsse ließen. Dies führte auch zu Verstimmungen zwischen Raglan und Canrobert, in dessen Operationsführung Napoleon III. immer stärker hineinredete. Offenbar waren ihm die Lage vor Sewastopol und die Bedingungen auf der Krim im fernen Paris besser bekannt als seinen eigenen Generälen vor Ort, denn Mitte Mai überraschte er sie mit einem großen Feldzugsplan, der die Entscheidung des Krimkriegs bringen sollte.

Der Plan bestand darin, die Belagerung einzufrieren, zwei große Armeen zu bilden, mit einer Armee, der französischen, zwischen Jalta und Theodosia (Kaffa) zu landen und auf die in der Mitte der Krim gelegene, rund 100 km entfernte Stadt Simpheropol loszumarschieren, während die andere Armee Sewastopol auf der Nordseite abriegelte und die Mackenziehöhen angriff. Das Ziel war, Sewastopol vom Hinterland abzutrennen und die Entsatzarmee der Russen in die Zange zu nehmen. Der Stabsoffizier Calthorpe fand den Plan völlig unrealistisch, da er Zufall, Mißlingen und Unglück nicht in seine Überlegungen einbezog – die bekannten »Friktionen«, die jeder General eigentlich zu bedenken hatte, wenn er nicht als Phantast gelten wollte. Raglan weigerte sich schon allein aus dem Grund, weil er die englische Front vor Sewastopol in der Zwischenzeit den Türken anvertrauen sollte; seinen Worten nach würden die Russen jede hier erbeutete Kanone als englische Kanone ausgeben, was sie in der Tat auch mit den am Tag von Balaklawa in den türkischen Redouten eroberten Kanonen gemacht hatten. Sie wurden im Zeughaus des Kreml als Beutestücke aus den englischen Redouten ausgestellt.

Schon vorher war es zu Unstimmigkeiten zwischen dem französischen und englischen Oberbefehlshaber gekommen, an denen Canrobert nicht ganz unschuldig war. Den für den 28. April gemeinsam beschlossenen Sturm auf die neu errichteten Redouten und Außenstellungen der Russen hatte Canrobert kurzfristig absagen lassen: Er wollte erst noch weitere Verstärkungen abwarten, die ihm gerade über den Telegraphen aus Konstantinopel angekündigt worden waren. Nach Calthorpes Ansicht durfte nichts von dem »Unverstand« im französischen Hauptquartier nach außen dringen, um auf Anweisung Londons nicht »die Verbindung mit den Franzosen auch nur im Geringsten zu gefährden«.

Unter seinen Soldaten war Canrobert so unpopulär, daß während der Parade am 26. Mai die Regimenter des 1. Korps »mit vollkommenem Schweigen« an ihm vorbeidefilierten. Nach Calthorpes Eindruck brannten die französischen Offiziere geradezu auf einen Angriff gegen die Festung, während Canrobert, inzwischen mit dem Spitznamen »l'Anxieux« – der Bedenkliche – versehen, das zu erwartende Blutvergießen hinauszuschieben beabsichtigte.

Am 29. April hatten Raglan und Canrobert zusammen mit den beiden Admirälen beschlossen, die Flotte zu einer Expedition nach Kertsch zu schicken, um die russischen Nachschublinien zwischen der Krim und dem Asowschen Meer zu unterbrechen. Einen Tag später ließ Canrobert ausrichten, sich wegen der Befürchtung eines russischen Ausfalls nicht beteiligen zu können. Allein Raglan konnte ihn noch einmal zur Teilnahme überreden. Canrobert glaubte, daß der Flottenausflug nach Kertsch im Grunde nur dem Renomée der Engländer diente, die bei der Belagerung hinterherhinkten.

Kaum hatten am 3. Mai die für die Expedition bestimmten Flottenteile die Bucht von Balaklawa und Kamiesch verlassen, als Canrobert wiederum im Hauptquartier Raglans erschien, um alles abzublasen – ein Befehl des Kaisers sei über den Telegraphen eingegangen, die

Transportschiffe zur Abholung der Verstärkungen in Konstantinopel einzusetzen.

Ein Dampfer preschte mit dem Befehl zur Umkehr zu der Stelle, die auf hoher See als Sammelplatz für die Expedition bestimmt worden war. Als am 8. Mai endlich die Genehmigung Napoleon III. für den Flotteneinsatz gegen Kertsch eintraf, wollte Canrobert wiederum erst auf das angekündigte Eintreffen der Italiener aus Piemont warten. Streit gab es auch zwischen Canrobert und dem von Napoleon III. protegierten Pelissier, wobei Pelissier auf die Hilfe des fleißig spionierenden Niel zählen konnte, was die Frage der weiteren Methode betraf: die zeitaufwendige Bombardierung weiterzubetreiben oder alles auf einen entschlossenen Sturmangriff zu setzen. Jeder beschuldigte den anderen; der bisherige französische Ingenieur-General Forey verließ die Krim, weil er der Zusammenarbeit mit den Russen bezichtigt wurde.

Canrobert wurden sogar Selbstmordabsichten nachgesagt, als er sich in einem vorderen Grabenstück in einer Art und Weise exponierte, die den Verdacht nahelegte, er warte ganz offensichtlich nur auf den Schuß eines russischen Scharfschützen.

Am 12. Mai traf mit dem Ordonanzoffizier des Kaisers, Fave, ein weiterer Aufpasser aus Paris ein. Es war in der französischen Hauptstadt kein Geheimnis, daß der ohne Ruhm und Ehre in aller Heimlichkeit noch vor dem Ausbruch des russischen Winters nach Paris zurückgekehrte Prinz Napoleon üble Gerüchte über Canrobert ausstreute.

Da kam in der Nacht vom 18. zum 19. Mai die Nachricht vom Wechsel im französischen Oberkommando über den Telegraphen. Canrobert übernahm auf eigenen Wunsch seine alte Division, während Jean-Jacques Pelissier neuer *général en chef* wurde. Nach einer nur kurzen Sitzung zwischen Raglan und dem energischen und skrupellosen neuen Oberbefehlshaber einigten sich beide auf eine Aktion gegen Kertsch und den Sturm auf die beiden Redouten, von den Franzosen »Weiße Werke« genannt, sowie den Grünen Hügel. Beides sollte zeitlich zusammenfallen. Sogleich wurde mit der Wiederaufnahme der Kampftätigkeit in den vorderen Stellungen begonnen.

Mit der Ernennung Pelissiers hatte Napoleon III. ganz offensichtlich seinen eigenen Plan aufgegeben, auf der Krim zu erscheinen; denn der bescheidene und gefügige Canrobert wäre als zweiter Mann unter seinem Oberbefehl genau der Richtige gewesen, ob als »Werkzeug oder als Sündenbock«, wie Wilhelm Rüstow 1855 erkannte. Und wie dieser deutsche Beobachter des fernen Geschehens am Schwarzen Meer mit scharfem Witz meinte, war die Wahl des 61jährigen Pelissier nicht gerade ein glücklicher Griff, da dessen »europäischer Ruf sich bisher vorzugsweise an die Ausräucherung der Kabylen in den Grotten von Dahra knüpft, eine That, welche auch ganz gut geeignet sein würde, den Ruf eines großen Räuberhauptmannes zu begründen, der darum noch kein Feldherr zu sein braucht«.

Inzwischen machten die alliierten Flotten »Razzia« auf dem Asowschen Meer. Sie versenkten Transportschiffe, beschossen Küstenorte, auch wenn es sich nicht um militärische, sondern private Einrichtungen handelte, beschlagnahmten Kohlevorräte, zündeten Getreidespeicher an, plünderten Schlösser und Villen aus, sprengten Uferbefestigungen, kurzum: schossen auf alles, was vor ihre Rohre kam. Da der Krimkrieg von den westlichen Mächten zu einem Kriege der Zivilisation gegen das Barbarentum erklärt worden war, fand Wilhelm Rüstow dieses Benehmen merkwürdig, blieb aber dabei, daß »im Krieg eben jede Partei der anderen zu schaden versucht – und wenn die Städte des Asowschen Meers wehrlos waren, so ist das die Sache der Russen, nicht die der Verbündeten«.

Der Erfolg der Flotte färbte auf die Engländer vor Sewastopol ab. Lord Raglan ließ sich am Geburtstag der Queen die neu aufgestellte und erholte englische Kavallerie vorführen und nahm auch eine Parade der schweren Feldartillerie ab.

Insgesamt standen nun 35 000 Engländer auf der Krim – aber 100 000 Franzosen.

Ende Mai verlegten die beiden Verbündeten ihre Verteidigungslinie gegen einen Angriff von außen nach vorn, um sich Luft zu machen. Sie besetzten so gut wie kampflos die Hügelkette vor der Tschernaja von den Ruinen bei Inkerman bis zum Dorf Tschorgun. Die frisch aus Italien eingetroffenen Verbände, 14 000 Mann, bekamen den rechten Flügel gleich neben den Türken.

General Calthorpe imponierten die bequemen, leichten Krankenfuhrwerke der Italiener mit ihren gepolsterten Sitzen. Es gab sogar Krankenwagen zweiter und erster Klasse, letztere ganz besonders bequem ausgestattet für die verwundeten Offiziere. »Was für ein

Geschrei würde das englische Volk erheben, wenn sich in unserer Armee besondere Krankenwagen für die Offiziere befänden!«

Stellungskrieg

»Der Mamelon, die Weißen Werke und die Steinbrüche werden am 7. Juni genommen«, so General Pelissier auf der Lagebesprechung am 5. Juni, »denn Lord Raglan und ich haben es beschlossen!« Die anderen Generäle kamen zwar zu Wort, aber ihr Rat war nicht gefragt: »Sie alle sind Männer von Wissen und Erfahrung und können mir den besten Rat geben, wenn ich ihn verlange – aber in diesem Augenblick verlange ich ihn nicht!« Auch der Angriffszeitpunkt wurde von Pelissier bestimmt, er setzte ihn auf den späten Nachmittag an, wenn der Feind, der gewohnheitsmäßig bei Tagesanbruch mit Angriffen rechne, keine Offensive erwarte. Auch Raglan hatte Pelissier in seiner konzilianten Art nicht widersprochen, da das britische Kontingent wegen seiner geringen Schlagkraft ohnehin auf die Franzosen angewiesen war. Bei den erwähnten Stellungen handelte es sich um vorgeschobene Werke der Russen, um die sich seit Ende Februar die Kämpfe konzentrierten.

Ein nur kurzer Feuerschlag von 24 Stunden sollte dem Sturm vorausgehen, also nicht das bisher übliche lange Vorbereitungsfeuer. Tatsächlich ließen sich die Russen am 7. Juni durch vorgetäuschte Geschäftigkeit auf der Front vor der Stadtseite, auf der sie immer noch den Hauptangriff erwarteten, überraschen. Pelissier hatte 42 Bataillone, rund 30 000 Mann eingesetzt, eine schwierige Organisationsaufgabe, da sich durch die Aufstellung eine drangvolle Enge in den Parallelgräben und Laufgräben ergab. Um halb sieben Uhr abends begann der Sturm auf die Redouten an der Sapeurstraße, eine halbe Stunde später waren sie bereits erobert, da die Angreifer in einem Verhältnis von 5:1 den Verteidigern überlegen waren. Im Zentrum überrumpelten die Franzosen auch die Verteidiger in der Redoute Kamtschatka auf dem Grünen Hügel, verfolgten die fliehenden Russen leichtsinnigerweise bis zur Malakow-Bastion, wo sie in ein mörderisches Abwehrfeuer gerieten, so daß sie nun ihrerseits wieder fliehen mußten. Die Russen nutzten dies zu einem Gegenstoß aus, der sie wieder in den Besitz der Redoute brachte. Erst ein zweiter energischer Angriff, den General Bosquet befahl, verdrängte sie endgültig. Während die Dunkelheit hereinbrach, begann in den eroberten Stellungen eine fieberhafte Schanztätigkeit, um sie für die Verteidigung vorzubereiten und in das eigene Stellungssystem einzubeziehen.

Seine Vorliebe für die Offensive hatte Pelissier bereits in der Nacht vom 22. zum 23. Mai gezeigt, als Probe aufs Exempel – das »kunstloseste Drauflosgehen, welches nur gedacht werden kann«. In dieser mondhellen Mainacht hatte er die vorgeschobenen Stellungen der Russen am Friedhof bei der Quarantänebucht zwischen Bastion Nr. 5 und Nr. 6 mit mehr als 11 000 Mann frontal angreifen lassen, unter ihnen die Fremdenlegion, der der Vortritt überlassen blieb. Der Angriff war gescheitert, doch die Russen hatten in der zweiten Nacht die Stellung aufgegeben, als Pelissier den Angriff wiederholen ließ. Seine Zähigkeit hatte also letzten Endes Erfolg gehabt, während die Russen den Vorteil dieser Position, aus der heraus sie die Gräben der Franzosen wirkungsvoll beschießen konnten, preisgaben, weil ihre Verluste zu hoch waren: 2 500 Mann, ein Fünftel der hier eingesetzten Truppen. Pelissier hatte seine eigenen Verluste geheim gehalten, »wahrscheinlich weil sie um nichts hinter den russischen zurückblieben«. Es gehörte zu seiner neuen Taktik gegenüber Napoleon III., sich nicht durch Vorhaltungen stören zu lassen. In einer Depesche nach Paris hatte er die geglückte Frontbegradigung in einen großen Sieg umgewandelt, nach »glorreichen, blutigen Kämpfen«.

Wie nach dem Gemetzel am 22. und 23. März folgte am 9. Juni ein Waffenstillstand. Dieser Brauch hatte sich eingebürgert, jedoch nicht aus Pietätsgründen: »Die im Mai eingetretene Hitze beschleunigte die Verwesung der zahllosen schlecht verscharrten Leichen, die die Luft verpesteten und die Gefahr eines erneuten Ausbruchs der Cholera befürchten ließen.« Bei Beginn einer Waffenruhe wurden auf jeder Seite der Front zwei Linien abgesteckt, die einen Zwischenraum, einen neutralen Raum ließen, den nur unbewaffnete Soldaten betreten durften, um die Toten der gegnerischen Seite dort zum Abholen abzulegen. Zwischen den Leichen und Verstümmelten spazierten die Offiziere beider Seiten umher. Der Engländer Calthorpe war stolz darauf, bei dieser Gelegenheit Todleben zu begegnen.

Die nächste Offensive wurde sofort festgelegt. Auf Wunsch Napoleons III. wurde der Jahrestag der Schlacht von Waterloo, der 18. Juni, gewählt, um Engländer und Franzosen, die damals gegeneinander kämpften, nun nebeneinander als Bündnispartner zu zeigen. Die Einnahme von Sewastopol sollte die Erinnerung an die endgültige Niederlage des ersten Kaiserreichs der Franzosen auslöschen. Die Stärke der Sturmtruppen war auf französischer Seite fünfzehnmal so groß wie die der Briten.

Die Engländer hatten nun keine Transportprobleme mehr, um Munition und Nachschub vom Hafen heranzuschaffen, seit es die Feldeisenbahn von Balaklawa zum Hauptdepot auf dem Chersones-Plateau hinter der Front gab. Es war die erste ausschließlich für militärische Zwecke angelegte Eisenbahnlinie der Weltgeschichte, zwar nur 9 km lang, doch in der Lage, den Transport eines schweren Geschützes vom Hafen bis in die Stellung in 7 Minuten zu bewerkstelligen. Obwohl für die Infanteristen nun die schwere Plackerei mit dem Transport von Granaten entfiel, gab es in den Militärlagern böses Blut, weil die 250 irischen Eisenbahnarbeiter, alles Zivilisten, sonntags frei hatten. Ein Feiertag kam nach Calthorpe für die Soldaten jedoch nicht in Frage, weil der Krieg ja sonntags ebenfalls nicht ruhte und – das war eigentlich der Hauptgrund – die Trunksucht unter den nicht beschäftigten Soldaten sofort sprunghaft zunahm. Auf englischer Seite gab es 1855 eine weitere Premiere. Eine der ersten Fotographien aus dem Krimkrieg wurde im Hafen von Balaklawa gemacht und zeigte die mit Kriegsmaterial, Vieh und Transportwagen völlig verstopften Kaianlagen. Sie stammte von Roger Fenton. Er war ein halbes Jahr nach Russell von der *Times* auf der Krim angekommen, um den Kriegsschauplatz zu fotographieren, als erster Kriegsfotograph der Welt. Fenton war durch seine Aufnahmen von einer Rußlandreise berühmt geworden, hatte im Auftrag der Queen die königliche Familie porträtiert und dann die Stelle als offizieller Fotograph des Britischen Museums übernommen.

Fenton schwebte häufig in Lebensgefahr, während er seine Aufnahmen machte. Mit seinem als Dunkelkammer hergerichteten Pferdewagen fuhr er bis in Frontnähe, ging dann mit seinem Assistenten zu Fuß weiter und baute Stativ und Kamera auf. »Ich war losgegangen«, beschrieb er seine ersten Erfahrungen, »als eine Staubwolke vor uns anzeigte, daß etwas in unserer Richtung unterwegs war.« Natürlich konnte er das Geschoß, eine Vollkugel, nicht sehen, es machte sich nur durch hintereinander schnell aufspritzende Erdfontänen bemerkbar, so daß Fenton schleunigst den Platz räumte. Widerstrebend wählte er sich eine andere Ansicht des Tals, etwa »100 m von der besten Stelle« entfernt.

Unter anderem fotographierte Fenton das *Tal des Todesschattens*, einen mit Kanonenkugeln übersäten Geländeeinschnitt inmitten einer baumlosen Wüste, die einen charakteristischen Eindruck von der Öde und Monotonie des Schlachtfeldes vermittelt. Er hielt Generäle bei der Beratung, Regimenter beim Appell und Soldaten beim Lagerleben fest, er fotographierte die typischen Kanonenbatterien, deren Seitenwände und Traversen durch Sandsäcke und durch mit Erde aufgefüllte hohe Flechtkörbe gesichert waren, und die riesigen Mörsergeschütze in Ruhestellung.

Das Verfahren war umständlich. Die Belichtungszeiten reichten bis zu 20 Sekunden. Nach der Aufnahme zog sich Fenton in seine fahrbare Dunkelkammer zurück, um in der unerträglichen Sommerhitze, die auf dem Dach lastete, seine Platten zu entwickeln.

Im Juli kehrte Fenton erschöpft und cholerakrank nach London zurück und zeigte noch im selben Jahr seine Fotos in London und Paris auf der Weltausstellung, so daß die Besucher sich ein Bild vom Orientkrieg machen konnten. Die Abbildung von Toten und Schwerverwundeten war ein Tabu. Zu diesem Zeitpunkt wußte schon alle Welt, daß der große Angriff am Waterloo-Tag ein Fehlschlag war. Pelissier hatte nach einer 24stündigen Kanonade auf breiter Front das Feuer einstellen lassen, eine Pause eingelegt und den Sturm ohne vorherigen Feuerschlag angesetzt – eine neue Variante seines Einfallsreichtums, gegen die Raglan ebenso vergeblich protestiert hatte wie gegen die kurzfristige Vorverlegung des Angriffszeitpunkts auf ½ 3 Uhr morgens – die gefährlichste Stunde an der Front, in der die Wachsamkeit am größten war.

Die Verteidiger ließen sich auch nicht überraschen, die Truppenbewegungen waren ihnen nicht verborgen geblieben. Zu allem Unglück für die Franzosen stieß eine russische Patrouille im Morgengrauen auf die Bereitstellungen an der großen Bucht, beim rechten Flügel des französischen Angriffs. Als sich an dieser Stelle ein lebhaftes Gefecht entwickelte, gab der französische Kommandeur dieses Abschnitts, General Mayran, vorzeitig das Signal zum Angriff gegen die Hafenbatterien, um wenigstens noch den Augenblick der Überraschung auszunutzen. Zu diesem Zeitpunkt befand sich Pelissier noch nicht einmal auf seinem vorderen Befehlsstand in einer ehemaligen Lancaster-Batterie. Kaum angekommen, gab er sofort den allgemeinen Befehl zum Angriff noch vor dem zeitlich verabredeten Angriffszeitpunkt. Dadurch wurde die Verwirrung nur noch größer. Überstürzt verließen die auf den kleinen Redan und die nördliche Seite des Malakow-Turms angesetzten Regimenter des General Brunet die Gräben und gerieten in das sofort einsetzende Abwehrfeuer der Russen. Nur auf dem linken Angriffsflügel unter General d'Autemarre überwanden die Franzosen die erste Verteidigungslinie der Russen, die Batterie Gervais südlich des Malakow-Turms, und konnten sogar bis in die Vorstadt eindringen, wo nunmehr ein Kampf Haus um Haus entbrannte. Nach einer Stunde schickte der General einen Melder zu Pelissier, um Verstärkung anzufordern, falls man die Stellung halten wollte. Dieser brauchte jedoch über eine Stunde Zeit, um sich durch das Gewühl bis zu Pelissier durchzuschlagen, so daß sich die Gesamtsituation schon zum Schlechten verändert hatte.

Die Engländer warteten vergeblich auf ihr Stichwort: die französische Fahne auf dem Malakow-Turm. Schließlich wollte Raglan seinen Bündnispartner nicht im Stich lassen und gab den Angriffsbefehl. Bei dem Sturm vom 7. Juni hatte er sich auf dem Cathcart-Hügel oberhalb des *Tals des Todesschattens* aufgehalten, auf der Höhe der ersten Parallele. Diesmal exponierte er sich im vorderen Frontbereich der dritten Parallele hinter den Steinbrüchen, ohne Deckung zu nehmen. Raglans Gestalt in ihrer eigenwilligen Kostümierung mit blauem Gehrock, weißem Hemd mit schwarzer Krawatte und hellem Tropenhelm war unübersehbar. Ein Pionier mit Signalflaggen wurde in Stücke gerissen, Generalquartiermeister Airey von einem Arm getroffen, den eine Kanonenkugel einem entfernt stehenden Offizier abgerissen hatte. Schließlich bat Raglan seinen Offizier, Deckung zu nehmen, während er sich weiterhin über die Brüstung lehnte. Calthorpe mißfiel diese unnötige Tapferkeit ebenso wie die Angewohnheit der Generäle, sich beim Sturm an die Spitze zu setzen, weil bei ihrem Tod das Kommando an einen Offizier überging, der meist nicht ausreichend mit der Angriffsdisposition vertraut war. Von fünf englischen Generälen fielen an diesem Tag vier, unter ihnen Campbell. Der Angriff brach sofort zusammen, obwohl alles vorwärts drängte. Nicht einmal ein Hornist war aufzutreiben, um entsprechende Signale zu geben. General Brown, der für den chaotischen Angriff verantwortlich war, überlebte.

Als schließlich alle Überlebenden wieder in den Ausgangsgräben waren, gab Raglan den Befehl, das Artilleriefeuer zu eröffnen, um das Versäumnis Pelissiers wettzumachen. Nach einer dreiviertel Stunde waren die russischen Batterien auf dem großen Redan zerstört. Raglan machte sich selbst auf den Weg, um Pelissier zu einem zweiten Angriff zu überreden. Inzwischen hatte Pelissier jedoch resigniert, seinen eigenen Angriffsbefehl widerrufen und den allgemeinen Rückzug ins Auge gefaßt.

Kurioserweise hatte eine Einheit von Irländern auf der Woronzow-straße sogar die ersten Häuserreihen von Sewastopol erreicht und war bis in den Rücken der Mastbastion vorgedrungen, ohne daß es General Brown gemeldet wurde. Die Irländer hielten sich 17 Stunden in der Vorstadt auf, bedienten sich aus den Weinkellern der verlassenen Häuser und warteten auf Befehle. Schließlich zogen sie sich zurück, als die Russen mehr Zeit für sie aufbrachten. Die groteske Eskapade täuschte über den mörderischen Charakter des 18. Juni, der bald *Waterloo-Karabelnaja* hieß. Die Engländer kamen auf 1570 Mann Verluste, die Franzosen auf über 5000 Mann, von denen Pelissier in seinen Angaben einfach 2000 unterschlug, um sich der Kritik aus Paris zu entziehen. Eine große Mißstimmung zwischen den Alliierten war die Folge.

Pelissier tadelte in seinem Schreiben die Engländer wegen der »un-glaublichen Schwerfälligkeit« in ihren Bewegungen und schob die Schuld seinen Generälen zu; nach seinen Worten hätte er General Brunet und Mayran vor ein Kriegsgericht gestellt, wenn sie nicht gefallen wären. Es war nun auch klar, daß General Bosquet, der beste Kopf unter den französischen Generälen, bei der Schlacht gefehlt hatte. Doch war er auf Pelissiers Befehl an die Tschernaja strafver-setzt und damit kalt gestellt worden, weil er es unterlassen hatte, ihm die Erbeutung eines Plans des Malakowturms am 7. Juni sofort zu melden.

Mit seinem System der »unablässigen Bockstöße« war er jedenfalls gescheitert. Trotzdem meinte unter anderem der deutsche Militär-schriftsteller Wilhelm Rüstow noch im selben Jahr, daß das brutale »System Pelissier« den Forderungen und Bedingungen des neuen Stellungskrieges besser entspreche als das klassische Belagerungssy-stem, weil es sich nicht mehr um eine »reguläre Festung« handle.

Ein englischer Admiral kam sogar auf die Idee, Gas, d. h., brennenden Schwefel als Atemgift, einzusetzen, um den in seinen Stellungen untergetauchten Gegner zu töten; ganz offensichtlich gab es in London beim Hantieren mit dem Versorgungsgas soviel Unfälle und Selbstmorde, daß der Einsatz dieser modernen Energiequelle zu Kriegszwecken schon jetzt einen Erfolg auf besonders breiter Basis versprach. Zum Einsatz kam aber auch nicht ein Gasballon, den die Franzosen zusammengelegt mitgebracht hatten.

Pelissier fiel vorübergehend in Ungnade, als Napoleon III. aus russischen Veröffentlichungen von den wirklichen französischen Verlusten erfuhr. Pionier-General Niel sollte ihn ersetzen, ein Anwalt der großen Feldschlacht. Bereits am 7. Juni hatte Pelissier den Kaiser verärgert, als er das telegraphisch übermittelte Verbot zum Sturm auf den Grünen Hügel ignoriert und beschlossen hatte, das Telegramm erst nach dem Angriff gründlich zu lesen! In einem couragierten Schreiben bat er seinen Kaiser, die Blicke nicht bloß auf »das glänzende Andenken von Austerlitz und Marengo« zu richten, sondern auch auf den »Widerstand von Eylau«, einer Schlacht also, die wegen des preußischen Kampfgeistes große Verluste mit sich gebracht hatte. Statt Pelissier löste Napoleon III. General Canrobert ab, dessen Ansehen bei der Truppe wieder gestiegen war, während man von Pelissier nun wußte, daß er »das Leben seiner Soldaten für nichts achtete, so lange bis er seinen Zweck erreicht hat« (Calthorpe). Auf Befehl Napoleons III. hatte Canrobert aus Krankheitsgründen nach Frankreich zurückzukommen.

Lord Raglan war zutiefst deprimiert. In London wurde seine Ablösung beschlossen. Ein Abgeordneter namens Roebuck, der durch seine Speichelleckerei bei seinem Besuch auf der Krim aufgefallen war, trug im Unterhaus eine vernichtende Kritik an der englischen Armee vor, die dort nur die Rolle einer »französischen Division« spiele. Ein Gemälde, das ein englischer kunstbeflissener Offizier auf der Krim von ihm malte, zeigte den englischen Oberbefehlshaber müde, alt und abgekämpft im Zimmer seines Hauptquartiers, wie er gerade eine Londoner Tageszeitung mit den neuesten Berichten sinken ließ, neben ihm als Vision die Gestalt Wellingtons, der Raglan mit ausgestreckter Hand auf zwei Medaillen mit der Inschrift Pflicht und Vaterland aufmerksam macht – Trost und Mahnung zugleich. Am 28. Juni starb Raglan an der Cholera, der sein geschwächter Gesundheitszustand keinen Widerstand mehr bot. Während der feierlichen

Überführung seines Sarges auf die *Caradoc* im Hafen von Balaklawa schwiegen sogar die russischen Geschütze, um den Gegner zu ehren. Die Kapellen von drei Regimentern spielten den Totenmarsch aus Händels Oper *Saul*. Am 11. Juli konnten sich die Alliierten revanchieren, als Admiral Nachimow, am Malakow-Turm tödlich verwundet, in der Kathedrale von Sewastopol neben General Kornilow beigesetzt wurde. Die Verwundung Todlebens, der die Festung verlassen mußte, war ein weiterer schwerer Verlust für die Belagerten.

»Nichts Wichtiges« von der Front, meldete Calthorpe im Juli 1855 nach London. Doch gehörten die Monate Juni, Juli zu den kritischsten Phasen der Schlacht um Sewastopol. Die Alliierten schienen wieder an dem Punkt angelangt zu sein, an dem sie vor über einem halben Jahr begonnen hatten. Während sich das Schlachtfeld von Balaklawa mit bunten Blumen einer üppigen Vegetation bedeckte und die Offiziere der Observationsarmee im Hinterland an der Tschernaja spazierengingen, kam mit der Sommerhitze in den Lagern die Cholera zurück, eine zwangsläufige Folge der Anhäufung von Menschen und Einrichtungen auf engstem Raum. Trotz scharfer Verordnungen, Müll und Abfälle nicht in Lagernähe wegzukippen und Kadaver metertief zu vergraben, stieg die Sterblichkeitsrate. Die Belagerung hatte sich zu einem Stellungskrieg entwickelt, die Feldgefechte zu Materialschlachten, denen unaufhörlich Munition und Nachschub zugeführt werden mußten, ein Ding der Unmöglichkeit ohne den permanenten Pendelverkehr der Dampfer auf dem Schwarzen Meer zwischen Krim und Konstantinopel.

Der Stellungskrieg, der nun schon über zehn Monate dauerte, brachte für die Soldaten ganz neue, ungeahnte Belastungen mit sich. Es entstand die sogenannte *Laufgräbenkrankheit,* eine Mischung aus Ruhr, Erschöpfung, Erkältung, Skorbut. »In einem gewöhnlichen Feldzug«, so erinnerte sich Bazancourt, »liefert man eine Schlacht. Bleibt man Sieger, so setzt man seinen Marsch fort und mit Ausnahme eines kleinen Teils der Armee bleiben die übrigen von dem traurigen Anblick, all das vergossene Blut sehen zu müssen, verschont, und der traurigen Pflicht, die Gefallenen beerdigen zu müssen. Wird man geschlagen, so zieht man sich zurück«. Ganz anders die Situation vor Sewastopol, hier war der Soldat »buchstäblich an die Scholle festgebannt. Er sieht immer jene Stelle wieder, an welcher Tags zuvor seine Waffengefährten verbluteten, er sieht immer neue Tote, immer neue

Gräber, und Tag für Tag wandern die Tragbahren mit ihrer traurigen Bürde an ihm vorbei«.

Ob dieses Schauspiel »herrlich« war, wie Bazancourt trotz allem meinte, nachdem er mit seiner Schilderung ein Stück von der Realität eines kommenden Weltkrieges mit seinen Materialschlachten vorweggenommen hatte, und ob »das Geschlecht der antiken Helden« hier auf dem modernen Ilion damit zurückgekehrt sei, war eine andere Frage.

Die Hauptmacht der Italiener gelangte mitten in der großen Junihitze an, und sie war bereits angeschlagen, als sie den Fuß in Balaklawa an Land setzte. Der englische Dampfer *Krösus* mit ihrer Ausrüstung an Bord war bald nach dem Ablegen von Genua in Brand geraten; die Cholera hatte sich schon während des Transports eingestellt. In den kalten Nächten auf der Krim erwies sich die leichte Sommeruniform als völlig unangemessen. Bis zum 8. Juni hatte das sardische Korps bereits 900 Mann verloren, obwohl die Italiener an einer der angenehmsten Frontabschnitte ihr Lager aufgeschlagen hatten, in der Nähe von Tschorgun an der Tschernaja, also weit ab vom Schuß und vom Gestank des Schlachtfeldes. »Wir haben noch keinen einzigen Schuß getan«, schrieb ein Soldat nach Hause, »ich habe überhaupt noch keinen Russen zu sehen bekommen. Die Cholera wütet aber unter uns schlimmer als feindliche Kugeln es vermöchten. Dabei geht die Belagerung nicht vorwärts. Die Generäle der Verbündeten sind sich nicht einig. Ob wir so Sewastopol jemals nehmen werden?« Der Brief wurde am 26. Juni in der Turiner »Patria« abgedruckt. Die Soldaten verfluchten Cavour und die Politiker als Urheber ihrer Leiden. Die Opposition in Piemont bezeichnete es als unglaubliche Torheit, sich in den Orientkrieg einzumischen. Immerhin hatte Lamarmora, der ehemalige Kriegsminister, nun Oberbefehlshaber des Expeditionskorps, erreicht, daß die Italiener nicht als Hilfstruppen eingesetzt bzw. als Kanonenfutter verwendet wurden, sondern einen selbständigen Frontabschnitt erhalten hatten.

Zum Kriegsrat wurde er vorläufig nicht hinzugezogen. Die Verstärkung der Alliierten wurde durch den Teilabzug der Türken wieder ausgeglichen, als Omer Pascha beleidigt die Krim verließ, weil seine Truppen nur zu den schmutzigen Arbeiten eingesetzt würden.

Die Kämpfe beschränkten sich auf kleine Unternehmungen in den vorderen Stellungen. Natürlich wurde weiter geschanzt. Auf der

Stadtseite entwickelte sich der Stellungskampf zum Minenkrieg mit allen Raffinessen der Zeitzündertechnik. Auch der russische Oberbefehlshaber auf der Krim konnte auf Grund des Abwehrerfolges vom Juni keine Initiative zeigen, da die Verstärkungen erst noch unterwegs waren, um die Heere des Feindes »wie Spreu vom Boden des heiligen Vaterlandes wegzufegen«. Ende Mai waren die 4. und 5. Infanterie-Division und zwei Grenadier-Divisionen in Polen in Marsch gesetzt worden. Da sie ungefähr 90 Tage brauchten, um die rund 1 000 km lange Strecke mitsamt Troß und Nachschub auf sandigen Wegen nach Sewastopol zurückzulegen, war bis Ende August nicht mit ihnen zu rechnen.

Als die Belagerung nicht von der Stelle kam, tauchte sogar – wie Wilhelm Rüstow festhielt – bei einigen westeuropäischen Militärköpfen die Theorie auf, daß es für die Verbündeten umso besser sei, je länger der Kampf um Sewastopol dauere: »Dort hätten sie den Punkt gefunden, nach welchem hin Rußland alle seine Scharen ergießt, dort brauche man diese nur zu erwarten, um Rußlands Kraft zu brechen, um gewissermaßen alle Russen allmählich und einzeln dort totzuschlagen« – also Sewastopol als eine Art Blutmühle oder Blutpumpe des 19. Jahrhunderts.

Das Artilleriefeuer ging Tag für Tag weiter. Auf beiden Seiten der Front nahmen die Soldaten den Krieg als Schicksal hin, wie Tolstoi festhielt: »Über ihren Köpfen wölbte sich der Sternenhimmel, über den unaufhörlich die feurigen Streifen der Granaten glitten.«

Tschernaja – das letzte Gefecht

Noch einmal versuchten die Russen in einer offenen Feldschlacht die Lage zu ihren Gunsten zu wenden. Aber die Handschrift, die diese Schlacht auf russischer Seite trug, verriet etwas von dem tiefen Pessimismus des Oberbefehlshabers Fürst Michael Gortschakow. Am 3. August hatte bereits Osten-Sacken, der Kommandant von Sewastopol, in einem geheimen Schreiben an den Kriegsminister Dolgoruki, »das Herz voll tiefer Bekümmernis und brennendem Schmerz«, geraten, die Südseite Sewastopols zu räumen; bei der Wahl zwischen einem Übel und der Katastrophe sei dies die einzige Rettung! Gortschakow erhoffte sich auch nichts mehr von einer Offensive. Er hielt es für Wahnsinn, gegen einen überlegenen Feind in uneinnehmbaren Stellungen alles auf eine Karte zu setzen.

Auf russischer Seite spielte nun der Generaladjutant des Zaren von Wrewsky, der von Petersburg zur speziellen Berichterstattung auf die Krim geschickt worden war, dieselbe fatale Rolle wie vorher General Niel auf französischer Seite. Er gehörte zu den Befürwortern einer letzten großen Schlacht, zumal im Hauptquartier auch Unmut über die Passivität der Krim-Armee herrschte. Wrewsky plädierte für einen Sturm auf die Fediukin-Höhen.

Alexander II., von seinen Beratern zum Handeln gedrängt, um Rußlands politische Ausgangsposition bei kommenden Verhandlungen zu verbessern, überließ die Entscheidung den Generälen von Sewastopol. In dem Kriegsrat, der auf Befehl des Zaren dort einberufen wurde, entschied sich die Mehrheit der fünfzehn Generäle für die Offensive. Feldmarschall Gortschakow mußte also die Leitung einer Operation übernehmen, die er nicht gewollt hatte: »Ich marschiere gegen den Feind, weil Sewastopol ohnehin in kurzer Zeit verloren wäre, wenn ich es nicht tue. Ich greife den Feind unter sehr schlechten Bedingungen an. Seine Stellung ist sehr stark. Ich habe mein Möglichstes getan, aber die Aufgabe war seit meiner Ankunft in der Krim zu schwer.«

Ende Mai hatten die Alliierten ihre Verteidigungslinien vorgeschoben und standen auf dem linken Ufer der Tschernaja, wo sich vom Sapun-Rücken am Rand des großen Plateaus in östlicher Richtung mehrere Anhöhen wie ein Riegel bis zum Dorf Tschorgun erstreckten: die Fediukin-Höhen, in deren Rücken sich die Attacke der Leichten Brigade unter Cardigan abgespielt hatte, die Hasfort-Höhe und der Tschirkojasi-Berg. Zu Füßen der auf dieser Seite schroff abfallenden Anhöhen flossen im Tal die Tschernaja und der Kanal, der die Docks von Sewastopol mit Wasser versorgte, also eine doppelte Reihe von »natürlichen« Hindernissen. Zusätzlich war die massive Traktir-Brücke vor den Fediukin-Höhen durch einen Brückenkopf gesichert. Über die Traktir-Brücke führte jene Straße von den Mackenzie-Höhen, die die Alliierten bei ihrem berühmten Flankenmarsch Richtung Balaklawa vor nun fast einem Jahr passiert hatten.

Immerhin gab es mehrere Furten durch den Fluß, doch der Kanal war tief, wenn auch schmal, die Abhänge auf den Fediukin-Höhen hatten die Verteidiger obendrein mit etagenweise übereinanderliegenden

Schützengräben versehen. Es handelte sich eher um eine Festung als um eine Schlachtaufstellung.

Engländer, Franzosen, Italiener und Türken teilten sich die Verteidigung. Auf den Fediukin-Höhen standen die Franzosen mit 18 000 Mann; im Rücken, auf der Ebene von Balaklawa, die französische und die englische Kavallerie-Division; die Hasfort-Höhe war von den Piemontesern unter General Lamarmora besetzt; und rechts von ihnen standen zur Flankensicherung 10 000 Türken. Im ganzen also rund 40 000 Mann.

Gortschakow dagegen brachte immerhin 74 000 Mann auf, von denen er nach eigenen Aussagen aber nur 47 000 in die Schlacht führen konnte. Alle Regimenter waren nicht mehr in voller Kriegsstärke.

Die Italiener hatten an zwei Stellen auf der anderen, rechten Seite der Tschernaja zusätzlich zwei Außenposten aufgestellt, auf dem Piemont-Felsen an einer Brücke südlich von Tschorgun, und auf dem Zickzack- oder Telegraphenberg nördlich des Dorfes.

Gortschakows Schlachtplan war denkbar einfach – man konnte auch der Meinung sein, daß er überhaupt keinen bestimmten Plan besaß. Er wollte den Stier bei den Hörnern packen, d. h. frontal angreifen, behielt sich aber vor, erst nach Lage der Dinge auf dem Schlachtfeld den Befehl zu geben, wo der Schwerpunkt der Offensive liegen sollte. Eine Umgehung des Gegners war nicht möglich.

Seine Armee bestand aus zwei Korps. Den linken Flügel bildeten die 6. und 17. Infanterie-Division unter General Liprandi; sie waren gegen die Italiener auf dem Hasfort-Berg vorgesehen und bezogen bereits am 15. August ihre Position, einen Tag vor der Schlacht. Aus der Richtung Sewastopols dröhnte anhaltendes Geschützfeuer. Von den Mackenziehöhen sah man den »roten Schein einer Feuersbrunst«, die sich in den Wolken spiegelte. Der rechte Flügel bestand aus der 7. und 12. Infanterie-Division, wurde von General Read kommandiert und hatte die Fediukin-Höhen vor sich, deren Front durch die Traktir-Brücke mit dem vorgeschobenen Brückenkopf geteilt wurde. Die 5. Division, als Reserve zurückbehalten, stand noch zusammen mit der 7. Division auf den Mackenzie-Höhen, als Reads Truppen im Morgennebel an der Tschernaja ankamen.

Liprandi begann um vier Uhr früh mit dem Angriff, und es gelang seinen Truppen mühelos, zunächst einmal den italienischen Vorposten auf dem Zickzackberg zu verjagen – das Vorspiel zu den kommenden Ereignissen. General Lamarmora fand Zeit genug, seine Truppen Aufstellung nehmen zu lassen. Nun bekamen auch sie endlich ihre Feuertaufe.

Als Gortschakow nunmehr den Befehl zum Angriff auf den Hasfort-Berg geben wollte, hörte er auf seiner rechten Flanke plötzlich Kampflärm – General Read war, ohne den Befehl Gortschakows abzuwarten, bereits zur Offensive angetreten, und zwar mit der 12. Division gegen den Traktir-Brückenkopf.

Damit war auch die Entscheidung gefallen, wo der Schwerpunkt der Offensive lag, ohne daß Gortschakow noch die Wahl gehabt hätte.

Als der Kommandeur der 5. Division, General Wrangel, Read darauf hinwies, daß es besser sei, im Divisionsverband anzugreifen – anstatt die Truppen regimentsweise zu verkleckern – bekam er die barsche Antwort: »Ich bin hier der Korpskommandeur! Befolgen Sie meine Befehle!« Read war berühmt für seine Fähigkeiten, Soldaten zur Parade abzurichten, seine Begabung auf dem Gefechtsfeld wurde angezweifelt; zu Recht, wie sich nun zeigte. Der vorzeitige Angriff beruhte auf einem Übermittlungsfehler, der jenem tragischen Mißverständnis bei den Engländern am 25. Oktober ähnelte und zu dem Untergang der Leichten Brigade bei Balaklawa führte. Anstatt zuerst einmal mit der Kanonade zu beginnen, hatte Read sofort die feindlichen Stellungen attackieren lassen, als ihm Gortschakows Adjutant Krassowsky den Befehl überbrachte, »es wäre Zeit anzufangen«, worauf er eigentlich noch warte. Krassowsky war zu Gortschakow zurückgeritten und hatte ihn sogar auf die Möglichkeit eines Mißverständnisses hingewiesen, daß Read sofort mit dem Gefecht beginnen würde und nicht mit der vorbereitenden Beschießung – was der russische Oberbefehlshaber hinnahm, ohne eine weitere Klärung des Sachverhaltes anzuordnen. Zu diesem Zeitpunkt hatte Reads rechte Kolonne, die 7. Division, noch nicht die Tschernaja erreicht, so daß seine 12. Division erst einmal allein den Franzosen am Brückenkopf gegenüberstand.

Überraschenderweise hatte Reads befehlswidriger Angriff zunächst Erfolg. Die drei Regimenter Ukraine, Asow, Odessa von der 12. Division gingen rechts und links am Brückenkopf vorbei, warfen die mitgebrachten tragbaren Bohlen und Leitern über den Fluß und über den Kanal und kämpften sich den Berg hoch. Dann kam der Gegenangriff der französischen Reserven und drängte die Russen wieder ins

Tal zurück. Die Regimenter der 12. Division waren über die ganze Gegend verstreut und nicht mehr einsatzfähig. Read wurde von einer Granate tödlich getroffen, ohne Gortschakow gesprochen und Rechenschaft gegeben zu haben.

Es war jetzt etwa 6 Uhr. Noch immer erschwerte der Morgennebel die Orientierung. Inzwischen waren auch die ersten drei Regimenter der 7. Division westlich von der Traktir-Brücke eingetroffen, überquerten die Tschernaja, doch gelang es ihnen nur, ein paar Schützengräben einzunehmen, bevor sie von den französischen Verstärkungen wieder über den Fluß zurückgeworfen wurden. Als Nachteil erwies sich hier, daß ein Regiment zuerst auf sein Brückenmaterial warten und dann, als es endlich eintraf, feststellen mußte, daß es unbrauchbar war, so daß die Artillerie nicht folgen konnte – eine Panne, die an den mißglückten Sturm auf Eupatoria am 17. Februar erinnerte, wo sich die Sturmleitern als zu kurz erwiesen hatten, so daß die Infanteristen umkehren mußten.

Nach dem gescheiterten Angriff ging die 7. Division bis zum Fuß der Mackenzie-Höhe zurück und blieb auch dort; für sie war die Schlacht vorbei, kein Stabsoffizier Gortschakows erinnerte sich offenbar mehr an sie.

Am Traktir-Brückenkopf erreichte der Kampf aber erst jetzt seinen Höhepunkt. Gortschakow setzte nun die bisher als Reserve zurückbehaltene 5. Division ein, zusammen mit Teilen der 17. Division vom linken Flügel. Zum zweiten Mal gelang es den Bataillonen, auf die Anhöhen hinaufzukommen, doch fehlte ihnen im entscheidenden Moment, als sie ermüdet und ungeordnet auf dem Hügelkamm auftauchten, die Kraft, den Erfolg auszunutzen. Auf der Höhe erwarteten sie bereits die Verstärkungen der Franzosen, ihre Geschütze schossen mit Kartätschen, also weit streuender Munition, die in dicht stehenden Infanteriereihen schreckliche Lücken riß. Nach einer geschlossenen Gewehrsalve drangen die Franzosen mit dem Bajonett vor und warfen die Russen ein zweites Mal die Anhöhen hinunter. An der Brücke kam es zu einem furchtbaren Gedränge, das den französischen Kanonieren ein ideales Ziel bot. Die schmale Wasserleitung, deren Wände senkrecht gemauert waren, hatte sich, wie ein Augenzeuge sah, als schweres Hindernis herausgestellt. Sie brachte die Formationen in vollkommene Unordnung. Während die vordere Reihe unter dem massierten Feuer der französischen Artillerie hin-

überzuklettern versuchte, kam es in den hinteren Reihen zu Verzöge-
rungen und Stockungen. »Der kleine Kanal war vollständig verstopft
mit Toten, Verwundeten, Fliehenden.«

Schon um sieben Uhr morgens gab Gortschakow den Rückzugsbefehl. Er hatte nur noch die große Hoffnung, daß die Franzosen den
weichenden Russen folgen würden und ließ Geschütze auf halber
Höhe der Mackenzie-Berge postieren, auf knappe Kanonenschuß-
weite von der Tschernaja entfernt. Zu einer Flucht vom Schlachtfeld
kam es nicht. Doch der zweite Teil der Schlacht fand nicht statt. Kein
Franzose ließ sich sehen. Um zwei Uhr zog sich Gortschakow zurück.
Die Italiener bestiegen erneut den Zickzackhügel.

Die eigentliche Schlacht hatte nur drei Stunden gedauert. Alles war
umsonst, trotz größter Tapferkeit der einzelnen Regimenter. Jahre
später sollte Gortschakow, ein Mann ohne *fortune* und Enthusiasmus,
von Paskiewitsch der Unfähigkeit bezichtigt werden; auch Nikolaus I.
hätte ihm, Paskiewitsch, eingestanden, daß Gortschakow schon im
Donauraum nach einem völlig gedankenlosen Plan verfahren habe,
alle seine Unternehmungen verrieten Unschlüssigkeit und Mangel an
Ruhe! Nach den Worten des alten Generalfeldmarschalls hatte Gortschakow gegen die Devise Napoleons verstoßen, seine Armee zu
konzentrieren und ständig in der Hand zu haben, stattdessen habe er
sie zur Schlachtbank geführt.

Dieses Urteil setzte aber im nachhinein den alten Generalfeldmarschall ins Unrecht. Erst hatte er 23 Jahre lang seinen Untergebenen in
blinder Abhängigkeit gehalten, um ihm dann mangelnde Selbständigkeit vorzuhalten. Außerdem hatte er selber Gortschakows Aktionen
im Donauraum gebremst und aus Furcht vor einem Angriff der Österreicher die Belagerung von Silistria abbrechen lassen. Und schließlich
war Gortschakow in einem Augenblick zum Oberbefehlshaber auf
der Krim berufen worden, als ohnehin alles zu spät war. Man konnte
nicht gleichzeitig die Uneinnehmbarkeit der französischen Stellung
betonen und dann den Sieg der Franzosen allein »der Schwäche
Gortschakows« zuschreiben. Zu den Verteidigern des Generals gehörte übrigens Leo Tolstoi, nur blieb seine Anmerkung, Gortschakow
sei ein »großer Mann, das heißt, ein fähiger und anständiger Mann«,
im Tagebuch versteckt. Immerhin war Gortschakow so souverän, den
Rückzugsbefehl geben zu können, galt es doch nach Menschikow »als
Ungnade für einen russischen Soldaten, sich zurückzuziehen«.

Bereits am 12. August hatte auf seinen Befehl in Sewastopol der Bau einer breiten Pontonbrücke über die große Bucht zwischen Fort Alexander und Fort Konstantin auf der Nordseite begonnen, direkt hinter der zweiten Schiffsbarriere vom Februar – ein Hinweis auf Rückzugsabsichten!

Der folgende Waffenstillstand im Tschernaja-Tal wurde durch Schußwechsel unterbrochen, jede Seite schob der anderen die Schuld am Bruch der Abmachungen zu. Zuaven und Kosaken sammelten die Toten ein. Von den Franzosen wurden 2 129 russische Soldaten beerdigt, darunter drei Generäle. 1 200 Tote begruben die Russen selbst.

Die Hilfe der Engländer war nicht mehr notwendig, ihre Soldaten kamen nach dem Ende der Kämpfe auf das Schlachtfeld, um sich am Plündern zu beteiligen oder den Franzosen schöne Beutestücke abzukaufen, was General Simpson zu dem Verbot der Leichenfledderei veranlaßte.

Der Kampf um den Malakow-Turm

Nach 11 Monaten Belagerung Sewastopols kam das Ende des Dramas unerwartet schnell. Ende August waren die Franzosen nur noch 25 Meter vom Malakow-Turm und 40 Meter vom kleinen Redan an der großen Bucht entfernt, und auf der Stadtseite an die Mast- und Zentralbastion bis auf 50 Meter heran; hier war es die 4., auf der Westseite die 7. Parallele. Die Verluste stiegen auf 200 bis 250 Mann täglich an. In dieser Lage gab es nur noch die Alternative, entweder so bald wie möglich den Sturmangriff zu wagen oder zurückzugehen, da die Verluste so unmittelbar im Feuerbereich des Gegners zunehmen mußten.

Am 17. August, die Toten der Tschernaja-Schlacht waren noch nicht unter der Erde, begann das Trommelfeuer auf die Stellungen vor der Karabelnaja-Vorstadt. Die täglichen Verluste der Russen betrug über 500 Mann. Unter dem Zwang, Tag und Nacht an der Ausbesserung der Schäden zu arbeiten, entfielen nun fast alle Angriffe aus dem Festungsbereich. Der Kampf wurde zu einem reinen Artillerieduell. Bis weit in das Hinterland hörte man die Front. »Bald erschütterte eine Explosion die Luft, bald folgten weniger starke Töne schnell aufeinander wie ein Trommelwirbel, der ab und zu von einem lauten Getöse unterbrochen wurde, bald floß alles zu einem rollenden Krachen zusammen, das an Donnerschläge erinnerte«, so Leo Tolstoi in seiner dritten Sewastopoler Erzählung, in der er die Annäherung an die umkämpfte Stadt im August 1855 von Baktschisarai aus schilderte.

Am 5. September wurde auch die Südseite der Stadt unter Feuer genommen. Über 800 Geschütze waren nun in Tätigkeit. Die Russen setzten 1380 Geschütze dagegen, doch wurde eins nach dem anderen außer Gefecht gesetzt. Da Gortschakow mit dem täglichen Angriff der Alliierten rechnete, ließ er die eigene Infanterie in Sammelstellen nahe der Frontlinie warten mit dem Ergebnis, daß nun die Verluste auf über 1 000 Mann am Tag hochschnellten. Eine riesige schwarze Wolke stand über dem Plateau von Chersones. »Die Rauchwolke machte es unmöglich, etwas von der Festung zu sehen«, stellte der *Times*-Korrespondent William Howard Russell fest. Die Artillerie schoß blind, nur noch nach groben Richtungsangaben.

Wilden Gerüchten nach sollte Konstantin, der Bruder des Zaren, mit der amerikanischen Flotte im Anmarsch sein, um die Stadt zu entsetzen und die Belagerten aus ihrer verzweifelten Lage zu retten.

Einem anderen Gerücht in den westlichen Hauptstädten zufolge war Napoleon III. erst durch einen Spionagefall – den »Berliner Depeschendiebstahl« – auf die Idee gekommen, Pelissier den sofortigen Sturm zu befehlen. Der Spion kam aus Berlin und hatte sein Material nicht nur Manteuffel verkauft, sondern auch dem französischen Botschafter, weil er sich über den Geiz der Preußen ärgerte. Und um den Fall noch pikanter zu machen, war es Manteuffel gewesen, der den Spion angestiftet hatte, den Briefwechsel zwischen Gerlach und Niebuhr zu kopieren, wobei sich auch ein Schriftstück des preußischen Militärbevollmächtigten in Petersburg einfand mit der Bemerkung Alexanders II., leider werde sich Sewastopol nicht mehr lange halten lassen.

Ein dreitägiges höllisches Bombardement ging dem letzten Sturm voraus. Der prinzipiell allen Ratschlägen unzugängliche Pelissier hatte sich von Bosquet und Niel doch überreden lassen, auf ganzer Front anzugreifen, um die russische Streitmacht aufzusplittern; ursprünglich war er nur für einen Angriff gegen den Bereich Malakow – großer Redan gewesen, alle anderen Angriffe sollten nur zur Demonstration bzw. Ablenkung dienen. Es war natürlich auch klar, daß nun jeder General seinen Ruhmesanteil beim letzten Sturm auf die Festungsstadt haben wollte. Auf jeden Fall hatte Pelissier das Sagen: 140 000 Franzosen standen nur 48 000 Engländer gegenüber. Der »meisterhaft« ausgeklügelte Angriffsplan stammte von Bosquet.

Gegen die Karabelnaja-Vorstadt waren 25 300 Mann des französischen Heeres vorgesehen, gegen den großen Redan 10 700 Engländer. Obwohl die feindlichen Gräben zum Teil durch das Artilleriefeuer mit Schutt angefüllt waren, wurden von den Pionieren 30 *fliegende Brükken* – verbundene Leitern mit Bretterauflage und Stützen – mitgeführt, der Infanterie folgten Arbeiter-Soldaten mit Spaten und Hakken, das Gewehr umgehängt, um sofort neue Stellungen anzulegen, mit der Infanterie gingen Kanoniere mit tragbaren Mörsern vor, zuletzt kamen Feldgeschütze.

Durch das Stellungsgelände mit den querliegenden Parallelgräben wurden Gassen angelegt, um der bespannten Feldartillerie und den Munitionswagen den Weg freizumachen. Die kaiserliche Garde, als letzter Trumpf zurückbehalten, bekam eine besondere Gasse zum Vorgehen zugewiesen; sie war als Reserve gedacht, da sie in den Augen der Generäle zu schade war, um im Festungskrieg verschlissen zu werden.

Ein »Glückstreffer« der russischen Artillerie verzögerte den Angriff. Am 27. August traf eine Granate das Pulvermagazin am Grünen Hügel, 15 000 Pfund explodierten, 150 Franzosen wurden getötet. Die Trümmer flogen weit bis in den Bereich der englischen Gräben.

Ein Täuschungsmanöver fügte den Russen weitere hohe Verluste zu. Zu bestimmten Zeiten stellten die Alliierten ihr Feuer ein, so daß die Verteidiger nun im Glauben, daß der Angriff unmittelbar bevorstehe, ihre Deckungen verließen, wo sie dann von der plötzlichen Wiederaufnahme des Artilleriefeuers überrascht wurden. Durch die tägliche Wiederholung dieses Manövers wurden die Russen auch im Ungewissen über den Moment des Sturms gelassen.

Um elf Uhr vormittags begab sich General Pelissier am 8. September auf den Grünen Hügel. Vor seinen Augen lag der Malakow-Turm, der Mittelpunkt der Kornilow-Bastion, seit über einem halben Jahr das Ziel aller Hoffnungen und Anstrengungen. Aber der berühmte weiße Turm war inzwischen eine Ruine und sollte später nur noch in der Phantasie der europäischen Zeitungsleser die Umrisse eines hohen, zwingburgartigen Festungsturms erhalten. »In der Mitte der Bastion steht noch ein ruinenartig aussehender Erdhügel«, schrieb Russell, »vielleicht die Decke eines bombenfesten Gewölbes, vielleicht der Rest des ursprünglichen, längst verschwundenen Malakow-Turmes.«

Kein Kanonenschuß, keine Rakete war diesmal als Signal zum Sturm vorgesehen, was so oft zu Mißverständnissen geführt hatte, sondern die Uhr des Generals Pelissier, nach der die Kommandeure der Genie-, Infanterie- und Artillerieeinheiten ihre Chronometer zu stellen hatten. Es war der 349. Tag der Belagerung.

Weitere Täuschungsmanöver sorgten für zusätzliche Verwirrung. Zwischen 11 und 12 Uhr ließen die Alliierten das Artilleriefeuer langsam »einschlafen«, um die Verteidiger in den Glauben zu versetzen, daß es an diesem Tag zu keinem Angriff mehr kommen würde. Nur gegen den Malakow-Turm wurde gezielter Mörserbeschuß beibehalten.

Bei der Ausarbeitung ihres exakten Angriffsplans hatten die Franzosen mit einbezogen, daß die Russen ihre Wache in der Bastion um 12 Uhr abzulösen pflegten, wobei die alte Wache zuerst hinausmarschierte, bevor die Ablösung die Malakow-Bastion betrat, da es in dem durch Traversen, durch Schutz- und Querwände aufgeteilten Bastioninnern zu eng war.

Durch Mörserbeschuß wurde die Besatzung in die Kasematten und bombenfesten Räume getrieben, so daß sie den Beginn des Sturmes nicht mitbekamen und dort überrumpelt werden konnten. Schlag 12 Uhr brachen die Franzosen mit dem Ruf »Es lebe der Kaiser« aus ihren Gräben heraus, mit der letzten Salve der Mörser stürzten die Zuaven über die paar Meter, die sie vom vordersten Graben der Bastion trennten, und befanden sich im linken Teil der Schanze, ehe die erstaunten Russen überhaupt wußten, was geschehen war. Der vordere Teil der Bastion war allerdings schon lange nicht mehr verteidigungsfähig, weil alle Kanonen demoliert waren. Nach einer späteren Legende waren sie sogar so schnell, daß sie die Russen im Innern der Bastion beim Essen überraschten. Zu dieser Version paßte nur nicht, was sich auf der ganzen Front abspielte. Wohin das Auge traf, »Verheerungen und Vernichtung« (Russell).

Die Engländer stiegen wie geplant um halb elf Uhr aus ihren Ausgangsstellungen, nachdem sie die Fahne der Franzosen auf der Malakow-Bastion gesehen hatten. Auf dem Weg zu der ersten Stellung der Russen mußten sie über 200 m Niemandsland durchqueren, da sie ihre Sturmgräben nicht weit genug vorgetrieben hatten, vielleicht aus ihrer bekannten Abneigung gegen das ewige Schanzen, vielleicht wegen des felsigen Untergrunds – es war nicht mehr ganz genau zu klären. Doch dies war nicht das Problem. Die ersten Sturmspitzen hatten den Redan schnell erreicht und die Böschung überklettert, drangen auch in das Innere ein, doch blieben sie hier liegen, weil es ihnen nicht gelang, die zweite Verteidigungslinie zu überwinden. Im Innern des Redan waren sie dem Schützenfeuer der Russen hilflos ausgesetzt, die von einer hinteren Brustwehr wie auf dem Schießplatz standen. Nachdem die Offiziere ausgefallen waren, flohen die Engländer um halb zwei Uhr und waren auch nicht zu einem zweiten Anlauf gegen die »damned rooskies« zu bewegen, auch aus Furcht gegen unterirdische Minen im Redanbereich. Der Stellungskrieg auf der Krim endete damit für die Engländer mit einem Debakel, als ob sie niemals zuvor großartige Beispiele für Disziplin und Kaltblütigkeit abgegeben hätten. Auch der rechte Angriff gegen den kleinen Redan war ein Fehlschlag. Es gelang den Truppen unter General Bosquet, der an den rechten, zweitrangigen Flügel der Front versetzt worden war, zwar den Redan einzunehmen, doch nicht, sich gegen die Gegenangriffe zu behaupten. Auch die Angriffsgruppe des Generals Trochu auf der Stadtseite konnte den Gewinn der an der Zentral-Bastion vorspringenden Redoute Schwarz nicht halten. Hier hatte es auch eine Panne gegeben, als das verabredete Signal zum Angriff übersehen wurde, weil der Nordostwind die Staub- und Pulverwolken von der Vorstadt nach Süden drückte, so daß die Verteidiger eine Stunde gewannen, um ihre Verteidigung neu zu ordnen.

Aus politischen Prestigegründen war auch den Italienern ein Stück Front zugewiesen worden; der erfolglose Angriff gegen die Mastbastion, zusammen mit den Franzosen durchgeführt, kostete sie 40 Mann.

Nach der Eroberung der linken Flanke der Kornilow-Malakow-Bastion versuchten die Franzosen, den Turm einzuschließen, aus dessen Schießscharten noch mit Gewehren geschossen wurde. Noch mehrere Stunden nach ihrer Einschließung wehrten sich 65 Mann der Besatzung, bis die Franzosen Anstalten machten, sie auszuräuchern. Nach einem mörderischen Mann-gegen-Mann-Gemetzel in den engen

Räumlichkeiten der offenen Bastion und dem Gewirr der Gänge verriegelten die Franzosen den Ausgang zur Stadt – die »Kehle« – und trafen alle Vorkehrungen zur Verteidigung. Aber es erfolgte nur noch ein einziger energischer Gegenangriff. Er wurde abgeschlagen. »Hier bin ich. Hier bleibe ich!« ließ MacMahon Pelissier ausrichten.

Von den insgesamt fünf hauptsächlichen Angriffszielen war nur ein einziges genommen worden, der »Schlüssel zur Festungsstadt«, der Malakow-Turm, unter General MacMahon, ansonsten gab es nur Mißerfolge. Aber der Oberbefehlshaber der russischen Streitkräfte auf der Krim, Fürst Gortschakow, hatte längst beschlossen, Sewastopol zu räumen. Als der letzte Gegensturm zur Rückeroberung der Kornilow-Bastion erfolglos blieb, brach Gortschakow den Kampf ab und gab den Rückzugsbefehl. Gortschakow hatte sich entschieden, die Stellung aufzugeben, weil die übergroßen Verluste weiteres Halten sinnlos machten. In den drei Tagen vom 5. bis zum 8. September waren fast 5000 Mann ausgefallen, eine für damalige Verhältnisse unvorstellbare Zahl.

Explosionen von Minen mit Zeitzündern erschütterten die ganze Nacht über die Stadt, so daß die Franzosen und Engländer sie erst einmal nicht zu betreten wagten. Die russischen Sprengtrupps jagten die großen Forts und Werkanlagen in die Luft. Zur völligen Zerstörung des Forts Nikolaus, wo die 900 m lange Schiffsbrücke zur Nordseite hinüberführte, fehlte die Zeit. Ganz zuletzt – am hellen Tag – detonierte das Fort Paul, eine der schönsten Festungsbauten Sewastopols, an der Nordspitze zur Hafeneinfahrt. Kriegsschiffe brannten, die noch seetüchtigen Linienschiffe wurden versenkt. Über der Stadt stand eine Feuerwolke, die einem »grandiosen Riesenfeuerwerk« glich, wie Russell von fern mit ästhetischem Genuß fand.

Am Morgen des 9. September war Sewastopol geräumt, die 40000 Mann Verteidiger waren abgezogen – die »gelungenste Bewegung während des ganzen Kriegs«, wie Stabsoffizier Calthorpe urteilte. Er konnte wegen einer Verletzung das Ende von Sewastopol nur noch aus der Ferne erleben.

Auf der gegnerischen Seite beschrieb Leo Tolstoi, wie die Besatzung die *heilige Stadt* auf höheren Befehl verließ – eine Geisterstadt: »Auf der ganzen Linie der Bastionen von Sewastopol war nirgends mehr ein Mensch zu sehen. Alles war tot, öde, schrecklich, aber nicht still: noch immer nahm das Zerstörungswerk seinen Fortgang. Auf der durch frische Explosionen aufgerissenen und umhergeworfenen Erde lagen überall verbogene Lafetten, die auf russischen und feindlichen Leichen lasteten, schwere eiserne Kanonen mit furchtbarer Gewalt in Gruben geschleudert, Granaten, Kanonenkugeln, wieder Leichen, Gruben, Bruchstücke von Balken und wieder stumme Leichen in grauen und blauen Mänteln. Das alles erzitterte noch oft und wurde von der roten Lampe der Explosionen beleuchtet, die noch immer die Luft erschütterten.«

In einem Lazarett in der Vorstadt fanden die Eroberer weit über 1 000 Schwerverwundete, die die Russen zurückgelassen hatten, um sie später nachzuholen; unter ihnen waren verwundete englische Kriegsgefangene. Als am 11. September ein Dampfer mit Parlamentärsflagge von der Nordseite erschien, waren nur noch 500 Mann am Leben.

»Nichts konnte die Schrecken dieses Beinhauses überschreiten«, entsetzte sich Russell. Im Keller des Lazarettgebäudes lagen noch 700 Leichen, im Zustand der Verwesung; weiterhin standen 200 vernagelte Särge mit gefallenen russischen Offizieren bei dem Gebäude.

Das Chaos in den Lazaretten hatte seine Ursache in der verzweifelten Lage des »Kessels« Sewastopol seit der Niederlage an der Tschernaja, dem letzten gescheiterten Entsatzversuch von außen. Die Stadt war auf die Belagerung nicht vorbereitet gewesen, geschweige denn auf die Aufnahme von Verwundeten von den Schlachten außerhalb des Festungsringes, und in den letzten Monaten des Kampfes völlig überfordert.

Nach der Schlacht an der Tschernaja blieben die Verwundeten auf dem Hauptverbandsplatz auf den Mackenzie-Höhen stundenlang in der prallen Sonne liegen. Für Wasser war nicht vorgesorgt, ausreichende Zelte gab es nicht, die meisten Ärzte warteten an einem anderen Ort.

Neben dem geräumigen Kasinogebäude hatten die Marine-Kasernen in der Karabelnaja-Vorstadt als Hauptverbandsplatz gedient. Als sie in den Feuerbereich der Artillerie gerieten, wurde die Ambulanzstelle in das Fort Paul verlegt, später zum Fort Nikolaus. So gut es ging, versuchte man den Hauptverbandsplatz aus dem Feuerbereich herauszunehmen, doch blieb zuletzt nur noch die Hauptsorge, die Verwundeten so schnell wie möglich auf die Nordseite zu überführen und auf umliegende Spitäler zu verteilen. Nach amtlichen Angaben hatten die abziehenden Russen 500 Schwerverwundete bei Fort Paul zurückgelassen in der Annahme, daß die Alliierten die Stadt ohnehin besetzen und sich dann um die Verwundeten kümmern würden. Dies war jedoch nicht der Fall. Erst am 11. September begann die reguläre Besetzung mit General Bazaine als neuem Stadtkommandanten.

Der 7. September 1855 kostete die Alliierten fast 11 000 Mann: 1 600 Tote, 4 400 Verwundeten, 1 400 Vermißte auf französischer Seite; 1 380 Tote und 1 900 Verwundete auf englischer Seite. Die Russen kamen auf die doppelte Zahl.

Die Alliierten umstellten das Stadtgelände mit einer Postenkette, um Plünderungen zu verhindern. Da aber die englischen Posten ihre französischen Kameraden – und umgekehrt! – nicht anhielten, um ihnen den Zugang zu verwehren, bot die zerstörte Stadt bald das Bild einer bunten stöbernden Menge von Dieben und Schaulustigen, unter ihnen die Offizierskommandos, die Beutematerial und Munitionsvorräte sicherten.

Natürlich besichtigte *Times*-Korrespondent Russell sofort die Gewölbe des legendären Malakow-Turms. Er entsetzte sich vor den Spuren des Kampfes: »Noch liegen die Leichen wie in einem Schlachthaus dort aufeinander getürmt... Diese scheußlichen Verstümmelungen, diese Blutlachen!« er hatte »niemals etwas Schrecklicheres« gesehen. Auf seinem Weg vom Redan in die Vorstadt fand er »jedes Haus, jede Kirche, die öffentlichen Gebäude und Schilderhäuser von Kugeln durchlöchert. Die Mauern tragen überall die Verwüstungsspuren unserer Geschütze. In einem der berühmten Docks brennt lustig ein Dampfer, Schleusen und stattliche Werftbauten sind in Trümmer«. Viele Geschützstellungen waren buchstäblich »zerhackt«, die mit Erde gefüllten Schanzkörbe der Deckung zerfetzt worden.

Gortschakow vermochte seiner geschlagenen Armee wenig Trost zu bieten, zumal er selber auch die großsprecherische Art wenig schätzte. Hoffnung bezog er aus der Geschichte Rußlands. Sewastopol sei ein würdiges Seitenstück zu Moskau 1812, »denn nicht Moskau, ein Haufen von Steinen und Asche war es, welchen die Feinde eroberten. Ebenso wenig ist es Sewastopol, welches wir ihnen überließen. Es sind die brennenden Trümmer der Stadt, die wir selbst in Brand steckten, nachdem wir sie so ehrenvoll verteidigt haben, so daß wir die Erinnerung an diesen heldenmütigen Kampf mit gerechtem Stolz der Nachwelt überlassen können«.

Auf der anderen Seite der Brücke angekommen, »nahm fast jeder Soldat die Mütze ab und bekreuzigte sich«, schrieb Tolstoi, der den wahren Gefühlen der Soldaten näher kam. »Aber hinter diesem Gefühl war noch ein anderes, bedrückendes, nagendes und tieferes Gefühl verborgen, ein Gefühl, das mit Reue, Scham und Wut Ähnlichkeit hatte. Fast jeder Soldat, der nach dem aufgegebenen Sewastopol zurückblickte, seufzte mit unsagbarer Bitterkeit im Herzen und ballte die Faust gegen den Feind.«

Kaum hatten die russischen Truppen Sewastopol verlassen und die Pontonbrücke abgebrochen, als sie auch schon die Geschütze umdrehten, um sie gegen die Südseite zu richten. Der Krieg ging weiter.

IX. Der Friede von Paris

Die Frage, die die Diplomaten nicht gelöst haben, kann
noch weniger mit Pulver und Blei gelöst werden.

Leo Tolstoi 1855

Ratlosigkeit

Ein Telegramm von General Simpson, datiert »Krim, den 9. September 1855, 10 Uhr 9 Minuten vormittags«, meldete in London den Fall Sewastopols. In England läuteten die Glocken. In Paris wurden am Abend des 10. September alle öffentlichen Gebäude beleuchtet, um 7 Uhr schossen die Kanonen vom Invalidendom Salut.

Erst am 13. September fand ein großes Tedeum in der Kathedrale Notre-Dame statt. Die Vertreter der neutralen Staaten befanden sich in großer Verlegenheit, ob sie der Einladung des französischen Kaisers folgen sollten. Für alle Fälle hatte er mit der Feier gewartet, falls sich die Nachricht von der Einnahme der Hafenfestung als erneute Tatarenpost herausstellen sollte. Am meisten jubelten die russischen Emigranten.

Königin Victoria bedauerte, nicht einen einzigen Soldaten und keine Musikkapelle zur Verfügung zu haben, um im schottischen Balmoral Castle zu feiern. Auf dem gegenüber liegenden Berg jedoch konnte sie ein Freudenfeuerwerk anzünden lassen, aus dem Holzstapel, der »im letzten Jahr, als die voreilige Nachricht jedermann täuschte, vorbereitet worden und unangezündet geblieben war«.

In Jerusalem traf die Nachricht erst als Gerücht ein, bis sich die ortsansässigen Konsuln am 15. November zur Veranstaltung eines Freudenfestes entschlossen. »Alle Engländer und Franzosen hatten den Auftrag, ihre Häuser zu beleuchten, die Türken beleuchteten auch. Die Soldaten wurden an den verschiedenen hohen Punkten der Stadt aufgestellt, auf den Toren, den Klöstern, Minarets etc. Da begannen die Kanonen zu spielen, und jeder feuerte seine empfangenen Patronen ab; viel gemeines Volk feuerte mit, Fackeln, Feuer, Lichter brannten auf den Häusern, Raketen stiegen in die Höhe und das Ganze gab ein Schauspiel, als wären wir inmitten einer Schlacht.« Der Einfluß der europäischen Konsuln begann 1855 zuzunehmen. Die

287

einheimische Bevölkerung, Türken und Muslime, wagten nicht mehr, wie früher gegen das Hissen der Nationalfahnen zu protestieren.

Während London feierte, kam der Schriftsteller Theodor Fontane das dritte Mal nach England, diesmal im Auftrag der preußischen Regierung. Seine Entsendung beruhte auf einer Idee Ministerpräsidents von Manteuffel, durch die Einrichtung einer deutsch-englischen Presse-Konferenz die Beziehungen zwischen London und Berlin zu verbessern, die auf einem Tiefstand angekommen waren. Fontane war diesmal ohne rechte Vorfreude nach England gefahren. Überdies hatte ihm der englische Zoll auch gleich seine dreibändige Ausgabe von *Vanity Fair*, einen Nachdruck von Thackerays *Jahrmarkt der Eitelkeit* – »mit meinen herrlichen Randglossen« – beschlagnahmt. Doch nahm ihn bald das »Riesentreiben« der Stadt wieder gefangen. Auf der Themse sah er die »ununterbrochene Reihe« der Transportschiffe für die Versorgung der Expeditionsarmee. Ihm schien das »kaufmännische Ledergesicht« der Stadt durch die Kriegsanstrengung sogar »angenehm belebt«, bis auf das Bild der jungen Rekruten auf der Straße mit ihren »schmutzigen« Uniformen.

Die Engländer ignorierten die Tatsache, daß die Einnahme von Sewastopol nur mit Hilfe der Franzosen zustande gekommen war. Ersatz für das Debakel am großen Redan bot auf alle Fälle der *Ritt der Leichten Brigade*, der inzwischen zum neuen Heldenlied der britischen Nation hochgejubelt worden war. Fontane schloß sich in Unkenntnis der wahren Sachlage den Legendendichtern an, als er frei nach Alfred Tennysons berühmter *Attack of the Light Brigade* eine balladeske Nachdichtung von jenem *Todesritt der Sechshundert* entwarf:

> »Vorwärts! Kanonen rechts und links,
> Kanonen in Front, gewärtig des Winks,
> Selbst die Feinde sehen's verwundert.
> Schrapnell und Kartätschenschuß,
> Todesgruß und Todeskuß,
> Falle, was da fallen muß.
> Hoch die Sechshundert!«

Bald sah er den eitlen Lord Cardigan, der nicht »fallen mußte«, in Gesellschaft reüssieren. An diejenigen, die während des Krieges »behaglich und wohlgemut auf Daunen schlafen«, wandte sich Fontane in einem »Volkslied«, der Nachdichtung eines Straßenliedes, das im Winter 1855 in London kursierte, die Kehrseite vom Balaklawa-Heroismus. Es war ein Appell, an die »armen Brüder« zu denken, die »in den Gräben liegen, krank, starr und stumm, die Blüte uns'res Landes, im Schlammbett kommt sie um«.

»Ich hört ein Mädchen klagen, sie rief: was fang ich an?
Mein Vater liegt und schlummert im Tal von Inkerman,
Mein Bruder liegt verwundet, genesen wird er nie,
Es kann kein Christ genesen in jenem Skutari«

Manteuffels Pressekampagne ging resonanzlos wieder ein. Daran war die »unerhörte Knauserei« der Verantwortlichen in Berlin, aber auch Fontane selbst schuld, dem es nicht gelang, gute Kontakte zu englischen Redakteuren oder zu den eingesessenen deutschen Journalisten zu knüpfen, für die der Mann aus Berlin nur der »Regierungsschweinehund« blieb.

Im Straßenbild stellte Fontane durch seinen Anzug eine so auffällige Erscheinung dar, daß ihn einmal ein Mietwagenkutscher für einen in Bomarsund gefangen genommenen russischen Offizier hielt, der die Erlaubnis bekommen habe, sich die Stadt anzusehen.

In die Triumphgefühle der Alliierten mischte sich jedoch unübersehbar Ratlosigkeit. Niemand hatte sich über den Fall von Sewastopol hinaus eine militärische oder politische Strategie zurechtgelegt. In Sewastopol stand das Schreckgespenst eines weiteren Winters vor der Tür. Die Stadt, in der die Alliierten 4000 Geschütze und eine halbe Million Artilleriegranaten erbeutet hatte, erwies sich als unbewohnbar. Fast drei Millionen Geschosse waren auf sie niedergegangen. Obendrein beschossen die Russen die Südstadt jetzt von der Nordseite jenseits der großen Bucht. Und zu allem Unglück explodierte am 15. November ein riesiges Munitionslager, das sogenannte Mühlen-Magazin. Im französischen Lager stellte sich die Cholera wieder ein und forderte diesmal mehr Opfer als während der Belagerung.

In Paris schmiedete Napoleon III. neue Pläne zur Fortsetzung des Krieges. Von Eupatoria sollte eine Armee in das Zentrum der Krim vorstoßen, um die Russen von der Nordseite abzuschneiden und zur Aufgabe der Halbinsel zu zwingen. Die Stadt sollte wieder verteidigungsfähig gemacht, die Forts ausgebaut, die Wracksperren am Eingang der Bucht beseitigt, die Hafen- und Dockanlagen hergestellt werden, um eine aus englischen, französischen und türkischen Truppen gemischte Besatzung aufzunehmen, während die Armee woanders, zum Beispiel am unteren Dnjepr-Ufer gegen Nikolajew oder an der persischen Grenze, operierte: Sewastopol als »Bollwerk«, an dessen vergeblicher Wiedergewinnung sich »Rußlands Kräfte erschöpften«.

Palmerston nannte die Pläne des französischen Kaisers mit diplomatischer Höflichkeit »bewunderungswürdig«, während er in Wahrheit nicht daran dachte, von der alten Absicht abzugehen, die Kasernen, Hafen- und Dockanlagen gründlich zu zerstören. Als sich Pelissier, der mit der Marschallwürde ausgestattete neue Herzog von Malakow, weigerte, seine Defensivstellung aufzugeben, kam es schließlich auch auf Englands Wunsch nur zu neuen Seeoperationen.

Ein ausschließlich aus Dampfern bestehendes Kampfgeschwader landete am 15. Oktober 1855 an der Schwarzmeerküste zwischen Odessa und Nikolajew und nahm die Festung Kinburn ein, die hier zusammen mit Fort Otschakow den zweitwichtigsten Kriegshafen der Russen sicherte. Der neue Erfolg der Alliierten hielt Alexander II. nicht davon ab, Nikolajew zu besuchen, um von dort aus die Weiterführung des Kampfes zu verkünden. Auf der Krim ging er bis zu den Mackenzie-Höhen vor, um einen Blick auf die Stellungen der Alliierten zu werfen und Gortschakow wieder aufzurichten: »Sewastopol ist nicht Moskau und die Krim nicht Rußland. Zwei Jahre nach dem Brand von Moskau zogen unsere siegreichen Heere in Paris ein. Wir sind noch die gleichen Russen.«

Für die Unschlüssigkeit der Bündnispartner sprach auch der Vorschlag des Herzogs von Cambridge, in Paris die Oberbefehlshaber der Flotten und Heere zu einer gemeinsamen Lagebesprechung zu versammeln, was dem französischen Kriegsminister Vaillant mit dem trefflichen Argument zu verhindern gelang, mit dieser Runde vor aller Welt die Verlegenheit der Siegermächte bloßzulegen.

In der Ostsee bombardierte Konteradmiral Dundas, der den in Ungnade gefallenen Napier ersetzt hatte, die Festung Sweaborg im Finnischen Meerbusen, wagte sich aber nicht an die schwer bestückte Festung Kronstadt vor Petersburg heran. Die Jagd nach russischen Schiffen auf den Weltmeeren gehörte zum globalen Kriegskonzept der Engländer, aber für den Ausgang des Krieges war der Hochseekrieg völlig unerheblich. Die Aktionen auf dem Weißen Meer gegen die Halbinsel Kola, die Beschießung und schließliche Einnahme von Petropawlowsk am Amur, an der Küste Kamtschatkas, stellten nur »Nadelstiche« dar, durch die Rußland nicht auf die Knie zu zwingen war. Gontscharows Weltumsegelung war längst gescheitert. Die Fregatte *Pallada* war jedoch nicht englischen Kriegsschiffen zum Opfer gefallen, sondern ihrer eigenen Seeuntüchtigkeit. Auf dem Landweg durch ganz Sibirien kehrte der Schriftsteller nach Petersburg zurück – fast ein symbolischer Ausdruck für das Erlöschen von Nikolaus I. Seemachtsträumen.

Ende September 1855 erfuhr die Welt von dem einzigen russischen Sieg im Krimkrieg. Nach fast sieben Monaten dauernder Belagerung kapitulierte die Festung Kars in Türkisch-Armenien. Die eminente Bedeutung von Kars lag darin, daß hier der Weg ins Innere Anatoliens über Erzerum führte und mit dem Verlust dieses Bollwerks die ganze türkische Kaukasusfront zusammenbrechen mußte. Kein Wunder also, daß der Fall der Stadt ungeheures Aufsehen erregte. Nachdem alle russischen Angriffe abgeschlagen worden waren, hatte General Murawiew die Stadt regelrecht ausgehungert. Die zweite Front, der Kriegsschauplatz im Kaukasus, eine seit Jahrzehnten zwischen Türken, Russen und aufständischen Bergvölkern umkämpfte Region, war von den Alliierten, vor allem von England, über Sewastopol sträflich vernachlässigt worden. London sprach zuerst von einer türkischen Niederlage, um die Verantwortung von sich abzuwälzen, doch ließ sich nicht lange die Tatsache verdrängen, daß der englische General Williams die Verteidigung organisiert und die Soldaten der Pforte hier zu einer schlagkräftigen Truppe ausgebildet hatte. Nur der Sieger, der russische General, gratulierte Williams zu seinem erstaunlichen Mut und seiner Disziplin.

Omer Pascha, der von Balaklawa in den Kaukasus gegangen war, um hier seinen eigenen Krieg zu führen, war nicht in der Lage gewesen, die zahlenmäßige Unterlegenheit der Russen auszunützen. Offenbar war er von der Unfähigkeit seiner Generalität und dem jämmerlichen Zustand der türkischen Armee so überzeugt, daß er sich nicht mehr zu einer energischen Kriegführung aufraffen konnte. Omer Paschas Renomée war damit endgültig ruiniert.

Ein Zeitgenosse faßte den Krimkrieg bereits 1855 pointiert zusammen: »Der ganze Krieg im Orient schrumpfte nach und nach auf die

Belagerung von Sewastopol, dann auf den Angriff der Südseite dieser Festung und endlich auf den Angriff einer Front derselben zusammen.« Und schließlich auf den Malakow-Turm, könnte man hinzufügen. Dies galt jedoch nicht für Palmerston. Er hatte längst weitergehende Vorstellungen, was sein Kriegszielprogramm betraf. Von vornherein war es ihm nicht nur um den Erhalt des Osmanischen Reiches und die Abdrängung Rußlands vom Balkan gegangen, sondern um die Eindämmung des Zarenreiches überhaupt. Nach dem Fall von Sewastopol hielt er die Verlagerung des Hauptkriegsschauplatzes vom Schwarzen Meer in die Ostsee für angebracht. Die Kriegserklärung an Preußen und die Wiederherstellung Polens waren für ihn nur die logische Folge der Fortsetzung des Krieges. Doch standen diese Pläne in krassem Mißverhältnis zur realpolitischen Macht Englands, wie der Fall von Kars unterstrich. Und obendrein standen sie im Gegensatz zu den Vorstellungen Napoleons III. und zu seinem eigenen Regierungskabinett. »Palmerston war nicht England«, wie Hübner zu Recht feststellte.

Ein Indiz auf Friedensaussichten stellte der Entschluß Napoleons III. dar, einen Teil der bisherigen Orientarmee von der Krim abzuziehen. Am 29. Dezember 1855 versammelte sich ganz Paris, um die Heimkehr der Truppen zu feiern. Napoleon III., der an einer Geschichte Cäsars arbeitete und sich ganz offensichtlich von der Antike inspirieren ließ, griff dabei auf eine römische Sitte zurück, bei der Rückkehr der Legionen von einem Feldzug die Kriegsopfer nicht etwa vom Triumphzug auszuschließen, weil ihr Anblick die ungetrübte Freude am Sieg störte. An der Spitze jedes Bataillons marschierten oder humpelten ohne militärische Ordnung auch die Verwundeten, Verkrüppelten, Verstümmelten mit. Männer mit zerstörten Gesichtern oder Blinde, die geführt werden mußten, gleichsam Stellvertreter jener namen- und zahllosen Opfer, die auf der Krim bleiben mußten. Es war, als ob den jubelnden Menschen am Straßenrand die Augen geöffnet werden sollten über Glanz und Elend des Militärs. Vielen schien es aber auch so, als ob auf diesem düsteren Hintergrund der Triumph des neuen Cäsar und Frankreichs Glorie nur umso strahlender aufgehen sollte. Einen Vorgeschmack auf den Sieg hatten die Pariser schon am 15. August, am *Napoleonstag*, bekommen, als Napoleon III. russische Kriegsgefangene durch die Straßen der Metropole treiben ließ.

Als ein großes Unglück, eine verlorene Bataille für die gute Sache empfand Leopold von Gerlach die Nachricht vom Ende Sewastopols, wenn auch als »keine Schande«. Die Phantasie des elfjährigen Friedrich Nietzsche war durch den Krimkrieg gefangen genommen worden, mit seinen Bleisoldaten und Baukastensteinen hatte er den Kampf um den Malakow-Turm nachgespielt und dabei leidenschaftlich Partei für Rußland genommen, »Ach, wäre Sewastopol noch«, schwärmte er mit Wehmutsgefühlen, »bald würde vertrieben sein der Feind. Wachet auf, ihr russischen Herzen!«

> »Ihr stolzen Schlösser! Heut ein Haufen Trümmer.
> Einstmals Dein Schutz, Du undankbares Land.
> Jetzt leer und tot auf hoher Felsenwand...
> Des Todes Geier recken schon die Krallen.
> Die Flügel rauschen – Es ist Nacht geworden«,

hatte der Pole Adam Mickiewicz 1825 in seinen *Krim-Sonetten* über die Ruinen von Balaklawa in der Verbannung gedichtet. Als der Krimkrieg ausbrach, war er kurzentschlossen nach Konstantinopel gereist, um auf dem Balkan polnische Freiwillige zu werben und auf der Seite der Alliierten gegen das verhaßte Zarenregime zu kämpfen. Von der Niederlage Rußlands versprach er sich die Wiederherstellung Polens. Am 26. November 1855 starb er in der Türkei an der Cholera, ohne die Krim betreten zu haben. Zu diesem Zeitpunkt hatten Napoleon III. und sein Außenminister Alexandre Walewski, der ja einer Verbindung Napoleons I. mit einer polnischen Gräfin entstammte, ihre Pläne von der Selbständigkeit Polens den Realitäten des politischen Alltags geopfert.

Der Krieg der Diplomaten

Noch vor dem Fall von Kars hatte im Herbst 1855 eine neue fieberhafte Phase diplomatischer Sondierungen eingesetzt. Monarchen und Politiker schienen zu ahnen, daß sich der bisherige Krieg auf der Kippe befand, auf der Kippe zum Frieden oder zum unbegrenzten Krieg, zu einem »europäischen Brand«. Napoleon III. hatte in seiner Rede zum Abschluß der Weltausstellung in Paris am 15. November zwar seinen Wunsch nach Frieden betont, doch auch eine kaum verhüllte Drohung an die Adresse der neutralen Staaten gerichtet: inmitten eines umfassenden europäischen Ringens sei die Gleichgültigkeit ein schlechter Ratgeber. Am 21. November schlossen Schweden und die Westmächte ein Defensivbündnis. Blieben in erster Linie Österreich und Preußen als neutrale Mächte übrig, denen die Drohung galt. Im Dezember brachte Napoleon III. die Situation auf die Formulierung, es gäbe nun zwei Möglichkeiten, den Krieg zu beenden: indem man den Gegner bis in den Zustand völliger Erschöpfung treibe oder den Kampf zu einem Zeitpunkt abbreche, an dem beide Gegner noch gleich stark wären und damit in der Lage, bei einem Friedensschluß ihre Ehre zu wahren. Nach seiner Ansicht konnte Rußland ohnehin nicht auf die Knie gezwungen werden, wie er Victoria schrieb. »Aber wenn der Krieg im nächsten Jahr fortdauere«, an anderer Stelle, werde »seine Grundlage nicht mehr das europäische Recht sein, sondern der Egoismus der einzelnen Staaten«.

Am pessimistischsten sah Friedrich Wilhelm IV. die Lage. Er rechnete bei einer Ausweitung des Krieges in der Ostsee mit einem Aufstand in Polen und mit der Einnahme von Petersburg durch die Alliierten. Aber gerade Napoleon III. war zur Überraschung aller nicht der Mann, den Krieg um des Krieges willen fortzuführen, nachdem die Einnahme von Sewastopol seinen militärischen Ehrgeiz befriedigt hatte. Die Zeit schien reif, nunmehr eine seiner Lieblingsideen zu realisieren und einen großen europäischen Friedenskongreß in Paris einzuberufen, um auf ihm die offenen Fragen des Wiener Kongresses zu lösen und die Revision der Karte Europas mit der Zustimmung aller Großmächte auf friedlichem Wege zu erreichen. Sein Gesandter in Konstantinopel, Thouvenel, gab ihm das Stichwort, als er ihm dazu riet, die seit Nikolaus' Tod vakante Stelle eines Schiedsrichters Europas selber einzunehmen. Zu den Vorstellungen des Kaisers gehörte die Ersetzung des alten Legitimitätsprinzips durch das Nationalitätsprinzip, das bis zu diesem Zeitpunkt als revolutionär galt. »Die Stimme der Völker bricht doch immer wieder durch und macht alles zunichte, was gegen ihre Interessen geschehen ist«, so Napoleon III. zum Herzog von Coburg.

Nur stieß Napoleon III. mit diesem Plan auf wenig Gegenliebe in England, wo man einen Friedensschluß zu diesem Zeitpunkt sogar als »Schandfrieden« betrachtete. »Unsere Länder sind nicht in der gleichen moralischen Lage«, so Clarendon, »bei euch neigt sich die öffentliche Meinung zum Frieden, bei uns zum Krieg.« Doch standen Palmerston und Clarendon allein, als sie im Kabinett auf die Fortsetzung des Krieges notfalls ohne Frankreich drängten. Walewski umschrieb die wirkliche Stärke Englands, als er fragte, »welchen Einfluß ein Land wie England auszuüben behaupten kann, das keine Armee und keine Regierung hat?«

Zu den Druckmitteln Napoleons III. gehörte auch die Drohung mit einem französisch-russischen Bündnis, also die Umkehr der Allianzen noch mitten im Krieg, doch wollte der Kaiser letzten Endes keine Verständigung mit Rußland über die Köpfe der Engländer hinweg durchsetzen, da ihm auch in Zukunft zuviel an einer guten Beziehung zwischen den beiden Westmächten lag. Die Frage war nur, wie der Frieden bewerkstelligt werden konnte, wenn Napoleon III. darauf wartete, daß Rußland den ersten Schritt tat.

Um das Gewirr der Geheimverhandlungen und Direktkontakte im Herbst 1855 zu ordnen, kann man die Sondierungen in drei Kanäle einteilen:

Ein Kanal lief über Berlin, wo Napoleon III. den französischen Geschäftsträger bei Manteuffel anfragen ließ, ob er nicht »einige versöhnliche Eröffnungen von Petersburg empfangen habe«. Die Antwort: Man sei nicht abgeneigt, Anregungen entgegenzunehmen. Friedrich Wilhelm IV. hatte auch Gerlach beauftragt, bei Alexander II., seinem Neffen, auf eine Friedensbereitschaft zu drängen. Der preußische König wußte von den französisch-russischen Geheimverhandlungen, bei denen es sogar um die Neuregelung der Rheingrenze ging, ahnte aber nichts von den gleichzeitigen österreichischen Kontakten. Buol hatte sogar eine gemeinsame Aktion mit Preußen zusammen abgelehnt. Jedoch waren es gerade die Berliner Bemühungen, die den Boden für die positive Aufnahme des westlichen Friedensangebots in Petersburg vorbereiteten.

Am dunkelsten war der Kanal über den sächsischen Gesandten Baron von Seebach, den Schwiegersohn Nesselrodes, den Napoleon III. als idealen Mittelsmann einschaltete. Rußland versuchte über diesen Weg wiederum, Frankreich aus der Allianz mit England zu lösen, indem es ihm seine Unterstützung bei der Forderung nach einer französischen Rheingrenze zusicherte, ein nicht gerade freundschaftlicher Zug gegenüber dem preußischen König, für den es noch Prinzipien wie Treue und Dankbarkeit in der Politik gab. Dazu kamen hier die Kontakte von Graf Morny, dem Halbbruder Napoleons III., und Walewski, einem Anwalt der französisch-russischen Aussöhnung, zu Gortschakow, dessen Haß auf Österreich von Tag zu Tag stieg. Napoleon III. half ein wenig nach, indem er dem Zaren mit der Wiederherstellung Polens drohte.

Das Problem war nur, daß alle diese Sondierungen geheim bzw. inoffiziell bleiben mußten, da Separatverhandlungen mit Rußland als Verstoß gegen die Bündnisverpflichtungen aus dem Allianzvertrag galten.

So bot es sich fast von selbst an, die offiziellen Verhandlungen über Österreich laufen zu lassen, das ja während des ganzen Krieges auf den Wiener Konferenzen die Vermittlerposition eingenommen hatte. Am 13. September ermunterte Walewski Baron Hübner, wieder die Friedensinitiative zu ergreifen. Hoch erfreut holte Buol die Glückwünsche Franz Josephs zur Einnahme Sewastopols in Paris nach und konnte bereits Ende Oktober zusammen mit dem französischen Gesandten einen gemeinsam erarbeiteten Entwurf der Friedenspräliminarien vorlegen, der auf der Basis des alten Vierpunktepapiers beruhte, doch die damaligen Forderungen verschärfte. So wurde nun unter anderem die völlige Neutralisation des Schwarzen Meeres verlangt und Rußland von den Verhandlungen über Punkt 4 ausgeschlossen; das war ausgerechnet der Punkt, in dem es um die rechtliche Stellung der Christen in der Türkei ging – eine der entscheidenden Fragen, die den Ausbruch des Krimkriegs mitverursacht hatte.

Buol war über die neue Chance, Österreich als Vermittler zwischen den mächtigen Westmächten und dem angeschlagenen Rußland ins Spiel zu bringen, so erfreut, daß er in einem Punkt sogar über Napoleons Bedingungen weit hinaus ging und von Rußland nicht nur die Rückgabe des Donaumündungsgebietes an die Donaufürstentümer forderte, sondern auch die Abtretung eines großen Teils von Bessarabien. Es war dies der Punkt, der Rußland besonders empörte und den endgültigen Bruch mit Österreich geradezu herausforderte.

England lehnte jedoch zunächst ab, die Friedensverhandlungen ausgerechnet über Österreich laufen zu lassen, das während des Krieges keinen Schuß abgefeuert hatte. Es war Clarendon, der Buols Motive durchschaute, wenn er dessen Vermittlungseifer auf die Schwäche Rußlands zurückführte, die Österreich mutig gemacht habe. Eine

Karikatur war bezeichnend für die Haltung der Engländer: Franz Joseph, in Uniform und mit Krone, steht vor einer Ladentheke, hinter der Palmerston in Zivil unbeeindruckt von seinem Kunden Zeitung liest, während Alexander II., ebenfalls in Uniform und mit Krone, vorsichtig um die Ecke lugt: »Frieden? Diesen Artikel haben wir zur Zeit nicht am Lager.«

Doch standen Palmerston und Clarendon allein, da Kabinett und Königin den Krieg nicht ohne Frankreich weiterzuführen beabsichtigten. So blieb es nur bei zusätzlichen Forderungen Englands, die unter dem neuen Punkt 5 als »besondere Bedingungen im europäischen Interesse« pauschal zusammengefaßt wurden. Napoleon III. mußte sich Englands Einwilligung mit dem Verzicht auf seine großen Pläne von einer Revision der Karte Europas erkaufen. Damit war das Thema Polen und Italien erst einmal vom Tisch.

Österreich kam das Angebot Napoleons III. mehr als gelegen. Durch die finanziellen Schwierigkeiten und die Demobilisierung der Armee, die Franz Joseph zum Mißfallen Buols angeordnet hatte, war seine Position geschwächt, ein Druck auf Rußland kaum erfolgversprechend. Auch das Verhältnis zu den Westmächten hatte sich abgekühlt, der Dezembervertrag galt als hinfällig. Auch ohne Krieg zu führen hatte Österreich im Donauraum durch Infektionskrankheiten 30 000 Mann Verluste hinnehmen müssen, darunter 15 000 Tote.

Nun aber bot sich die Gelegenheit, mit Hilfe der Westmächte doch noch dem alten Ziel einer Territorialerweiterung auf dem Balkan und Mitsprache bei der Neuordnung Europas näherzukommen. Lag doch nach den Worten Franz Josephs die Zukunft Österreichs im Orient, »auch wenn es hart ist, aus diesem Grund gegen frühere Freunde aufzutreten, und im Orient ist Rußland sogar jederzeit unser natürlicher Feind«. Wien rechnete also langfristig mit einer Konfrontation mit Rußland, eine Rückkehr in den alten Dreibund der Heiligen Allianz kam nicht mehr in Frage. Trotzdem meinte Buol in der Rolle des Friedensstifters auch in Deutschland Österreichs altes Ansehen zurückzuwinnen.

Die Entscheidung fiel in Petersburg. Bereits im April 1855 hatte Nesselrode seine Zustimmung zu Punkt 1 und 2 übermittelt, doch war der Krieg weitergegangen. Punkt 5 und die zusätzliche Gebietsabtretung schienen jedoch inakzeptabel. Am 11. Januar teilte Gortschakow in Wien die »bedingte Annahme« der Friedensbedingungen mit, jedoch beharrte Buol auf bedingungsloser Annahme, gab den Russen eine Frist von zehn Tagen und drohte mit dem Abbruch der diplomatischen Beziehungen.

Am 15. Januar 1856 trafen sich die Mitglieder des Kronrats zu der entscheidenden Sitzung: Sollte man Frieden machen oder den Krieg fortsetzen? Auf dem Tisch lag das Ultimatum Österreichs, auf dem Tisch lag aber auch ein Gutachten des Kriegsministeriums, dessen Überschrift bereits eine eindeutige Stellungnahme enthielt: »Die Gefahren der Fortsetzung des Krieges im Jahr 1856.« Der Inhalt war niederschmetternd: Mangel an ausgebildeten Soldaten und Offizieren, die Menschenreserven erschöpft, bisherige Gesamtverluste eine halbe Million Mann, Waffen und Munitionsreserven ebenfalls nahezu am Ende, die Versorgung der Krimarmee durch Getreide sogar gefährdet. Es war der Gewinn von Kars, der es Rußland leichter machte, die Friedensbedingungen zu akzeptieren. »Da wir den Krieg nicht zu machen verstehen, machen wir Frieden«, so ein Mitglied des Kronrats unter Tränen.

In diesem Augenblick, kaum hatte Rußland seine Entscheidung bekanntgegeben, sorgte England für die nächste Krise. Ganz offensichtlich war es noch immer so, daß England, wie die Queen schrieb, den Gedanken nicht ertragen konnte, den letzten Waffengang im Krieg mit einer mißglückten Aktion abgeschlossen zu haben, und dies ausgerechnet gegenüber einer »barbarischen Macht«. Clarendon verlangte nunmehr die Bekanntgabe der besonderen Forderungen Englands, zu denen unter anderem die Entmilitarisierung der Ålandinseln und die Neutralisation auch des Asowschen Meeres gehörte, und dies obendrein in Form eines Ultimatums an Rußland. Wiederum gelang es der geschickten Handlungsführung Napoleons III., der seine Berater Persigny und Walewski gegen den englischen Gesandten in Paris ausspielte, die Krise in den Griff zu bekommen. Nach drei Wochen des »Herumirrens« (Walewski) verzichtete England auf ultimativen Druck und gab sich mit der »Bekanntgabe« der Forderungen zufrieden. In dieser Situation zeigte sich, daß durch die neue Möglichkeit des Telegraphen mit seiner schnellen Übermittlung von Depeschen und Noten jene zeitliche Langwierigkeit vermieden wurde, die rund zwei Jahre zuvor noch den diplomatischen Schriftwechsel durch Kuriere und Geschäftsträger mit soviel Mißverständnissen und Umständlichkeiten belastet hatte.

Für Preußen war die Situation, so sehr hier der Friedensschluß begrüßt wurde, mit neuen Schwierigkeiten verbunden. Wieder einmal war es durch seinen Bündnispartner vor vollendete Tatsachen gestellt worden. Wieder einmal ergab sich die Frage, ob Preußen sich dem österreichischen Ultimatum anschließen und ein Vorhaben mit vertreten sollte, an dem es nicht beteiligt worden war. Es war das gleiche Problem wie vor einem Jahr: Trat Preußen auf die Seite der Westmächte und gingen die Verhandlungen schief, war es mit der Neutralität vorbei; trat es dem Abkommen zwischen dem Westen und Rußland nicht bei und kam es zum Frieden, war Preußen nicht auf der Friedenskonferenz vertreten und isoliert. Österreich und Frankreich versprachen, sich dafür einzusetzen, Preußen an den Verhandlungen in Paris zu beteiligen, England war so strikt dagegen, daß erst einmal keinerlei Hoffnung bestand. England mischte sich trotz allem in die inneren Angelegenheiten Preußens ein, indem es gegen die Teilnahme hoher preußischer Offiziere am Tedeum zur Einnahme von Kars in der russischen Gesandtschaft protestierte, obwohl Friedrich Wilhelm IV. selber die Teilnahme mißbilligt hatte.

Friedrich Wilhelm IV. und seine Berater waren sich darin einig, lieber auf eine Einladung nach Paris zu verzichten, als sich um jeden Preis den Alliierten aufzudrängen: »Wir haben keine Veranlassung, Entrée zu bezahlen, am wenigsten mit einer Beleidigung Rußlands, unsres mächtigsten östlichen Nachbarn«, erklärte Manteuffel, »man schließe den Frieden ohne uns, wenn man will und kann.« Und auch Bismarck warnte vor würdeloser Anbiederung: »Wir laufen Gefahr, mit einem Schlag die Früchte zweijähriger Ruhe einzubüßen, wenn wir dem westlichen Programm beitreten, solange dasselbe nicht abgeklärter ist als bisher.«

In den Augen Buols war der Beginn der Friedensverhandlungen in Paris ein großer Erfolg für Österreich, obwohl er sich im Grunde von Frankreich nur benutzen ließ, um die französisch-russische Annäherung einzuleiten. Preußens strikte Neutralität sollte sich erst später auszahlen, und Bismarck, für den der Krimkrieg ein Lehrstück über die Affinitäten und Unvereinbarkeiten zwischen den Großmächten war, sollte von dem politischen Erbe Friedrich Wilhelms IV. profitieren.

Friedensmacher 1856

Im Januar 1856 sprengten die Alliierten die letzten Docks von Sewastopol und setzten damit die Russen, vor deren Augen sich die Zerstörung der ehemals modernsten Hafenanlagen vollzog, vor vollendete Tatsachen. Am 11. März trafen sich an der einst umkämpften Traktir-Brücke an der Tschernaja die Gegner, um die Waffenstillstandsabmachungen zu regeln. Am 6. Juli 1856 verließen die letzten alliierten Truppen die Krim. Noch einmal ritten die Offiziere auf den Cathcart-Hügel, um einen abschließenden Blick auf Sewastopol und das Meer zu werfen.

Die Friedensverhandlungen in Paris waren zu diesem Zeitpunkt längst abgeschlossen, mit einer Schnelligkeit, die alle in Erstaunen versetzt hatte, die noch in den Kategorien des Wiener Kongresses dachten. Zwar gab es keine glanzvollen Bälle, auf denen der Kongreß tanzte, zumal Kaiserin Eugenie ihre Niederkunft erwartete, doch begleiteten von Anfang an zahllose Festbankette, Konzerte und Empfänge die Konferenzen, als ob der Frieden schon eine vollendete Tatsache sei, wie Hübner anmerkte.

Am 25. Februar 1856 begannen die Friedensverhandlungen. Am runden, grünen Tisch saßen im neu errichteten Quai d'Orsay unter dem großen Porträt des französischen Kaisers dieselben Gesichter, die allen Anwesenden seit Beginn der Krise 1852 vertraut waren: die Außenminister Clarendon und Walewski, die Gesandten Cowley, Bourqueney und Hübner. Walewski bekam auf dem ringsum erwarteten Vorschlag von Buol den Vorsitz. Zwar hatten auch der türkische Großwesir Ali Pascha und der Italiener Cavour am Verhandlungstisch Platz genommen, doch wurde die Verhandlung ausschließlich von den vier Großmächten bestimmt und bestritten.

Der alte Fürst Orlow leitete die russische Delegation, zu der als zweiter Mann der Londoner Gesandte Brunnow gehörte, ebenfalls ein routinierter Kabinettspolitiker alter Schule. Nesselrode hatte sich mit 75 Jahren zu alt und gebrechlich gefühlt, um die lange Reise quer durch Europa anzutreten, und obwohl mit Gortschakow bereits sein Nachfolger als Kanzler und Außenminister feststand, war aus Gründen persönlicher Abneigung oder Eifersucht Gortschakow nicht abkommandiert worden. Nesselrode war durch den Krimkrieg zutiefst deprimiert und fand sein Lebenswerk zerstört.

Erst am 18. März, als der Dardanellenvertrag von 1841 auf der Tages-
ordnung stand, wurden die preußischen Vertreter (Manteuffel und
Hatzfeld) hereingelassen, ohne jedoch an den Verhandlungen durch
Wortmeldung und damit am Entscheidungsprozeß teilnehmen zu dür-
fen. Ihre Meinung war nicht gefragt. Sie spielten damit eine noch
geringere Rolle als die Türken und Italiener, was nur die Engländer
befriedigte, die auf dieser Demütigung Preußens als Strafe für die
neutrale Haltung während des Krimkriegs bestanden. Manteuffel
blieb auch in den Verhandlungspausen wortkarg. Hübner bean-
spruchte das Verdienst, Napoleon III. überredet zu haben, sich für
Preußen einzusetzen – um es »nicht Rußland in die Arme zu treiben«.
Napoleon III. war die dominierende Figur im Hintergrund, durch
seine geschickte Taktik der Privataudienz gelang es ihm mehrmals, die
Konferenz vor dem Scheitern zu bewahren; es kam auch vor, daß er
wie im Fall des Russen Orlow die Verweigerung einer Audienz als
Druckmittel einsetzte, als Orlow England gegen Frankreich auszuspielen gedachte.

Denn die Gespräche kamen sofort zum Stillstand, da der schwierigste
Punkt unklugerweise am Anfang stand, nämlich die Gebietsabtretung
eines Teils von Bessarabien. Natürlich waren die russischen Unterhändler mit der Hoffnung nach Paris gekommen, während der Verhandlungen doch noch die eine oder andere Forderung der Westmächte abschwächen oder herunterhandeln zu können, und tatsächlich sollte es bald hinter den Kulissen Fraktionsbildungen geben, die
mit der Koalition während des Krimkriegs nichts mehr zu tun hatten,
nämlich eine Kooperation zwischen Frankreich und Rußland auf der
einen und England und Österreich auf der anderen Seite. Nach einem
Bonmot von Hübner war »Walewski mehr Russe als Orlow«.

Die russischen Unterhändler brachten nun Kars als Faustpfand ins
Spiel und wollten die Kaukasusfestung nur gegen die völlige Rücknahme der Gebietsabtretungen in Bessarabien herausgeben, während
England die Rückgabe von Kars ohne Kompensation forderte. Darauf machte Rußland einen Rückzieher und gab Kars preis, aber nur,
weil Walewski dafür sorgte, die Gebietsabtretungen in Bessarabien so
gering wie möglich zu halten. Dabei wurde um kleine Ortschaften
gefeilscht, von denen niemand je etwas gehört hatte, so daß sich die
kuriosesten Verwechslungen ergaben, als endlich genauere Karten
vorlagen. Brunnow und Orlow versuchten die österreichischen Be-

vollmächtigten am Tisch zu schneiden, was sich Clarendon verbat, indem er auf die Gleichberechtigung Österreichs hinwies; andererseits griff er wiederum Österreich an, als es um das Donaumündungsgebiet ging. Seiner Ansicht nach war Österreich hier nur daran interessiert, sich selbst die Monopolstellung in der Handelsschiffahrt auf der Donau zu sichern.

Im Gegensatz zu den Franzosen war Buol immer noch in Kriegsstimmung und empfahl einmal sogar den Abbruch der Verhandlungen, falls sich Rußland nicht kompromißbereit zeigen würde, so daß die Schuld am Scheitern der Gespräche Rußland zugeschoben werden konnte. Jedoch war an einer Wiederaufnahme des Krieges überhaupt nicht zu denken, da die Meinungsverschiedenheit unter den Siegermächten eher zunahm. Schließlich war es so, daß jede Nation Konzessionen machen mußte, mit Erfolgen und Niederlagen die Konferenz beschloß, so daß es im Grunde weder eindeutige Sieger noch Verlierer gab. Wieder fragten sich die Engländer, ob sie nicht zu früh in die Friedensverhandlungen gegangen waren oder warum sie überhaupt Krieg geführt hatten. Aber Clarendon widerlegte durch seine Verhandlungsbereitschaft die Ansicht, daß die englische Politik nur ein Reflex der öffentlichen Meinung war. Auf Grund alter völkerrechtlich anerkannter, zwischen Zar und Sultan geschlossener Verträge war es nicht möglich, Rußland zum Rückzug aus dem Kaukasus zu zwingen; auch fiel der Kriegshafen Nikolajew nicht unter das Verbot, an der Schwarzmeerküste Marinearsenale zu halten, da er 22 km landeinwärts lag. Hingegen waren die russischen Unterhändler mit der Forderung, die Festung Bomarsund nicht wieder aufzubauen, völlig einverstanden und erklärten nebenbei, daß es sich dort sowieso um eine Fehlkonstruktion der Festungsingenieure gehandelt habe.

Mit der Neutralisierung des Schwarzen Meeres und der Beendigung des russischen Protektorats über die Donaufürstentümer wurden jedoch die wichtigsten Punkte aus dem Kriegszielprogramm der Alliierten erfüllt, den Expansionsdrang Rußlands zu stoppen. Die Bedrohung der Türkei durch Rußland war damit auf Jahrzehnte beseitigt, die Dardanellenfrage entschärft, Rußland von der Donau abgedrängt. Aber auch Frankreich und Österreich hatten hier das Nachsehen. Wien mußte seine Truppen abziehen und bekam nur einen festen Sitz in der Schiffahrtskommission für die untere Donau. Napoleon III. konnte seinen Wunsch, die Fürstentümer Moldau und Walachei zu einem Staat zu vereinen, nicht in die Tat umsetzen. Die beiden Länder wurden erneut in ein außenpolitisches Abhängigkeitsverhältnis von der Pforte gebracht, eine genaue Aushandlung der Verwaltungs- und Regierungsstruktur übernahm die parallel laufende Botschafterkonferenz in Konstantinopel. Sie kam mit den anstehenden Problemen ebenso wenig zu Rande wie die sogenannte Räumungskommission, in der es um den Rückzug der Russen aus Bessarabien ging, dessen Abwicklung sich bis in das Jahr 1857 erstrecken sollte, so daß die englische Flotte dies zum Anlaß eines längeren Kreuzens im Schwarzen Meer nahm.

Was im Fall der Fürstentümer nach außen hin als Rückschritt erschien, war in Wirklichkeit nur ein Verschieben des Problems, das auch in den nächsten Jahren nicht gelöst werden konnte, so daß hier ein Spannungsherd blieb. Über die künftige Gestaltung der Region sollten die Volksvertreter befinden – damit war das Nationalitätenprinzip zum erstenmal auf einem internationalen Kongreß rechtlich anerkannt, ein verschleierter Sieg Napoleons III. Sein Bemühen, offene Fragen wie die Diktatur in Neapel, die Einheit Italiens, die Räumung Griechenlands von den Alliierten, die Reform des Kirchenstaates Rom, im großen Kongreßstil auf den Folgekonferenzen abzuhandeln, scheiterte. Es kam immerhin zu einer Neufassung des Seerechts, eine Domäne Englands.

Der für Rußland schmerzlichste Punkt war der Verzicht auf seine alte Rolle als Schirmherr der Christenheit im Orient; fast schien man auf dem Kongreß aus den Augen verloren zu haben, weshalb der Krimkrieg entstanden war. Vergeblich versuchten die russischen Unterhändler die alten Rechte – Rechte zur »Einmischung« – aus dem Vertrag von Kutschuk-Kainardschi zu retten. Clarendon bestritt energisch, daß es sich bei dem Krimkrieg um einen Religionskrieg gehandelt habe. Nicht Rußland, die Türken sorgten noch einmal für eine Krise, als sie sich weigerten, einen neuen Ferman vom Februar 1856 über die Gleichstellung der Christen im Osmanischen Reich in den Friedensvertrag eingehen zu lassen – damit würde die Souveränität des Sultans angetastet; sie befürchteten eine Ersetzung des russischen Protektorats durch ein europäisches. Buol fand eine juristisch ausgefuchste Kompromißlösung, so daß die Vertreter der *Pforte* ihr Gesicht wahren konnten. Ein zum Abschluß schnell noch hinter dem Rücken der Russen abgeschlossener Tripelvertrag zwischen England, Frankreich und Österreich garantierte die Integrität der Türkei, aber zugleich auch das Mitspracherecht der Großmächte. Feierlich wurde am 30. März der Friedensvertrag in siebenfacher Ausfertigung unterschrieben, obwohl längst noch nicht alle Kommissionen mit ihrer Arbeit fertig waren; unterzeichnet mit einer einem kaiserlichen Adler im Jardin des Plants ausgerupften Feder.

Alexander II. nahm die neue Abmachung über die Stellung der Christen im Osmanischen Reich zum Anlaß, in seinem Manifest zum Abschluß der Friedensverhandlungen die Ergebnisse von Paris als Erfolg Rußlands hinzustellen: Es sei der Sinn des Krieges gewesen – und kein Opfer Rußlands vergebens –, das künftige Los und die Rechte aller Christen im Orient sicherzustellen.

Die Aufnahme dieser neuen Regelung in das Vertragswerk von Paris war aber Augenwischerei, wenn nicht Heuchelei, ohne die es in der Diplomatie nicht ging. Wie im Fall früherer Erlasse, wie zum Beispiel im Jahr 1839, handelte es sich nicht um bindende Gesetze, sondern nur um Proklamationen, die größtenteils von den türkischen Behörden nicht eingehalten wurden. Mit dem Erlöschen der russischen Schutzfunktion verloren die Christen in der Türkei einen gewichtigen Fürsprecher ihrer Rechte, dessen Rolle die Westmächte – wie die Zukunft zeigen sollte – nicht auszufüllen vermochten. Zwei Jahrzehnte später sollten wiederum die Russen vor Konstantinopel stehen, es war der vierte russisch-türkische Krieg innerhalb eines Jahrhunderts. Die orientalische Frage blieb ungelöst, der Zerfall des osmanischen Reiches war nicht aufzuhalten; die Türkei nicht zu integrieren.

Rußland brauchte keine Kriegsentschädigung zu zahlen und wurde wieder als völlig gleichberechtigtes Mitglied in die europäische Staatenfamilie aufgenommen. Napoleon III. mußte seine Idee von einem Kongreß, der die Fehler und Versäumnisse des Wiener Kongresses korrigieren würde, allerdings begraben, gewann jedoch ein außenpolitisches Ansehen, das alle Spekulationen um seine zweifelhafte Herkunft vergessen machte. Es war nicht etwa Schmeichelei, wenn Hübner ihm gegenüber als Hauptresultat der Pariser Friedenskonferenz für Frankreich das Ende, die Zertrümmerung der europäischen Liga »gegen das Frankreich der Französischen Revolution« bezeichnete, eine Frontstellung, die »selbst während der Restauration bestanden und bis zum heutigen Tag gewährt habe!«

Nach dem Bonmot eines französischen Diplomaten konnte man nach

Beendigung des Krimkriegs wirklich nicht erkennen, wer nun eigentlich der Sieger und wer der Besiegte war. Paris 1856 bedeutete kein Diktat- oder Siegfrieden; fast alle Politiker hatten das Gefühl, die Lösung der großen Probleme nur vertagt zu haben. Und doch bestand das große Verdienst der Friedensmacher von 1856 darin, einen der schrecklichsten und zugleich unverständlichsten Kriege des Jahrhunderts mit einem erstaunlichen Sinn für das Mögliche und Zumutbare, worin viel Weltklugheit und Fähigkeit zur Mäßigung lag, zu einem schnellen Ende gebracht zu haben, ohne wie die Friedensmacher des Wiener Kongresses den Anspruch zu erheben, ein Jahrhundertwerk zu schaffen oder ewig gültige Doktrinen zur Menschheitsbeglückung zu verkünden. Trotz allem nahm der Verfasser der *Türkischen Rede* ein Jahr später den Friedensschluß noch einmal zum Anlaß, um den Krieg auf der Krim mit dem blutigen Opfer Iphigeniens auf Taurien zu vergleichen, weil damals wie jetzt der »skythische Geist und barbarische Brauch« überwunden worden war, daß »die Menschen, die doch alle miteinander verwandt sind, sich gegenseitig hinschlachten«.

Friedensfeier

Am Freitag, den 10. Mai 1856 fand in England die Friedensfeier statt, im Beisein Königin Victorias und Prinzgemahl Alberts. Als Kulisse hatte man den Kristallpalast ausgewählt; er war 1854, nachdem die einst bahnbrechende Konstruktion ziemlich achtlos behandelt worden war, demontiert und im Londoner Vorort Sydenham wieder aufgebaut worden. Die Feierlichkeiten konzentrierten sich um die Enthüllung zweier Denkmäler: eine von vier trauernden Frauengestalten umgebene Säule zur Erinnerung der in Skutari – »als Verteidiger der Türkei« – begrabenen Engländer, und eine allegorische Darstellung des Friedens »in kollossalem Maßstab«, einen Olivenzweig in der rechten Hand. Militärische Abordnungen der Krimarmee paradierten vor diesen beiden Denkmälern, die vorerst nur als Gipsabguß zu sehen waren; sogar russische Märsche wurden neben den heimatlichen, sardinischen und französischen Militärmusiken gespielt.
London bereitete sich auf die große abschließende Siegesparade vor, zu der Hunderttausende aus der weiten Umgebung extra in die Stadt

reisten – die größte Feierlichkeit seit 1814. Gleich vier Feuerwerke erleuchteten die städtische Szenerie in allen vier Himmelsrichtungen, »ein ununterbrochener Regen blauer und roter Sterne« tauchte London in ein »Lichtermeer«.

Die Geschäftsleute hatten sich an der Ausschmückung der Straßen beteiligt, die meisten mit simplen Spruchbändern, auf denen *Honour to the brave* zu lesen war. »Das ist diplomatisch«, kommentierte Theodor Fontane, »warum sollten sie die Tapferkeit nicht ehren? Aber sie hüten sich wohl, den Frieden willkommen zu heißen . . . Das ganze ist ein Auskunftsmittel, ein Kompromiß. Es wahrt die Kundschaft und – die politische Gesinnung.«

Ein Hotel am Trafalgar-Square präsentierte eine Friedensgöttin, vor der sich die Göttin der Zwietracht »mit einem bemerkenswert furchtbaren Gesicht in den Hintergrund zurückzieht. Zu Füßen ein britischer Löwe mit dem Lorbeerkranz in seiner Tatze – er tut recht daran, ihn festzuhalten; er war nahe daran, ihn zu verlieren«.

Dem aufmerksamen Beobachter fielen auch die alten roten Uniformjacken auf, die vor den Altkleiderläden im Wind schaukelten – die »abgeschabten roten Fracks zurückgekehrter Krimhelden«. Ein Transparent erinnerte an die vielen ungelösten »Fragen« – an Polen, Ungarn, Italien. Rußland und Österreich kamen schlecht weg, der Türke diente mehr als folkloristische Staffage; eine Anspielung auf Preußen war nicht zu finden.

Obwohl Wellingtons Armee auf der Krim untergegangen war, hatte sein Mythos den Krieg überlebt. Im August 1857 schloß in London eine Ausstellung, auf der die Modelle zum Wellington-Denkmal in der St. Paul's Cathedral zu sehen waren, das die Regierung 1852 ausgeschrieben hatte. Unter den prämierten Arbeiten befanden sich viele Werke, die eher von Konditormeistern zu stammen schienen als von Berufsbildhauern, wie Fontane fand. Anscheinend war es schwer, sich nach so langer Zeit für den »frostigen Helden« zu begeistern. Den Anspruch des Empires verkörperte ein Denkmalsentwurf, der den Fuß Wellingtons auf dem Erdglobus ruhend zeigte, um den sich die britische Flagge spannt. Die Erinnerung an Waterloo bot Trost und Zuflucht. Schließlich entschied man sich für Alfred Stevens Wellington-Denkmal, das jedoch so groß war, daß es fast nicht in die Seitenkapelle mit dem Sarkophag Wellingtons paßte, als man später an seine Aufstellung ging. Nur Eingeweihte wissen, daß die Frauengestalt, die hoch oben über dem Marmorsarg thront, die Allegorie der Wahrheit darstellt, wie sie gerade der Lüge die Zunge ausreißt.

Nachspiel

Nach dem Krieg kamen die Touristen, im wahrsten Sinn des Wortes Schlachtenbummler, um die berühmte Stadt und die legendär gewordenen Schauplätze von Balaklawa und Inkerman zu besichtigen und nach Andenken abzusuchen wie ein halbes Jahrhundert zuvor das Feld von Waterloo. Als Mark Twain über ein Jahrzehnt nach dem Fall des Malakow-Turms auf dem Weg durch den Bosporus an Konstantinopel vorbei Sewastopol erreichte, machte die Stadt noch immer einen Eindruck, als sei sie erst vor kurzem von einem Erdbeben heimgesucht worden.

»Alle gingen auf Andenkenjagd. Sie schleiften Kanonenkugeln, zerbrochene Ladestöcke, Granatsplitter heran, einige hatten sogar Knochen mitgebracht.« Während die Russen bei der Einreise von Engländern große Schwierigkeiten machten, kamen die Amerikaner so gut wie unkontrolliert an Land, wo sie gastfreundlich aufgenommen wurden. Auf die USA waren die Russen gut zu sprechen. Ein amerikanischer Ingenieur hatte die technische Wunderleistung zustande gebracht, ein versenktes Kriegsschiff nach dem anderen mit der Hilfe von Dampfmaschinen aus der Fahrrinne zu heben und die Schiffssperre von 1854 zu beseitigen. »Das zerstörte Pompeji befindet sich in gutem Zustand verglichen mit Sewastopol«, meinte Mark Twain. »Hier kann man in jede beliebige Richtung blicken, und das Auge trifft kaum auf etwas anderes als Zerstörung, Zerstörung, Zerstörung! Häuserruinen, zerbröckelte Mauern, zerfetzte und zerklüftete Hügel, Verwüstung überall. Kein einziges Haus ist unversehrt davongekommen. Säulen halbiert, Ecken weggerissen, Gesimse zerschmettert, Löcher glatt durch die Wände getrieben . . . Hier und da steckt noch eine Kanonenkugel in der Mauer, und eiserne Tränen tröpfeln von ihr herunter und verfärben den Stein.«

Die Reparatur der Kuppel über dem Heiligen Grab in Jerusalem, deren Baufälligkeit 1850 Anlaß heftiger Streitigkeiten zwischen orthodoxen und katholischen Gläubigen gewesen war, eine der Kriegsursachen, war übrigens 1865 noch immer offen.

Epilog

Der Krimkrieg – eine vergessene Lektion

>»Plötzlich tauchte das Gespenst von Sewastopol vor uns
auf. Kaum ein Haus, das noch stand, und die noch standen, waren ohne Dach. Aber über dem ganzen Hafen
ruhte jene unaussprechliche Atmosphäre des Stolzes, wie
man sie nur bei ganz seltenen Gelegenheiten fühlt. Verdun ließ sie mich immer spüren.«
>
> Feldmarschall Alanbrooke,
> Chef des Empire-Generalstabs, 1945.

Nach dem Krieg hatten die Historiker und die Statistiker das Wort.
Wie immer wurde die Zahl der Opfer maßlos übertrieben. Von
100 000, 500 000, ja 600 000 Toten war die Rede. Es blieb bei 165 000
Opfern, davon waren 104 000 nicht an der Front, sondern an Seuchen
und Krankheiten gestorben: 50 000 Franzosen (von 70 000 Toten),
17 000 Engländer (von 22 000 Toten), 37 500 Russen (von 73 000 Toten). Noch immer fielen die meisten Soldaten nicht dem Schießpulver,
sondern Krankheiten und einer katastrophalen Betreuung zum Opfer, bevor sie überhaupt den Feind zu Gesicht bekommen hatten.
Natürlich wissen wir, wie die Geschichte weiterging. Rund eineinhalb
Jahrzehnte nach dem *Pariser Frieden* stürzte Napoleon III., und Bismarck gründete mit Rückendeckung Rußlands das Deutsche Reich.
Österreich hatte damit seine Quittung für die antirussische Politik
während des Krimkriegs weg. Daß »der Weg ins Deutsche Kaiserreich
mit einer Weichenstellung eingeschlagen wurde, die sich im Krimkrieg entschied«, machte Hans-Joachim Schoeps mit als erster Historiker wieder bewußt, nachdem der Krimkrieg aus dem Bewußtsein
der Deutschen verschwunden war. Moltkes Triumph über die ruhm-
bedeckten Generäle Frankreichs wie Bazaine, Trochu, MacMahon,
Canrobert, alles Krimkriegsveteranen, verdeckte die Erinnerung an
Preußens »unheroische« Rolle im Krieg von 1853–1856, der sich doch
nur durch das Verdienst Friedrich Wilhelms IV. nicht zu einem Weltkrieg ausgeweitet hatte, mit der Mitte Europas als Schlachtfeld.
Napoleon III. aber schien nach seinen außenpolitischen Erfolgen jener großen Gefahr zum Opfer gefallen zu sein, vor der Friedrich

Nietzsche in seinen *Unzeitgemäßen Betrachtungen* die Deutschen des Bismarckreiches warnte, der Hybris und Selbstverblendung, weil »die menschliche Natur einen großen Sieg schwerer ertrage als eine Niederlage«. De Gaulle stützte sich dagegen auf Zola, wenn er eine Erklärung für die Niederlage 1870/71 in dem Fatalismus seines Oberbefehlshabers suchte, der auf das ganze Heer abfärbte und dem »glühenden Nationalgeist« des Gegners nichts entgegenzustellen hatte.

Als Helmuth von Moltke im Herbst 1856 Rußland besuchte, um an den Krönungsfeierlichkeiten Alexanders II. teilzunehmen, fand er das Land keineswegs in seinem Selbstverständnis gebrochen vor. »O diese große unvergeßliche Zeit der Wiedergeburt des russischen Volkes«, schrieb Tolstoi in einer Erzählung, in der er an die Dekabristen, die von Nikolaus I. brutal niedergeschlagene Revolution der Patrioten von 1825 erinnerte, »wer 1856 nicht in Rußland gelebt hat, der weiß nicht, was Leben ist«. Der Krimkrieg, der Rußlands Rückständigkeit offenlegte, hinterließ im Gedächtnis der Nation tiefe Spuren, und doch trug gerade die Niederlage entscheidend zu sozialen und wirtschaftlichen Reformen bei, zur Abschaffung der Leibeigenschaft und Einführung der allgemeinen Wehrpflicht, zur geistigen Befreiung, Universitätsautonomie und Öffnung des Landes. Tolstoi verfaßte sein epochales Romanwerk *Krieg und Frieden* zur moralischen Wiederaufrichtung Rußlands, indem er an die Widerstandskräfte des russischen Volkes im Krieg gegen Napoleon I. erinnerte; so wie Thomas Carlyle sein Buch über Friedrich den Großen an die Adresse seiner Landsleute richtete als das Geschichtsporträt eines Helden in «einer Zeit der Scheinmenschen und Lügner«.

Ein Außenstehender wie der 48er-Demokrat Julius Fröbel sah 1855 Rußland durchaus nicht als Verlierer, sondern als vorübergehend eingeschränkte Nation, die zusammen mit Amerika einmal die »beiden Pole der politischen Welt« bilden würde, zwischen ihnen das westliche Europa als »Übergang in der Mitte«. Sei doch der »gegenwärtige Krieg der erste geschichtliche Vorgang, in welchem an die Stelle eines politischen Gleichgewichts von Europa ein politisches Gleichgewicht der Welt zu treten beginnt«. Dabei konnte er sich sogar auf Alexis de Tocqueville berufen, der schon 1835 die Aufteilung der Welt in die zwei Supermächte prophezeit hatte.

Wenn der Krimkrieg eine Geschichtslektion enthält, dann ist es die Lektion vom Friedenskongreß in Paris, der eben kein Versailles war und das geschlagene Rußland nicht als einen mit der Kriegsschuld behafteten Aussätzigen behandelte, an dem es Rache zu nehmen gelte.

Die Friedensmacher von 1856 waren klüger und weitsichtiger als die von 1918. »Die frühere Gleichgewichtspolitik rechtfertigte Kriege, wenn sie das Ziel hatten, das gefährdete Gleichgewicht der Staaten zu erhalten oder das gestörte Gleichgewicht wiederherzustellen« (Hellmut Diwald). Es waren begrenzte, niemals totale Kriege, dem Sieger war daran gelegen, den Gegner nicht zu vernichten, da er im nächsten Krieg wieder Bündnispartner werden konnte. Ein Palmerston, der Rußland als Großmacht ausschalten und demütigen wollte, war damals noch eine Ausnahme und wurde von den anderen Politikern abgelehnt. Und enthält nicht auch das Kapitel Preußen im Krimkrieg eine Lektion, aus der die Deutschen lernen könnten, daß Neutralitätspolitik keine »Schaukelpolitik« und »kein Spiel mit der Mitte« ist, sondern nationale historische Verpflichtung, nicht den »Spielball der Mächte« abzugeben?

Unbestreitbar war Napoleon III. die bedeutendste Politikergestalt in der Mitte des vorigen Jahrhunderts. Aber im Gedächtnis der Deutschen blieb nur der geschlagene Imperator haften, der bleich und geschminkt in seiner Kutsche das Schlachtfeld von Sedan verläßt, von seinen eigenen Soldaten mit Hohn und Spott übergossen. Als Witzfigur Wilhelm Buschs ging er durch die deutschen Lesebücher, als der »größte Abenteurer der Weltgeschichte« und »Napolium« mit dem lächerlichen Rübengesicht.

Selbst die Franzosen, denen 1871 die Demokratie als Geschenk der Geschichte zufiel, schienen lange Zeit die Bedeutung dieses Mannes vergessen zu haben, der Frankreich modernisiert und Paris zum Mittelpunkt der Welt gemacht hatte. An der Einschätzung des zweiten Kaiserreiches als Offenbach-Operette wirkte Zola kräftig mit, nur daß er als Grundzug prinzipielle Korruptheit und Imponiersucht angab.

Selbst bei Fontane, einem so wachen Beobachter seiner Zeit, hat der Krimkrieg kaum Spuren hinterlassen. Im Roman *Quitt* taucht die seltsame Figur eines Kommunarden auf, der, Mörder, Erfinder und Pionier in einer Person, sich nur im Minensprengen vor Sewastopol hervorgetan hat. Für die Deutschen war der Krimkrieg bald eine Angelegenheit weit hinten in der Türkei wie für Paul Raabes Chronisten der *Sperlingsgasse*. Was ging sie die orientalische Krise an? Und wer vom Krimkrieg reden wollte, dem mochte es bald wie jener ulkigen Figur bei Karl May gehen, einem türkischen Kompanieschreiber, der der Reisegesellschaft, unterwegs von Bagdad nach Stambul, gerne die Geschichte von dem Verlust seiner Nase erzählen möchte, wie er »damals vor Sewastopol im dichtesten Schlachtgewühl und Kugelregen« stand, der jedoch nie mit der Geschichte zu Ende kommen kann, weil sie niemand hören möchte. Die Schriftsteller überließen das Feld dem Konsalik des 19. Jahrhunderts, Sir John Retcliffe, ein Pseudonym, hinter dem sich jedoch kein englischer Lord verbarg, sondern ein schlesischer Lokalredakteur, Kollege Fontanes bei der Kreuz-Zeitung, der in einer tausend Seiten starken Trivial-Triologie den Krimkrieg als die Geschichte von Geheimgesellschaften und Verschwörern verkaufte.

Bei Theodor Fontane wie bei Karl May blieb Napoleon III., den schon der Berliner Hof verächtlich »Nöppel« genannt hatte, eine komische Figur. Nur Bismarck erkannte ihn als ebenbürtig. Erst Heinrich Mann entdeckte seine tragische Dimension; er beschrieb ihn als einen Verschwörer und Träumer, dem die Kraft ausgeht im Augenblick des Handelns, und der nicht unmenschlich und gefühllos genug ist für die Lenkung eines Kaiserreiches.

Wie wenig man sich über die Gestalt des zweiten Napoleoniden zu einigen imstande war, bewiesen die Bücher von Alfred Neumann und Heinrich Berl Mitte der 30er Jahre. Berl, aus der Reichsschrifttumskammer ausgeschlossen, schrieb seine Biographie als Schlüsselwerk, als gründliche Abrechnung mit der Diktatur Hitlers, so frappierend erschienen ihm die historischen Parallelen: beide begannen als Verschwörer, beide stürzten die Republik, beide beriefen sich auf die Vorsehung, hatten ungeheuren Erfolg, verschwiegen ihre wahren Absichten; beide machten Krieg und stürzten über diesen Krieg. Beinahe wäre wohl auch der Thomas-Mann-Freund Alfred Neumann der Verlockung dieser zu einfachen Gleichung erlegen, als er während der Niederschrift seiner Romantrilogie über das zweite Kaiserreich von »frappanten Analogien mit den Ereignissen unserer Zeit« sprach und so den Nationalsozialismus als neuen Bonapartismus oder Cäsarismus verfälschte. Aber über der Niederschrift seines »Neuen Cäsars« wandelte sich die Geschichte vom Aufstieg des durch die Napoleon-Legende an die Macht geschobenen »falschen Louis« um in die

Geschichte des 19. Jahrhunderts, das seine Identität sucht so wie der Emporkömmling nach historischer Legitimation: Napoleon III. als Schlüsselfigur einer ganzen ins Schleudern gekommenen Epoche, für die er ein Außenseiter bleibt, weil er als einziger, sensibilisiert durch den Zweifel an seiner Herkunft, die auf den großen Kollaps zulaufende Fatalität zu durchschauen imstande ist.

Alfred Neumanns *Neuer Cäsar* ist in Vergessenheit geraten, der Krimkrieg nur noch eine Marginalie wert wie bei Arno Schmidt, für den *The Pininsular War* – der Halbinsel-Krieg – auf die Kuriosität zusammenschnurrt, daß ein englischer Soldat einen russischen General nicht erschießt, weil er dessen Notdurft respektiert.

An den Krieg, der nach seinem Hauptschauplatz benannt wurde, erinnern heute nur noch jene massiven Fördertürme der Zechenanlagen in Belgien und Deutschland, denen der Volksmund die Bezeichnung Malakow-Türme gab, obwohl sie so gut wie keine Ähnlichkeit mit dem berühmten Bollwerk in Sewastopol aufzuweisen haben; vielleicht so benannt, weil sie mit ihrer immensen Mauerstärke an die Widerstandsfähigkeit der russischen Bastion erinnerten oder so etwas wie die Triumphmale des neuen Industriezeitalters darstellten.

Durch Europa tingelte damals noch eine Weile eine aus Zuaven gebildete Theatertruppe, die bereits im Mai 1855 vor ihren Kameraden als Fronttheatertruppe aufgetreten war, um die Langeweile in den Lagern auf der Krim zu vertreiben: Schauspieler-Soldaten oder Soldaten-Schauspieler, da alle auch während der Aufführung ihre Medaillen trugen und die Vorführung ab und zu absichtlich unterbrachen, um zu ihren Gewehren zu greifen und einen Angriff der Russen abzuwehren, wie es sich während der Belagerung zugetragen haben sollte.

Und es erinnerten die Kriegskrüppel an den Krieg, mit denen der Knabe Zola groß wurde wie mit den bramabasierenden Veteranen von Sewastopol.

In der Erinnerung gab es feine Unterschiede. Im Londoner Stadtplan wird man – im Gegensatz zu Paris – vergeblich eine Malakow-Straße suchen, doch natürlich Alma und Balaklawa finden. Balaklawa machte sogar Mode, denkt man an den Raglan- oder Cardigan-Schnitt. Der Irrsinn von Balaklawa brachte es zum Mythos, die Schlacht galt als »letzter Triumph mittelalterlichen Rittertums über die moderne Waffentechnik«, der Schlachtengeist von Balaklawa als Zeichen besonderer angelsächsischer Todesverachtung, immer mit einer gehörigen Portion Leichtsinn verbunden. »Im Geist von Balaklawa« brach Scott total unvorbereitet zum Südpol auf; es »roch nach Balaklawa«, als die Piloten 1942 bei Midway ihren Angriff gegen die japanischen Flugzeugträger flogen: »Nicht ihre Sache war's zu fragen, sie mußten's tun und ihren Tod ertragen.« Der Festungskrieg prägte die erste »Maginotmentalität« vor 1940. Prominentes Opfer war der US-General Georg McClellan, der *langsame Mac,* er hatte als Beobachter die Krim besucht und war ganz offensichtlich so beeindruckt, daß er später als Armeeführer im amerikanischen Bürgerkrieg gigantische Erdbewegungen ausführen ließ, um Yorktown fachmännisch zu belagern, ohne zu bemerken, daß der Feind längst abgezogen war.

Lange Zeit galt der Abenteurer Napoleon III. als der Schuldige am Krimkrieg. Oder Nikolaus I. mit seinem wiederholten »Griff nach den Dardanellen«. Oder das von der öffentlichen Kriegslust beflügelte England des Lord Palmerston-*Feuerbrand*, der den Krieg kühl riskierte, während der russische Zar nur politisches Poker spielte. Aber wie der Historiker Winfried Baumgart, wohl der beste Kenner der Materie, richtig sagt, läßt sich der Krimkrieg durch keine Formel eindeutig charakterisieren.

Ein Zeitgenosse hat das schon damals empfunden, als er davon sprach, daß »die Begebenheiten und Entscheidungen das Resultat kleiner und komplizierter Kräfte« gewesen seien. Doch gilt für den Krimkrieg, was für den Ersten Weltkrieg inzwischen sich zu sagen verbietet: daß die Staaten und Regierungen in ihn 'reingeschliddert sind, sich 'reinschliddern ließen. Österreich bremste auf halbem Weg, Preußen gelang es, am Rand des Abgrunds stehen zu bleiben, sein Kriegseintritt hätte Europa vollends aus dem Gleichgewicht gebracht.

Auch der Pariser Kongreß gab Europa wie ein halbes Jahrhundert zuvor der Wiener Kongreß eine mehr als fünf Jahrzehnte dauernde Atempause bis zur großen Explosion des Ersten Weltkriegs. Doch wurde die Solidarität der Großmächte, das Bewußtsein, ein gemeinsames Haus zu bewohnen, immer brüchiger.

Natürlich wissen wir, was weiterhin geschah. Noch zweimal wurde die Krim mit Sewastopol als strategischem Schlüsselpunkt Schauplatz fremder Invasionen. 1918 besetzten deutsche Truppen kampflos die Halbinsel, das deutsch-türkische Schlachtschiff Goeben wurde in den Docks von Sewastopol überholt, bis die westalliierten Streitkräfte die deutschen Besatzungssoldaten ablösten, und auch sie wieder vertrieben wurden.

Dann wird Sewastopol ein zweites Mal völlig zerstört: Im Zweiten Weltkrieg ist die Halbinsel der Schauplatz eines militärischen Dramas in zwei Teilen. Fast ein dreiviertel Jahr dauern die Kämpfe auf der Krim, währenddessen die geplante Einnahme »wie ein drohender Schatten« auf dem Leben der Soldaten liegt. Wieder ist vom Garten Eden die Rede und von Iphigenie, von Inkerman, Malakow und dem englischen Friedhof zwischen Balaklawa und Sewastopol. Auf deutscher Seite ist es die stärkste Artilleriemassierung im Zweiten Weltkrieg. Nach einem Monat erbittertem Kampf stürmt die 11. Armee im Juni/Juli 1942 die wohl stärkste Festung der Welt, die mit ihren unterirdischen Bunkeranlagen und neuen Forts an die Maginotlinie erinnert; der Hauptangriff wird nun über die große Tschernajabucht von der Nordseite her vorgetragen.

So gut wie unbelästigt durch Führerbefehle kann Feldmarschall Manstein hier seinen eigenen Krieg führen, Sewastopol als vom gigantischen Weltkriegstheater abgeschlossener, eigener Schauplatz. Und doch kein Krieg wie jeder andere!

Hitler nimmt leidenschaftlich Anteil an der Eroberung der Krim, hier soll einmal die deutsche KdF-Riviera (»Kraft durch Freude«) liegen, auf dem Landweg von Berlin durch eine erstklassige Autobahn zu erreichen, in »Gotenland« umbenannt. Für die »bolschewistische Räuberbande« der Russen ist nur noch die Rolle als Diener der Herrenmenschen vorgesehen. Auf sowjetischer Seite hält der Kriegsberichterstatter Konstantin Simonow in seinem Tagebuch auf der Krim fest, daß »irgendwelche Widersprüche zwischen der Tradition der deutschen Armee und dem Nazismus Manstein keine schwerliche Seelenpein bereiten«. Als ob es keine Seelenpein zwischen Stalinismus und der Tradition der russischen Armee gäbe. Die brutale Deportation der Krimtataren, Lew Kopelew war ihr Zeuge, beschmutzte den sowjetischen Sieg.

Es sind andere Mythen und Assoziationen, die einen Peter Bamm oder Erwin Damian bewegen, für die die Krim die Landschaft Iphigenies bedeutet; ein Zeichen des Respekts vor der russischen Geschichte ist die Reparatur des Todleben-Denkmals.

Und dann die mörderische Quittung, als im Frühjahr 1944 die fremden Eroberer selber zu Belagerten werden, als Hitler die Halbinsel zur Festung Krim erklärt und der 17. Armee, die sich vom Kuban-Brückenkopf hierher zurückgezogen hat, die Verteidigung auf Dauer, ohne jegliche Handlungsfreiheit, befiehlt – zuletzt der Rückzug in die Ruinenstadt von Sewastopol und ganz zuletzt auf die Landzunge der Chersones am weißen Leuchtturm, dem äußersten westlichen Küstenzipfel, dort wo knapp zwei Jahre zuvor die letzten russischen Verteidiger Zuflucht gesucht hatten, ein exemplarischer Untergang, ein Menetekel für die ganze Wehrmacht. Wieder das entsetzliche Elend der Verwundeten, der Zivilbevölkerung, der Pferde, die massenweise erschossen und von den Klippen ins Meer gestürzt werden, der verzweifelten Soldaten. Auf Befehl des »Führers« wird den wenigen übers Meer entkommenen Soldaten verboten, über den Untergang der Divisionen auf der Krim zu sprechen, wie sich Peter Bamm erinnert.

Daß der deutsche Kronprinz Manstein zur Bezwingung der Festung gratuliert mit dem Hinweis, ihm sei es damals versagt geblieben, seinerzeit Verdun zu nehmen, ist gar nicht so abwegig. Wie bei Verdun 1916 ist der Festungskrieg um Sewastopol in Wirklichkeit ein riesiger Stellungskrieg, so daß die »belebte Kriegführung unter Menschenopfern verdirbt«. Sewastopol 1855 war eine Vorwegnahme von Verdun, in der mörderischen Monotonie des Materialeinsatzes geht alle Strategie verloren, macht das »stumpfsinnige Gemetzel« Methode, wie Ernst Jünger während des Zweiten Weltkriegs an der Ostfront meditiert. Der Krimkrieg ist der erste Krieg der Moderne, in dem das Industriepotential und die bessere Infrastruktur den Kriegsausgang entscheiden. Die Anwendung der Dampfkraft revolutionierte auch die Kriegführung. Daß hier sogar die Idee der »Blutpumpe« auftaucht, auf die 1916 Erich von Falkenhayn, der deutsche Generalstabschef, verfiel, ist eine schaurige Parallelität. Fehlte nur das Maschinengewehr. Mehr als anderswo, heißt es, hätte man hier das Gefühl, über ganze Schichten menschlicher Gebeine zu gehen. Als der Chef des britischen Generalstabs Lord Alanbrooke 1945 während der Konferenz von Jalta das Schlachtfeld besucht, erinnern ihn die heroischen Ruinen von Sewastopol an Verdun, aber in erster Linie denkt er an das historische Schlachtfeld von Balaklawa, zur Verwunderung der Russen: »Und da waren über all das hinaus, als ob dieser kleine Winkel der Welt noch nicht genug menschliche Leiden gesehen hätte, weit und breit Zeichen der jüngsten Kämpfe. Hier neben den Trümmern eines Flugzeuges ein Grab, dort ein zusammen-geschossener Panzer, Kraterreihen an Kraterreihen von Granaten und Bomben, Stacheldrahtgewirr und der übliche Plunder einer Schlacht.«

Danach wurde Sewastopol wieder Sperrgebiet, um den immer wieder auf den neuesten Stand gebrachten Marinestützpunkt vor den Blicken Neugieriger zu schützen, während schon bald den Argusaugen der Himmelsspione so gut wie nichts verborgen bleibt. Aber die geschichtliche Wende in der Sowjetunion hat selbst vor der rigorosen Geheimhaltungspolitik der Militärs nicht Halt gemacht. Ende August 1988 besucht der damalige amerikanische Verteidigungsminister Carlucci den historischen Boden der Krim, Jalta und Sewastopol, heute Symbol des sowjetischen Anspruchs auf Geltung als Seemacht und damit gleichberechtigte Großmacht neben den USA.

Noch war dies die Ausnahme. Aber die Geschichtslektion braucht den Lokaltermin. Und wie im Fall der Festung Verdun, mit deren Namen sich die mörderischste Schlacht des Ersten Weltkriegs und die Aussöhnung zwischen Frankreich und Deutschland ein halbes Jahrhundert danach verbindet, könnte vielleicht gerade Sewastopol die Tatsache in das Gedächtnis zurückrufen, daß Deutschland – damals vertreten durch Preußen – und Rußland viel mehr verbindet.

Literaturverzeichnis

Erwähnt sind nur die wichtigsten Bücher über die politische und militärische Geschichte des Krimkrieges, thematisch gegliedert; allgemeine Geschichtswerke von damals und heute wurden weggelassen.

Die entscheidenden Einsichten über Florence Nightingale lieferte F. B. Smith, weiterhin D. Thomas über Cardigan (der ihm im Gegensatz zu Churchill Gerechtigkeit widerfahren läßt), Ch. Hibbert über Lord Raglan und das Schlachtenglück, sowie J. B. Conacher über Palmerston.

Bedanken möchte ich mich am Ende dieses Marathonlaufes durch vier Jahre Vergangenheit bei meinen zahllosen Vorgängern, die über den Krimkrieg geschrieben haben und ohne deren Arbeit und Fleiß das Buch nicht zustande gekommen wäre, und bei allen Freunden, die mich beraten und ermutigt haben. Besonderer Dank gilt meiner Frau, die mich bei den Übersetzungen der ausländischen Quellen und durch das unermüdliche Abschreiben des Manuskriptes so tatkräftig unterstützt hat.

Kriegsschauplätze Donauraum, Kaukasus und Krim

Ivo Andrić: Omer-Pascha Latas. München 1980

Der Feldzug in der Krim. Bearbeitet von Anitschkof. Berlin 1857

Betty Askwith: Crimean Courtship. o. O. 1985

Baron de Bazancourt: Der Feldzug in der Krim. Bd. 1 u. 2. Pest und Wien 1856

S. Calthorpe/Cadogan: Cadogan's Crimea. London 1979

Marschall Canrobert: Erinnerungen. Hrsg. v. Pfaff. Berlin 1912

Kellow Chesney: A Crimean war reader. London 1960

René Guillemin: La Guerre de Crimée. Paris 1981

Christopher Hibbert: The Destruction of Lord Raglan. London 1961

Georg Klapka: Der Krieg im Orient. Genf 1855

Alexander W. Kinglake: The Invasion of the Crimea. Bd. 1–8. Leipzig 1868

H. Kunz: Die Schlachten und Treffen des Krimkrieges. Berlin 1889

E. Kowalewski: Der Krieg Rußlands mit der Türkei. Leipzig 1869

Egon Larsen: Die Zeitung bringt es an den Tag. Stuttgart 1970

Karl Lanzedelli: Der russisch-türkische Krieg. Bd. 1 u. 2. Wien 1854 u. 1856

Robert Lidell: Die Stadt am Bosporus. Zürich 1959

George McClellan: Offizieller Bericht über die Operationen in der Krim. Stuttgart 1859

Unter dem Doppeladler. Aus dem Hauptquartier des Fürsten Mentschikoff. Mitteilungen eines deutschen Arztes in russ. Diensten. Hrsg. v. Dr. P. Berlin 1855

Dr. Paul Myrdacz: Sanitäts-Geschichte des Krimkrieges. Wien 1895

MEW (Marx-Engels-Werke) Bd. 9–12

W. H. Russell: The War. London 1856

W. H. Russell: The Great War with Russia. London 1895

Alexander Petrow: Der russ. Donaufeldzug. Berlin 1891

Wilhelm Rüstow: Der Krieg gegen Rußland. Zürich 1855 u. 1856

Frhr. v. S.: Neue hervorragende Persönlichkeiten auf dem jetzigen Kriegsschauplatz. Leipzig 1855

Wonderful Adventures of Mrs. Seacole in many lands. Edited by Z. Alexander and A. Dewjee. Bristol 1984

F. B. Smith: Florence Nightingale. Reputation and Power. London 1982

Lytton Strachey: Macht und Frömmigkeit. F. Nightingale. Berlin o. J.

Albert Seatot: The Crimean War. A Russian Chronicle. London 1977

Leo Tolstoi: Sewastopoler Erzählungen. Frankfurt/Main 1961

Eduard v. Todleben: Die Verteidigung Sebastopols. Auszug. Berlin 1865

E. v. Todleben: Défense de Sébastopol. I. u. II. Petersburg 1863

W. v. Trützschler: Der Feldzug in der Krim. Der Soldatenfreund. Feb. 1858

Donald Thomas: Charge! Hurrah! Hurrah! A Life of Cardigan. London 1974

Philip Warner: The Fields of War. London 1977

C. Weigelt: Die Belagerung von Sebastopol. Mit besonderer Berücksichtigung der Artillerie. Berlin 1861

Alfons Wimpffen: Erinnerungen aus der Walachei 1854/56. Wien 1878

Eugène Woestyn: Guerre d'Orient. Paris 1856
Aus dem Krimkrieg. Erinnerungen eines russ. Artillerieoffiziers.
Preuß. Jahrbücher 40. Bd. Berlin 1877
Vier Monate der Belagerung von Sebastopol. o. N. Leipzig 1855
Pictorial History of the Russian War. Edinburgh 1856
De la Conduite de la Guerre d'Orient. Un officier général. Brüssel 1855

Heer, Kriegsmarine, Seefahrt

Theodor v. Bernhardi: Vermischte Schriften. Berlin 1879
Generallt. Graf v. Bismarck: Die Kaiserl. Russ. Kriegsmacht 1835.
Carlsruhe 1836
F. Engels: Die Armeen Europas. MEW Bd. 11
Iwan Gontscharow: Die Fregatte Pallas. Briefe von einer Weltreise.
Hamburg 1965
Israel/Gebauer: Segelkriegsschiffe. Berlin 1982
Paul M. Kennedy: Aufstieg und Verfall der britischen Seemacht.
Herford 1978
Gerhard Ritter: Staatskunst u. Kriegshandwerk Bd. 2. München 1973
Potter/Nimitz/Rohwer: Seemacht. Herrsching 1982
Rußlands wahre Lage. o. N. Leipzig 1854
W. Treue: Der Krimkrieg u. d. Entstehung der modernen Flotten.
Göttingen 1954
Der türkisch-russische Kriegsschauplatz topogr.-strateg. beleuchtet.
Wien 1854
Egg, Jobé u. a.: Kanonen. Gesch. d. Artillerie. Herrsching 1975.

Polit. und militär. Geschichte

Raymond Aron: Clausewitz. F/M 1980
Gordon Craig/A. George: Zwischen Krieg und Frieden. München
1984
Ludwig Dehio: Gleichgewicht und Hegemonie. Krefeld o. J.
Daniels/Delbrück: Gesch. d. Kriegskunst. Berlin 1928
Deutsche Militärgeschichte 1648–1939. Hrsg. v. Militärgeschichtl.
Forschungsamt. München 1983

J. Fuller: Die entartete Kunst, Krieg zu führen. Köln 1964
Heinz Gollwitzer: Gesch. d. weltpolit. Denkens. Göttingen 1982
Ferd. O. Miksche: Vom Kriegsbild. Stuttgart 1976
William McNeill: Krieg und Macht. München 1984
Hermann Stegemann: Der Krieg. Stuttgart 1940

Orientalische Frage / Osmanisches Reich / Palästina / Politischer Verlauf des Krimkriegs

Aktenstücke zur orientalischen Frage. Hrsg. v. J. v. Jasmund. Bd. 1–3. Berlin 1856
Akten zur Geschichte des Krimkriegs. Hrsg. v. Winfried Baumgart. München 1979–1988
Der Krieg gegen Rußland im Jahr 1854. Berichte. Aktenstücke. Beilagen. Leipzig 1855
Felix Bamberg: Geschichte der orientalischen Angelegenheiten. Berlin 1892. Und: Türkische Rede. Leipzig 1857
Winfried Baumgart: Der Friede von Paris. München 1972
Hans-Georg Beck: Das byzantinische Jahrtausend. München 1978
Adolf Beer: Die orientalische Politik Österreichs seit 1774. Prag 1883
Constantin Bulle: Geschichte des zweiten Kaiserreiches und des Königreiches Italien. Berlin 1889
Alex Carmel: Christen als Pioniere im Heiligen Land. Basel 1981. Und: Palästina-Chronik. Ulm 1978
F. H. Geffcken: Zur Geschichte des orientalischen Krieges. Berlin 1881
Das Heilige Land in Augenzeugenberichten. Hrsg. v. P. Gradewitz. München 1984
Joseph v. Hammer: Geschichte des Osman. Reiches. Pest 1833
Egon Heymann: Balkan. Berlin 1938
Carl Hilty: Die orientalische Frage. Bern 1896
W. v. Keppler: Wanderfahrten und Wallfahrten im Orient. Freiburg/Breisgau 1902
Ulrich Klever: Das Weltreich der Türken. Bayreuth 1978
Josekf Matuz: Das Osman. Reich. Darmstadt 1985
MEW (Marx-Engels-Werke) Bd. 9–12. Berlin 1960

Helmuth von Moltke: Unter dem Halbmond. Erlebnisse in der alten Türkei. Tübingen 1981. Und: Der russ.-türkische Krieg in der europäischen Türkei 1828/29. Berlin 1877
Gérard de Nerval: Werke. Reisen in den Orient. München 1986
Adolf Rein: Die Teilnahme Sardiniens am Krieg und die öffentl. Meinung in Italien. Leipzig 1910
Steven Runciman: Die Eroberung von Konstantinopel 1453. München 1966. Und: Kunst und Kultur in Byzanz. München 1978
Gregor Schöllgen: Imperialismus und Gleichgewicht. Die orientalische Frage. München 1989
Alfred Stern: Geschichte Europas. Stuttgart 1920
Amand von Struve: Der Krieg im Orient. Leipzig 1854
Barbara Tuchman: Bibel und Schwert. München 1983
H. W. V. Temperley/L. M. Penson: Foundations of British Foreign Policy 1792–1902. London 1966
Fritz Wagner: Cavour und der Aufstieg Italiens im Krimkrieg. Stuttgart 1940

Tagebücher / Erinnerungen / Briefe

Christian Frhr. v. Bunsen: Aus seinen Briefen u. Erinnerungen. Leipzig 1871
Aus dem Briefwechsel F. W. IV. mit Bunsen. Leipzig 1873
Leopold von Gerlach: Denkwürdigkeiten. Berlin 1896
Somerset Calthorpe: Briefe aus dem Hauptquartier. Berlin 1857
J. A. Fronde: Das Leben Thomas Carlyles. Gotha 1887
Paul Graf v. Hatzfeld: Nachgelassene Papiere. Boppard a. Rh. o. J.
Prinz Kraft zu Hohenlohe-Ingelfingen: Aus meinem Leben. Berlin 1905
Graf Joseph v. Hübner: Erinnerungen. Berlin 1904
Wilh. v. Kügelgen: Lebenserinnerungen in Briefen. Leipzig 1925
Briefe des Staatskanzlers Fürst Metternich. Hrsg. b. C. J. Burckhardt. München 1934
Aus den Briefen des Grafen Prokesch von Osten. Wien 1896
Kriegsminister Graf v. Roon: Denkwürdigkeiten. Breslau 1892
Humphry Sandwith: Geschichte der Belagerung von Kars. Braunschweig 1856

Werner von Siemens: Lebenserinnerungen. Berlin 1916
Heinrich Schliemann: Briefe. Hrsg. v. E. Meyer. Bd. 1 u. 2. Berlin
1953 und 1958
Wilh. v. Stieber: Spion des Kanzlers. Stuttgart 1978
Frhr. Christian v. Stockmar: Denkwürdigkeiten. Braunschweig 1872
Leo Tolstoi: Tagebücher 1897–1910. München 1979
Königin Victorias Briefwechsel und Tagebuchblätter. Berlin 1908

England

Richard Aldington: Wellington. Zürich 1950
Evelyn Ashley: The Life of Viscount Palmerston. London 1876
Robert Blake: Disraeli. F/M 1980
Winston Churchill: Aufzeichnungen zur europäischen Geschichte.
Stuttgart 1964
J. B. Conacher: Britain and the Crimea. London 1987
Erich Eyck: Gladstone. Zürich 1938
Paul Holzhausen: Bonaparte, Byron und die Briten. F/M 1904
Theodor Lücke: Wellington. Leipzig 1938
Lucille Jremonger: Lord Aberdeen. London 1978
Kingsley Martin: The Triumph of Lord Palmerston. London 1963
Hans Joachim Netzer: Albert v. Sachsen-Coburg-Gotha. München
1988
K. H. Wocker: Königin Victoria. Düsseldorf 1978

Napoleon III.

Octave Aubry: Das zweite Kaiserreich. Zürich o. J.
Heinrich Berl: Napoleon III. Demokratie und Diktatur. München
1946
Constantin Bulle: Geschichte des zweiten Kaiserreiches u. d. König-
reiches Italien. Berlin 1889
T. B. A. Corley: Napoleon III. Ein demokratischer Despot. Stuttgart
1970
Chateaubriand: Erinnerungen. München 1968
Heinrich Euler: Napoleon III. in seiner Zeit. Würzburg 1961

Konstantin Frantz: Masse oder Volk. Potsdam 1933
Louis Girard: Napoleon III. Paris 1987
Golo Mann: Schloß Arenenberg. Nachtphantasien. Frankfurt/Main 1982
Die napoleonischen Ideen. o. N. Quedlinburg 1855
Louis Napoleon Bonaparte. Die Sphinx auf dem französ. Kaiserthron. o. N. Hamburg 1859
Napoleon III. and the Second Empire. Hrsg. v. Samuel Osgood. Lexington 1973
Napoléon III: Procès en appel. Le Figaro Littéraire 5. 1. 1987
Napoleon III.: Europas Frieden. Berlin 1856
Alfred Neumann: Neuer Cäsar. Roman. Amsterdam 1934
Heinz Rieder: Napoleon III. Abenteuer und Imperator. Hamburg 1956
Stockmar/Geffcken: Der Staatsstreich v. 2. Dez. 1851. Leipzig 1870
H. v. Sybel: Napoleon III. Berlin 1873
David Stacton: Die Bonapartes. Wien 1968
H. v. Treitschke: Histor. u. polit. Aufsätze Bd. 3, Leipzig 1905
Jean Tulard: Napoleon oder der Mythos des Retters. Tübingen 1978

Preußen/Österreich

Kurt Borries: Preußen im Krimkrieg. Stuttgart 1930
Franz Eckhart: Die deutsche Frage und der Krimkrieg. Berlin 1931
Heinrich Friedjung: Der Krimkrieg und die österreich. Politik. Stuttgart 1911
Waltraut Heindl: Graf Buol-Sch. Wien 1970
Hans-Joachim Schoeps: Der Weg ins Kaiserreich. Berlin 1970
Hans-Joachim Schoeps: Das andere Preußen. Berlin 1981

Rußland/Nikolaus I.

J. Sh. Curtiss: Russia's Crimean War. Durham 1979
Astolphe de Custine: Russische Schatten. Nördlingen 1985
Erwin Hölzle: Rußland und Amerika. München 1953
Werner Keller: Ost minus West = Null. München 1960

Bruce Lincoln: Nikolaus I. München 1981
Lothar Ruehl: Rußlands Weg zur Macht. Düsseldorf 1981
Theodor Schiemann: Geschichte Rußlands unter Kaiser Nikolaus I.
Bd. 1.–4. Berlin 1904–1914
Viktor Schklowski: Leo Tolstoi. Wien 1981
Jurij Semjonow: Die Eroberung Sibiriens. Berlin 1937
Henri Troyat: Tolstoi. Wien 1981

Personenverzeichnis

Premier vor Aberdeen) 54f, 75f, 239, 255f

Russell, William Howard (TIMES-Korrespondent) 143f, 158ff, 181, 187, 190, 197, 230, 279, 281, 283ff

Rüstow, Wilhelm (preuß. Militärschriftsteller, Emigrant) 50, 97, 262, 268, 272

Saint-Arnaud, Leroy de (franz. Marschall u. Oberbefehlshaber der franz. Krimexpedition) 109ff, 112f, 119ff, 123, 129–132, 135–141, 143, 151–154, 157, 167f, 170, 172, 177, 213

Sandwith, Humphrey 94

Scarlett (engl. General) 191f

Scott, Paul 314

Schilder (russ. General) 117f

Schliemann, Heinrich 114f

Schmidt, Arno 313

Schoeps, Hans-Joachim 309

Schwarzenberg, Felix Fürst zu (österr. Ministerpräsident vor Buol) 65, 81

Seacole, Mary 245–247

Seebach, Albin Leo Graf v. (sächs. Gesandter in Paris) 295

Seymour, George Hamilton (engl. Gesandter in Petersburg) 41, 51–56, 63, 65, 85, 99, 150

Siemens, Werner v. 242f

Simonow, Konstantin 315

Simpson, James (Oberbefehlshaber der engl. Krimarmee nach Raglan) 239, 287

Stratford Canning, Lord de Redcliffe (engl. Gesandter an der Pforte) 24, 26, 54, 59–63, 66, 68f, 76, 85, 94f, 121

Suwurow (russ. General) 90

Talleyrand, Auguste de (franz. Politiker) 146

Tennyson, Alfred 288

Thackeray, William 20, 39, 288

Thiers, Adolphe 72

Thouvenel, Eduard (franz. Gesandter an der Pforte) 235, 294

Titow (russ. Gesandter an der Pforte) 27

Tocqueville, Alexis de 124, 310

Todleben, Eduard Graf v. (russ. General) 118, 149, 171, 177–180, 182, 185f, 194, 248f, 270, 315

Tolstoi, Leo 79, 126, 175, 222ff, 257ff, 273, 277, 279, 283, 285, 310

Trochu (franz. General) 121, 136f, 282f, 309

Turner, William 39

Twain, Mark 307

Usedom, Karl v. 226

Vaillant (franz. Kriegsminister) 111, 290

Vauban 179

Victoria (Königin von Großbritannien und Irland) 11, 14, 30, 76, 85ff, 95, 98, 104, 109, 111, 164, 208, 228, 232, 237f, 241, 287, 294, 298, 305

Walewski, Alexandre Graf v. (franz. Außenminister nach Drouyn de Lhuys) 30, 76, 295f, 298, 300f

Wellington, Arthur Herzog v. (engl. Feldherr u. Politiker) 9f, 19f, 52, 55, 72, 86f, 112, 122, 144, 155, 180, 205, 239f, 269, 306

Werther, Karl Freiherr v. (preuß. Gesandter in Petersburg) 214

Westmoreland, Lord (engl. Gesandter in Wien) 79, 127, 254

Wilhelm, Prinz von Preußen (der spätere Kaiser Wilhelm I.) 21, 79, 104, 128, 164

Wilhelm, deutscher Kronprinz 316

Williams (engl. General) 291

Zola, Emile 310f

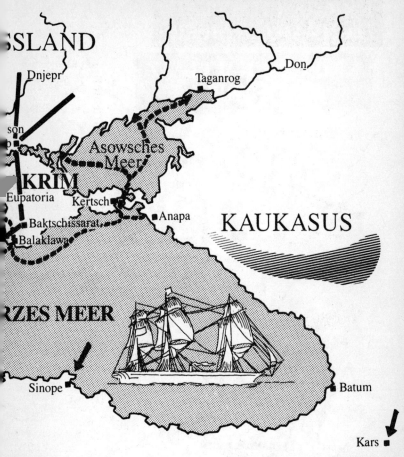

SSLAND

Dnjepr

Taganrog

Don

son

Asowsches
Meer

KRIM

Eupatoria

Kertsch

Baktschissarat

Anapa

KAUKASUS

Balaklawa

RZES MEER

Sinope

Batum

Kars

CHES REICH

Erzerum

atolien

OPERATIONSLINIEN:

DER RUSSEN ▬▬▬▬

DER ALLIIERTEN ▬ ▬ ▬

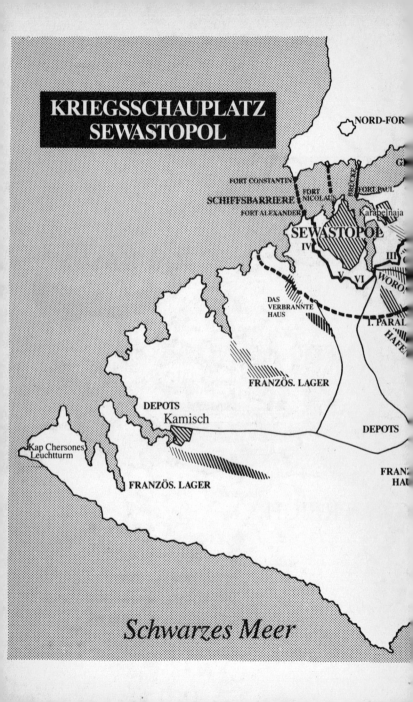

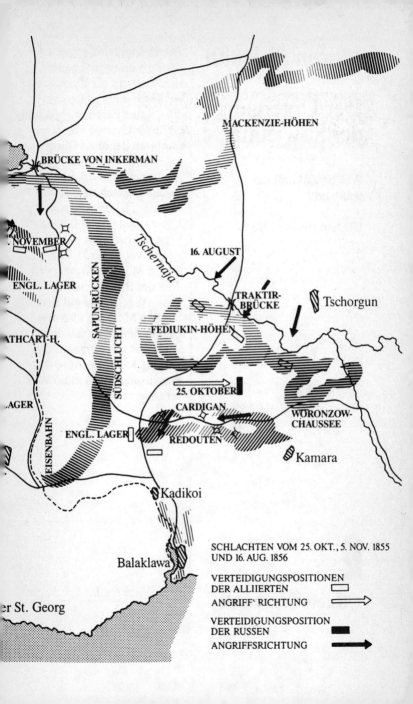

MACKENZIE-HÖHEN

BRÜCKE VON INKERMAN

Tschernaja

16. AUGUST

. NOVEMBER

TRAKTIR-
BRÜCKE

Tschorgun

ENGL. LAGER

FEDIUKIN-HÖHEN

ATHCART-H.

SAPUN-RÜCKEN

SÜDSCHLUCHT

LAGER

25. OKTOBER

CARDIGAN

WORONZOW-
CHAUSSEE

EISENBAHN

ENGL. LAGER

REDOUTEN

Kamara

Kadikoi

Balaklawa

er St. Georg

SCHLACHTEN VOM 25. OKT., 5. NOV. 1855
UND 16. AUG. 1856

VERTEIDIGUNGSPOSITIONEN
DER ALLIIERTEN

ANGRIFF'RICHTUNG

VERTEIDIGUNGSPOSITION
DER RUSSEN

ANGRIFFSRICHTUNG

Martin Sixsmith

Der Untergang der Sowjetmacht

Welche Zukunft hat
Rußland?

Ullstein Buch 34928

Die Reformbewegungen in der Sowjetunion steuerten geradewegs auf die Demokratie zu. Doch dann rollten am 19. August Panzer in Moskau ein. Eine Gruppe von Kommunisten der alten Garde unternahm eine letzte Anstrengung, das kommunistische Herrschaftssystem wiederaufleben zu lassen. Diese spannungsgeladenen Tage wurden zum historischen Wendepunkt. Der Autor, Moskau-Korrespondent der BBC, berichtet, was er als Augenzeuge auf den Straßen Moskaus und den Barrikaden erlebt hat, und analysiert die Vorgeschichte und die Konsequenzen des Putschversuchs, der die Welt veränderte.

Ullstein Sachbuch